अब्दुर्रहीम ख़ानेख़ाना

काव्य-सौन्दर्य और सार्थकता

अब्दुर्रहीम ख़ानेख़ाना

काव्य-सौन्दर्य
और
सार्थकता

सम्पादक
हरीश त्रिवेदी

लेखक
गोपीचन्द नारंग
गुलज़ार
रोहिणी भाटिया
रामचन्द्र शुक्ल
नामवर सिंह
मैनेजर पाण्डेय
उदय शंकर दुबे
सदानन्द शाही
सुधीश पचौरी
अनामिका
प्रताप कुमार मिश्र
चन्द्रशेखर
माधव प्रसाद मिश्रा
दीपा गुप्ता
रतीश नंदा

सह-सम्पादक
दीति राय

इंटरग्लोब फाउंडेशन • आग़ा ख़ान ट्रस्ट फॉर कल्चर

ABDURRAHIM KHANEKHANA
Kavya-Saundarya Aur Sarthakta
Editor : Harish Trivedi

ISBN : 978-93-89012-20-0
Poetry / Criticism

प्रथम संस्करण 2019

मूल्य : ₹ 895

यह प्रकाशन 'निज़ामुद्दीन शहरी नवीनीकरण पहल' परियोजना का हिस्सा है, जिसके अन्तर्गत दिल्ली के निज़ामुद्दीन क्षेत्र मे स्थित रहीम के मक़बरे का संरक्षण कार्य इंटरग्लोब फाउंडेशन के सहयोग से आग़ा ख़ान ट्रस्ट फ़ॉर कल्चर द्वारा लगातार किया जा रहा है।

हम निम्नलिखित सभी संग्रहालयों, अभिलेखागारों, पुस्तकालयों इत्यादि संस्थानों के आभारी हैं जिनके संग्रहण की पाण्डुलिपियों, चित्रों और छायाचित्रों का पुनरुत्पादन कर इस पुस्तक में समावेशित किया गया है।

● विक्टोरिया एंड अल्बर्ट म्यूज़ियम, लन्दन ● फ़्रीयर गैलरी ऑफ़ आर्ट एंड आर्थर एम. सैकलर गैलरी, स्मिथसोनियन इंस्टीट्यूशन ● द ट्रस्टीज़ ऑफ़ द ब्रिटिश म्यूज़ियम ● ब्रिटिश लाइब्रेरी, लन्दन, यू.के. © ब्रिटिश लाइब्रेरी बोर्ड ● द मेट्रोपॉलिटन म्यूज़ियम ऑफ़ आर्ट ● म्यूज़ियम ऑफ़ फाइन आर्ट्स, बॉस्टन ● नेशनल म्यूज़ियम, नयी दिल्ली ● द वॉल्टर्स आर्ट म्यूज़ियम ● एकेटीसी आर्काइव्ज़ ● आर्कियोलोज़िकल सर्वे ऑफ़ इंडिया

वाणी प्रकाशन

4695, 21-ए, दरियागंज, नयी दिल्ली 110 002

फ़ोन : +91 11 23273167 फ़ैक्स : +91 11 23275710

शाखाएँ

अशोक राजपथ, पटना 800 004, बिहार

कॉफ़ी हाउस कैम्पस, महात्मा गांधी मार्ग, इलाहाबाद 211 001, उत्तर प्रदेश

महात्मा गांधी अन्तरराष्ट्रीय हिन्दी विश्वविद्यालय, वर्धा 442 001, महाराष्ट्र

सुल्तानिया रोड, मोतिया पार्क, भोपाल 462 001, मध्य प्रदेश

www.vaniprakashan.com
marketing@vaniprakashan.in
sales@vaniprakashan.in

जयंत प्रिन्टरी एलएलपी, मुंबई-2 में मुद्रित

वाणी प्रकाशन का लोगो मक़बूल फ़िदा हुसेन की कूची से

अब्दुर्रहीम ख़ानेख़ाना

काव्य-सौन्दर्य
और
सार्थकता

सम्पादक

हरीश त्रिवेदी

लेखक

गोपीचन्द नारंग
गुलज़ार
रोहिणी भाटिया
रामचन्द्र शुक्ल
नामवर सिंह
मैनेजर पाण्डेय
उदय शंकर दुबे
सदानन्द शाही
सुधीश पचौरी
अनामिका
प्रताप कुमार मिश्र
चन्द्रशेखर
माधव प्रसाद मिश्रा
दीपा गुप्ता
रतीश नंदा

सह-सम्पादक

दीति राय

इंटरग्लोब फाउंडेशन • आग़ा ख़ान ट्रस्ट फॉर कल्चर

ABDURRAHIM KHANEKHANA
Kavya-Saundarya Aur Sarthakta
Editor : Harish Trivedi

ISBN : 978-93-89012-20-0
Poetry / Criticism

प्रथम संस्करण 2019

मूल्य : ₹ 895

यह प्रकाशन 'निज़ामुद्दीन शहरी नवीनीकरण पहल' परियोजना का हिस्सा है, जिसके अन्तर्गत दिल्ली के निज़ामुद्दीन क्षेत्र में स्थित रहीम के मक़बरे का संरक्षण कार्य इंटरग्लोब फाउंडेशन के सहयोग से आग़ा ख़ान ट्रस्ट फॉर कल्चर द्वारा लगातार किया जा रहा है।

हम निम्नलिखित सभी संग्रहालयों, अभिलेखागारों, पुस्तकालयों इत्यादि संस्थानों के आभारी हैं जिनके संग्रहण की पाण्डुलिपियों, चित्रों और छायाचित्रों का पुनरुत्पादन कर इस पुस्तक में समावेशित किया गया है।

• विक्टोरिया एंड अल्बर्ट म्यूज़ियम, लन्दन • फ़्रीयर गैलरी ऑफ़ आर्ट एंड आर्थर एम. सैकलर गैलरी, स्मिथसोनियन इंस्टीट्यूशन • द ट्रस्टीज़ ऑफ़ द ब्रिटिश म्यूज़ियम • ब्रिटिश लाइब्रेरी, लन्दन, यू.के. © ब्रिटिश लाइब्रेरी बोर्ड • द मेट्रोपॉलिटन म्यूज़ियम ऑफ़ आर्ट • म्यूज़ियम ऑफ़ फाइन आर्ट्स, बॉस्टन • नेशनल म्यूज़ियम, नयी दिल्ली • द वॉल्टर्स आर्ट म्यूज़ियम • एकेटीसी आर्काइव्ज़ • आर्कियोलोज़िकल सर्वे ऑफ़ इंडिया

वाणी प्रकाशन

4695, 21-ए, दरियागंज, नयी दिल्ली 110 002

फ़ोन : +91 11 23273167 फ़ैक्स : +91 11 23275710

शाखाएँ

अशोक राजपथ, पटना 800 004, बिहार

कॉफ़ी हाउस कैम्पस, महात्मा गांधी मार्ग, इलाहाबाद 211 001, उत्तर प्रदेश

महात्मा गांधी अन्तरराष्ट्रीय हिन्दी विश्वविद्यालय, वर्धा 442 001, महाराष्ट्र

सुल्तानिया रोड, मोतिया पार्क, भोपाल 462 001, मध्य प्रदेश

www.vaniprakashan.com
marketing@vaniprakashan.in
sales@vaniprakashan.in

जयंत प्रिन्टरी एलएलपी, मुंबई-2 में मुद्रित

वाणी प्रकाशन का लोगो मक़बूल फ़िदा हुसेन की कूची से

अनुक्रम

भाग–1
रहीम-विमर्श : रहीम के विविध पक्षों पर लेख

भाग-2
रहीम की काव्य-कृतियाँ : शब्दार्थ व व्याख्या सहित

भाग-3
परिशिष्ट

ससि की सीतल चाँदनी,
सुंदर सबहिं सुहाए।
लगे चोर चित में लटी,
घटि रहीम मन आए।।

काम न काहू आवई, मोल रहीम न लेइ।
बाज़ू टूटे बाज़ को, साहब चारा देइ।।

पेश-ए-लफ़्ज़

'ख़ानेख़ाना नव्वाब री आदमगीरी धन्न'

अब्दुर्रहीम ख़ानेख़ाना, मध्यकालीन राजनीतिक–सामाजिक–सांस्कृतिक क्षेत्र में हर तरह से प्रभावशाली क़द्दावर शख़्स थे। तत्कालीन राजनीतिक स्थितियों में उनकी मज़बूत उपस्थिति को देखना हो तो इतिहास–ग्रन्थों 'अकबरनामा', 'तुज़ुके–जहाँगीरी', 'मआसिरुल–उमरा', 'तज़्किरा–ए–ख़वानीन', 'हबीब–उल–सियर', 'तारीख़–ए–फ़रिश्ता', 'तारीख़–ए–बदायूँनी' के वरक़ पलटने चाहिए।

ऐसे अज़ीमुश्शान क़द्दावर व ज़ोरआवर, सियासतदाँ व मुख़य्यर ख़ानेख़ाना के बारे में मैं क्या लिखूँ! महाकवि जायसी जब ख़ुद फ़रमाते हैं–''मैं पंडितन्ह केर पछिलगा''। उसी विनम्रता से मैं पूर्व रिवायतों में जो रहीम के बारे में कहा गया है, उसी को आपके सामने पेश कर रहा हूँ, जिससे कि अन्दाज़ा लगाया जा सके कि कैसे थे रहीम।

अब्दुर्रहीम ख़ानेख़ाना (1556–1627) दरबारियों में दरबारी, नवाबों में नवाब, रईसों में रईस, सन्तों में सन्त और कवियों में श्रेष्ठ कवि। उनका ज़माना वही है जो मुग़ले आज़म अकबर शहंशाह का था। वे बैरम ख़ाँ के बेटे थे जिसने हुमायूँ के बेवक़्त मरने के बाद छोटे–से बालक अकबर की देख–रेख की थी और उनको पाला–पोसा था। अकबर ने बादशाह बनने के बाद बैरम ख़ाँ के बेटे अब्दुर्रहीम ख़ानेख़ाना को दरबार में न सिर्फ़ पदवी दी बल्कि अपने जगमगाते नवरत्नों में शामिल किया।

'ख़ानेख़ाना' शब्द संस्कृत 'राजपूत' का सीधा अनुवाद है। कथनानुसार जब हुमायूँ ने सूरियों को पराजित करके फिर से अपनी सल्तनत की स्थापना शुरू की तो अमीरों को आदेश दिया कि भारत के बड़े–बड़े ज़मींदारों और रईसों के ख़ानदानों से रिश्ते स्थापित करें। इनमें मेवात और राजपूताने की नारियाँ भी रही होंगी। बैरम ख़ाँ के पुरखों में से कइयों ने सूफ़ी सन्तों के प्रभाव से इस्लाम मत धारण कर लिया था। राजपूतों से शादी–ब्याह के संगठन जोड़ने का श्रेय अधिकतर अकबर को दिया जाता है लेकिन यह सिलसिला पहले से चल पड़ा था। ख़ानेख़ाना का लक़ब भी राजपूतों की तहज़ीबी परम्पराओं की दुहाई देता है। यह भी कहा जाता है कि एक बार ख़ानेख़ाना के घराने की स्त्रियाँ और बच्चे राजपूत शूरवीर महाराणा प्रताप के क़ब्ज़े में आ गये थे, लेकिन उन्होंने इन सबको आदर–सम्मानपूर्वक देहली में सुरक्षित ख़ानेख़ाना के यहाँ पहुँचा दिया था। इसका ख़ानेख़ाना पर इतना गहरा असर हुआ कि वह कृष्ण भक्त हो गये। और

हिन्दी में दोहों का स्रोत खुल गया। फ़ारसी पर तो उनकी पकड़ थी ही, वह संस्कृत के भी विद्वान थे। ज्योतिषशास्त्र पर उनकी दो फ़ारसी पुस्तकें यादगार हैं।

उनके बारे में एक और दिलचस्प रिवायत भी चली आती है कि वह बहुत दान–पुण्य करते थे। और ग़रीबों को मुट्ठियाँ भर–भर कर देते थे। ख़ैरात देते वक़्त वह कभी सर ऊँचा उठाकर किसी को नहीं देखते थे बल्कि अपनी नज़रें नीची रखते थे। कवि गंगजी ने जब रहीम के बारे में यह चर्चा सुनी तो तुरन्त एक दोहा कहा कि, ऐ रहीम, दान देने का यह अन्दाज़ और ऐसी उदारता तूने कहाँ से सीखी? रहीम समझ गये कि गंग जी जानते तो सब कुछ हैं केवल मुझसे दोहे में उत्तर चाहते हैं। चुनांचे रहीम ने बरजस्ता यह दोहा लिखकर भेज दिया :

देनहार कोई और है भेजत हैं दिन रैन।
लोग भरम हम पर धरैं, यातें नीचे नैन।

'रहीम ग्रन्थावली', काव्य यात्रा में (पृ. 17 पर) पं. विद्यानिवास मिश्र लिखते हैं :

ख़ानेख़ाना नव्वाब हो मोहि अचम्भो एह।
पायो किमि गिरि मेरु मन साढ़ तिहत्थी देह।

—चारण आसकरण 'जाड़ा'

जब मैं रहीम की तस्वीर देखता हूँ–ख़ूबसूरत चेहरा, बाँकी पाग, बायें हाथ में रत्नजटित तलवार, दायाँ हाथ ऐसे खुला हुआ जैसे किसी से हाथ मिलाना चाहता हो या सम्पत्ति लुटाना चाहता हो, शरीर तना हुआ पर आँखें मुस्कुराती हुईं और जब मैं जहाँगीर के मित्र ओरछा के वीरसिंह देव के आश्रित कवि केशवदास का यह शब्दचित्र पढ़ता हूँ :

अमित उदार अति पावन विचारि चारु
जहाँ तहाँ आदरि यों गंगा जी के नीर सों।
खलन के घालिबे को ख़लक़ के पालिबे को
ख़ानेख़ाना एक रामचन्द्र जी के तीर सों।।

तो गंगा के जल की तरह से पवित्र और रामचन्द्र जी के तीर की तरह से शत्रुवेधक, परन्तु जगत्पालक व्यक्तित्व को उनकी कृति में तलाश करने की ललक जाग उठती है।

जब मनीषी, रसपुरुष पं. विद्यानिवास मिश्र रहीम को तलाशने के लिए उनकी कृति का दरवाज़ा खटखटाने का सूत्र देते हैं, तो यह बेहतर रास्ता अपनाने लायक़ है। इसलिए भी कि ''सभ्यता सौन्दर्य की जिज्ञासा है'' (जयशंकर प्रसाद, 'कंकाल', पृ. 283) तो 'सृजन सौन्दर्य की सात्विक संकल्पना है'।

पं. विद्यानिवास जी ने आसकरण 'जाड़ा' का दोहा उद्धृत किया था। महडू शाखा का यह चारण महाराणा प्रताप के छोटे भाई जगमल का वकील बनकर ख़ानेख़ाना से मिला था। उसने ख़ानेख़ाना की प्रशंसा में तीन और दोहे भी कहे थे :

ख़ानेख़ाना नव्वाब रे खांडे आग खिवन्त।
जलवाला नर प्राजलै तृणवाला जीवन्त।

—

ख़ानेख़ाना नव्वाब रा अड़िया भुज ब्रह्मण्ड।
पूठै तो है चण्डिपुर धार तले नवखण्ड।

—

ख़ानेख़ाना नव्वाब री आदमगीरी धन्न।
यह ठुकराई मेरु गिर मनी न राई मन्न।

यह तो हुई रहीम की प्रशंसा की बात। अब इन पंक्तियों की प्रशंसा तो रहीम जैसे सहृदय रसिक ही कर सकते थे। सो उन्होंने हर एक दोहा पर एक–एक लाख रुपये देना चाहा लेकिन उस स्वामिभक्त चारण कवि ने रुपये न लिए बल्कि अपने स्वामी जगमल को बादशाह अकबर से जागीर दिलाने की प्रार्थना की और ख़ानेख़ाना ने जगमल को जहाज़पुर का परगना दिलवा भी दिया। लेकिन एक कवि दूसरे समर्थ कवि को सम्मान कैसे देता है, देखिए रहीम ने चारण कवि की सराहना में दोहा कहा :

सा जड्डी अंबर जडा, जड्डा महडू जोय।
जड्डा नाम अलाहदा, और न जड्डा कोय।

यह रंग है रहीम की हृदय की व्यापकता का, साहित्य–प्रेम का।

केशवदास ने 'जहाँगीर–जस–चन्द्रिका' में अकबर की 'साहिबी के रखवार' रहीम का यश इस तरह रचा है :

जीते जिन गक्खरी, भिखारी कीने भक्खरी जे,
खानि खुरासानि बाँधि, खरियो पग धर के।
धोरि मारे गोरिया बराह बोरि बारिधि में,
मृग से बिडारे गुजराती लीने डर के।।
दच्छिन के इच्छा दीह दंती ज्यों बिडारे बीर,
'केसोदास' अनायास कीने घर घर के।
साहिबी के रखवार सोभिजै सभा में दोऊ,
ख़ानेख़ाना मानसिंह सिंह अकबर के।।

अकबर के ऐसे 'सिंह' ख़ानेख़ाना के व्यक्तित्व को प्रदर्शित करते कई छन्द मिलते हैं—कवि गंग, कवि सन्त, हरिनाथ, कवि मण्डन, कवि प्रसिद्ध, अलाकुली, तारा, कवि मुकुन्द और कई अन्य कवियों के भी, उन्हें अगर लिखने बैठूँ तो कई वरक़ भर जायेंगे। लेकिन यहाँ यह स्पष्ट कर देना ज़रूरी है कि रहीम 'अमीर' और बलशाली थे सिर्फ़ इसलिए उनकी चापलूसी भरी प्रशंसा कवियों ने नहीं की बल्कि वास्तव में रहीम इसके अधिकारी थे और इसका कारण था, उनके व्यक्तित्व का अनुपम मानवीय गुण और श्रेष्ठ काव्य–प्रकर्ष। असाधारण प्रतिभा, बहुभाषा ज्ञान और विविध ज्ञान के अनुशासनों के विज्ञजनों का साथ रहीम के व्यक्तित्व को अनुपमेय बनाने का कारण बनता है।

रहीम की कृतियों में 'दोहावली' सबसे अधिक लोकप्रिय है। इसके अनेक दोहे हम बचपन से सुनते आये हैं। लगभग 100 दोहों का शतक ही कुछ समय तक छपता था लेकिन जब कई संग्रह और ग्रन्थों में संकलित दोहों को इकट्ठा किया गया तो इनकी संख्या 300 तक जा पहुँची। रहीम के दोहों ने साहित्य में उनकी प्रसिद्धि को उत्कर्ष दिया। हालाँकि उनके समय में उर्दू, संस्कृत, हिन्दी और फ़ारसी में काव्य–रचना होती थी, तो रहीम ने भी इस परम्परा का पालन किया। मालिनी, पद, कबित्त, दोहा, सोरठा, बरवै, सवैया, छप्पय आदि छन्दों में उन्होंने अपना मन खोलकर रख दिया। तुर्की और फ़ारसी तो उनकी मातृभाषा ही थी, लेकिन संस्कृत, हिन्दी, अवधी, ब्रज में उनकी सहजता देखने लायक़ है। उनके सैनिक जीवन में उन्होंने हिन्दुस्तान के तमाम इलाक़ों का सैर व सफ़र किया था सो उन जगहों की भाषाओं और संस्कृतियों ने उन पर प्रभाव भी ज़रूर डाला होगा। 'रहीम ग्रन्थावली' की भूमिका में पं. विद्यानिवास मिश्र लिखते भी हैं कि "वे (रहीम) विभिन्न भाषाओं में बात कर सकते थे।" (पृ. 46)

बहुज्ञता ने रहीम को एक विस्तृत अभिव्यक्ति का परस दिया जिसमें श्रृंगार, नीति, प्रेम, दर्शन, भक्ति, ज्ञान, वैराग्य आदि सब कुछ है। सबसे बढ़कर काव्य का वह अनिवार्य तत्त्व जो प्राणिमात्र को एक मानता है और सभी से प्रेम करता है, उसके कल्याण की कामना करता है। साम्प्रदायिकता संकीर्णता तो उन्हें छू भी न गयी थी।

महापण्डित राहुल सांकृत्यायन 'रहीम' शीर्षक लेख में उस दौर और उसमें रहीम की विशिष्टता को इन पंक्तियों में रेखांकित करते हैं :

"हिन्दी के पहले युग में मुसलमान कवि सर्वेसर्वा थे–यह मंझन, कुतुबन, जायसी की कृतियों से मालूम है। इनसे पहले मैथिली के विद्यापति और काशी के कबीर ही हिन्दी–गगन के चमकते नक्षत्र थे। फिर अकबर का समय आया जबकि हिन्दी कविता को बहुत आगे बढ़ने का मौक़ा मिला।

इस युग में जहाँ सूर और तुलसी जैसे सूरज–चाँद उदय हुए, वहाँ रहीम भी हमारी कविता के उन्नायक बने। उनकी हिन्दी कविता कितनी चुभती हुई है! उनके दोहे भी तुलसी की चौपाइयों की तरह लोगों के मुख पर चढ़े हुए हैं। उनके एक–एक दोहे में गागर में सागर की तरह गम्भीर अर्थ और अनुभव भरा होता है। उनकी कविताओं को साम्प्रदायिक संकीर्णता की कुगन्ध नहीं मिलती।" केवल सम्पूर्ण मानवता का प्रेम भाव और उदारता ही उदारता दिखाई देती है।

यह रहीम की रचना का सर्वोत्तम गुण है, जो उनकी प्रत्येक कृति का केन्द्रीय गुण भी है। 'दोहावली', 'नगर शोभा', 'बरवै नायिका–भेद', 'बरवै (भक्तिपरक)', 'श्रृंगार सोरठा', 'मदनाष्टक', 'संस्कृत काव्य' और 'फ़ारसी रचनाएँ' उनकी कुशल काव्यकला का उज्ज्वल अध्याय हैं।

रहीम का युग राजनीतिक, सामाजिक, सांस्कृतिक और धार्मिक उथल–पुथल का युग था। क़दीम कट्टरवादिता ढह रही थी। मूल्य बदल रहे थे। ऐसे संक्रमण काल

में नीति का सूत्र देते हुए—अकबर, जहाँगीर और शाहजहाँ—तीन—तीन बादशाहों का शासन काल न सिर्फ़ देखनेवाले बल्कि उसमें शामिल भी ख़ानेख़ाना चाहते तो राज्य और राजनीति पर पुस्तक लिख सकते थे लेकिन उन्होंने ख़ुद को सामान्य जनजीवन से जोड़े रखा और ख़ुद को 'जनकवि' बना लिया। किसी कवि की इससे बड़ी उपलब्धि और भला क्या हो सकती है!

रहीम राज्य की आदर्श व्यवस्था के हिमायती हैं। वे ऐसी राज्य—व्यवस्था चाहते हैं जहाँ छोटे—बड़े सबको अपनी प्रगति करने का अवसर उपलब्ध हो। राजदण्ड के ताप से अन्यायी, दुराचारी को भय हो, जो निर्बल को सताते हों, शोषण करते हों, उन्हें राजदण्ड छोटी तलैयों की तरह सुखा दे लेकिन अन्य सबके लिए चन्द्रमा की शीतलता देने वाला सुखदायी हो—ऐसा राज्य आदर्श राज्य है। सर्वजन हिताय।

रहिमन राज सराहिये, ससि सम सुखद जो होय।
कहा बापुरो भानु है, तप्यो तरैयन खोय।

(रहीम ग्रन्थावली, सं. विद्यानिवास मिश्र, पृ. 102 / 240)

आदर्श राज्य में कुछ खल मानसिकता के लोग भी होते हैं जो अच्छे वातावरण में भी ठीक से नहीं रह पाते। रहीम ऐसे लोगों की सुविधा का ख़याल करना उचित नहीं मानते और राजा से बृहत्तर जनता के सुख के लिए कार्य करने की प्रस्तावना करते हैं।

सीत हरत, तम हरत नित, भुवन भरत नहिं चूक।
रहिमन तेहि रवि को कहा, जो घटि लखे उलूक।

सूरज शीत और अन्धकार को समाप्त कर पूरे भुवन को ऊर्जा और प्रकाश से भर देता है, लेकिन इस अच्छाई के बावजूद उल्लू अन्धकार में छुप जाता है। ऐसी ओछी मानसिकता वालों का ध्यान न रखकर राजा को बहुजन के सुख की कल्पना करना ही श्रेयस्कर है।

रहीम राजा को ऋणी, भिक्षुक, स्त्री, तथाकथित नीच जाति और हथियार की तरह सँभालने योग्य बताते हैं, और सबकी भलाई पर बल देते हैं।

उरग, तुरग, नारी, नृपति, नीच जाति, हथियार।
रहिमन उन्हें सँभारिए, पलटत लगै न बार।।

(रहीम ग्रन्थावली, सं. विद्यानिवास मिश्र, पृ. 78 / 17)

इस दोहे को पढ़कर तुलसीदास जी का विवादित पद याद आ सकता है लेकिन वहाँ भी अवधी पद 'ताड़ना' यानी 'विशेष रूप से नज़र रखना' कहा गया था और उपर्युक्त दोहे में भी रहीम 'सँभालने' पद का इस्तेमाल करते हैं।

रहीम के युग में सामन्त और अमीर वर्ग का बोलबाला था। अहंकार में वह वर्ग गुणी लोगों को भी तुच्छ समझता था, इसका कारण यह भी रहा होगा कि उच्च पद पर आसीन सत्ता पक्ष के थे और अपने आपको सबसे ऊँचा और योग्य मानते थे।

भूप गनत लघु गुनिन को, गुनी गनत लघु भूप।
रहिमन गिरि ते भूमि लौं, लखौं तो एकै रूप।

(रहीम ग्रन्थावली, सं. विद्यानिवास मिश्र, पृ. 92/148)

इस दोहे में रहीम ने अपने समय का स्पष्ट चित्र खींच दिया है। उसमें उस समय के हिन्दुस्तान का परिवेश साफ़–साफ़ उपस्थित है।

रहीम अपने समाज में धनी और निर्धन के बीच की गहरी खाई पर भी टिप्पणी करते हैं :

कहि रहीम धन बढ़ि घटे, जात धनिन की बात।
घटै बढ़ै उनको कहा, घास बेचि जे खात।

(रहीम रत्नावली, सं. मयाशंकर याज्ञिक, 3/29)

रहीम याचना वृत्ति के ख़िलाफ़ तो थे ही, लेकिन मजबूर की मदद न करने वालों के भी सख़्त ख़िलाफ़ थे।

रहिमन वे नर मर चुके, जे कहुँ माँगन जाहिं।
उनते पहिले वे मुए, जिन मुख निकसत नाहिं।

(रहीम रत्नावली, सं. मयाशंकर याज्ञिक, 21/234)

रहीम सत्संग का प्रभाव बताते हुए कहते हैं कि व्यक्ति जिस तरह की संगति करेगा, वैसा ही हो जायेगा।

कदली सीप भुजंग मुख, स्वाति एक गुण तीन।
जैसी संगति बैठिए, तैसोई फल दीन।

(रहीम रत्नावली, सं. मयाशंकर याज्ञिक, 3/22)

लेकिन वे गुणी जनों के स्वभाव के बल को भी रेखांकित करते हैं, कि कुसंगति सज्जन व्यक्ति का कुछ नुक़सान नहीं कर सकती।

जो रहीम उत्तम प्रकृति, का करि सकत कुसंग।
चन्दन विष व्यापत नहीं, लपटे रहत भुजंग।

(रहीम रत्नावली, सं. मयाशंकर याज्ञिक, 7/74)

इसीलिए वे सज्जन व्यक्तियों से संग–साथ बनाये रखने को कहते हैं।

टूटे सुजन मनाइए, जो टूटे सौ बार।
रहिमन फिरि–फिरि पोइए, टूटे मुक्ताहार।

(रहीम रत्नावली, सं. मयाशंकर याज्ञिक, 8/85)

दरअसल रहीम ने जीवन की तरह–तरह की भंगिमाएँ देखी थीं। बहुत निकट से उन्होंने ज़िन्दगी के मीठे–कड़वे रस को देखा–चखा था। इसलिए उनकी बातें कोरे उपदेश नहीं बल्कि जीवन का सच्चा मर्म सँजोए हुए हैं। रहीम ईश्वर, धर्म, आचार–विचार, लोक–व्यवहार, गुरु, सन्त, असन्त, माया, जीवन, मान–अपमान, जगत्, गुण, दोष, अभ्यास, सज्जनता, निर्धनता, प्रेम, कपट, चापलूसी, विपत्ति, चालाकी, मूर्खता, मर्यादा, ज्ञान आदि

अनेक विषयों पर नीति के अनूठे सूत्र हमें सौंप जाते हैं। क्या है, क्या होना चाहिए; क्या करना है, क्या नहीं करना चाहिए; जो है वो वैसा क्यों है आदि हर पहलू पर वे नज़र रखते हैं और हमें आगाह करते रहते हैं। उनकी बातें नीति के अमूल्य नियम हैं।

वे भक्त हैं तो चकोर की तरह अपने आराध्य कृष्णरूपी चन्द्र की ओर दिन–रात एकनिष्ठ भाव से संलग्न हैं :

ते रहीम मन आपनो, कीन्हों चारु चकोर।
निसि वासर लाग्यो रहै, कृष्ण–चन्द्र की ओर।

(रहीम रत्नावली, सं. मयाशंकर याज्ञिक, 8/90)

या अपने 'माखन चखने वाले रखवार' पर ग़ज़ब का भरोसा दिखाते सम्पूर्ण समर्पित भक्त हैं।

रहिमन को कोउ का करै, ज्वारी, चोर, लबार।
जो पत राखनहार है, माखन–चाखन–हार।

(रहीम रत्नावली, सं. मयाशंकर याज्ञिक, 16/175)

सूफ़ी दर्शन भी उनकी रचना में दिखाई देता है जब वे कल्पनातीत, गुणों के आगार परमेश्वर की बृहद् छवि आदिरूप को परम द्युति के रूप में पाते हैं, जो घट–घट में समाई है, जिसके वर्णन के लिए शब्द काफ़ी नहीं–

आदि रूप की परम दुति, घट घट रही समाइ।
लघु मति ते मो मन रसन, अस्तुति कही न जाइ।

(रहीम कृत, 'नगर शोभा', पृ. 25/2)

भक्ति की उच्च भावनाओं, समन्वयवादी दृष्टिकोण, नैतिकता के प्रति आस्था, मूल्य–निष्ठ जीवन, परम्परावादी स्वभाव, पुराणों, शास्त्रों, वेदों और अन्य धार्मिक ग्रन्थों का गहन ज्ञान–यह सब रहीम के काव्य के सांस्कृतिक पक्ष हैं। संस्कृति की उदारता, इष्ट के प्रति अनन्यता रहीम में अद्भुत रूप से दिखाई देती है। उनका काव्य अत्यन्त सरल, सहज और व्यावहारिक है; इसीलिए वे 'जनकवि' की प्रतिष्ठा प्राप्त करते हैं।

'संस्कृति के चार अध्याय' में रामधारी सिंह दिनकर रहीम के बारे में ठीक ही लिखते हैं–"रहीम ऐसे मुसलमान हुए हैं जो धर्म से मुसलमान और संस्कृति से शुद्ध भारतीय थे।" (पृ. 359)

ऐसे बड़े कवि के व्यक्तित्व की याद समय–समय पर जगाते रहना चाहिए, जिससे उसके सम्पूर्ण गुणों का कुछ अन्दाज़ा लगाया जा सके और उस व्यक्तित्व और उसके कृतित्व की ख़ूबियों के सहारे हमारे अपने समय की समस्याओं और चुनौतियों का सामना किया जा सके।

रहीम के बारे में पहले भी कई महत्त्वपूर्ण शोध रचनाएँ हमारे सामने आयी हैं, जिनमें ब्रजरत्न दास द्वारा सम्पादित 'रहिमन विलास' (इलाहाबाद, द्वितीय संस्करण 1948); पं.

मयाशंकर याज्ञिक द्वारा सम्पादित 'रहीम रत्नावली' (वाराणसी, तृतीय संस्करण); अयोध्या प्रसाद शर्मा द्वारा सम्पादित 'रहिमन–विनोद' (हिन्दी साहित्य सम्मेलन, प्रयाग, प्र.सं. 1927); विद्यानिवास मिश्र द्वारा सम्पादित 'रहीम ग्रन्थावली' (वाणी प्रकाशन, नयी दिल्ली, 1985); आरिफ़ नज़ीर द्वारा सम्पादित 'रहीम का रचना संसार' (साहित्य प्रकाशन, आगरा, 1986); बमबम सिंह 'नीलकमल' द्वारा सम्पादित 'रहीम–साहित्य की भूमिका' (पटना, 1979); बालकृष्ण 'अकिंचन' द्वारा सम्पादित 'भारतीय नीतिकाव्य परम्परा और रहीम' (अलंकार प्रकाशन, दिल्ली, 1974); भोलानाथ तिवारी द्वारा सम्पादित 'हिन्दी–नीति–काव्य–धारा' (किताब महल, इलाहाबाद, 1984); समरबहादुर सिंह द्वारा लिखित 'अब्दुर्रहीम ख़ानेख़ाना' (साहित्य भवन, झाँसी, 1964); सरयू प्रसाद जायसवाल कृत 'अकबरी दरबार के हिन्दी कवि' (प्रकाशन संस्थान, लखनऊ, 1984) के अतिरिक्त रामनाथ सुमन द्वारा सम्पादित 'रहिमन चन्द्रिका'; 'रहिमन शतक' (बम्बई भूषण यन्त्रालय द्वारा प्रकाशित); 'रहिमन शतक' (शारदा प्रेस, कानपुर द्वारा प्रकाशित); लाला भगवानदीन द्वारा सम्पादित 'रहिमन शतक'; पं. रामनरेश त्रिपाठी कृत 'रहीम'; सुरेन्द्रनाथ तिवारी द्वारा सम्पादित 'रहीम कवितावली' आदि कृतियों को सम्मानित स्थान प्राप्त है।

आज के विषम और संकीर्णता अथवा भेदभाव के समय में ऐसी ज़रूरी कृति का आना प्रशंसनीय है। एक ऐसे कवि व्यक्तित्व रहीम पर जिसकी 'आदमीयत' और 'आदमगीरी' धन्य है। मैं अपनी दिली शुभकामनाएँ देता हूँ पुस्तक के सम्पादक हरीश त्रिवेदी जी एवं सह–सम्पादक दीति राय जी को जिन्होंने सुचिन्तित दृष्टिकोण और बहुत व्यवस्थित तरीक़े से रहीम के मूल्यांकन को सुलभ करवाकर पाठकों पर उपकार किया है। इस बेहद महत्त्वपूर्ण ग्रन्थ का भरपूर स्वागत होगा, ऐसा मेरा विश्वास है।

हम आग़ा ख़ान ट्रस्ट के भी ऋणी हैं जिन्होंने बड़ी सहजता और दूरदृष्टि से काम लेते हुए पहले निज़ामुद्दीन औलिया और अमीर ख़ुसरो के इलाक़े में यादगार खण्डों को सुसज्जित किया और अब रहीम ख़ानेख़ाना के मक़बरे की ऐसी ख़ूबसूरत बहाली की कि देखकर दिल गद्‌गद हो जाता है। कम लोगों को ज्ञात है कि इतिहास के पन्ने पलटें तो उस ज़माने की अप्रत्याशित करवटें सामने आ जाती हैं जब ख़ानेख़ाना के मक़बरे का तमाम संगेमरमर और क़ीमती पत्थर सारा का सारा लूट कर और बरबाद करके सफदरजंग के मक़बरे में लगा दिया गया था। और यह इमारत केवल एक खँडहर रह गयी थी। आग़ा ख़ान ट्रस्ट की इस यादगार बहाली के लिए जितनी भी मुबारकबाद दी जाये कम है।

हम वाणी प्रकाशन के अरुण माहेश्वरी जी का भी धन्यवाद करते हैं जिन्होंने पूरी लगन और आदर–सम्मान से इस यादगार पुस्तक को प्रकाशित किया। आशा है कि इस काम के लिए वह भी सदैव याद रखे जाएँगे।

–गोपीचन्द नारंग

शॉरलेट, 25 अप्रैल 2019

दो शब्द

ख़ानेख़ाना अब्दुर्रहीम पर यह किताब देखकर मुझे हैरत हुई। ब्रह्माण्ड जैसा बड़ा विषय दो गत्तों की जिल्द में यहाँ कैसे समेट लिया गया है। मेरी जानकारी ख़ानेख़ाना अब्दुर्रहीम की बहुत महदूद थी। लेकिन इस किताब में हरीश त्रिवेदी जी और उनके सभी और लिखने वाले साथी मेरी उँगली पकड़कर बड़ी दूर तक ले गये।

रहीम के कारनामे और उनके दोहे पढ़े थे। उन्हें पढ़ के हमेशा लगता था जैसे रूह और जिस्म दो अलग–अलग हस्तियाँ हैं, मगर साँसों ने उन्हें इस तरह सिल रखा है कि उन्हें अलग करके न देखा जा सकता है न रखा जा सकता है। कुछ महापुरुष हैं जो उन्हें अलग–अलग जीते रहे, जिनके जिस्म कुछ और कर रहे थे और जिनकी रूह कुछ और ही कह रही थी।

मैं कोई बड़ा ज्ञानी नहीं–न ज़िन्दगी का न ख़ानेख़ाना अब्दुर्रहीम का। मुझे अक्सर लगता है कि वो सन्त थे और सिपाही की ज़िन्दगी जीते रहे। देह को अगर आत्मा का वस्त्र कहूँ तो कहना पड़ेगा कि उस आत्मा ने ग़लत कपड़े पहन रखे थे।

जैसी परे सो सह रहै, कह रहीम यह देह।
धरती ही पर परत है, सीत घाम औ मेह।

रहीम के अन्दर रूहानियत (Spirituality) का एक ब्रह्माण्ड बसा हुआ था जिस पर दुनियादारी और दरबारियत के ग़िलाफ़ पड़े रहते थे।

रहीम शहंशाह अकबर के नौ रत्नों में एक थे। कई जंगों में सिपहसालार रहे। खुद संस्कृत में माहिर होने के साथ–साथ चुग़तई तुर्की से (जो ज़ुबान मुग़लों में रायेज़ थी) 'बाबरनामा' का फ़ारसी में तर्जुमा किया। उस दौर की रायेज़ अदबी ज़ुबान ब्रज और अवधी में कविता करते रहे। हिन्दुस्तान का कल्चर उनके रहने–सहने और क़लम की नोक पर बोलता है। इसलिए तबसरों में बार–बार हिन्दू कवि या मुसलमान कवि कहना ठीक नहीं लगता। वो अपने हमअसर (समकालीन) कवियों सन्तों के सम्पर्क में रहे जिनमें तुलसीदास भी शामिल थे।

सुना जाता है कि जब खैरात करते थे तो लेने वाले का चेहरा नहीं देखते थे और नज़र ज़मीन पर रखते थे। तुलसीदास ने सुना तो कहलाया :

ऐसी देनी देन ज्यूँ, कित सीखे हो सैन।
ज्यों–ज्यों कर ऊँच्यो करो, त्यों–त्यों नीचे नैन।

रहीम ने जवाब भेजा :

देनहार कोई और है भेजत हैं दिन रैन।
लोग भरम हम पर धरैं, यातें नीचे नैन।।

ये सारे तजुर्बे उनकी अपनी ज़िन्दगी से निकले हुए हैं।

रहिमन देखि बड़ेन को, लघु न दीजिये डारि।
जहाँ काम आवे सुई, कहा करै तलवारि।

...पर तलवार बाज़ नहीं आयी।

अकबर के बाद उनके दो बेटे जहाँगीर के हाथों क़त्ल हुए क्योंकि वे जहाँगीर की तख़्त–नशीनी के ख़िलाफ़ थे। रहीम क़ैद भी हुए। दो बार उनकी जागीरें ज़ब्त हुईं और बख़्शी भी गयीं। जहाँगीर के सिपहसालार ने रहीम के छोटे बेटे का सर काट के तोहफ़े में भेजा, कि तरबूज़ पेश कर रहा हूँ।

हरीश त्रिवेदी ने बड़ी ख़ूबसूरत बात कही कि शतरंज का खिलाड़ी मुहरे चलते–चलते ख़ुद ही शतरंज का मुहरा बन चुका था।

बिगरी बात बनै नहीं, लाख करौ किन कोय।
रहिमन फाटे दूध को, मथे न माखन होय।।

देह को कहीं तो चोला बदलना था....

भलो गयो घर से छुट्यो, हँस्यो सीस पर खेत।
काके काके नवत हम, अपन पेट के हेत।

रहिमन गली है साँकरी, दूजों ना ठहराहिं।
आपु अहै तो हरि नहीं, हरि तो आपुन नाहिं।।

एक ज़िक्र है कि गुजरात की फ़तह के बाद ख़ानेख़ाना रहीम ने अपनी सारी पूँजी और मिल्कियत दान कर दी। जब सब बँट चुका तो एक उम्मीदवार तब भी खड़ा रहा। रहीम के पास एक क़लमदान बचा था। उन्होंने वो भी दे दिया। इतिहास में इसका कोई सबूत नहीं पर हरीश त्रिवेदी जी ने ज़िक्र किया और कुछ इस तरह ज़िक्र किया कि फिर मुझे किसी सबूत की ज़रूरत नहीं पड़ी।

आगा ख़ान ट्रस्ट और इंटरग्लोब फाउंडेशन को मुबारकबाद दीजिए कि उन्होंने ख़ान ख़ाना अब्दुर्रहीम के दोनों लिबास सम्हाल लिए। उनके मक़बरे को संगमरमर लगा कर पुख़्ता कर रहे हैं और उनके दूसरे लिबास को पुख़्ता कर रहे हैं इस किताब से।

–गुलज़ार

प्राक्कथन

इंटरग्लोब फाउंडेशन इंटरग्लोब व्यावसायिक ग्रुप का परोपकारी अंग है। इस फाउंडेशन का एक प्रमुख उद्देश्य है कि देश की विरासत और परम्परा को सहेजें और आने वाली पीढ़ियों से उनका परिचय करायें। इसी उद्देश्य से हमने 'आग़ा ख़ान ट्रस्ट फॉर कल्चर' के साथ साझेदारी की। आग़ा ख़ान ट्रस्ट विश्व के अनेक देशों में पुरातत्त्व–संरक्षण का काम कर रहा है। आग़ा ख़ान ट्रस्ट फॉर कल्चर और इंटरग्लोब फाउंडेशन ने मिलकर दिल्ली स्थित रहीम ख़ानेख़ाना के मक़बरे का जीर्णोद्धार करने का बीड़ा उठाया।

हममें से अधिकांश का रहीम से परिचय उनके दोहों के माध्यम से है। रहीम हमारी विरासत, क़िस्से–कहानी और बचपन के साथी हैं परन्तु आज हम अपनी विरासत को भूलते जा रहे हैं, उसे अनदेखा कर, जाने–अनजाने नुक़सान तक पहुँचा रहे हैं। रहीम के मक़बरे का भी कुछ ऐसा ही हाल था, वो मक़बरा बिलकुल जर्जर स्थिति में था। हमारी कोशिश रही है कि हम इस मक़बरे के भौतिक जीर्णोद्धार के साथ–साथ रहीम को आज के युग में प्रासंगिक बनायें। इस युग में जहाँ हमारा मेल–मिलाप का दायरा संकीर्ण हो रहा है–भौतिक दूरियाँ घट रही हैं परन्तु आत्मिक दूरियाँ बढ़ रही हैं–रहीम का उदार एवं दयावी व्यक्तित्व आज के अँधेरे में दिये का काम कर सकता है।

रहीम, एक कुशल योद्धा, सिद्धहस्त राजनेता और प्रतिभावान कवि थे। उन्होंने, फ़ारसी, संस्कृत, हिन्दावी और अन्य बोलियों और भाषाओं में कविताओं की रचना की।

रहीम के समावेशी व्यक्तित्व एवं उनके विचारों का प्रतीक यह मक़बरा, सिर्फ़ भूतकाल की विरासत नहीं अपितु भविष्य की पूँजी भी है। इंटरग्लोब फाउंडेशन का प्रयास है कि रहीम की गोचर एवं अगोचर विरासत को भविष्य के लिए बचाकर रखे। इंटरग्लोब फाउंडेशन को अत्यन्त प्रसन्नता और गर्व है कि वह इस पूँजी के संरक्षण में योगदान दे पाया।

हम आग़ा ख़ान ट्रस्ट फॉर कल्चर के आभारी हैं, ख़ासतौर से श्री रतीश नंदा जी और उनकी टीम जिसने इस काम को मूर्त रूप दिया।

भारतीय पुरातत्त्व सर्वेक्षण विभाग का विशेष आभार जिनके सहयोग से रहीम के मक़बरे का संरक्षण कार्य सम्पन्न हुआ। आशा है कि 'रहीम' का यह 'जीर्णोद्धार प्रोजेक्ट' एक जीवन्त धरोहर बना रहेगा।

–रोहिणी भाटिया

अध्यक्ष, इंटरग्लोब फाउंडेशन

जाल परे जल जात बहि, तजि मीनन को मोह।
रहिमन मछरी नीर को, तउ न छाँड़त छोह ॥

आभार

रहीम के दोहे जिस रूप में चार सौ साल पहले जाने जाते थे आज भी उसी रूप में जन–मानस को प्रभावित करते हैं। यह उनकी अप्रतिम प्रतिभा का प्रत्यक्ष प्रमाण है। रहीम चौदहवीं शताब्दी के सूफ़ी सन्त हज़रत निज़ामुद्दीन औलिया की दरगाह के नज़दीक दफ़न किये गये। यहीं पर, सांस्कृतिक विरासत की धनी, अन्य प्रमुख शख़्सियतें जैसे–हज़रत अमीर खुसरो, शाहजहाँ की बेटी जहाँनआरा बेगम, मिर्ज़ा ग़ालिब आदि भी दफ़न हैं।

हिन्दुस्तान में सूफ़ी सन्तों की दरगाहों के निकट दफ़नाया जाना मुबारक समझा जाता था और इसी कारण, चौदहवीं सदी के बाद, निज़ामुद्दीन क्षेत्र में सौ से अधिक मक़बरे बने, इनमें से कई मक़बरे अब मौजूद नहीं हैं। आग़ा ख़ान ट्रस्ट फ़ॉर कल्चर ने भारतीय पुरातत्त्व सर्वेक्षण विभाग की सहभागिता में सन् 2007 से अवशेषित इमारतों का प्रमुख संरक्षण कार्य अपने हाथों में लिया।

सन् 2013 में विश्व विरासत स्थल, हुमायूँ के मक़बरे का संरक्षण कार्य पूर्ण करने के उपरान्त, संरक्षण कार्य करने वाली एक अनुभवी टीम तैयार हुई। इस टीम के आधार पर, रहीम के मक़बरे का संरक्षण कार्य, जो कि काफ़ी चुनौतीपूर्ण था, करने का निर्णय लिया गया। यह भव्य मक़बरा रहीम ने अपनी बेगम के लिए बनवाया था और अब जीर्ण–शीर्ण स्थिति में था ।

रहीम के मक़बरे का संरक्षण इंटरग्लोब फाउंडेशन की उदारचरित आर्थिक सहायता व साझेदारी से ही सम्भव हो पाया। भारत में पहली बार किसी राष्ट्रीय स्मारक का संरक्षण एक कॉरपोरेट संस्था की मदद से किया जा रहा है। इंटरग्लोब फाउंडेशन ने संरक्षण के साथ–साथ एक शोध कार्यक्रम को भी समर्थन दिया–यह किताब उसी शोध कार्यक्रम का एक परिणाम है।

भारतीय पुरातत्त्व सर्वेक्षण विभाग और आग़ा ख़ान ट्रस्ट फ़ॉर कल्चर ने मिलकर आवश्यक संरक्षण की योजना बनायी और इस महत्त्वपूर्ण इमारत का दीर्घकालिक संरक्षण सुनिश्चित करने का निर्णय लिया। हुमायूँ के मक़बरे की बहु–विषयक टीम का अनुभव, रहीम के मक़बरे का आकलन व योजना बनाने में, सबसे अधिक कारगर साबित हुआ। स्थापित अन्तरराष्ट्रीय और राष्ट्रीय संरक्षण दिशा–निर्देशों का पालन करते हुए भारतीय परिवेश के अनुसार मॉडल संरक्षण योजना बनायी गयी।

ऐसी आशा की जाती है कि यह परियोजना, सफलतापूर्वक समाप्त होने पर, कॉर्पोरेट जगत की सामाजिक ज़िम्मेदारी (CSR) के अन्तर्गत उपलब्ध धन के व्यापक सदुपयोग का, अन्य इसी तरह की परियोजनाओं में, मार्ग प्रशस्त कर पायेगी।

रहीम का मक़बरा मात्र वास्तु और पुरातत्त्व की दृष्टि से ही महत्त्वपूर्ण नहीं है वरन यह एक प्रख्यात सांस्कृतिक व्यक्ति के ऐतिहासिक पहलू पर विचार करने का जीवित दस्तावेज़ है।

आग़ा ख़ान ट्रस्ट फॉर कल्चर, इंटरग्लोब फाउंडेशन के महत्त्वपूर्ण सहयोग और सहभागिता को अंगीकार करते हुए उनका आभार व्यक्त करता है। मैं, इंटरग्लोब फाउंडेशन की सुश्री रोहिणी भाटिया का विशेष रूप से आभारी हूँ जिनके सफल नेतृत्व एवं व्यक्तिगत रुचि के बिना यह प्रकाशन सम्भव नहीं हो पाता। इस कार्य में सुश्री प्रियंका सिंह, सुश्री आर. वी. जयापदमा, सुश्री नीलांजना सिंह, सुश्री श्रेया शालिनी का निरन्तर प्रयास और सहयोग भी अत्यन्त सराहनीय है।

इस पुस्तक को यह रूप देने में प्रोफ़ेसर हरीश त्रिवेदी का बहुत महत्त्वपूर्ण योगदान रहा है–मैं उनका हृदय से धन्यवाद करता हूँ। श्री माधव प्रसाद मिश्रा का योगदान भी सराहनीय रहा है। मैं सुश्री दीति राय का आभारी हूँ जिन्होंने लेखकों और प्रकाशन के बीच समन्वय का महत्त्वपूर्ण कार्य किया।

आज के युग में रहीम की प्रासंगिकता जन–मानस तक पहुँचाने वाले प्रख्यात विद्वान लेखकों, श्री रामचन्द्र शुक्ल, श्री नामवर सिंह, सुश्री अनामिका, सुश्री दीपा गुप्ता, श्री मैनेजर पाण्डेय, श्री उदय शंकर दुबे, श्री सुधीश पचौरी, श्री प्रताप कुमार मिश्र, श्री चन्द्रशेखर, जिन्होंने मिलकर रहीम के बहुमूल्य योगदान को इस पुस्तक में उजागर किया है, का हम विनम्रतापूर्वक आभार व्यक्त करते हैं।

हम वाणी प्रकाशन के आभारी हैं जिन्होंने इस पुस्तक को छाप कर उल्लेखनीय कार्य किया है। इस कार्य में वाणी प्रकाशन की सुश्री अदिति माहेश्वरी गोयल ने विशेष रुचि लेकर जो योगदान किया है वह निःसन्देह प्रशंसनीय है।

जब हम इस सांस्कृतिक पुनरुत्थान के प्रयास को मक़बरे के संरक्षण कार्य से जोड़कर देखते हैं तो भारतीय पुरातत्त्व सर्वेक्षण विभाग के इन अधिकारियों–श्रीमती उषा शर्मा–महानिदेशक, श्री एन.के. पाठक–अधीक्षक पुरातत्त्वविद् (दिल्ली मण्डल), एवं श्री दलजीत सिंह–पूर्व अधीक्षक पुरातत्त्वविद् (दिल्ली मण्डल) के मार्गदर्शन और मूल्यवान सहयोग को विनम्रता से याद करते हुए उनका आभार व्यक्त करते हैं।

आग़ा ख़ान ट्रस्ट फॉर कल्चर की ओर से श्री राजपाल सिंह, श्री नवीन चन्द थपलियाल और सुश्री उज्ज्वला मैनन प्रमुख रूप से संरक्षण कार्यों के क्रियान्वयन से जुड़े रहे। इस कार्य में सुश्री अर्चना साद अख़्तर का भी योगदान रहा है। कार्य की देख–भाल और स्थल–प्रबन्धन का ज़िम्मा श्री अतर सिंह, श्री अमीरक, श्री बाबू लाल, श्री धनी राम इत्यादि का रहा है, जिनकी देख–रेख में सैकड़ों कामगारों ने काम किया। इस टीम द्वारा जोख़िम भरे चुनौतीपूर्ण कार्य को पूरा करने के प्रयास की मैं सराहना करता हूँ।

हम विश्वास करते हैं कि इस प्रकार के शैक्षणिक, सांस्कृतिक एवं संरक्षण कार्यों से हमारा शहर दिल्ली, अनेकता में एकता का प्रतीक बनकर उभरेगा और एक अनुकरणीय मिसाल प्रस्तुत करेगा। रहीम के सन्देश के प्रसारण के लिए देश के विभिन्न शहरों जैसे पटना, प्रयागराज आदि में यात्रा–प्रदर्शिनियाँ प्रस्तावित हैं जिनसे रहीम के व्यक्तित्व और उनके कार्यों की जानकारी लोगों तक सरलता से पहुँच सकेगी।

–रतीश नंदा

सी.ई.ओ., एकेटीसी, इंडिया

रहिमन मोहि न सुहाय, अमी पिआवै मान बिनु।
बरु विष देय बुलाय, मान सहित मरिबो भलो ।।

محمد امین دیوانه و بابای زنبور و خواجه ملک عبد الرحیم را که خلف صدق بیرام خانست و دران
هنگام چهار ساله بود با والده و بعضی خدمتکاران ازان حادثه برکنار برده باحمدآباد روان شدند

रहिमन धागा प्रेम का, मत छोड़ो छिटकाय ।
टूटे से फिर ना मिले, मिले गाँठ परि जाय ।।

रहीम : परिचय एवं परिचर्चा

हरीश त्रिवेदी

अब्दुर्रहीम ख़ानेख़ाना (1556–1627) जैसा कवि हिन्दी में कोई दूसरा नहीं हुआ। यह प्रशंसात्मक अतिशयोक्ति नहीं है बल्कि केवल तथ्यात्मक विवरण है, क्योंकि इसका सम्बन्ध उनके कवित्व से कम और उनके व्यक्तित्व से कुछ अधिक है। उनके जैसे ऊँचे ओहदे पर विराजमान रहा शूरवीर कवि हिन्दी में दूसरा कहाँ है? वे अकबर बादशाह के मन्त्री भी थे और प्रमुख सेनापति भी। उनकी उपाधि 'ख़ानेख़ाना' का तात्पर्य था कि वे बस बादशाह के तुरन्त बाद के पद पर आसीन थे, शहज़ादों को छोड़कर। हमारे भक्त कवि तो सन्त थे और सत्ता से यथासम्भव दूर ही रहे–"सन्तन को सीकरी सों (क्या) काम"– पर हमारे राज–प्रश्रय पाये हुए कवि भी मुग़लों के अधीनस्थ छोटे रजवाड़ों के ही राजकवि थे, जैसे कि ओरछा में रहीम के समवयस्क केशवदास (1555–1617) या आमेर (जिस पहाड़ी क़िले से नीचे उतरकर बाद में राजधानी पास ही के जयपुर में बनाई गयी) में वय में कहीं छोटे समकालीन कवि बिहारी लाल (1595–1663) पर उनमें से किसी ने तलवार भी भाँजी हो इसका कहीं संकेत तक नहीं मिलता।

जीवन-लीला और अनुभव की गहराइयाँ

रहीम का यह व्यक्तिगत गौरव सिर्फ़ ओहदे या शान–बान की ही बात नहीं है। इसका सीधा सम्बन्ध कवि के अनुभव–क्षेत्र की व्यापकता से भी है और उसकी गहराई से भी। रहीम दशकों तक ख़ानेख़ाना रहे, अकबर के प्रमुख विश्वासपात्र रहे, उनके लिए बड़ी–बड़ी लड़ाइयाँ जीतीं, कई सूबों के सूबेदार रहे पर अकबर के उनचास साल लम्बे राज्य–काल के बाद 1605 में जहाँगीर का शासनकाल शुरू होने पर रहीम की भाग्य–दशा बदलने के आसार दिखने लगे। साल–दो साल बाद 'दकन' (अर्थात् दक्षिण भारत) से जब वे नये बादशाह को बधाई देने आख़िरकार जहाँगीर के दरबार में पेश हुए तो घुसते ही उन्होंने ऐसा साष्टांग दण्डवत् किया और फिर उठे ही नहीं कि बादशाह को ख़ुद उनको उठाने के लिए बढ़ना पड़ा। जहाँगीर ने उनको गले लगाया और कहा

कि ठीक है, जो हुआ सो हुआ, क़िस्मत की बात थी...पर बाद में अपनी आत्मकथा में यह भी लिखा कि जब रहीम दाख़िल हुआ तो समझ में ही नहीं आया कि वह पैरों के बल चल के आया था या कि सिर के बल।

रहीम को बाइज़्ज़त फिर दकन भेजा गया पर अबकी बार उनके साथ दल–बल कम था और सत्तर वर्ष के हो रहे रहीम स्वयं भी शिथिल हो रहे थे। उनके दो बेटे शीघ्र ही अकाल मृत्यु को प्राप्त हुए और दो महत्त्वाकांक्षी शहज़ादों, शहरयार और खुर्रम (बाद में शाहजहाँ) के द्वन्द्व में बेपेंदी के लोटे जैसे ढनन्गते हुए रहीम ने (क्रुद्ध जहाँगीर के शब्दों में) "अपना मुँह नमकहरामी से काला" कर लिया (याज्ञिक द्वारा उद्धृत, पृष्ठ 36)। रामचन्द्र शुक्ल के उतने ही दो–टूक सार–संक्षेप में "लड़ाई में धोखा देने के अपराध में...इनकी सारी जागीर ज़ब्त हो गयी और ये क़ैद कर लिए गये" (शुक्ल, पृष्ठ 261)। माफ़ी मिलने और सम्पत्ति लौटा दिये जाने के बाद भी इनके एक बार फिर धोखा देने या पाली बदलने पर शहज़ादा खुर्रम ने इनके छोटे–छोटे दो पौत्रों को मार डाला तथा इनको दण्ड दिया। इस बीच जहाँगीर के प्रिय सिपहसालार महाबत ख़ाँ को रहीम से छीनकर ख़ानेख़ाना की पदवी दी गयी जिसने रहीम के एक और पुत्र दाराब ख़ाँ का सिर काटकर रहीम को सौगात के रूप में भेजा कि यह तरबूज़ है।

एक जन्म के लिए इतनी ही सम्पदा–विपदा पर्याप्त थी ("रहिमन बिपदा हू भली..."?) पर अभी रहीम के लम्बे जीवन–नाटक का अन्तिम अंक खेला जाना बाक़ी था। याज्ञिक जी ने सटीक ही कहा है कि अब तक "दुनियादारी की शतरंजी चालों का कुशल खिलाड़ी स्वयं मोहरा" बन चुका था (याज्ञिक, पृष्ठ 36)–बल्कि कहना चाहिए कि काफ़ी पिट चुका था और ज़िन्दगी की ही बाज़ी हारते–हारते बचा था। लेकिन अभी एक बार फिर उसका अपने ही शब्दों में फिर से "प्यादे से फर्जी" बनना लिखा था, तो रहीम की क़िस्मत पलटी, उनके दिन बहुरे, और उनकी ही एक और पंक्ति उनके जीवन में चरितार्थ हुई : "जब नीके दिन आइहैं बनत न लगिहै देर"। हुआ क्या कि महाबत ख़ाँ ने जहाँगीर को ही धोखे से क़ैद कर ख़ुद को बादशाह घोषित कर दिया। फिर नूरजहाँ ने उससे भी ज़्यादा चालाकी से काम लेकर जहाँगीर को भी छुड़वाया और रहीम को भी फिर ख़ानेख़ाना बनाया, कि अब तुम्हीं महाबत ख़ाँ से निपट सकते हो। तब रहीम के आँसू पोंछे और उनकी बार–बार की ख़ुद आप–ही बुलाई मुसीबत, अवमानना और भर्त्सना का कलंक धुला। बहत्तर वर्ष की आयु में, जो तब निश्चित ही दीर्घायु थी, उनकी उठा–पटक और ऊहापोह से भरी जीवन–लीला का पटाक्षेप हुआ। कवियों की तो जाने दें, बड़े–बड़े राजों–महाराजों के जीवन में भी शायद ही इतने उत्तुंग चढ़ाव और इतने अधोगति वाले उतार आये हों। कालिदास की पंक्ति याद आती है : "नीचैर्गच्छति उपरि च दशा चक्रनेमिक्रमेण"। रथ के पहिये की परिधि की भाँति भाग्य–दशा नीचे और फिर ऊपर चलती ही जाती है।

क़लम के सिपाही

यह तो रहा रहीम के तलवार के सिपाही और ख़ानेख़ाना के रूप का वृत्तान्त, जो इतने विस्तार से हमें इसलिए ज्ञात है क्योंकि उनके जीवन–काल में ही *अकबरनामा* के टक्कर की उनकी *मआसिर–ए रहीमी* नामक विशालकाय जीवनी स्वयं उनके प्रश्रय में फ़ारसी में लिखी गयी थी। इसमें उनके दरबारी जीवन का साक्ष्य तो पर्याप्त मिलता है पर कवि–जीवन का लगभग बिलकुल नहीं। पर कवि–रूप में और दान–वीर के रूप में रहीम अपने जीवन–काल में ही इतने प्रसिद्ध हो चुके थे कि उनके बारे में अनेक किंवदन्तियाँ प्रचलित हो गयीं। जो उन्हें अन्य समकालीन कवियों से जोड़ती हैं, जैसे कि गंग के कवि के पूछने पर उन्होंने यह दोहा कहा, या तुलसीदास के एक दोहे के उत्तर में उन्होंने वही दोहा कहा, या जब तुलसीदास चित्रकूट में रहते थे तो उनके और रहीम के बीच इन दोहों का आदान–प्रदान हुआ, इत्यादि। पर इन सभी कथाओं का कोई ऐतिहासिक प्रमाण नहीं मिलता, तो उनको स्वीकार करना हो तो केवल जन–समूह के सौहार्द व श्रद्धा–भावना के रूप में स्वीकार करना चाहिए।

हिन्दी के पाठकों को रहीम का उप–बादशाही जीवन–चरित चाहे पता हो या न पता हो, यह तो सभी जानते हैं कि वे क़लम के भी उतने ही धनी थे...बल्कि शायद अधिक ही क्योंकि इसकी प्रबल सम्भावना है कि जब–जब उन पर घोर विपदा आती थी और जब उनकी तलवार वापस म्यान में दुबक जाती थी, तो उनके (सूई तो नहीं पर) क़लम उठाने और अपनी साहित्यिक प्रतिभा के अभ्यास का समय आता रहा होगा। "रहिमन चुप ह्वै बैठिये" वाली बाध्यता के दिनों की यातना में उनकी क़लम तो चुप नहीं रहती होगी, बल्कि एकान्त में और भी मुखर हो उठती होगी।

रहीम ने अपने जीवन के प्रत्यक्ष अनुभवों का कहीं ब्योरा नहीं लिखा और शायद उनके चारों ओर कूटनीति और गुप्त मन्त्रणा का जो जाल बिछा रहता होगा उसमें यह करना उनको नुक़सान पहुँचाता इसकी सम्भावना प्रबल थी। कुछ प्रसंगों को लेकर जग–हँसाई तो हो ही सकती थी। तभी उन्होंने आह–सी भरते हुए कहा होगा कि "रहिमन निज मन की बिथा, मनही राखो गोय।" पर ऊपर से गोय रखते हुए भी उन्होंने अपने मीठे–कड़वे अनुभवों और सतत् भटकती और धक्के खाती जीवन–यात्रा का निचोड़, उसका सार भाग, अपने अनेक दोहों में किंचित् परोक्ष एवं निर्वैयक्तिक रूप में अवश्य प्रकट किया है, इसमें सन्देह की गुंजाइश नहीं है। ऐसे दोहों को उनकी प्रच्छन्न और उदात्तीकृत, अतएव अधिक कलात्मक, आत्मकथा के रूप में पढ़ा जा सकता है। ठीक उसी समय के एक सामान्य व्यक्ति बनारसीदास की आत्मकथा *अर्द्ध–कथानक* की चर्चा पिछले कुछ वर्षों में काफ़ी हुई है क्योंकि उसमें कालक्रमात्मक घटनामूलक आख्यान है और साधारण जीवन का तथ्यात्मक वर्णन है। रहीम की लगभग 280 दोहों वाली दोहावली में यहाँ–वहाँ उनके प्रत्यक्ष अनुभवों की जो झाँकी झिलमिलाती है उस पर उन्होंने अपनी मनोदशा का झीना पर्दा डाल रखा है और कहीं–कहीं मार्मिक उपमानों द्वारा उनका साधारणीकरण भी किया है ताकि सबको अपने अनुभव जैसा ही लगे।

रहीम के ऐसे दोहों में कई बार भाग्य–विपर्यय से साक्षात्कार हुआ है और उनको बुझे मन से ही स्वीकार किया गया है :

खरच बढ़यो उद्यम घट्यो, नृपति निठुर मन कीन।
कहु रहीम कैसे जिए, थोरे जल की मीन।।

कहु रहीम केतिक रही, केतिक गयी बिहाय।
माया ममता मोह परि, अन्त चले पछिताय।।

अथवा

विपति भए धन ना रहे, रहे जो लाख करोर।
नभ तारे छिपि जात हैं, ज्यों रहीम भय भोर।।

सम्पदा से विपदा अथवा सम्पत्ति से विपत्ति की दशा आने पर अपने सगे और मित्र भी विमुख हो जाते हैं :

कहि रहीम सम्पति सगे, बनत बहुत बहु रीत।
बिपति–कसौटी जे कसे, तेई साँचे मीत।।

पर रहीम यह भी समझते हैं कि अपनी दीन–दशा अपने पर मित्रों का विमुख हो जाना आश्चर्य की बात नहीं बल्कि मानव–स्वभाव के अनुरूप ही है और वे ऐसे "यारों" को स्वयं ही साथ छोड़कर जाने को कहते हैं, जैसे कि उनसे मुक्ति चाहते हों।

ये रहीम दर दर फिरहिं, माँगि मधुकरी खाहिं।
यारो यारी छोड़िए, वे रहीम अब नाहिं।।

दूसरी ओर कभी–कभी मन अन्य जनों की नीचता के प्रति वितृष्णा से भर जाता है :

रहिमन ओछे नरन सों, बैर भलो ना प्रीति।
काटे चाटै स्वान के, दोउ भाँति विपरीत।।

या

रहिमन लाख भली करो, अगुनी अगुन न जाय।
राग सुनत पय पिअतहूँ, साँप सहज धरि खाय।।

औरों से सहायता या सान्त्वना मिलने की आशा न रहने पर झिझक और लज्जा की ऐसी गहरी भावना जागती है और मन में ऐसा संकोच भर जाता है कि व्यक्ति आत्म–सम्मान का निर्वाह करते हुए स्वयं अपना सामना भी नहीं कर पाता।

गरज आपनी आप सों, रहिमन कही न जाय।
जैसे कुल की कुलबधू पर–घर जात लजाय।।

ऐसे विचार भी आता है कि ऐसे जीने को धिक्कार है।

बड़ माया को दोष यह, जो कबहूँ घटि जाय।
तो रहीम मरिबो भलो, दुख सहि जियै बलाय।।

पर घूम–फिर के मन को समझाना ही पड़ता है :

समय पाय फल होत है, समय पाय झरि जात।
सदा रहे नहिं एक सी, का रहीम पछितात।।

इस भ्रम का निवारण भी करना पड़ता है कि सब–कुछ मनुष्य की इच्छा और उद्यम के बल से घटित होता है, क्योंकि चाहे ऐसा ऊपर से ज़रूर लगे पर वास्तव में ऐसा है नहीं :

ज्यों नाचत कठपूतरी, करम नचावत गात।
अपने हाथ रहीम ज्यों, नहीं आपुने हाथ।।

इस प्रकार रहीम के जीवन–वृत्त को बगल में रखकर उनके काव्य को पढ़ना उनकी कविता में अधिक रस भी घोलता है और उसे अधिक मार्मिक भी बनाता है। ऐसे दस–बारह क्या, और भी दोहे सहज ही चुने जा सकते हैं जिन्हें भी रहीम की कलात्मक आत्मकथा के रूप में पढ़ा जा सकता है। हिन्दी साहित्य में शायद ही किसी और लेखक ने इतने ऊँचे धरातल पर इतना घमासान जीवन भी जिया और साथ–ही–साथ ऐसी हृदयस्पर्शी कविता भी लिखी। एक रसखान (1533–1628) से ही शायद कुछ तुलना हो सकती है, जिनके बारे में प्रसिद्ध है कि उनका जन्म का नाम सैयद मोहम्मद इब्राहीम था, वे दिल्ली में रहते थे। उनका सम्बन्ध शासक–वर्ग से था और मुग़ल सल्तनत में हर–कुछ वर्षों में जो भीषण ख़ून–ख़राबा होता रहता था उससे विरक्त होकर वे दीन–दुनिया त्यागकर वृन्दावन चले गये थे और वहाँ परम कृष्ण–भक्त हो गये थे : "देखि ग़दर हित साहिबी, दिल्ली नगर मसान/ठसक बादसा बंस की, छांड़ि चले रसखान"। पर रहीम ने न तो अपनी ऊँची ठसक छोड़ी और न ही दुनिया को निस्सार माना, बल्कि अन्त तक अपने कर्त्तव्य और अपने भवितव्य का पूरी तरह निर्वाह करते हुए कर्मशील रहे, जो अधिक कठिन रहा होगा।

रहीम काव्य

ऐसे रहीम पर केन्द्रित इस पुस्तक के दो मन्तव्य हैं। पहला तो रहीम के द्वारा अलग–अलग विधाओं, छन्दों और भाषाओं में रचे गये विपुल काव्य का एक बड़ा संकलन पाठकों के समक्ष प्रस्तुत करना, जिससे उनके बहुमुखी और अत्यन्त सरस साहित्यिक वैभव का आनन्द सहज ही लिया जा सके। रहीम पढ़ाये तो जाते हैं पर स्कूल की छोटी कक्षाओं में, जहाँ उनके अधिकाधिक दस–बारह सरल से, नीतिपरक और सर्वथा निरामिष दोहे ही पाठ्य–पुस्तकों में पाये जाते हैं। ज़ाहिर है कि नीचे दिया हुआ दोहा नीति तो सिखाता है पर मासूम बच्चों को नहीं पढ़ाया जा सकता :

कुटिलन संग रहीम कहि, साधू बचते नाहिं।
ज्यों नैना सैना करें, उरज उमेठे जाहिं।।

पर बाद में बी.ए. और एम.ए. की कक्षाओं में रहीम को पाठ्यक्रम में जगह नहीं मिलती और इसीलिए उन पर शोध भी कम हुआ है और पुस्तकें भी कम आयी हैं। ऐसे में उनके काव्य के जो एक–दो मुख्य संस्करण छपे हैं, वे भी सामान्य पाठक के लिए उतने उपयोगी नहीं हैं क्योंकि उनमें केवल मूल पाठ दिया गया है, व्याख्या के नाम पर अन्त में कुछ टिप्पणियाँ मात्र हैं।

इस संकलन में जो दोहे, बरवै और अन्य छन्द चुने गये हैं उन सबकी स्पष्ट और सरल व्याख्या भी दी गयी है। रहीम की भाषा–शैली वैसी दुरूह नहीं है जैसी कि जायसी, केशव या बिहारी की है, पर उसी काल की होने के कारण अब वह हमसे काफ़ी दूर खिसक गयी है। तुलसीदास जी ने *'रामचरितमानस'* जान–बूझ कर और बड़े जतन से जन–साधारण के लिए लिखा था, पर आज के नहीं तब के जन–साधारण के लिए और आज उनका *मानस* भी अधिकतर गीता प्रेस की व्याख्या के साथ ही छपता–बिकता है। बीसवीं शताब्दी के आरम्भ से जब से खड़ीबोली के ही 'हिन्दी' माने जाने का युग शुरू हुआ, ब्रजभाषा या अवधी का प्रयोग करने वाले और उन्हें सहज ही समझने वाले लोग क्रमशः कम होते गये हैं और अब तो शायद लुप्त–प्राय हैं। यह हाल है कि बड़े–बड़े विश्वविद्यालयों के भरे–पूरे हिन्दी विभागों में इने–गिने लोग ब्रज और अवधी में लिखे हमारे गौरव–ग्रन्थ पढ़ाने के लिए आगे आते हैं। इस पुस्तक की एक विशेषता यह भी है कि इसमें दी हुई रहीम के दोहों इत्यादि की व्याख्याएँ किन्हीं विख्यात विशेषज्ञों द्वारा नहीं लिखी गयी हैं अपितु रहीम–काव्य के प्रेमी रसिकों द्वारा प्रस्तुत की गयी हैं। विशेषज्ञ जिसे सर्वग्राह्य समझते हैं उसे कई जगह फिर समझाने की ज़रूरत होती है पर यहाँ यह ख़तरा नहीं है।

इस प्रकार इस संस्करण में 'रहीम दोहावली' के 100 सर्वश्रेष्ठ दोहे हैं, और उनके 'नगर शोभा' विषयक ग्रन्थ से चुने गये कुछ अलग ही प्रकार के 80 अन्य दोहे हैं। फिर रहीम के विविध विषयों पर लिखे 112 बरवै हैं। इस दोहे से भी छोटे और अधिक लयात्मक छन्द का आविष्कार करने का श्रेय रहीम को ही जाता है।

इनके अतिरिक्त रहीम ने अन्य छन्दों में भी फुटकर रचना की जिससे यह अवश्य प्रदर्शित होता है कि कवि के रूप में अपनी प्रतिभा को वे जैसे भी चषक में चाहते सहज ही ढाल सकते थे। उनकी भी बानगी यहाँ दी गयी है, जिसमें उनका 'श्रृंगार सोरठा' है, सवैये हैं और पद हैं, और अन्त में 'मदनाष्टक' के आठों छन्द हैं, जिनमें संस्कृत, फ़ारसी और तत्सम व तद्भव शब्दों में मण्डित खड़ीबोली का प्रयोग इतना चमत्कारी है कि इन सभी भाषाओं की सम्मिश्रित छटा पर ध्यान पहले जाता है और अर्थ पर बाद में। इस क्रम में अमीर ख़ुसरो (1253–1325) का भी ध्यान आता है जिन्होंने ऐसी भाषाई खिचड़ी पकाने की शुरुआत की थी–यदि संस्कृत पर आधारित कहीं और पहले के मणि–प्रवाल आदि के प्रयोग का सन्दर्भ अलग ही रखें तो।

रहीम विमर्श

पुस्तक के पहले भाग में रहीम की कविता के अनेक पक्षों पर विमर्श संयोजित है। इसमें मूर्धन्य विद्वानों के दस लेख हैं जिनमें पहले तीन पूर्व–प्रकाशित हैं और शेष छह इस पुस्तक के लिए विशेष लिखे गये हैं। हमने शुरुआत की है आचार्य रामचन्द्र शुक्ल के *हिन्दी साहित्य का इतिहास* (1929) से लिए गये उद्धरण से। इसका जगह–जगह उल्लेख अन्य लेखकों ने भी किया है तो लगा कि इस मूल और आधारभूत मूल्यांकन को कुछ विस्तार से छापना ठीक रहेगा। शुक्ल जी ने रहीम के सन्दर्भ में तुलसीदास का

उल्लेख किया है, जो शुरू में चकित करता है क्योंकि तुलसी शुक्ल जी की ही दृष्टि में ही नहीं सभी की दृष्टि में हिन्दी के महानतम कवि हैं। पर शुक्ल जी रहीम और तुलसी की बराबरी नहीं करते, बस दो–तीन बिन्दुओं पर उनकी समानता भर दिखाते हैं। तुलसी के ही समान रहीम की पंक्तियाँ भी सर्वसाधारण के मुँह पर रहती हैं क्योंकि वे भी मार्मिक और हृदय से निकली हैं। भाषा पर भी रहीम का अधिकार तुलसी जैसा ही था और दोनों ने ही ब्रज और अवधी दोनों भाषा में काव्य रचा है। शायद इसीलिए शुक्ल जी ने यहाँ रहीम को एक ख़ास रियायत दी और यह नहीं कहा, जो उन्होंने एकाधिक मुख्यतः दोहे लिखने वाले कवियों के बारे में कहा है, कि उनमें 'नाद–सौन्दर्य' का अभाव है। एक और बात द्रष्टव्य है, कि सर्वाधिक लोकप्रिय दोहाकारों में उन्होंने रहीम और तुलसी का नाम तो लिया पर कबीर नदारद हैं, क्योंकि शुक्ल जी की राय में कबीर में 'कहीं–कहीं विलक्षण प्रभाव' और विस्मित करने वाला 'चमत्कार' तो था पर शायद मार्मिकता वैसी नहीं थी।

अगला लेख प्रोफ़ेसर नामवर सिंह का है जो शुक्ल जी के समान ही हर शब्द नाप–तौल कर इस्तेमाल करते हैं; कह सकते हैं कि दोनों आलोचकों की दृष्टि उतनी ही पैनी है और दोनों का ही भाषा का प्रयोग उतना ही सतर्क है। बाबरी मस्जिद के विध्वंस की छाया में 1995 में लिखे इस लेख में रहीम के सर्वथा उपयुक्त दोहों को उद्धृत करते हुए नामवर जी ने उन्हें अकबरकालीन हिन्दू–मुस्लिम समन्वय या साझा संस्कृति के प्रतीक ही नहीं अपितु एक प्रमुख निर्माता के रूप में प्रतिष्ठित किया है, सर्व–साधारण से उनके लगाव को रेखांकित किया है, और अन्त में उनकी 'भक्ति–भावना' के बारे में ऐसी गहरी अन्तर्दृष्टि दी है जो किसी और आलोचक से सम्भव नहीं थी। स्पष्ट करते हुए कि रहीम न तो भक्त थे न सन्त और न ही आध्यात्मिक, नामवर जी ने रहीम की 'उदात्त भाव–भूमि' का यह मौलिक कारण दिया है कि रहीम उस ऊँचे धरातल पर पहुँच गये थे "जहाँ मुसलमान होकर भी मुसलमान नहीं रह जाता और न हिन्दू ही हिन्दू रह जाता है।" प्रगतिशील धर्म–निरपेक्षता की इतनी सूक्ष्म (अर्थात् अस्थूल) उद्भावना अन्यत्र शायद ही मिले।

अगले लेख में प्रोफ़ेसर मैनेजर पाण्डेय का भी आग्रह रहीम के उस पक्ष पर है जिससे उनकी बहुलता उजागर होती है–सांस्कृतिक, भाषिक और वर्गगत भी। इलाहाबाद में दिये गये इस भाषण में वे रहीम को उचित ही 'सांस्कृतिक संगम का कवि' कहते हैं। वे मुग़ल बादशाहों द्वारा रचित हिन्दी भाषा की कविताओं के उद्धरण भी देते हैं, जो शायद प्रामाणिक हैं या शायद प्रामाणिक नहीं हैं, जैसा कि प्रोफ़ेसर पाण्डेय ने ऐसी कविताओं के अपने अलग से सम्पादित संकलन की भूमिका में स्वयं ही स्पष्ट किया है, क्योंकि उनका मूल स्रोत वस्तुतः एक ही पुस्तक है और वह भी संगीत की, जिसके अलावा अन्यत्र उनका उल्लेख बहुत कम है। इसी प्रकार कई और रहीम–विषयक किंवदन्तियों का प्रो. पाण्डेय ने सहज ही हवाला दिया है क्योंकि उनका जनश्रुतिरूपी जनाधार है, जिसका अलग ही महत्त्व है।

अगला लेख श्री उदय शंकर दुबे का है जो स्वच्छन्द मनमौजी खोजी हैं और उसी सिलसिले में यह दुर्लभ जानकारी प्रस्तुत कर रहे हैं कि दतिया राज्य की रामलीला में जो परम्परागत अभिनेय पाठ है उसमें स्थानीय स्तर पर जो परिवर्तन–संवर्द्धन होता रहता है उसमें रहीम की एक कृति के कुछ अंशों का कैसा सहज प्रवेश हुआ है। यह भी जानकारी जनरुचि और जन–परम्परा पर आधारित है पर यह हमें कुछ दूसरी ही दिशा में ले जाती है। सन् 1885 में अभिनीत रामलीला का यह पाठ प्रकाश में लाकर दुबे जी ने लोक–संस्कृति के सर्वग्राही व सर्वसमावेशी चरित्र का दस्तावेज़ी परिचय दिया है। अब भी स्वतन्त्र शोधकर्ताओं द्वारा ऐसी सामग्री सामने आ रही है और उसमें रहीम जैसा कवि रामलीला जैसे पावन अनुष्ठान में भी प्रतिष्ठापित पाया जाता है यह हम सभी के लिए हर्ष का विषय है।

प्रोफ़ेसर सदानन्द शाही ने अपने लेख में रहीम को एक ओर कबीर से और दूसरी ओर तुलसी से जोड़कर एक लम्बा सन्दर्भ रेखांकित किया है जिस दौरान साहित्य का प्रवाह संस्कृत से ब्रज और अवधी की ओर और शास्त्र से लोक की ओर आ रहा था। इस संक्रान्तिक किंवा क्रान्तिकारी गतिविधि में इन तीनों महाकवियों ने अपनी–अपनी तरह से महत्त्वपूर्ण योगदान दिया। साथ ही सदानन्द जी ने तीनों कवियों के कुछ दोहों में भावसाम्य ही नहीं बल्कि ऐसा शब्द–साम्य भी दर्शाया है कि उसे अन्तर्पाठीयता कहना भी कुछ कम पड़ेगा। वैसे हमारी अपनी देसी परम्परा में किसी भी साहित्यिक रचना को उसके लेखक की बपौती नहीं बल्कि जन–साधारण के हित में सँजोई गयी सामूहिक निधि माना जाता था और एक ही छन्द का अनेक कवियों के संकलनों में मिल जाना अधिक आश्चर्य का विषय नहीं था।

रहीम के काव्य का एक और प्रमुख अंग है श्रृंगार रस एवं उसी से सम्बन्धित पर कुछ हट के भी उनकी विशिष्ट स्त्री–दृष्टि, तो सदानन्द जी अपने विषय से आगे बढ़ कर अपने लेख के अन्त में बरबस रहीम के श्रृंगार–पक्ष पर पहुँच गये तो उनका दोष नहीं है। हमारे अगले दो निबन्ध इसी विषय के विविध पक्षों पर हैं। कुछ ऐसा हुआ कि प्रोफ़ेसर सुधीश पचौरी, जिन्हें 'रहीम और रीतिकाल' पर कुछ व्यापक लिखना था, खिंच कर मुख्यतः 'नगर शोभा' पर आ अटके और प्रोफ़ेसर अनामिका को तो उस पर लिखना ही था। रहीम का यह अद्‌भुत ग्रन्थ है जिस पर दो लेख तो क्या पूरी पुस्तकें लिखी जा सकती हैं। विशेषतः हमारे समकालीन स्त्री–विमर्श के दौर में तो यह संयोग ख़ूब बना कि इस अपेक्षाकृत उपेक्षित कृति पर दो–दो दृष्टिकोण इस पुस्तक में प्रस्तुत हैं।

प्रोफ़ेसर सुधीश पचौरी पश्चिम की सैद्धान्तिकी का अवगाहन करके अर्जित अपने रीतिकाल के मौलिक विमर्श के लिए जाने जाते हैं और वे हिन्दी में उत्तर–आधुनिक बाज़ारवाद के माहौल के प्रथम व अप्रतिम विवेचक भी हैं। रहीम पर अपने इस लेख में उन्होंने इन दोनों प्रकार के विमर्शों का सम्मिश्रण करके 'नगर शोभा' में वर्णित भाँति–भाँति की उद्यमी स्त्रियों को 'उन्मुक्त' भी बताया है और 'दबंग' भी। दूसरी ओर

इस ग्रन्थ में 'स्त्री–रूप की लीला' का जैसा प्रदर्शन उन्हें दिखा उसके हिसाब से इन स्त्रियों को उन्होंने आज–कल के बाज़ार की अंग्रेज़ी पदावली में 'सेल्स–वीमेन' बताया है, और रसिक–पाठक को उनका 'कंज्यूमर'। रहीम के एक अन्य ग्रन्थ 'बरवै नायिका–भेद' के सम्बन्ध में उनका मत है कि इसकी 'रोमांटिक' नायिकाएँ शास्त्र के पुराने साँचों में समाने वाली नहीं हैं, वे स्वच्छन्द हैं। (वैसे इस बात पर मतान्तर रहा है कि स्वयं रहीम ने क्या इसे नायिका–भेद की विधा में लिखा था या यह बाद के मतिराम जैसे कवि–पाठकों के अनुकरण के बाद उस श्रेणी में स्थापित किया गया, क्योंकि इसमें आचार्य कवियों का जैसा लक्षण वर्णन तो है ही नहीं।)

प्रोफ़ेसर अनामिका अंग्रेज़ी की अध्यापिका और हिन्दी की कवि और उपन्यासकार हैं और उनके लेख में उनकी विशेष संवेदनशीलता और सृजनात्मक सहृदयता का सहज ही परिचय मिलता है। वे 'नगर शोभा' की विविध प्रकार की स्त्रियों में आपस में परिहास–जनित अन्तरंगता पाती हैं और ऐसा 'बहिनापा' भी जिसमें अनामिका जी स्वयं भी सहानुभूति के स्तर पर सम्मिलित लगती हैं। उन स्त्रियों में कुछ अपने भाग्य से समझौता करके जीवन–यापन करने वाली 'विस्थापित प्रौढ़ाएँ' भी हैं' पर उनमें किसी का पन्यीकरण ('कमॉडीफिकेशन') रहीम ने नहीं किया है। उलटे उन्हें तीर–कमान जैसे पुरुषों के अस्त्र–शस्त्र व अन्य व्यवसाय–गत क़लम–दवात जैसे उपादान अपनी रूप–सज्जा और हाव–भाव में रूपक में प्रयोग करने की स्वायत्तता दी है, क्योंकि वे अपने पतियों की सहधर्मिणी ही नहीं अपितु सहकर्मिणी भी हैं। अनामिका जी की सूक्ष्म मनोवैज्ञानिक अन्तर्दृष्टि और साथ ही उनके द्वारा विविध सामाजिक व सांस्कृतिक क्षेत्रों से लाये गये अनेक सन्दर्भ इन स्त्रियों की एक अधिक व्यापक विमर्शीय शोभा रचते हैं जिसमें वे सुन्दर एवं आकर्षक भी हैं और समर्थ–सशक्त भी।

इसके बाद रहीम की काव्य–सम्पदा के दो ऐसे पक्षों पर लेख हैं जिनका उल्लेख हिन्दी में शायद ही कभी होता हो। उनकी संस्कृत और फ़ारसी में रची कविताएँ दोनों ही परिमाण में अधिक नहीं हैं पर जितनी भी हैं उनसे रहीम की बहुभाषी सर्जनात्मक प्रतिभा उजागर होती है। डॉ. प्रताप कुमार मिश्र ने रहीम की कुछ छोटी–छोटी संस्कृत कृतियों की चर्चा करने के पहले उनके 'तथाकथित संस्कृत–ज्ञान' की लम्बी भूमिका बाँधी है जिसमें तथ्यों के अभाव को अनुमान, कल्पना एवं किंचित् अतिशयोक्ति से प्रेमपूर्वक मण्डित किया है। मिश्र जी का उत्साह पराकाष्ठा पर पहुँचता है जब वे कहते हैं कि जब जहाँगीर ने लिखा कि रहीम 'हिन्दी' में कविता करते थे तो उनका तात्पर्य वस्तुतः यह था कि वे संस्कृत में कविता करते थे। लगता है जिस प्रकार रहीम दक्षिण के राज्यों को जीतकर मुग़ल साम्राज्य में मिलाने के लिए प्रयत्नशील रहे, कुछ उसी प्रकार मिश्र जी भी रहीम के हिन्दी काव्य को जीतकर संस्कृत में मिला लेने के लिए कटिबद्ध हैं।

रहीम के फ़ारसी लेखन पर अपने लेख में प्रो. चन्द्रशेखर ने बताया है कि रहीम का कोई फ़ारसी दीवान तो नहीं मिलता पर उनके जीवन–काल में ही लिखी उनकी

जीवनी *'मआसिर–ए–रहीमी'* में उद्धृत उनके अनेक फ़ारसी पद अवश्य मिलते हैं जो निश्चय ही प्रामाणिक हैं, और कुछ अन्य पद प्रो. चन्द्रशेखर तेहरान में उपलब्ध कुछ अन्य तज़किरों से निकालकर विशेषतः लाये हैं। इनमें से अधिकांश फ़ारसी कविता की चली आती ग़ज़ल की इश्क़िया परम्परा में हैं और रहीम के आभिजात्य और उनकी 'अमीरी' के अनुकूल हैं, पर कुछ छन्द ऐसे भी हैं जो व्यक्तिगत और आत्मकथात्मक हैं। जैसे कि उनके अनेक हिन्दी दोहे। रहीम की फ़ारसी कृतियों में उनका किया 'तुज़ुक–ए–बाबरी' का अनुवाद भी है, पर प्रो. चन्द्रशेखर ने यहाँ उस अनुवाद को गौण मानते हुए स्पष्ट ही उनकी फ़ारसी में रची कविता को कहीं अधिक रोचक व श्रेष्ठ बताया है। अब आवश्यकता है उनकी फ़ारसी कविता को उनकी हिन्दी व संस्कृत के समक्ष रखकर पढ़ने की और उनके समग्र कृतित्व को मिलाकर समझने की।

अन्त में उपसंहार के रूप में एक और लेख है जिसमें यह लक्षित किया गया है कि रहीम उन विरले हिन्दी कवियों में हैं जिनकी गणना भक्ति, नीति और रीति तीनों विधाओं में होती है पर ध्यान से देखा जाये तो वे इनमें से किसी भी श्रेणी में वे ठीक से नहीं समाते। इसका कारण यह है कि इन तीनों काव्य–रूपों में उनकी गति अन्य कवियों से कुछ न्यारी है। वे भक्त हुए बिना भक्ति कविता रचते हैं, उनकी नीतिपरक कविताएँ उपदेश कम देती हैं और जीवन के अनुभवों का खट्टा–मीठा निचोड़ अधिक प्रस्तुत करती हैं, और उनकी रीति–कविता में परम्परागत नायिका–भेद के अलावा अनेक वर्गों की ऐसी स्त्रियों का मोहक वर्णन है जो काव्य–शास्त्र के किसी भी आचार्य के अनुसार नायिकाओं के किसी भी भेद के अन्तर्गत आ ही नहीं सकता। कुल मिलाकर उनकी कविता का मुख्य–स्वर उनकी हास–परिहास और व्यंग्य–विनोद से परिपूर्ण जीवन–दृष्टि से उभरता है जिसमें जीवन की अनेक छोटी–बड़ी विडम्बनाओं का समन्वय एवं समाधान है।

अन्य प्रसंग

रहीम के व्यक्तित्व और कृतित्व के अनेक पक्षों पर अलग–अलग विद्वानों द्वारा ऐसा विविध विमर्श पहले भी संयोजित होकर छपा है या नहीं यह मालूम नहीं पर अन्त में विनम्रतापूर्वक यह कहना आवश्यक लगता है कि रहीम के अन्य भी बहुत से आयाम हैं जिनकी गवेषणा अभी बाक़ी है और आशा है कि इस पुस्तक के प्रकाशन के बाद अन्य विद्वानों व शोधार्थियों का ध्यान उधर भी जायेगा जिससे हमारी रहीम के काव्य और उसके ऐतिहासिक सन्दर्भ की समझ में सतत् बढ़ोतरी होती रहेगी।

यदि ऐसे दो–तीन बिन्दु ही रेखांकित करने हों तो मेरी दृष्टि में उनका क्रम कुछ इस प्रकार होगा। पहले तो यह कि रहीम के दो प्रमुख पक्ष हैं जिनमें पहला एक बड़े दरबारी और ख़ानेख़ाना वाला है जो तुर्की–अरबी, फ़ारसी से सम्बन्धित है और दूसरा पक्ष, हिन्दी के एक प्रमुख और लोकप्रिय कवि का है। इन दोनों के बीच में बड़ी दरार है जिसका अधिकतर हिन्दी पाठकों को भान भी नहीं है। अभी मार्च 2017 में रहीम पर दिल्ली में एक अन्तर्राष्ट्रीय गोष्ठी हुई जिससे सम्बन्धित एक भव्य सचित्र पुस्तक भी छपकर आ चुकी है जिसका शीर्षक है *Celebrating Abdur Rahim Khan-i-Khana :*

Statesman, Courtier, Soldier, Poet, Linguist, Humanitarian, Patron (2017). उनके कवि–रूप को इस लम्बी सूची में चौथा स्थान मिला है जबकि हम हिन्दी के लोग उन्हें प्रथमतः और मूलतः इसी रूप में जानते हैं! बल्कि उस दिन–भर की गोष्ठी में आधे से अधिक वक्ताओं ने रहीम के उस पक्ष की व्याख्या की जिसका हिन्दी से कोई सम्बन्ध नहीं था, और एक वक्ता ने तो यहाँ तक कहा कि हिन्दी के रहीम नाम के कवि वही व्यक्ति हो ही नहीं सकते जिन्हें आधिकारिक मुग़ल इतिहास 'ख़ानेख़ाना' के नाम से जानता है। इस मुद्दे पर अपने–अपने पूर्वग्रह इतने प्रबल हो सकते हैं कि उनका समाधान शायद सम्भव न हो, पर यह तो अच्छा ही रहेगा कि हम हिन्दी के पाठक दरबारी रहीम के बारे में भी कुछ अधिक जानें।

रहीम के दरबारी–फ़ारसी पक्ष के बरअक्स उनके देसी हिन्दी पक्ष पर विचार करने में एक और मुद्दा यह ग़ौर करने का हो सकता है कि बाद में तो उनका कामकाज फ़ारसी में ही चला पर बचपन में उनकी मातृभाषा क्या थी? आधिकारिक प्रमाण मिलता है कि जब 1554 में निर्वासन के बाद हुमायूँ अपने सेनापति बैरम ख़ाँ के साथ काबुल से भारत लौटे और युद्ध जीतकर पुनः यहाँ के बादशाह बने तो अगले ही वर्ष अपनी जड़ें यहाँ और मज़बूती से ज़माने के लिए दिल्ली के पास के ही मेवात क्षेत्र के शासक जमाल ख़ाँ मेवाती की एक पुत्री से उन्होंने स्वयं शादी की और उन्हीं की छोटी पुत्री से बैरम ख़ाँ की शादी हुई जो दिसम्बर 1556 में रहीम की माँ बनी। इनका नाम था 'राज गोसाई' जो उनके मुस्लिम पिता की पुत्री होने के कारण कुछ अजीब लग सकता है। पर मेवातियों की अब तक परम्परा रही है कि धर्मान्तरण के सदियों बाद भी वहाँ के प्रतिष्ठित 'ख़ानज़ादे' और सामान्य जन भी अब तक अनेक हिन्दू परम्पराओं का पालन करते रहे हैं और अपनी अलग ही स्वतन्त्र और कुछ अक्खड़ पहचान बनाये हुए हैं। वे मूलतः राजपूत ही थे, और यह इलाक़ा अब भी हरियाणा से थोड़ा–सा आगे चलकर राजस्थान में पड़ता है। अगर शिशु रहीम अपनी माँ की भाषा बोलते बड़े हुए (और पिता बैरम ख़ाँ की हत्या हो गयी थी जब रहीम बस चार वर्ष के थे) तो हिन्दी तो उनको घुट्टी में मिली थी। रहीम के देसीपन का एक और संकेत मिलता है जो अब तक अलक्षित ही रहा है क्योंकि उसका अर्थ निकालना सहज सम्भव नहीं लगता। एक समकालीन चित्र है जिसमें जहाँगीर केन्द्र में हैं और ख़ुर्रम तराजू के एक पलड़े पर बैठे अपने जन्मदिन पर तौले जा रहे हैं और दूसरे पलड़े पर बहुमूल्य सामग्री रखी जा रही है। ख़ुर्रम के एक ओर जितने पास जहाँगीर खड़े हैं दूसरी तरफ़ उतने पास रहीम खड़े हैं जबकि बाक़ी सभी दरबारी रहीम के पीछे हाथ बाँधे खड़े हैं जिनमें महाबत ख़ाँ भी हैं। उल्लेखनीय यह है कि रहीम बाक़ी सभी लोगों से कहीं अधिक साँवले दिख रहे हैं, अधिक वृद्ध भी, और क़द में कुछ छोटे भी। इसका क्या अर्थ लगाया जाये या कुछ अर्थ है भी कि नहीं यह उस काल के विशेषज्ञ ही बता सकते हैं, पर इतना स्पष्ट है कि रहीम को बीच में खड़े होने का सम्मान भी मिल रहा है और वह किसी और ही वंश के भी दीख रहे हैं।

(देखिए पृष्ठ 40)

अन्त में एक बात और। आजकल हमारे समय में रहीम की विशेष प्रासंगिकता इस कारण से बताई जाती है कि वे उस युग में भी हिन्दू–मुस्लिम समन्वय के प्रतीक थे। इसी कारण से इन दिनों कबीर की प्रतिष्ठा बढ़ी है (जबकि वे वास्तव में दोनों ही धर्मों के समान रूप से निन्दक थे।) और तुलसीदास और सूरदास इत्यादि कुछ धूमिल से हो गये हैं। रहीम के इस 'सेक्युलर' पक्ष के समर्थन में वही दो दोहे दोहराए जाते हैं : ''टूटे सुजन मनाइये...'' और "रहिमन धागा प्रेम का...।" पर उनमें कहीं भी हिन्दू–मुस्लिम का ज़िक्र नहीं है, न अभिधा में और न लक्षणा–व्यंजना में। तो प्रश्न उठता है कि मुस्लिम शासनकाल के रहीम के युग में कौन से हिन्दू टूटकर कहाँ जा रहे थे, या किस प्रेम के धागे में पहले बँधे हुए थे जिसे अब तोड़ रहे थे, और कौन उन्हें मनाकर फिर से जोड़कर सद्भाव पुनः स्थापित कर रहा था? शाहजहाँ ने कवीन्द्राचार्य सरस्वती नाम के संस्कृत एवं हिन्दी के कवि की प्रार्थना पर जज़िया अवश्य माफ़ किया था, पर यह रहीम के निधन के बाद की बात है। (देखिए Truschke, p.37)

रहीम के जीवन–काल से ही एक और प्रकार का साक्ष्य जो मिलता है वह उनकी प्रशंसा तो क्या स्तुति में छन्द लिखकर इनाम पाने वाले अनेक हिन्दी कवियों का, जो लगभग सभी हिन्दू हैं और इतने बला के चापलूस कि रहीम की तुलना सीधे हिन्दू देवी–देवताओं से कर रहे हैं। याज्ञिक जी ने अपनी भूमिका में दस ऐसे कवियों के उद्धरण दिये हैं जिनके नाम हमें ज्ञात हैं और कुछ अज्ञात कवियों के छन्द भी इनमें प्रमुख हैं। केशवदास का स्थान हिन्दी कवि–परम्परा में रहीम से ऊँचा ही ठहरता है पर उन्होंने लिखा कि रहीम इतने 'उदार' और 'पावन' हैं कि वे "गंगाजी के नीर सों" हैं और योद्धा के रूप में तो "खलन के घालिबे को खलक के पालिबे को/ख़ानेख़ाना एक रामचन्द्र जी के तीर सों"! गंग कवि की भी हिन्दी में पर्याप्त ख्याति है और उन्होंने भी निस्संकोच हिन्दू–धार्मिक पदावली से रहीम को मण्डित किया है : "गंग गोंछ मोंछें जमुन, अधरन सरसुति राग/प्रकट ख़ानेख़ाना भयो, कामद बदन प्रयाग।" यह भी द्रष्टव्य है कि ये सभी छन्द रहीम की शूर–वीर और दान–वीर के रूप में प्रतिष्ठा को ही अर्पित हैं, इनमें रहीम के कवि–रूप का कोई उल्लेख नहीं है, बस इसी दोहे में "अधरन सुरसति राग" को खींच–तान कर सरस्वती नदी की जगह सरस्वती देवी से जोड़ा जाये तो रहीम के कवि भी होने का किंचित् संकेत–भर मिलता है। यह भी किंवदन्ती है कि गंग के रचे एक छप्पय पर प्रसन्न होकर रहीम ने इन्हें "छत्तीस लाख रुपये दे डाले थे" (शुक्ल, पृष्ठ 246)। पर छप्पय पढ़े तो उलटे रहीम की गुण–ग्राहकता और अभिरुचि पर ही प्रश्न–चिह्न लगने लगता है, क्योंकि उसमें भाँति–भाँति से बस यह कहा गया है कि जब ख़ानेख़ाना को युद्धोचित क्रोध आता था तो पूरा ब्रह्माण्ड स्तब्ध रह जाता था या डगमगाने लगता था, यहाँ तक कि शेषनाग 'खलभलित' हो जाते थे और "अमित तेज़ रविरथ खस्यो" (देखिए, याज्ञिक पृष्ठ 71–74)। इन सभी कवियों की स्तुति–कृतियों से मुख्य बात यह उभरती है कि बड़ा–से–बड़ा समकालीन हिन्दी कवि

भी रहीम के सामने वैसे ही नतमस्तक था जैसे अपने इष्ट–देव के प्रति। सामान्य जन की तो बात क्या, ऐसे गण्यमान्य हिन्दुओं का भी किसी प्रकार से टूटने या रूठने का सवाल ही नहीं उठता था।

अतएव तथाकथित समन्वय या भाईचारे के इस पूरे ऐतिहासिक सन्दर्भ को कुछ नये सिरे से और विस्तार से व्याख्यायित करने की आवश्यकता है। हमारी अपनी समकालीन स्थिति के आधार पर पुराने लेखकों का मूल्यांकन स्वाभाविक है और वाजिब भी, पर साथ ही यह सम्भावना भी उठती है कि जब उनसे हमारा तात्कालिक काम निकल जायेगा, या उनकी राजनीतिक उपयोगिता चुक जायेगी, तो हम उन्हें भूल जायेंगे और दर–किनार कर देंगे। किन्तु रहीम के सैकड़ों दोहे, बरवै और अन्य पद हैं जो शायद सीधे हमारे किसी 'काम' के नहीं हैं पर उनकी मार्मिकता और उनमें निहित जीवन–दृष्टि स्वयं अपने में ही एक मानवीय मूल्य है और कविता का शाश्वत प्रतिमान है। हमारा अपना समय जैसा भी हो, रहीम जैसे कवि सभी समयों और सन्दर्भों में पढ़े जाते रहेंगे और अपनी व्यापक अर्थवत्ता बनाये रखेंगे।

अन्त में संक्षिप्त–सा ही आभार–ज्ञापन मेरे गुरुतुल्य और अभी हाल में दिवंगत प्रोफ़ेसर नामवर सिंह ने एवं बरसों के मित्र प्रोफ़ेसर मैनेजर पाण्डेय ने अपने पूर्व–प्रकाशित लेखों को यहाँ सम्मिलित करने की सहर्ष अनुमति दी और उनमें यथावश्यक कुछ काट–छाँट करने की सुविधा भी दी। शेष लगभग सभी लेखों के लेखक मेरे पुराने मित्र और सहकर्मी रहे हैं और मैं व्यक्तिगत रूप से उनका कृतज्ञ हूँ कि उन्होंने तत्पर सहयोग देकर इस आयोजन को गरिमा प्रदान की। रहीम की कविता की सर्व–ग्राह्य व्याख्या लिखने का दायित्व श्री माधव प्रसाद मिश्रा व डॉ. दीपा गुप्ता ने सँभाला और उनके द्वारा तैयार मसविदों का श्रीमती दीति राय द्वारा संयोजित बैठकों में बार–बार साथ मिलकर सम्पादन–संशोधन हुआ। इन सभी मित्रों को अनेकशः धन्यवाद!

सन्दर्भ

प्रमुख संस्करण :

1. याज्ञिक, मयाशंकर (सम्पादक), *'रहीम रत्नावली'* 1928 (रहीम के काव्य का पहला प्रामाणिक संग्रह, विस्तृत भूमिका के साथ), द्वितीय संस्करण, काशी : साहित्य–सेवा–सदन, 1957
2. मिश्र, विद्यानिवास व रजनीश, गोविन्द (सम्पादक), *'रहीम ग्रन्थावली'* 1985 (बीस और दोहे, व कुछ और विस्तृत जीवन–चरित), वाणी प्रकाशन, नयी दिल्ली, संस्करण 2010
3. उपाध्याय, श्रीकान्त (सम्पादक व व्याख्याकार), *'ये रहीम दर–दर फिरहिं'* (सभी पूर्व सम्पादकों व आलोचकों की खरी समीक्षा करते हुए दोहों व सोरठों की व्याख्या भी, अपने ही शब्दों में 'एक सैन्य कमांडर' की सी 'मुस्तैदी' के साथ! इस संकलन में केवल दोहावली के दोहे ही हैं, 'नगर शोभा' और बरवै इत्यादि अन्य कृतियाँ नहीं), नेशनल पब्लिशिंग हाउस, नयी दिल्ली, 2000

सहायक ग्रन्थ :

1. Truschke Audrey, *'Culture of Encounters : Sanskrit at the Mughal Court'* Allen Lane/ Penguin Books, New Delhi, 2016
2. पाण्डेय, मैनेजर (संकलन एवं सम्पादन), *'मुग़ल बादशाहों की हिन्दी कविता'* पेपरबैक संस्करण, राजकमल प्रकाशन, नयी दिल्ली, 2016
3. शुक्ल, रामचन्द्र, *'हिन्दी साहित्य का इतिहास'* इंडियन प्रेस लिमिटेड, प्रयाग, 1929 / 1940
4. Hossein, Shakeel (Editor), *'Celebrating Abdur Rahim Khan-i-Khana'* New Delhi and Ahmedabad : InterGlobe Foundation/Aga Khan Trust for Culture/ Mapin Publishing, 2017

चित्र विवरण (पृष्ठ संख्या-2) :

अब्दुर्रहीम ख़ानेख़ाना का चित्र : काग़ज़ पर पारदर्शी जलरंग, स्याही और स्वर्ण; 15 × 8.3 सेमी (57/8 × 31/4 इंच); कलाकार : हाशिम, मुग़ल स्कूल, जहाँगीर काल, सी. 1627 फ़्रीयर गैलरी ऑफ़ आर्ट एंड आर्थर एम. सैकलर गैलरी, स्मिथसोनियन इंस्टीट्यूशन, वॉशिंगटन, डी. सी. ख़रीद : चार्ल्स लैंग फ़्रीयर इनडाउमेंट, एफ. 1939, 50ए।

चित्र विवरण (पृष्ठ संख्या-25) :

विश्वासपात्र मुहम्मद अमीन दीवान, बैरम ख़ान की हत्या के बाद उनकी विधवा एवं नवजात शिशु अब्दुर्रहीम को सुरक्षित अहमदाबाद (1561) ले जाते हुए। माना जाता है कि यह तस्वीर अकबरनामा के पहले सचित्र संस्करण से ली गयी है। इसमें उस समय के सबसे दक्ष शाही चित्रकारों के विशिष्ट चित्र सम्मिलित हैं, जिनमें से कई चित्रों का उल्लेख अबुल फ़ज़ल ने अपनी कृति 'आईन–ए–अकबरी' में किया है। काग़ज़ पर अपारदर्शी जलरंग एवं स्वर्ण; 32.1 सेमी × 19 सेमी; कलाकार : मुकुन्द। अनुमानतः 1586–89 (निर्मित)। विक्टोरिया एंड अल्बर्ट म्यूज़ियम, लन्दन, आईएस. 2:5–1896 ©विक्टोरिया एंड अल्बर्ट म्यूज़ियम, लन्दन।

जो रहीम गति दीप की कुल कपूत गति सोय।
बारे उजियारो लगे, बढ़े अँधेरो होय ।।

भाग-1

रहीम-विमर्श

रहीम के विविध पक्षों पर लेख

रहीम

रामचन्द्र शुक्ल

संसार का इन्हें बड़ा अनुभव था। ऐसे अनुभवों के मार्मिक पक्ष को ग्रहण करने की भावुकता इनमें अद्वितीय थी। अपने उदार और ऊँचे हृदय को संसार के वास्तविक व्यवहारों के बीच रखकर जो संवेदना इन्होंने प्राप्त की है उसी की व्यंजना अपने दोहों में की है। तुलसी के वचनों के समान रहीम के वचन भी हिन्दी–भाषी भूभाग में सर्वसाधारण के मुँह पर रहते हैं। इसका कारण है जीवन की सच्ची परिस्थितियों का मार्मिक अनुभव। रहीम के दोहे वृन्द और गिरधर के पद्यों के समान कोरी नीति के पद्य नहीं हैं। उनमें मार्मिकता है, उनके भीतर से एक सच्चा हृदय झाँक रहा है। जीवन की सच्ची परिस्थिति के मार्मिक रूप को ग्रहण करने की क्षमता जिस कवि में होगी वही जनता का प्यारा कवि होगा। रहीम का हृदय, द्रवीभूत होने के लिए, कल्पना की उड़ान की अपेक्षा नहीं रखता था। वह संसार के सच्चे और प्रत्यक्ष व्यवहारों में ही अपने द्रवीभूत होने के लिए पर्याप्त स्वरूप पा जाता था। 'बरवै नायिका–भेद' में भी जो मनोहर और रस छलकाते हुए चित्र हैं वे भी सच्चे हैं–कल्पना के झूठे खेल नहीं हैं। उनमें भारतीय प्रेम–जीवन की सच्ची झलक है।

भाषा पर तुलसी का सा ही अधिकार हम रहीम का भी पाते हैं। ये ब्रज और अवधी–पच्छिमी और पूरबी–दोनों काव्य–भाषाओं में समान कुशल थे। 'बरवै नायिका–भेद' बड़ी सुन्दर अवधी भाषा में है। इनकी उक्तियाँ ऐसी लुभावनी हुईं कि बिहारी आदि परवर्त्ती कवि भी बहुतों का अपहरण करने का लोभ न रोक सके। यद्यपि रहीम सर्वसाधारण में अपने दोहों के लिए ही प्रसिद्ध हैं पर इन्होंने बरवै, कवित्त, सवैया, सोरठा, पद–सब में थोड़ी बहुत रचना की है।...

'हिन्दी साहित्य का इतिहास' से (1929)

दोनों रहिमन एक से, जौ लौ बोलत नाहिं ।
जान परत हैं काल पिक, ऋतु बसंत के माँहि ॥

रहीम की उदात्त भाव-भूमि

नामवर सिंह

टूटे सुजन मनाइए जो टूटे सौ बार।
रहिमन फिर फिर पोहिए टूटे मुक्ताहार।।

इशारा उस मुक्ताहार की ओर है जो अकबर के ज़माने में बड़े जतन से तैयार किया गया था : प्रेम के कच्चे धागे में गुँथा हुआ मुसलमानों और हिन्दुओं के दिलों का एक बहुमूल्य मुक्ताहार! निश्चय ही उस हार के निर्माण में अनेक हाथ लगे थे लेकिन इसमें कोई शक़ नहीं कि अब्दुर्रहीम ख़ानेख़ाना के हाथ भी शामिल थे। दुर्भाग्य से आज वह हार टूटा पड़ा है– दुःख, गुस्सा, परस्पर दोषारोपण और पश्चाताप अपनी जगह, सबसे ज़्यादा ज़रूरत तो उस हार को फिर से जोड़ने की है। धागे जहाँ से भी आयें, हाथ जितने भी जुटें– कम हैं। आज अगर कबीर और नज़ीर अकबराबादी ज़रूरी हैं तो रहीम भी कम ज़रूरी नहीं। आख़िर रहीम में कुछ तो था कि उनके समकालीन कवि आचार्य केशवदास ने "ख़ानेख़ाना एक रामचन्द्रजू के तीर से" कहा था। अब्दुर्रहीम ख़ानेख़ाना का बड़प्पन इस बात में नहीं है कि वे ख़ानेख़ाना थे। सच तो यह है कि उन्हें बादशाहों की सोहबत से नफ़रत हो गयी थी। एक दोहे में तो उन्होंने साफ़ लिखा है :

आदर घटे नरेश ढिग, बसे रहे कछु नाहिं।
जो रहीम कोटिन मिले, धिग जीवन जग माँहिं।।

रहीम को इस बात का पूरा एहसास था कि राजा के पास रहने से आदर घट जाता है– आदर अर्थात् आत्म सम्मान! करोड़ों की सम्पत्ति प्राप्त होने के बाद भी ऐसे जीवन को वे धिक्कार के योग्य समझते थे। रहीम एक बड़े अमीर भले ही रहे हों पर उनकी निगाह में हमेशा ग़रीब–गुरबा रहते थे। वे छोटे–से–छोटे आदमी का भी महत्त्व समझते थे– यही उनका बड़प्पन था। यह दोहा भी रहीम का ही है :

रहिमन देखि बड़ेन को, लघु न दीजिए डार।
जहाँ काम आवै सूई, कहा करै तरवार।।

याद रहे कि छोटी–सी सूई के महत्त्व को समझने वाला आदमी तलवार का धनी था।

इन्हीं छोटे समझे जाने वाले आदमियों से रहीम ने कविता और कविता की भाषा दोनों लीं। अवधी में बरवै लिखने की प्रेरणा रहीम को अपने एक नौकर की नवविवाहिता पत्नी से मिली। अगर यह कोरी किंवदन्ती भी हो तो इससे रहीम के जीवन की एक सच्चाई का आभास होता है। आख़िर तुर्की, अरबी, फ़ारसी और संस्कृत का पण्डित होते हुए भी रहीम ने अपने मन की कविता के लिए पहले अवधी और फिर ब्रज भाषा का वरण किया तो इसके पीछे आम आदमी से गहरा लगाव ही सूचित होता है। वैसे यह तो निर्विवाद सत्य है कि अवधी में बरवै पहले–पहल रहीम ने ही लिखा। यहाँ तक कि तुलसीदास को भी उन्होंने बरवै लिखने के लिए प्रेरित किया। आज सभी स्वीकार करते है कि बरवै में अवध के लोक जीवन की जो मिठास रहीम ने पैदा की वह तुलसीदास की 'बरवै रामायण' में भी सम्भव न हो सकी। जैसे यही एक बरवै देखिए :

लै के सुघर खुरपिया पिय के साथ।
छइबै एक छतरिया बरसत पाथ।।

बरवै की तरह ही रहीम ने दोहे में भी अपनी काव्य–प्रतिभा का जौहर दिखाया। इधर कुछ दिनों से उर्दू में दोहे लिखने की एक लहर सी दौड़ चली है, जो लोक जीवन से जुड़ने की ललक का सूचक है। ये नये दोहे लिखने वाले रहीम के दोहों से कितने परिचित हैं, पता नहीं; लेकिन अभी तक इनमें से किसी को यह कहते नहीं सुना कि "कहते हैं, अगले ज़माने में इक रहीम भी था।"

सच पूछिए तो दोहा सिर्फ़ एक छन्द नहीं, बल्कि एक पूरी संस्कृति है–ग़ज़ल की ही तरह। रहीम को दोहे की इस क्षमता का पूरा–पूरा एहसास था। उन्होंने लिखा है :

दीरघ दोहा अरथ के, आखर थोरे आहिं।
ज्यों रहीम नटकुण्डली सिमिटि कूदि चढ़ि जाहिं।।

थोड़े से अक्षरों में बहुत अर्थ भरकर रहीम ने दोहा को कला की पराकाष्ठा पर पहुँचा दिया था। उनमें जीवन के अनेक मार्मिक अनुभव भरे हुए हैं। सम्भवतः इसी कारण रहीम के दोहे आज भी लोककण्ठ में बसे हुए हैं। इसलिए हिन्दी के सबसे बड़े आलोचक और तुलसीदास के परम प्रशंसक आचार्य रामचन्द्र शुक्ल को स्वीकार करना पड़ा कि "तुलसी के वचनों के समान रहीम के वचन भी हिन्दी भाषी भूभाग में सर्वसाधारण के मुँह पर रहते हैं।" वस्तुतः रहीम को सर्वसाधारण का प्यार इसीलिए मिला कि उन्हें सर्वसाधारण से सच्चा प्यार था।

अपने इस लोक–प्रेम को रहीम ने सूफ़ियों और भक्तों की तरह अध्यात्म का कोई गाढ़ा रंग नहीं दिया, बल्कि उसे बहुत कुछ लौकिक भूमि पर ही रहने दिया; और यही उनकी अपनी विशेषता भी है। वैसे उन्होंने कृष्ण और राम के प्रति भी अपनी भक्ति–भावना व्यक्त की है; स्तुति अन्य हिन्दू देवी–देवताओं की भी की है; नदियों में यमुना और विशेष रूप से गंगा के प्रति उन्होंने गहरे अनुराग से परिपूर्ण पंक्तियाँ लिखी हैं। इन सबसे लगता है कि वे सन्त या भक्त भले न रहे हों, किन्तु उन्हें एक सच्चे भक्त का हृदय मिला था। उनकी धार्मिक उदारता का भी रहस्य सम्भवतः यही है।

रहीम की हिन्दी कविताओं को पढ़ते समय सर्वसाधारण जन यह भूल ही जाते हैं कि वे एक आस्थावान मुसलमान थे। स्पष्ट है कि रहीम भाव की उच्च भूमि पर पहुँच गये थे जहाँ एक मुसलमान मुसलमान होकर भी सिर्फ़ मुसलमान नहीं रह जाता और न हिन्दू ही हिन्दू रह जाता है। ख़ास बात यह है कि रहीम की उदात्त भाव–भूमि इसी लोक के बीच की है, इसे किसी अलौकिक अध्यात्म के आधार की आवश्यकता नहीं। आज के सन्दर्भ में रहीम की सबसे बड़ी प्रासंगिकता यही है।

शेख़ सलीम अहमद की पुस्तक 'अब्दुर्रहीम ख़ानेख़ाना'
में छपे 'दो शब्द' से (1995)

चित्र विवरण, (पृष्ठ संख्या-42) :

जहाँगीर शहज़ादे ख़ुर्रम को चाँदी और सोने से तौलते हुए और इस दृश्य के साक्षी दरबारी अब्दुर्रहीम ख़ानेख़ाना, महाबत ख़ान, ख़ान जहाँ और अन्य। शहज़ादे ख़ुर्रम तराजू पर बैठे हुए हैं और स्वर्ण, माणिक एवं अन्य क़ीमती आभूषणों से सज्जित हैं। शहज़ादे के पास खड़े अधिकारी जहाँगीर के प्रधान सेनापति, अपनी पोशाक पर लगे तमगे से अब्दुर्रहीम ख़ानेख़ाना चिह्नित किये गये हैं। करीने से तह लगाये गये वस्त्र और आभूषण बादशाह द्वारा दान में दिये जाने के लिए रखे गये हैं और एक अधिकारी उन्हें काग़ज़ पर दर्ज कर रहा है। काग़ज़ पर स्याही, अपारदर्शी जलरंग और स्वर्ण; 29.5 × 44.3 सेमी (पत्र) 19.6 × 30 सेमी (छवि); अनुमानतः 1615। ब्रिटिश म्यूज़ियम, म्यूज़ियम नम्बर : 1948,1009,0.69 ©द ट्रस्टीज़ ऑफ़ द ब्रिटिश म्यूज़ियम।

सांस्कृतिक संगम के कवि रहीम

मैनेजर पाण्डेय

शाहजहाँ के बड़े बेटे दाराशिकोह ने 1654 ई. में फ़ारसी में एक किताब लिखी थी। किताब का फ़ारसी नाम था—'मज़्म–उल बह्रैन'। बह्रैन माने समुद्र, मज़्म माने मिलना। इसी किताब का साल भर बाद ही स्वयं संस्कृत में उसने अनुवाद किया था, अनुवाद का नाम था—'समुद्र संगम'। फ़ारसी वाली किताब में जो भी है, वही थोड़े फ़र्क के साथ 'समुद्र संगम' में भी है। दाराशिकोह ने संगम संस्कृति या सांस्कृतिक संगम के लिए एक और बहुत बड़ा काम किया था। उसने बनारस और इलाहाबाद दोनों की यात्राएँ करते हुए संस्कृत के आचार्यों और पण्डितों के सहयोग से और पण्डितराज जगन्नाथ के निर्देशन में (क्योंकि पण्डितराज जगन्नाथ उसके गुरु थे, शाहजहाँ के दरबार में तो वे रहते ही थे) उसने 52 उपनिषदों का फ़ारसी में अनुवाद किया, उसका नाम था, 'सिर्रे–अकबर'। दाराशिकोह के फ़ारसी में किये गये 52 उपनिषदों के अनुवाद का लैटिन और फ्रेंच में जब अनुवाद यूरोप में हुआ और छपा, उस लैटिन अनुवाद से यूरोप को उपनिषदों के ज्ञान का बोध हुआ। दाराशिकोह के अनुवाद को पढ़कर ही उपनिषदों के बारे में शोपेनहॉवर ने जाना, नीत्शे ने जाना, अमेरिका के इमर्सन ने जाना।

यह जो दाराशिकोह के माध्यम से सांस्कृतिक संगम की प्रक्रिया शुरू हुई थी उसकी शुरुआत का श्रेय अकबर को था। अकबर ने बड़े पैमाने पर संस्कृत के महान ग्रन्थों के अनुवाद का काम शुरू करवाया था। अकबर, रहीम और दाराशिकोह तीनों एक बात मानते थे कि हम इस्लाम के माध्यम से जिस तौहीद की खोज करते हैं वही हिन्दुओं के दर्शन में अद्वैतवाद है। अकबर ने 'महाभारत' का अनुवाद करवाया, अथर्ववेद का अनुवाद करवाया, गणित की किताबों के अनुवाद करवाये। उसके अनुवादकों में मुल्ला बदायूँनी और दूसरे बहुत सारे लोग थे। ये जो सारे अकबर के ज़माने से प्रयत्न हो रहे थे वे क्यों हो रहे थे। अबुल फज़ल ने 'आईन–ए–अकबरी' में हिन्दुओं और मुसलमानों के बीच दूरी के पाँच कारण बताये हैं। मैं उन पाँचों का केवल उल्लेख करूँगा।

अबुल फज़ल ने लिखा है कि पहला कारण तो यही है कि, हिन्दुस्तान में भाषाएँ बहुत हैं। इसलिए एक आदमी एक भाषा जानता है, दूसरा दूसरी भाषा जानता है। दोनों के बीच मेल की गुंजाइश कम हो जाती है। दूसरा उसने यह भी कहा कि दोनों

समुदाय के ज्ञानी एक–दूसरे के करीब नहीं आते। ज्ञानियों की यह बड़ी भारी विशेषता है। आज के भी ज्ञानी क्या मजाल कि दूसरे से सहमत हो जायें। अपनी बेवकूफ़ी को लिए–दिए लड़ मरेंगे पर दूसरों से संवाद की कोशिश नहीं करेंगे। तीसरा कारण बताया कि बहुत सारे लोग भैतिक सुखों में लिप्त रहने के कारण दोनों धर्मो में ज्ञान की जो बातें हैं, उस पर ध्यान नहीं देते। चौथा कारण उन्होंने बताया कि हिन्दुस्तान में इस दूरी का एक कारण आलस्य भी है। पाँचवाँ और आखिरी कारण यह बताया कि एक–दूसरे के बारे में जिज्ञासा भी कम है। अकबर ने बड़े पैमाने पर संस्कृत–ग्रन्थों का फ़ारसी में अनुवाद कराकर, इन्हीं पाँच कारणों को दूर करने का प्रयत्न किया और उस संगम संस्कृति या सांस्कृतिक संगम की नींव डाली, जो रहीम की कविता में मौजूद है।

एक और प्रसंग ध्यान में रखना ज़रूरी है। असल में यह सांस्कृतिक संगम एक स्तर पर नहीं चल रहा था, अनेक स्तरों पर चल रहा था। यह कम लोगों को मालूम है कि मुग़ल परिवारों में सल्तनत के लोगों में तीन भाषाएँ चलती थीं। राज–काज की भाषा फ़ारसी थी, मुग़लों की अपनी मातृभाषा तुर्की थी और आगरा से लेकर दिल्ली तक स्थानीय भाषा के रूप में ब्रजभाषा स्वीकृत थी। अकबर से लेकर बहादुरशाह ज़फ़र तक के दरबार और परिवार की एक भाषा ब्रजभाषा थी। यह बात कम लोगों को मालूम है कि अकबर से लेकर बहादुरशाह ज़फ़र तक प्रत्येक बादशाह ने ब्रजभाषा में कविता लिखी है। अकबर हिन्दी में कविता लिखता था, यह तो आचार्य रामचन्द्र शुक्ल तक ने हिन्दी साहित्य के इतिहास में लिख रखा हैं। उन्होंने अकबर का एक छन्द भी उद्धृत किया है। एक कविता औरंगज़ेब की देखिए। औरंगज़ेब की छवि हिन्दुस्तान में जो बनी हुई है, आप देखिए कि उसकी कविता से वह छवि निकलती है क्या? कवि ही कविता नहीं बनाता, यह तो घनानन्द कह गये हैं, कविता भी कवि को कभी–कभी बनाती है। औरंगज़ेब की कविता है :

चरण धर धर मेरे गृह लालन भय खाये आये मेरे।
तन के दुख सब दूर गये सुख आये मेरे नेरे।।
मृदंग बजावहु मंगल गावहु भागन ही पाये कर रहि जतन बहुतेरे।
'साह औरंगज़ेब' प्रीतम अब मैं धन जनम कर मानत जब आँखन भर हेरे।।

यह कविता है औरंगज़ेब की। ऐसा नहीं था कि जब उर्दू कविता आ गयी तब ब्रजभाषा की कविता समाप्त हो गयी। अब मैं उस बादशाह की कविता का हिस्सा सुनाऊँगा जो स्वयं उर्दू का बड़ा शायर था–बहादुरशाह ज़फ़र। बहादुरशाह ज़फ़र की कविता है :

प्यारी तेरो प्यारो आयो।
प्यारी–प्यारी बातें कर प्यारे को मनाइये।
अनेक भाँतिन कर प्यार प्यारे को रिझाइये।
आली ऐसो प्यारो कहाँ घर बैठे पाइये।
लाइये, समुझाइये कौन भाँतिन कर सुख दे बोलाइये।
'साह बहादुर' तेरे रस बस भये अनरस कर कर सौतन सताइये।

तो मुग़ल सत्ता के साथ विशेष रूप से अकबर के काल में तो सांस्कृतिक संगम की कोशिशें शुरू हुईं, उसी की देन थे रहीम। रहीम अपने समय के सांस्कृतिक केन्द्र भी थे। रहीम के दरबार में कवियों का जमघट लगा रहता था। एक किताब है–'माअसरे–रहीमी' उसमें ऐसे 300 कवियों का उल्लेख है जो रहीम के दरबार में आते–जाते थे। ये कवि हिन्दी और फ़ारसी के नहीं थे, तुर्की के, अरबी के और बहुत सारी भाषाओं के कवि थे। उनमें नाम सबका दिया हुआ है। अपने युग की संस्कृति के केन्द्र थे रहीम। इसका एक और प्रमाण उस युग में मिलता है। उस युग के सबसे बड़े कवि तुलसीदास से रहीम के सम्बन्ध पर ध्यान दीजिए। तुलसीदास और रहीम का सम्बन्ध था इसका कोई ठोस प्रमाण नहीं है लेकिन लोकमत में ऐसा विश्वास मौजूद है। बहुत लोगों ने तुलसीदास पर लिखी अपनी किताब में एक छन्द उद्धृत किया है और प्रसंग भी। वह यह है कि एक कोई याचक तुलसीदास के पास गया कि मुझे बेटी की शादी करनी है, मुझे कहीं से कुछ पैसे की व्यवस्था करवाइए। तुलसीदास के पास क्या था! तुलसीदास ने दोहे की पहली पंक्ति लिखी। प्रसिद्ध पंक्ति है :

"सुरतिय नरतिय नागतिय यह चाहत सब कोय"

और उसको देकर कहा कि इसको लेकर रहीम के पास चले जाओ। रहीम ने दो काम किये। एक तो उस दोहे को पूरा किया और दूसरा उसको पर्याप्त धन देकर विदा किया और कहा कि अब पूरा ले जाकर उनको दे देना। दूसरी पंक्ति जो रहीम ने लिखी वह है :

"गोद लिए हुलसी फिरै तुलसी सो सुत होय"

इस दोहे ने एक और कमाल किया। कहीं इस बात का कोई प्रमाण नहीं है कि तुलसीदास की माता का नाम हुलसी था। इस दोहे से तुलसीदास की माता का नाम लोगों को मालूम हुआ।

रहीम के दोहे की इन पंक्तियों के आधार पर आम विश्वास यह बन गया कि तुलसीदास की माता का नाम हुलसी था। वैसे भी अपना जो हिन्दू समाज है कुल मिलाकर पूरा हिन्दुस्तानी समाज, उसमें माँ का नाम क्या होता है, माँ का नाम कहाँ कौन लिखता है? पिता का नाम ज़रूर हर जगह लिखा जाता है, जन्म से लेकर श्राद्ध तक। श्राद्ध में भी कोई माँ को याद नहीं करता। वैसे भी स्त्रियों को याद करने की कोई परम्परा नहीं है। श्राद्ध में स्त्रियों का पिण्डदान नहीं होता। तो तुलसीदास और रहीम का जो यह सम्बन्ध है, उसमें भी रहीम की अपने काल में केन्द्रीयता और महत्त्व का बोध होता है। दूसरी बात यह है कि तुलसीदास के सम्बन्ध में एक किताब है–'गुँसाई चरित'। वैसे तो लोग उसको प्रामाणिक नहीं मानते। न भी हो प्रामाणिक तो भी उसने एक जनश्रुति पैदा की वह यह है कि रहीम ने 'बरवै नायिका भेद' लिखकर तुलसीदास के पास भेजा उसको देखकर और उसके छन्द के सौन्दर्य से प्रभावित होकर तुलसीदास ने फिर 'बरवै रामायण' लिखा। इसके बारे में भी कोई प्रमाण नहीं है। पर लोकमत जिस

तरह से तुलसीदास और रहीम की आत्मीयता को स्वीकार करता है, वह उस काल के सांस्कृतिक संगम का एक बड़ा सबूत है।

रहीम अकबरी दरबार के एक रत्न थे लेकिन उनकी कविता में ऐसा बहुत कुछ है जो कि दरबारीपन से एकदम मुक्त है। उन दोहों में दरबारी संस्कृति की अभिव्यक्ति नहीं है, बल्कि उसके ठीक विपरीत भावनाएँ व्यक्त हुई हैं। रहीम का एक दोहा है :

चाह गयी, चिन्ता मिटी, मनवा बेपरवाह।
जिनको कछू न चाहिए, वे शाहन के शाह।।

यह सूफ़ी चेतना है, यह फ़कीराना अन्दाज़ है, जिसमें रहीम बोल रहे हैं, अपने देश के इतिहास के सबसे बड़े दरबार के रत्न होते हुए। मेरा अपना व्यक्तिगत ख़याल है कि अकबर से बड़ा दरबार हिन्दुस्तान के इतिहास में न पहले था और न बाद में हुआ। इतना सुव्यवस्थित, इतना शक्तिशाली, इतना वैभवशाली, रहीम ऐसे दरबार के रत्न थे फिर भी उनको निरर्थक लगता है। क्या है कि कभी–कभी आप बहुत ऐसी चीज़ों में डूबिये तो ऊब पैदा होती है। चाहे दरबार ही क्यों न हो। आप उनका एक दूसरा दोहा देखें। बहुत ही बारीकी से इसमें रहीम की अपनी प्रवृति व्यक्त हुई है। कविता भी थोड़ी बारीक है :

काह करौं बैकुण्ठ ले कल्पवृक्ष की छाँह।
रहिमन दाख सुहावनो, जो गल पीतम बाँह।।

यहाँ शुद्ध भावानुभूति के स्तर पर प्रेम की पवित्रता और महानता की अभिव्यक्ति है। उसके सामने बैकुण्ठ और कल्पवृक्ष दोनों निरर्थक हैं। एक और पद देखिए :

बिन्दु भी सिन्धु समान, को अचरज कासों कहै।
हेरनहार हेरान, रहिमन अपुने आपतें।।

इस दोहे में भी फिर उसी तरह से दरबारीपन से दूर जाते हुए रहीम–'बिन्दु मा सिन्धु समानी को अचरज कासौं कहौं हेरन हार हेरानी।' जो देखता है वही चकित है। यह बात हिन्दी में केवल एक कवि कह सकता था, वह हैं कबीरदास कि बिन्दु में समुद्र समा गया। एक पूरी दार्शनिक परम्परा है। एक दूसरे ढंग का दोहा है :

गयी आगि उर लाये, आगि लेन आइ जो तिय।

गयी थी आग लेने दूसरे के घर, दिल में आग लगा के लौट आयी।

जो आग लगी है, वह बुझाए नहीं बुझ रही है बहुत कोशिश कर रही है कि बुझा दे लेकिन नहीं। इसके बाद जिस तरह की पंक्ति रहीम ने लिखी है, वह भाषा पर उनके नियन्त्रण का सबूत है–'भभकि–भभकि बरि–बरि उठे।' बिना लोक भाषा से गहरे परिचय के यह पंक्ति पैदा ही नहीं हो सकती।

रहीम अकबरी दरबार में रहते थे पर दरबारी की प्रवृत्तियों, सीमाओं, मानसिकताओं से काफ़ी दूर रहते थे। एक और उदाहरण लीजिए, दरबार के किसी रत्न की ग़रीब और ग़रीबी में क्या दिलचस्पी हो सकती है लेकिन नहीं रहीम की कविता में दोनों से दिलचस्पी भी व्यक्त हुई है और दोनों की चिन्ता भी।

दीन सबन को लखत हैं, दीनहि लखै न कोय।
जो रहीम दीनहि लखै, दीन बन्धु सम होय।।

दूसरा दोहा :

समय दसा कुल देखि के सबै करत सनमान।
रहिमन दीन अनाथ को, तुम बिन को भगवान।।

याद कीजिए, मध्यकाल में ग़रीब और ग़रीबों की चिन्ता करने वाले दूसरे महाकवि हैं तुलसीदास और कबीरदास। वह भी मजबूर होकर दीनानाथ को पुकार रहे हैं।

रहीम की या किसी भी कवि की काव्यानुभूति की संस्कृति पर ध्यान देना बहुत ज़रूरी होता है। पूरी दुनिया के बड़े कवियों की अपनी विशेषता, उसकी खासियत उनकी काव्यानुभूति की संस्कृति में ही व्यक्त होती।

रहीम की भाषिक चेतना से उनकी काव्यानुभूति की संस्कृति की पहचान करते हुए दो–तीन बातों पर ध्यान देना ज़रूरी है। एक तो यह कि रहीम तुर्की, अरबी, फ़ारसी, संस्कृत, ब्रजभाषा अवधी और खड़ी बोली सब के जानकार थे उनकी कविता में इन सबके प्रमाण मिलते हैं। उनकी कविता की भाषा में सत्ता की भाषा फ़ारसी के लिए जगह है तो शास्त्र की भाषा संस्कृत के लिए भी जगह है। पर उनका कवि मन सबसे अधिक रमता है ब्रज और अवधी में कविता लिखने में। सबसे बेहतर कविता रहीम की ब्रज और अवधी में ही लिखी गयी है। उनकी एक किताब है कविताओं की 'मदनाष्टक' जिसमें संस्कृत के साथ–साथ सीधे खड़ी बोली के उदाहरण हैं, इसमें संस्कृत भी है और सीधे खड़ी बोली भी है :

दृष्ट्वा तत्र विचित्रताम् तरुलता, मैं था गया बाग में।
काचित् तत्र कुरंगशावकनयनी, गुल तोड़ती थी खड़ी।।

यह परम्परा वह है जो कभी खुसरो ने शुरू की थी। आधी पंक्ति फ़ारसी में और आधी ब्रज–भाषा में। यह उससे एक क़दम और आगे है–आधी पंक्ति संस्कृत में और आधी खड़ी बोली में। 'खेटकौतुकम' नाम की उनकी एक किताब है, उसमें संस्कृत और फ़ारसी दोनों का मेल है। बरवै जो लिखा है वह अवधी में है और सबसे अधिक लोकप्रिय उनके दोहे अधिकांशतः ब्रजभाषा में हैं। एक तरह से मैं कह सकता हूँ कि रहीम मध्यकाल में भारत की सांस्कृतिक बहुलता, भाषिक बहुलता के प्रतिनिधि कवि हैं। एक बात और। बड़े से बड़ा कवि अपने समय और इतिहास में अपनी स्थिति से और समाज में अपनी अवस्थिति से प्रभावित ज़रूर होता है। रहीम जिस दरबारी और सामन्ती माहौल में रहते थे उससे अछूते नहीं थे। ऐसा नहीं है कि वह सब उनको छू ही नहीं गया पर उन्होंने रास्ता निकाला। सामन्तवाद और दरबार में रहना आश्चर्यजनक नहीं है, आश्चर्यजनक है उससे लड़ते हुए बाहर निकलना।

रहीम की दो कविता की पुस्तकें हैं–एक हैं–'नगर–शोभा' और एक है–'बरवै नायिका भेद'। 'नगर–शोभा' समाजशास्त्रीय दृष्टि से अत्यन्त महत्त्व की पुस्तक है। उसमें लगभग 50–60 जातियों का उल्लेख है। मध्यकाल में शायद ही किसी और किताब में इतनी जातियों का कविता में उल्लेख है। यह समाजशास्त्रीय दिलचस्पी और अध्ययन का विषय है। लेकिन इन दोनों किताबों में जो बात मुझे बेचैन कर रही थी वह

यह कि रहीम ने हर जाति की केवल स्त्री को ध्यान में रखा और स्त्री भी ये न समझिए कि जवान, सुन्दर, कामलीला और क्रीड़ा में प्रवीण और उसी से सम्बन्धित उसके गुण या दुर्गुण। सामन्ती दौर में स्त्री को केवल कामना का लक्ष्य मानने की जो प्रवृत्ति थी उससे रहीम प्रभावित दिखाई नहीं देते हैं।

रहीम की लोकप्रियता के कारणों के बारे में ध्यान देना चाहिए। आचार्य रामचन्द्र शुक्ल ने लोकप्रियता के प्रसंग में रहीम को तुलसीदास के समान माना है। कोई कवि लोकप्रिय क्यों होता है इसके कारणों की चर्चा आचार्य रामचन्द्र शुक्ल ने की है, "जीवन की सच्ची परिस्थितियों के मार्मिक रूप को ग्रहण करने की क्षमता जिस कवि में होगी वही जनता का प्यारा कवि होगा।" अर्थात् कविता की लोकप्रियता के लिए दो–तीन बातें ज़रूरी हैं। एक तो जनजीवन की सच्ची परिस्थितियों की पहचान, दूसरे उसको मार्मिक रूप में व्यक्त करने की क्षमता। बिना सन्देह के आज भी, आधुनिक काल में भी निराला से लेकर नागार्जुन तक लोकप्रिय कवि वे ही हैं जिसमें ये दोनों बातें हैं। मतलब जनता के जीवन की सच्ची परिस्थितियों की पहचान हो और सहज ढंग से व्यक्त करने की क्षमता हो। यह रहीम में थी और इसलिए रहीम हिन्दी के अत्यन्त लोकप्रिय कवि हैं।

एक बात और कहना चाहता हूँ। रहीम के बारे में कुछ लोगों ने मान रखा है कि रहीम ने नीति के दोहे लिखे। रहीम ने नीति के दोहे भी लिखे लेकिन यह ज़ोर देकर कहना चाहता हूँ कि केवल नीति के दोहे उन्होंने नहीं लिखे। असल में रहीम के दोहों में लोकजीवन के अनुभवों की अभिव्यक्ति हुई और इन अनुभवों से सहज रूप से पाठक तादात्म्य अनुभव करता है। इसलिए रहीम की कविता लोगों को पसन्द आती है। उन्होंने जीवन के, लोकजीवन के अनुभवों की अभिव्यक्ति अपने अनेक सोरठों में की है।

आख़िरी बात कि रहीम की सारी लोकप्रियता या तुलसीदास की भी लोकप्रियता का कारण क्या है? मेरा एक अनुमान है, असल में जनजीवन में वही कविता लोकप्रिय है जो संकट के समय याद आये और संकट में काम आये। हमारे, आपके, सबके जीवन में कभी–न–कभी समस्या, संकट, परेशानी आती ही है। ऐसे में जो कवि और जो कविता याद आती है, जीवन जीने में जो कविता मदद करती है, उसी से हम प्रेम करते हैं। आज की अधिकांश कविता अगर अलोकप्रिय है तो एक कारण यह है कि लोकजीवन के अनुभवों से उसका सम्बन्ध नहीं है। इसलिए संकट आने पर न वह याद आती है और न काम आती है। ऐसी कविता की एक और विशेषता यह है कि कवि की विश्वदृष्टि और आम जनता के बीच जितनी दूर तक सहभागिता होती है, उतनी ही दूर तक लोकप्रियता जाती है। रहीम ऐसे कवि हैं जो सहज रूप से हिन्दी के अत्यन्त लोकप्रिय कवि हैं।

रहीम और रामायण

उदय शंकर दुबे

आदिकवि महर्षि वाल्मीकि ने सर्वप्रथम रामायण की रचना कर राम के उदार चरित्र को लोक की भाव–भूमि पर प्रतिष्ठित किया। वाल्मीकि की यह शाश्वत रचना परवर्ती कवियों के लिए उपजीव्य बन गया, फलतः रामायण के आदर्श पर संस्कृत, प्राकृत, अपभ्रंश और दक्षिण भाषाओं में समय–समय पर अनेकशः रामकथा विषयक ग्रन्थों की रचना हुई। इसके अतिरिक्त देशज भाषा के कवियों ने रामकथा पर ग्रन्थों की रचना कर उसे सामान्य जन तक पहुँचाने का स्तुत्य कार्य किया। वाल्मीकि रामायण के उपरान्त रामकथा की अक्षुण्ण परम्परा निरन्तर प्रवहमान रही।

भारतीय मध्यकालीन इतिहास में मुग़ल सम्राट अकबर का शासनकाल स्वर्णयुग कहा जाता है। अकबर के राजत्वकाल में सांस्कृतिक सदाशयता, सामाजिक सहिष्णुता, साहित्यिक गतिमयता के लिए जो निरापद एवं स्वच्छन्द वातावरण मिला वह अन्य किसी मुग़ल शासक के काल में सम्भव नहीं। अकबर के समय में ही (सन् 1550–1605 ई.) गोस्वामी तुलसीदास ने सं 1631 वि. (सन् 1574 ई.) में अपनी कालजयी रचना रामचरितमानस लेखन का श्रीगणेश किया। तुलसी ने अयोध्या में चैत्र शुक्ल रामनवमी के पर्व पर शुभ मुहूर्त में *रामचरितमानस* लिखने का शुभारम्भ किया। दैव संयोग है कि इसी दिन शुभ मुहूर्त में ओरछा के राजा मधुकर शाह की रानी गणेश देंकवाँरी अपने राजमहल में पण्डित से रामलला की दिव्य प्रतिमा की प्राण प्रतिष्ठा कराने में मग्न थीं और राजा मधुकर शाह ने ओरछा का राज्य भगवान श्रीराम के चरणों में अर्पित कर दिया। अयोध्या के राजाराम ओरछा के रामराजा बन गये और ओरछा रामभक्ति का प्रमुख केन्द्र बन गया। कुछ ही समय में तुलसी का *रामचरितमानस* पूर्ण हो गया। *रामचरितमानस* का थोड़े ही समय में जन साधारण में व्यापक प्रचार–प्रसार भी हो गया जो निरन्तर बढ़ता ही गया। विचित्र संयोग है कि सन् 1574 ई. के आठ वर्ष बाद हिजरी सं 992 (सन् 1582 ई.) बादशाह अकबर ने मुल्ला बदायूँनी को वाल्मीकि रामायण का फ़ारसी भाषा में अनुवाद करने का आदेश दिया। बदायूँनी ने पाँच वर्ष में अनुवाद का कार्य पूरा कर ग्रन्थ बादशाह की सेवा में प्रस्तुत कर दिया। बादशाह की आज्ञा से शाही

चित्रकारों ने पाण्डुलिपि को चित्रित करने का श्रमसाध्य कार्य किया। कला विशेषज्ञों ने इस पाण्डुलिपि के चित्रों को बेजोड़ कहा है।

अकबर के नवरत्नों में से एक कविवर रहीम ने बादशाह से आज्ञा प्राप्त कर अपने लिए वाल्मीकि रामायण की प्रतिलिपि कुशल लिपिकर्ताओं से करा कर उसे चित्रांकित कराया। रहीम स्वयं चित्रकला के पारखी थे। अतः चित्रांकन में बड़ी सावधानी बरती गयी है। उनके अपने दरबार के श्रेष्ठ मुसलमान और हिन्दू चित्रकारों ने मिलकर पाण्डुलिपि को भावानुरूप चित्रों से सँजोया है। प्रति के पचास चित्रों पर बारह अलग–अलग चित्रकारों के नाम मिलते हैं। इस प्रति के प्रथम पृष्ठ पर स्वयं रहीम ने पाण्डुलिपि के सम्बन्ध में तथा वाल्मीकि रामायण के विषय में अपना अभिमत व्यक्त किया है जिसे हम रहीम द्वारा लिखी गयी वाल्मीकि रामायण की भूमिका की संज्ञा दे सकते हैं। प्रयाग–निवासी, अरबी और फ़ारसी के विद्वान मेरे मित्र श्री जलालुद्दीन साहब ने रहीम द्वारा लिखी गयी भूमिका का अनुवाद किया है जो इस प्रकार है :

"यह पुस्तक रामायण भारत का प्रामाणिक ग्रन्थ माना जाता है। इसमें रामकथा का वर्णन है जो भारत के महान तथा आदरणीय राजा थे। अपने कृपामिश्रित न्याय तथा प्रसिद्धि के कारण उन्हें दैवी गुणों का अवतार माना जाता है। भारत के महान दरवेश (ऋषि) वाल्मीकि की साग्रह प्रार्थना पर महादेव (ब्रह्मा) के पुत्र नारद ने उन्हें विशद् रूप से रामचन्द्र की कथा सुनाई। उस कथा में उन्होंने रामचन्द्र के दिव्य गुण, मर्यादा पालन, महान विजयों एवं सत्कार्यों का वर्णन किया जो उनकी महानता के प्रमाण हैं। वाल्मीकि ने इन सबका विस्तार से वर्णन किया है। अकबर बादशाह की आज्ञा से नकीब ख़ाँ जो ऊँचे ख़ानदान के सैयद और बादशाह के सम्मानित मित्र थे उनको इस ग्रन्थ को संस्कृत भाषा से फ़ारसी में अनुवाद करने का कार्य सौंपा गया जो भारतीय ज्ञान का भण्डार है। ब्राह्मण देवी मिश्र को संस्कृत भाषा के श्लोकों का अर्थ बताने का कार्य दिया गया। पण्डित देवी मिश्र श्लोकों का अर्थ बताते जाते थे और नकीब ख़ाँ उसे फ़ारसी में तर्जुमा करते जाते थे–"नकीब ख़ान फ़ारसी तर्जुमा मी कर्द।" इसके पूर्ण होने पर बादशाह द्वारा बताये गये स्थलों पर चित्र बना कर प्रति को अलंकृत किया गया। ग्रन्थ पूर्ण और अलंकृत होने पर इस बन्दे अब्दुल रहीम ख़ानख़ाना पुत्र बैरम ख़ाँ ने बादशाह से प्रार्थना की कि वह इस ग्रन्थ की एक प्रति अपने लिए नकल कराना चाहता है। बादशाह ने मेहरबानी करके आज्ञा प्रदान कर दी। इसके पश्चात् लेख विशारदों ने इसकी प्रतिलिपि की तथा चित्रकारों ने चित्रों से सुशोभित किया, जिसकी प्रति विश्व के कल्याण हेतु उपस्थित हैं। यह कार्य 1007 हिजरी (सन् 1598 ई.) में पूर्ण हुआ। चित्रकारी का कार्य सन् 996 हिजरी (सन् 1587 ई.) में प्रारम्भ हुआ। इसमें एक सौ पैंसठ चित्र तथा 349 पत्र (फोलियो) हैं। इस योजना के अध्यक्ष मेरे आदरणीय मित्र मौला जावेदी इमामी थे।"

रहीम ने थोड़े शब्दों में शाही पाण्डुलिपि और उसकी प्रतिलिपि वाल्मीकि रामायण की प्रति के विषय में अपनी भावना को व्यक्त कर दिया है। उनका यह वाक्य–"प्रति विश्व कल्याण हेतु उपस्थित है" अत्यन्त सारगर्भित है।

रहीम के उक्त लेख के ऊपर बादशाह के पुस्तकालय अध्यक्ष की दो मुहरें (सील) लगी हैं, सन् 1635 ई. में शाहजहाँ ने इसे पढ़ा था। दोनों मुहरों पर "अब्दुल रहीम दलामी बाँदा–ए–शाहजहाँ" अंकित है और इसी के पास में 26 अस्फंदर (महीने का तुर्की नाम) बादशाह की गद्दीनशीनी का नवाँ वर्ष लिखा है।

पाण्डुलिपि के चित्रांकनों के अवलोकन करने से कवि रहीम की रामकथा के प्रति न केवल आस्था भावना बल्कि उनकी उस दृष्टि का आभास मिल जाता है जिस दृष्टि से राम कृष्ण को सामाजिक लोकमंगल की भावभूमि पर देखा–परखा एवं व्याख्यायित किया जा सकता है। उन्होंने न केवल कथा अपितु उनसे सम्बन्धित भाव, प्रतिभावों तथा उनसे उद्भूत सांस्कृतिक प्रेरणा को अनुभूत किया था जो उनके रचित दोहों में प्रकट होते हैं।

रहीम द्वारा रचित रामकथा विषयक छन्द

रहीम के प्राप्त कुछ रामकथा विषयक दोहों में हमें रामकथा के प्रसंग मिलते हैं। कविवर रहीम द्वारा रचित नीति और उपदेशपरक छन्द लोक में अधिक प्रचलित हैं, उससे भी अधिक रामकथा के प्रसंगों पर लिखे गये दोहे लोगों को कण्ठस्थ हैं। सर्वाधिक प्रसिद्ध दोहा है :

चित्रकूट में रमि रहे, रहिमन अवध नरेस।
जापर बिपदा परत है सो आवत यहि देस।।

रहीम को चित्रकूट के एक–एक कण में अवध–नरेश राम का रूप प्रतिबिम्बित दिखाई पड़ता है। यही नहीं, पवित्र चित्रकूट जहाँ राम रमे और तुलसीदास अपनी साधना में जमे वहाँ रहीम ऐसे भाव विह्वल हुए कि अनायास उपर्युक्त दोहा कह उठे। यह है रहीम की रामकथा के प्रति गहरी अभिरुचि। इसके अतिरिक्त रामकथा प्रसंग से सम्बन्धित उनके छन्द हैं :

राम न जाते हरिन सँग, सीय न रावन साथ।
जो रहीम भावी कतहुँ, होत आपुने हाथ।।

इस दोहे में रहीम ने भाव (भवितव्यता) की प्रबलता का उल्लेख किया है और उसकी पुष्टि हेतु रामायण से सीताहरण प्रसंग को सशक्त रूप में रखा है। एक ही पंक्ति में सीताहरण का पूरा दृश्य सामने आ जाता है। इसी प्रकार :

धूरि धरत नित सीस पै कहु रहीम केहि काज।
जेहि रज मुनि पत्नी तरी, सो ढूँढ़त गजराज।।

दोहे में प्रश्न और उत्तर साथ–साथ हैं। रहीम ने क्या सटीक उत्तर दिया है–अहल्या उद्धार प्रसंग का पूरा चित्र कुछ शब्दों के माध्यम से व्यक्त करने की प्रतिभा कवि रहीम को प्राप्त थी जो दूसरी अर्धाली में समाहित है। इसी प्रकार उनके अन्य दोहों में रामकथा के प्रसंग और उनकी राम–भक्ति के दर्शन होते हैं।

इसके अतिरिक्त रामकथा प्रसंग से सम्बन्धित उनके छन्द हैं–

रामचरित मानस विमल, सन्तन जीवन प्रान।
हिन्दुवन को वेद सम, तुरुकहिं प्रकट कुरान।।1।।

बसि कुसंग चाहत कुसल, यह रहीम जिय सोस।
महिमा घटी समुद्र की, रावन बस्यो परोस।।2।।

थोरो किए बड़ेन की, बड़ी बड़ाई होय।
ज्यों रहीम हनुमंत को, गिरधर कहत न कोय।।3।।

गहि सरनागति राम की, भवसागर की नाव।
रहिमन जगत–उधार कर, और न कछू उपाव।।4।।

दुःख नर सुनि हाँसी करैं धरत रहीम न धीर।
कही सुनै सुनि सुनि करै, ऐसे वे रघुबीर।।।5।।

रहिमन धोखे भाव से, मुख से निकसे राम।
पावत पूरन परम गति, कामादिक को धाम।।6।।

राम–नाम जान्यो नहीं, भइ पूजा में हानि।
कहि रहीम क्यों मानिहैं, जम के किंकर कानि।।7।।

रहिमन राम न उर धरै, रहत विषय लपटाय।
पसु खर खात सवाद सों, गुर गुलियाए खाय।।8।।

छिमा बड़नि कौ उचित है, वोछिन के उतपात।
श्रीपति कौ कह घटि गयौ, जौ भृगु मारी लात।।9।।

दोहा छन्द के अतिरिक्त एक सवैया छन्द भी मिलता है :

जिहि कारन बार न लाये कछू गहि संभु–सरासन दोय किया।
गये गेहहिं त्यागि के ताही समै सु निकारि पिता बनबास दिया।।
कहे बीच रहीम रह्यो न कछू जिन कीनो हुतो उन हार हिया।
बिधियों नसिया रसबार सिया कर बार सिया पिय सा रसिया।।

इन छन्दों से रहीम के रामकथा के प्रति अनुराग का बोध होता है। भक्त कवि की भाँति वे अपने आन्तरिक भावों को प्रकट करते हैं। राधा–कृष्ण, शिव, गंगा से सम्बन्धित रहीम के छन्द भी प्राप्त हैं। रहीम की समन्वयवादी दृष्टि ने उन्हें उच्चासन पर आसीन कर दिया है।

दतिया (मध्य प्रदेश) राज्य की रामलीला की पाण्डुलिपियों में प्रयुक्त रहीम के छन्द

कविवर रहीम द्वारा रचित दोहे अत्यन्त सरल भाषा में होते हुए भावगाम्भीर्य से युक्त हैं। चाहे वे भक्तिपरक हों या नीतिपरक या उपदेशपरक। यही कारण है कि अब तक हिन्दी में रहीम पर कई ग्रन्थ प्रकाशित हो चुके हैं। यही नहीं, उनके दोहों के भावों को लेकर कवियों ने कुण्डलियों की रचना की है जिसमें सरदार कवि का नाम प्रमुख हैं।

बुन्देलखण्ड, मध्य प्रदेश की पुरानी रियासतों में संस्कृत, हिन्दी, उर्दू और फ़ारसी के ग्रन्थों की बहुत–सी पाण्डुलिपियाँ आज भी सुरक्षित हैं। विशेष रूप से ओरछा (टीकमगढ़), दतिया और छतरपुर राज्य के पुस्तकालयों में हिन्दी भाषा के सहस्त्राधिक हस्तलिखित ग्रन्थ वर्तमान हैं। कविवर रहीम द्वारा हिन्दी में रचित ग्रन्थों की पुरानी हस्तलिखित प्रतियाँ दुर्लभ हैं। लखनऊ के श्री मयाशंकर याज्ञिक के संग्रह में रहीम काव्य विषयक हस्तलेखों की जानकारी मिलती है। बुन्देलखण्ड स्थित दतिया के ग्रन्थागार में सुरक्षित संवत् 1796 वि. की प्रति में 122 कवियों के रीतिपरक छन्द संग्रहित हैं। इस संग्रह में रहीम कवि के आश्रित वान कवि का भी एक छन्द मिलता हैं। इसी ग्रन्थागार में वान कवि कृत कलि–चरित्र ग्रन्थ की पाण्डुलिपि उपलब्ध है। रहीम के आग्रह पर वान ने कलि–चरित्र की रचना की थी।

ग्रन्थागार के अतिरिक्त दतिया के व्यक्तिगत संग्रहों में प्राप्त हस्तलेखों में भी रहीम के कुछ दोहे मिलते हैं। वहाँ अपने पूर्व परिचित श्री नारायणदास पाठक के घर पर उनके आत्मज श्री रमेश कुमार पाठक से मैं मिला। पाठक जी के पूर्वज दतिया राज्य की रामलीला के संचालक और व्यास थे। राज्य की रामलीला के लिए स्वतन्त्र रूप से कथा क्रम से अलग–अलग हस्तलेख तैयार किये गये थे जिसे श्री नारायणदास पाठक जी ने मुझे दिखाया था तथा कुछ महत्त्वपूर्ण जानकारी दी थी। उन्हीं हस्तलेखों में एक रजिस्टर में कुछ खर्रे और एक हस्तलेख मुझे देखने को मिले। इस हस्तलेख में किसी लेखक द्वारा ब्रज–मिश्रित बुन्देली गद्य में धर्म–समाधि गोबर्द्धनदास कृत मंगल श्रीकृष्ण रुक्मिणि परिणय और अन्त के चार पत्रों में रहीम के 23 दोहे पढ़ने को मिले। मैं बहुत आनन्दित हुआ। खर्रे में रहीम कृत खेट–कौतुकम् के राज योग का एक छन्द और उसी के साथ चार और भी छन्द मिले जो विदेहपुर देखने की लीला में लिखे गये थे।

दतिया (मध्य प्रदेश) चैत्र मास में रामलीला का बड़े स्तर पर आयोजन होता था। रामनगर–वाराणसी की भाँति राज्य में रामलीला के लिए कथा प्रसंगानुसार स्थान बने थे। संवत् 1942 वि. (सन् 1885 ई.) में लिखित रामलीला कार्यक्रम के एक अभिलेख से ज्ञात होता है कि दतियाराज्य की रामलीला चैत्रमास की रामनवमी में प्रारम्भ होती थी। यह रामलीला उन्नीस दिन तक होती थी। रामलीला में भाग लेने पर पात्रों को कण्ठस्थ करने के लिए अलग से हस्त–लिखित प्रतियाँ तैयार करके दे दी जाती थीं। प्रारम्भ में रामलीला तुलसीकृत *रामचरितमानस* के अनुसार होती रही। कुछ वर्षों के बाद लीला को प्रभावशाली बनाने के उद्देश्य से मानस को आधार मानकर अन्य कवियों

द्वारा रचित ग्रन्थों में प्रसंगानुसार छन्द संकलित कर स्वतन्त्र पाण्डुलिपियाँ तैयार की गयीं। लीला–प्रसंगानुसार प्रत्येक लीला की एक मूल पाण्डुलिपि तैयार कर ली जाती थी जिसमें पात्रों का नाम, पाठ, एवं दिन का विवरण लिखा रहता था। इसी मूल प्रति से पात्रों को याद करने के लिए प्रतिलिपि तैयार करके दे दी जाती थी जिसे पात्र कण्ठस्थ कर लेते थे। रामलीला के पाठ संकलन की यह विशेषता थी कि संस्कृत एवं हिन्दी के श्रेष्ठ कवियों द्वारा रचित छन्दों को कथा प्रसंग के अनुसार मानस की चौपाइयों के साथ यथास्थान लिख लिया जाता था। प्रमुख रूप से वाल्मीकि रामायण, हनुमन्नाटक, रघुवंश एवं हिन्दी के सूरदास, केशवदास, रहीम, रसिक बिहारी, पद्‌माकर, राम सखे, कृपानिवास आदि के पदों और छन्दों को प्रमुखता दी गयी है। रामलीला के लिए लिखी पाण्डुलिपियों को देखकर यह निष्कर्ष निकलता है कि लीला के आयोजक बहुत कठिन परिश्रम करते थे।

मुझे पहली बार दतिया राज्य की रामलीला के लिए लिखी गयी पाण्डुलिपि में कविवर रहीम के दो छन्द– एक श्लोक खेट–कौतुकम् का था तथा एक बहुप्रचलित दोहा–छन्द पढ़ने को मिला। यद्यपि दतिया स्टेट लाइब्रेरी के संग्रह में कुछ प्राचीन काव्य संग्रहों की पाण्डुलिपियों में रहीम के छन्द पढ़ने को मिले थे किन्तु रामलीला की प्रतियों में रहीम के छन्द पढ़कर मुझे बहुत प्रसन्नता हुई।

यहाँ पर मूल पाण्डुलिपि से विदेहपुर देखने की लीला का पाठ प्रस्तुत है। राम–लक्ष्मण गुरु विश्वामित्र से आज्ञा लेकर जनकपुर नगर देखने हेतु जाते हैं। दोनों नगर में प्रवेश कर चुके हैं :

मूल प्रति का पाठ

याद विदेहपुर देखने की–
जाइ देखि आवहु नगर सुष निधान दोउ भाइ।
करहु सफल सबके नयन सुन्दर बदन दिखाइ।।

मुनिपद कमल बंदि दोउ भ्राता, चले लोक लोचन सुष दाता।
बालक वृंद देखि अति सोभा, लगे संग लोचन मन लोभा।।

(रामचरितमानस)

कंचन क्रीट सु सिर लसी गसी विविध विध हीर।
साज जरकसी अंग कसी बसी हीय छवि वीर।।

कर सर धनु कट तरकसी लसी जरकसी साज।
उदित भई छवि अर्क सी तमी करकसी भाज।। (अज्ञात कवि)

बालक–यह आपु कहिये, आपु चन्द्र–सूर्य हौ या इन्द्र–वरुन हौ, या
वैवस्वत–वैश्रवन हौ या शिव–विष्णु हौ या विधि–ब्रह्म हौ,
या गन्धर्व–किन्नर हौ या चारन–सिद्धि हौ या कपिल–कर्दम हौ, या

नर–नारायण हौ, देव कोटि मै या नाग कोटि मै हौ, या
नर कोटि मै हौ। नाम, गाम, गोत्र, वंश कहिये तब और पूछ हैं।
राम–राम लक्ष्मण नाम। श्री अयोध्या धाम।
हंस बंस जन्म है। आर्ज रिषि के संग है।
बालक–तौ आपुही नै जज्ञ रक्ष्या कीन है। देवारीन कौ मारिकै
अरु अहल्या उद्धार कीन है?
राम–हाँ, गुर कृपा तै।
बालक वाह–वाह! तौ मित्र तुम्हार उदय भयौ चाहत, इहाँ हमै पहिचानै रहीयौ
क्योंकि–

श्रीमद वक्र न कीन केहि प्रभुता बधिर न काह।
मृगनैनी के नैन सर को अस लाग न जाह।।

तासै विनती करी आपुसै। क्यौं भाई विद्यार्थी इनकौ अपना बना लिया या नहीं, हाँ बन गया बहुत अच्छे ग्रह हैं तौ कहौ–

यदा मुस्तरी कर्कटे वा कमाने यदा लग्न शावू दुआ मालखाने।
तदा जोतिशी क्या पढ़ै और गुनै गावही बालक पातसाही करैगा।।1।।
यदा भाग्य मालिक भले घर पड़ैगा हजारौ जो आलम कौ उस्तर करैगा।
सदा जीत वाजी का उसको मिलैगा, अगर दीन–दीनौ के दुख को हरेगा।।2।।
यदा मुस्तरी पांचई–सांतई वा यदा चस्म कोणा हंद वा वलीवा।
नजूमी अरे क्या पढ़ै अरु गुनै गावही बालका पातसाही करैगा।।3।।
यगानौ जगानौ बड़े आइयौ, दूजा न बसै वागै लिये आइयौ।
अदव सैत फावत सै और दूर सै, उसी अपनै मामूर दस्तूर सै।।4।।
बड़े जाइ आगै कौ चलना कदम, बड़े उम्र दौलत कदम वा कदम।
हक्त आला अैसे हाकियहः कसगे दो दाद गर।
दाइ मारुषे सलामत मसर दे इक बाल पर।।

विद्यार्थी बालक गण राम के रूप सौन्दर्य को देखकर, ग्रह–दशाओं पर विचार कर भविष्यवाणी करते हैं। बालकों द्वारा पढ़े गये छन्दों में से खेट–कौतुकम् ग्रन्थ के राज–योगाध्याय का चौदहवाँ श्लोक है, थोड़ा पाठान्तर अवश्य है–

यदा मुश्तरी कर्कटे वा कमाने यदा चश्मखोरा जमी वा समाने।
तदा ज्योतिषी क्या लिखे क्या पढ़ेगा हुआ बालका बादशाही करेगा।।94।।

प्रथम छन्द के अतिरिक्त शेष चार छन्द किस ग्रन्थ से उद्धृत हैं कह सकना कठिन है। हस्तलिखित प्रति होने से पाठान्तर होना स्वाभाविक है। शेष चार छन्दों के विषय में यह सम्भावना है कि रामलीला के लिए उपयुक्त छन्दों के संग्रहकर्ता कवि–पण्डितों के पास खेट–कौतुकम् की कोई अन्य हस्तलिपि प्रति विद्यमान रही हो जिससे उन्होंने प्रतिलिपि की हो या कवि–पण्डितों ने खेट–कौतुकम् ग्रन्थ की शैली में इन छन्दों को लिखकर जोड़ दिया हो किन्तु इतना तो निश्चित है कि प्रथम छन्द कवि रहीम रचित है।

बालकों द्वारा राम के भविष्य कथनोपरान्त रामचरितमानस, रसिक बिहारी कृत 'रामरसायन ग्रन्थ' की पंक्तियों से विदेहपुर देखने की लीला पूरी हुई है। इसी प्रकार अयोध्याकाण्ड में रामवन–गमन, चित्रकूट में पर्णकुटी बनाकर निवास करने, भरत का राम को मनाने के लिए चित्रकूट आगमन और राम के आदेश को स्वीकार कर भरत का अयोध्या वापस लौट कर नंदीग्राम में निवास एवं राम का निश्चिन्त होकर चित्रकूट में सीता और लक्ष्मण के साथ निवास की लीला का प्रसंग व्यास द्वारा कथित "चित्रकूट में रमि रहे, रहिमन अवध नरेस।" पंक्ति से स्थगित होता है। ध्यान देने की बात है कि रामलीला के व्यास के द्वारा दोहे की दूसरी पंक्ति का कथन नहीं हुआ है। प्रथम पंक्ति अत्यन्त सारगर्भित है। यह है कविवर रहीम के द्वारा रचित छन्दों का प्रभाव। और अन्त में–

मीरा, तुलसी, रहिमन कर हम दास।
केहि गिनती महँ गिनती जस बन घास।।

चित्र विवरण (पृष्ठ संख्या-55) :

'अब्दुर्रहीम ख़ानेख़ाना' द्वारा अधिकृत वाल्मीकि रामायण के फ़ारसी अनुवाद की सचित्र जिल्द। इस चित्र में राम, लक्ष्मण और विश्वामित्र सरयू और गंगा के संगम पर निर्मित कामा के आश्रम में विश्रामरत दर्शाये गये हैं। यह एक शाही प्रति की प्रतिकृति है। स्याही, अपारदर्शी जलरंग और स्वर्ण काग़ज़ पर, आधुनिक जिल्द में; 27.5 × 15.2 सेमी; कलाकार गुलाम अली, फ़्रीयर गैलरी ऑफ़ आर्ट एंड आर्थर एम. सैकलर गैलरी, स्मिथसोनियन इंस्टीचूशन, वाशिंगटन, डी. सी.: चार्ल्स लैंग फ़्रीयर का उपहार, एफ़. 1907.27.1–172 अंक–I : जिल्द 34, दायाँ पृष्ठ।

टूटे सुजन मनाइए, जो टूटे सौ बार ।
रहिमन फिरि फिरि पोहिए, टूटे मुक्ताहार ।।

लोक और शास्त्र में कबीर, रहीम व तुलसी

सदानन्द शाही

'देश की संस्कृति का आज बहुत नाम लिया जाता है। उसका जीवन्त रूप क्या है? उसका रूप यदि विशद और महान है, यदि उसमें सैकड़ों शताब्दियों की गहराई और गम्भीरता और जीवन है तो उसे हम इतिहास का सहारा लिए बिना कैसे समझ सकते हैं? संस्कृति अन्धे की लकड़ी नहीं कि जिसे लिये–लिये लोग सर्वत्र घूमें– बिना जाने क्या उसकी परिभाषा इतनी सहज है? वह तो कल्पतरु है। जिसकी शाखाओं की शाखाएँ आज जीवित हैं। उसकी छाँह में बैठकर ही कहीं एक जगह से हम उस पूरे का रूप नहीं देख सकते हैं, न पा सकते हैं, न समझ सकते हैं। चार सौ साल हुए इस कल्पतरु की शाखा पर एक पंछी आकर बैठ गया था उसकी मीठी बोली हम आज भी सुन रहे हैं।' –शमशेर बहादुर सिंह

देश की संस्कृति के कल्पतरु पर आकर बैठा यह पक्षी 'हमारी परम्परा हमारी विचारधारा और संस्कारों में' न केवल डूबा हुआ है बल्कि 'अपनी ओर से उस संस्कृति' में योगदान दे रहा है। इस योगदान को समझना एक तरह से ख़ुद को समझना है। पूरा नाम अब्दुल रहीम ख़ानेख़ाना। महान योद्धा, शासक (गुजरात के सूबेदार), सन्त, कवि, विद्वान, दानवीर आदि अनेक रूप हैं जिनपर अलग–अलग बात की जा सकती है। समावेशिता ऐसी कि नमाज़ और कृष्ण, तलवार और किताब, काव्य और ज्योतिष, दान और पौरुष, सबको साथ लेकर चलने में सक्षम। सबको साथ लेकर चलने की यही कला उन्हें एक मुकम्मल इनसान बनाती है। अक्षरारम्भ के साथ ही हिन्दी के जिन तीन कवियों से हमारी भेंट होती है वे हैं– कबीर, तुलसी और रहीम। मज़े की बात यह है कि अक्षरारम्भ न भी हो तो भी इन तीनों से हमारी भेंट हो जाती है। कम से कम लोक में ये तीनों ही कवि साथ–साथ चलते दिखाई देते हैं।

यह एक महज़ संयोग है या इन कवियों में कहीं कोई संगति है जिसके नाते तीनों साथ–साथ चलते हैं। यह अलग बात है कि शिक्षा जगत में रहीम बहुत दूर तक आगे नहीं आ पाते। हाईस्कूल या हद से हद इंटरमीडिएट तक जाते–जाते हम रहीम से छुट्टी पा लेते हैं। कबीर और तुलसी से हमारी मुलाक़ात आगे भी होती रहती है। इस

पर अलग से विचार करने की ज़रूरत है कि हमारी काव्यस्मृति में एक साथ दाखिल होने वाले तीन कवियों में से एक को उच्च शिक्षा के सोपानों तक ले जाने से क्यों रोक दिया जाता है? कहीं इसलिए तो नहीं कि हमारा काव्याभ्यास रहीम को नीति के दोहे तक सीमित कर देता है और नीति या सूक्ति को श्रेष्ठ काव्य का दर्जा नहीं दिया जाता! क्या रहीम की कविता सिर्फ़ नीति कथन तक महदूद है? यदि ऐसा है तो अपने फ़ारसी क़लाम में रहीम के यह कहने का कि मैं सिर से पाँव तक मुहब्बत के जाल में फँसा हुआ हूँ, क्या कोई अर्थ नहीं है? क्या कबीर, तुलसी और रहीम की संगति के बहाने इस पहलू पर भी विचार सम्भव है?

लोक में तीनों कवियों की सह उपस्थिति संकेत करती है कि तीनों में कुछ न कुछ संगति है। हालाँकि यह संगति देखने का हमारा अभ्यास नहीं है। वैसे भी तीनों ही कवियों के जीवन में कहीं कोई समानता नहीं मिलती। कबीर बुनकर जुलाहे का जीवन जीते हुए ज्ञान और अध्यात्म की सभी प्रचलित सरणियों को छोड़ देते हैं और उनसे ऊपर उठकर सत्य की तलाश करते हैं। कबीर घर फूँक मस्ती वाले कवि हैं। घर फूँक मस्ती का अर्थ है–मौजूद घर को असाध्य मानकर नये घर की तलाश करने वाला। ऐसा नहीं है कि कबीर को घर की ज़रूरत नहीं है। पर उन्हें ग़ालिब की तरह बे–दरो दीवार वाला घर चाहिए। वे नितान्त निःछद्म हैं। कबीर को पहले से मिला घर स्वीकार्य नहीं है, वे नया घर तामीर करना चाहते हैं। जब तक नया घर नहीं बनता तब तक घर के ख़याल से ही ख़ुश हैं। वे किसी के आगे झुकने को तैयार नहीं हैं यहाँ तक कि अपने राम के सामने भी नहीं–'मेरा मन सुमिरे राम को, मेरा मन रामहि आहि, इब मन रामहि ह्वै चला सीस नवावों काहि।।'

तुलसीदास अपने मौजूदा घर को असाध्य नहीं मानते। उसे थोड़ा रंग रोगन करके दुरुस्त कर लेना चाहते हैं। वे संग्रह और त्याग के विवेक के साथ कुछ को छोड़कर और कुछ को लेकर आगे बढ़ जाते हैं। उन्होंने अपने साहब राम की गुलामी स्वीकार कर ली है और घोषित कर दिया है कि–'तुलसी अब का होहिंगे नर के मनसबदार'। इसी दायरे में वे अपने पुराने घर को चाक चौबन्द करने में लगे हैं। कबीर और तुलसी दोनों का रास्ता साफ़ है। एक कहता है–'जो घर जारे आपना चले हमारे साथ' तो दूसरा कहता है–'जाके प्रिय न राम बैदेही, तजिये ताहि कोटि बैरी सम जद्यपि परम सनेही'।

रहीम की स्थिति इन दोनों से फ़र्क़ है। वे लगभग खानाबदोश हैं। उनके पास न तो बेदरो–दीवार वाला घर है और न ही तुलसी का विधि–विधान वाला। उन्हें कब कौन–सा घर छोड़कर किस घर में जाना पड़े, कह नहीं सकते। रहीम की मुश्किल यह है कि उनके जीवन की एक डोर राम में बँधी हुई है तो बाक़ी शाह–ए–वक़्त से। सब कुछ के बावजूद रहीम नर के मनसबदार हैं। इस मनसबदारी के पीछे तरह–तरह के खेल हैं–तीर कमान हैं। इसलिए रहीम के सामने सब कुछ साथ लेकर चलने की चुनौती है। सब कुछ छोड़ देने की अपनी मुश्किल है–पर तय कर लें तो छोड़ सकते

हैं, किसी एक के पक्ष में खड़े होने की मुश्किलें हैं लेकिन यह भी सम्भव है पर दोनों को लेकर चलना कठिन है। इसका अनुभव रहीम को है। कबीर की तरह ही रहीम का एक लोक प्रचलित दोहा है :

चाह गयी चिन्ता गयी, मनुआ बेपरवाह।
जाको कछू न चाहिए वे साह्न के साह।।

उन्हें सब कुछ छोड़ देने का ठाठ मालूम था। लेकिन रहीम की मुश्किल यही है कि उन्हें सब कुछ लेकर चलना है।

अब रहीम मुसकिल पड़ी, गाढ़े दोऊ काम।
साँचे से तो जग नहीं, झूठे मिलैं न राम।।

जिन्हें सिर्फ़ राम चाहिए वे झूठ को छोड़कर सत्य अपना सकते हैं। जिन्हें सिर्फ़ जग चाहिए वे भी सत्य से बेपरवाह होकर झूठ के पथ पर चल सकते हैं। जिन्हें दोनों चाहिए वे क्या करें? झूठ और सच में कैसा सन्तुलन बनायें कि जग भी सध जाये और राम भी मिल जायें। रहीम को जीवन में सन्तुलन बनाये रखना पड़ा होगा। लोक स्मृति में रहीम की उपस्थिति इसी सन्तुलन के नाते है।

घर के साथ इन तीनों कवियों के तीन तरह के रिश्ते हैं—कबीर घर को जलाकर नया बनाने को उद्यत हैं, तुलसी घर की मरम्मत कराकर उसके एक हिस्से में आसन जमा लेते हैं और रहीम घर की तलाश में एक सराय से दूसरी सराय में भटक रहे हैं। तीनों कवि अपने-अपने ढंग से घर से बँधे हुए हैं। लोक में इन कवियों की स्वीकृति की एक बड़ी वजह घर के साथ इन रिश्तों में है। लोक-मन घर को लेकर इन्हीं रास्तों पर भटकता रहता है। इसलिए इन कवियों को पढ़ते हुए किसी हमसफ़र का सा एहसास होता है।

शायद इसलिए रहीम की कविता का एक छोर कबीर से तो दूसरा तुलसी से मिलता है। कबीर और रहीम में एक समान्तरता दिखाई पड़ती है। जब रहीम कहते हैं :

काह करौं बैकुण्ठ लै, कल्पबृच्छ की छाँह।
रहिमन ढाक सुहावनो, जो गल पीतम-बाँह।।

कहते हैं तो बरबस कबीर का पद याद आ जाता है :

चलन चलन सब कोइ कहत है। ना जाँनौं बैकुण्ठ कहाँ है।। टेक।।
जोजन एक परमिति नहिं जानैं, बातनि ही बैकुण्ठ बखानैं।
जब लग मनि बैकुण्ठ का आसा, तब लग नहिं हरि चरन निवासा।
कहे सुने कैसे पतिअइऔ, जब लग तहाँ आप नहिं जइऔ।
कहै कबीर यह कहिऔ काहि, साधु संगति बैकुण्ठहि आहि।।

रहीम के बैकुण्ठ और कल्पवृक्ष की छाँह की तुलना में ढाक की छाँह ज़्यादा सुहावनी है यदि गले में प्रीतम की बाँह हो। कबीर कहते हैं कि बैकुण्ठ कहाँ है और कैसा है यह नहीं मालूम लेकिन सच पूछिये तो साधु की संगति ही बैकुण्ठ है। रहीम का प्रीतम कबीर का साधु ही हैं। सन्त समाज सभा को ही कबीर बैकुण्ठ मानते हैं।

यह साधु, यह प्रीतम, दरअसल हमनवां है जिसका साथ दोनों को बैकुण्ठ से श्रेयस्कर लगता हैं। सत्संगति की महिमा दोनों कवियों के यहाँ एक सी सांद्रता के साथ मौजूद है इसलिए रहीम कहते हैं :

रूठे सुजन मनाइए, जो रूठे सौ बार।
रहिमन पुनि पुनि पोइए, टूटे मुक्ताहार।।

यह सुजन भी साधु ही है। दोनों के यहाँ साधु की पहली प्रतिश्रुति परहित है। जब रहीम कहते हैं कि :

तरुवर फल नहिं खात हैं, सरवर पियहि न पान।
कहि रहीम पर काज हित, समपति सँचहि सुजान।

तो ऐसा लगता है जैसे वे कबीर के इस दोहे को दुहरा भर रहे हैं :

बृच्छ कबहुँ नहिं फल भखे, नदी न संचे नीर।
परमारथ के कारने साधुन धरा शरीर।।

इस साधु का स्वभाव कैसा होना चाहिए। कबीर कहते हैं सूप जैसा होना चाहिए क्योंकि वह सार को ग्रहण करता है और थोथे को उड़ा देता है। रहीम आत्माराम के लिए यही आदर्श रखते हैं :

रहिमन यह तन सूप है, लीजै जगत पछोर।
हलुकन को उड़ि जान दै, गरुए राखि बटोर।।

इस साधु का एक लक्षण अहंकार का विसर्जन भी है। कबीर प्रेम घर में प्रवेश करने के पहले सीस (अहंकार) को उतार कर परे रखने की बात करते हैं, "जब मैं था तब हरि नहीं" कहते हैं तो रहीम कहते हैं कि यह (प्रेम की) गली बहुत साँकरी है, इसमें अहंकार और हरि दोनों में से कोई एक ही रह सकता है :

रहिमन गली है साँकरी, दूजों ना ठहराहिं।
आपु अहै तो हरि नहीं, हरि तो आपुन नाहिं।।

और जब वह परम प्रिय मिलता है तो उस अनुभव की अनिर्वचनीयता भी एक जैसी ही है। रहीम के यहाँ–

अन्तर दाव लागी रहै, धुआँ न प्रगटै सोइ।
कै जिय आपने जानहिं, कै जिहि बीती होइ।।

वाली स्थिति है तो कबीर के यहाँ भी यही स्थिति है :

हिरदा भीतरि दौ बले, धुवां न परगट होइ।
जाके लागी सो लखे के जिहि लागी सोइ।।

कई बार ऐसा लगता है कि जैसे रहीम के यहाँ कबीर के ही दोहे वेश बदल कर आ गये हैं। जैसा कि कुछ अध्येताओं का अनुमान है कि कबीर के बहुतेरे दोहे रहीम की रचनाओं में शमिल कर लिए गये हैं। यदि ऐसा हो भी तो मानना पड़ेगा कि रहीम को कबीर इतने ज़्यादा पसन्द हैं कि वे कबीर के कुछ दोहों को अपना लेते हैं। ज़ाहिर है ऐसा तभी होता है जब भावभूमि की एकता हो। भावभूमि की एकता जगह–जगह दिखाई पड़ती है।

जैसा कि कहा गया रहीम की मनोभूमि का दूसरा छोर तुलसी से जुड़ता है। यह जुड़ना केवल काव्यवस्तु के धरातल पर नहीं है बल्कि उसके अनेक संस्तर हैं। तुलसी और रहीम की व्यक्तिगत मैत्री के भी अनेक प्रसंग हैं लेकिन यहाँ पर केवल कविता से जुड़े प्रसंगों पर ही चर्चा की जायेगी। पहली बात तो दोनों कवियों का भाषा सम्बन्धी दृष्टिकोण। जिस तरह तुलसीदास पढ़े–लिखे बहुभाषाविद् पण्डित थे वैसे ही रहीम भी। यह एक सुविदित तथ्य है कि अकबर महान की देख–रेख में रहीम की शिक्षा–दीक्षा हुई थी। रहीम अरबी, फ़ारसी, तुर्की, संस्कृत और ब्रज तथा अवधी के विद्वान एवं कवि थे। इसलिए दोनों कवियों का काव्य कर्म लोक से शास्त्र और शास्त्र से लोक का संचरण करता हुआ दिखाई देता है। एक तरफ़ कबीर शास्त्र के कठिन बोझ से जनता को मुक्त कर रहे थे तो दूसरी ओर तुलसी व रहीम शास्त्र को लोक के निकट जाने लायक बना रहे थे। भक्तिकाल लोक भाषाओं के उदय का काल था। इस उदय से लोक भाषाओं में ऐसी शक्ति आ गयी थी कि वे स्वयं संस्कृत के लिए निकष बन गयी थीं। यह वह समय था जब शास्त्रीय भाषाएँ अपना ऊँचा आसन छोड़कर वैधता प्राप्त करने के लिए लोक भाषा के निकट आ रही थीं। तुलसी और रहीम को एक साथ देखने से यह तथ्य आसानी से समझ आता है। बहुभाषाविद् और संस्कृत, अरबी और फ़ारसी जैसी शास्त्रीय भाषाओं के विद्वान रहीम और तुलसीदास दोनों काव्य रचना के लिए लोकभाषा की ओर आते हैं। शास्त्रीय भाषा पर पूरा अधिकार होते हुए भी ये दोनों कवि काव्य कौशल लोक भाषा में ही दिखलाते हैं। दोनों ही कवियों ने यहाँ तक पहुँचने में विचार यात्रा की है।

भाषा के बारे में दोहावली में तुलसीदास का एक दोहा है :

का भाषा का संस्कृति, प्रेम चाहिए साँच।
काम जू आवे कामरी का लै करै कुमाच।।

कुमाच कहते हैं दुशाले जैसी चीज़ को। जाड़े के लिए तो साधारण सी भेड़ के ऊन वाली कमली ही काम आ रही है, कुमाच लेकर क्या करेंगे। लगभग इसी वज़न पर रहीम भी कहते हुए मिल जाते हैं :

काह कामरी पामरी, जाड़ गये से काज।
रहिमन भूख बुझाइए, कैस्यो मिले अनाज।।

अगर भूख मिट रही है तो कैसा भी अनाज स्वीकार्य है और जाड़े से रक्षा हो रही है तो साधारण–सा कम्बल भी वरेण्य है। भाषा के बारे में दोनों कवियों का नज़रिया मिलता है। शास्त्र अगर अपनी संरचना में इतने दुरूह हो गये हैं कि जन–मन तक नहीं पहुँच पा रहे हैं तो यह संरचना बदल कर उन्हें जन–मन तक ले जाना इन कवियों की पहली प्रतिबद्धता है। शायद इसीलिए राजप्रासाद से बाहर वनवासी राम की छवि तुलसी को ही नहीं रहीम को भी अच्छी लगती है :

चित्रकूट में रमि रहे, रहिमन अवधनरेस।
जा पर बिपदा पड़त है, सो आवत यहि देस।।

तुलसी के वनवासी राम रहीम के जरिये ही अकबर के दरबार में पहुँचे होंगे और उस छवि पर मुग्ध होकर अकबर ने वनवासी राम की याद में सिक्का चलाया होगा।

रहीम और तुलसी में एक समानता बरवै जैसे सहज छन्द के प्रयोग को लेकर है। गुसाईं चरित के लेखक बाबा वेणी माधव को प्रमाण मानें तो रहीम के बरवै नायिका भेद पर मुग्ध होकर तुलसीदास ने बरवै रामायण की रचना की है।

कवि रहीम बरवै रंचे, पठये मुनिवर पास।
लखि तेहि सुन्दर छन्द में रचना कियेउ प्रकास।।

खेट–कौतुकम् और रामाज्ञा प्रश्नावली जैसे फलित ज्योतिष के ग्रन्थों की रचना के पीछे कम से कम रुचि साम्य तो दिखाई ही पड़ता है। दोनों कवियों को उस समय के खलों के खेल का शिकार बनना पड़ा होगा। खलों की खलता का अनुभव भी दोनों कवियों के यहाँ एक सा है। रहीम के नीतिपरक दोहों के मूल में यह अनुभव है।

कबीर और तुलसी से समानता के विविध पहलुओं के रहीम के अपने रास्ते को जानने के लिए उनके 'बरवै नायिका भेद' और 'नगर शोभा' की घोर श्रृंगारिक कविताओं को ज़रूर देखा जाना चाहिए। ये कविताएँ बताती हैं कि रहीम सिर्फ़ काव्य रसिक ही नहीं बल्कि रसिक भी थे। लेकिन रहीम की रसिकता किसी तरह लंपटता नहीं थी। मुग़ल दरबार की दिनचर्या में रसिकता के सन्दर्भ ही थे। सबसे बड़ी बात यह कि रसिकता हमारे जीवन का अनिवार्य अंग है। रहीम समग्र जीवन से प्यार करने वाले व्यक्ति थे। शिव सिंह सरोज में उनका एक फ़ारसी कलाम उद्धृत है :

शुमार शौक़ न दानिस्ता अम कि ता चन्द ऊपरी अस्त।
जुज़ ई क़दर कि दाम सख़्त आजूमन्द अस्त।।
न दाना दनाम व नै दाम ई क़दर दानम।
के पाय ता बसरम हर चे हस्त दर बंद अस्त।।

(मैं यह नहीं बता सकता कि मेरी मुहब्बत का जोश कहाँ तक बुलन्द है, इतना जानता हूँ कि मुहब्बत के जाल में फँसा हुआ हूँ। मैं इतनी समझ–बूझ नहीं रखता कि दाना और जाल को पहचान सकूँ, इतना जानता हूँ कि मैं सिर से पाँव तक मुहब्बत के जाल में फँसा हुआ हूँ।)

इसे यदि कवि का आत्म वक्तव्य मान लें तो यह बात साफ़ हो जाती है कि रहीम की पहली चाहत मुहब्बत ही है। यह मुहब्बत समग्र जीवन के लिए है। जीवन ने जब जिस मोरचे पर खड़ा किया, रहीम उस पर पूरी शिद्दत से लगे रहे। इसलिए जीवन के अनुभवों ने उन्हें नीतिकार बनाया, शौर्य और ऐश्वर्य ने श्रृंगार का रस अनुभव करने का अवसर दिया और इस संसार की सही समझ उन्हें भक्ति की ओर ले गयी :

जाके सिर अस भार सो कस झोंकत भार अस।
रहिमन उतरे पार, भार झोंकि सब भाड़ में।।

उनमें नीतिबोध था पर वे केवल नीतिकार नहीं थे, उनमें सन्तई थी पर वे सिर्फ़ सन्त नहीं थे, श्रृंगार भी था पर वे सिर्फ़ श्रृंगारिक भी नहीं हो सकते थे। चाहें तो उन्हें नीति, श्रृंगार और वैराग्य की त्रिवेणी बहाने वाले भर्तृहरि की परम्परा में रख सकते हैं।

सन्दर्भ

1. कुमार मधुप, 'मध्यकाल और रहीम का संस्कृत प्रेम', 'साखी', अंक 22
2. बहादुर शमशेर सिंह, 'हमारे सांस्कृतिक समन्वय का एक प्रतीक'—रहीम, 'कुछ और गद्य रचनाएँ'।
3. मिश्र प्रताप कुमार, 'ख़ानेख़ाना अब्दुर्रहीम और संस्कृत', वाराणसी, 2007
4. मिश्र सत्य प्रकाश, 'रहीम रचनावली'।
5. मिश्र विद्यानिवास, 'रहीम ग्रन्थावली', वाणी प्रकाशन, नयी दिल्ली, 1985

चित्र विवरण (पृष्ठ संख्या-65) :

भक्त कवियों कबीर और रविदास जी के विपरीत रहीम ने अपनी कविता में दरबारी पृष्ठभूमि के अन्तर्गत भक्ति बिम्ब समाहित किये। इसके विपरीत पूर्ववर्ती कवियों के पद 15—16 वीं शताब्दी की भक्ति परम्परा से जुड़े हुए थे और आज भी ख़ूब गाये जाते हैं। मुग़ल, जहाँगीर काल; काग़ज़; 18 × 25 सेमी; अनुमानतः ईसवी 1620—30। नेशनल म्यूज़ियम, नयी दिल्ली, आरोहण संख्या : 79.444।

این قله بزرگ از طلا گرفته با زبشتابی در هماچل رفت باز نزد رام آمد
درین هنگام سکر بوپرز و رصاحب میمونان که میخواست که هنونت زور مندر را از مدعای خبر دار
سازد باوی گفت که کنبه کرن کشته شد و پسران راون باوزیران کشته شدند حالا راون ترک
جنگ نخواهد کرد شما هزاران مشعلهای نیم سوخته گرفته بر لنکا بروید و در ان زمان غروب افتاب شد
و شب هولناک در آمد میمونانی که سرداران خیلخیل بودند شعلها گرفته بر لنکا روان شدند و راجهانی

रहीम की कविता में स्त्रियाँ

सुधीश पचौरी

आचार्य रामचन्द्र शुक्ल ने अन्य बहुत से कवियों के साथ रहीम को भी 'सगुणधारा' के 'फुटकल' खाते में रखा। तब से वे उसी फुटकल में पड़े हैं। यह शुक्ल जी की इतिहास दृष्टि की सीमा है, जिसके तहत एक बड़ा कवि फुटकल (खेरीज) की तरह चला दिया गया है, मानो वो भी कोई 'इकन्नी दुअन्नी' छाप हो। लेकिन जब केशव जैसे बड़े कवि को शुक्ल जी फुटकल में डाल सकते हैं तो हम समझ सकते है कि बाक़ी कवियों को क्यों फुटकल में डाला होगा।

शुक्ल जी के फुटकल की अपनी राजनीति है। एक 'हाइरार्की' बनानी है कवियों की, 'ऊँच–नीच' तय करनी है। शायद उसी के चलते ऐसा अनर्थ हुआ। शुक्ल जी के जिस इतिहास के केन्द्र में तुलसी हों, उसमें भी उनका 'मानस' हो, जिसके कारण (कृष्णभक्त) सूर तक को उनकी एकाध चपत लग जाती है, तब रहीम जैसे मुग़लकाल के नगर–कवि को किनारे डाल देना कौन–सी बड़ी बात है?

लेकिन इस फुटकल कवि के कवित्व के बारे में शुक्ल जी अनुदार नहीं हैं। वे उनको एक प्रसंग में तुलसी के बराबर लोकप्रिय मानते हैं :

"संसार का इन्हें बड़ा अनुभव था। ऐसे अनुभवों के मार्मिक पक्ष ग्रहण करने की भावुकता इनमें अद्वितीय थी। अपने उदार और ऊँचे हृदय को संसार के वास्तविक व्यवहारों के बीच रखकर जो संवेदना इन्होंने प्राप्त की है, उसी की व्यंजना अपने दोहे में की है। तुलसी के वचनों के समान रहीम के वचन भी हिन्दी भाषी भूभाग में सर्वसाधारण के मुँह पर रहते हैं। इसका कारण है कि सच्ची परिस्थिति का मार्मिक अनुभव। रहीम के दोहे वृन्द और गिरिधर के समान कोरी नीति के पद्य नहीं हैं। उनमें मार्मिकता है। उनके भीतर से एक सच्चा हृदय झाँक रहा है। जीवन की सच्ची परिस्थितियों के मार्मिक रूप को ग्रहण करने की क्षमता जिस कवि में होगी, वही जनता का प्यारा कवि होगा। रहीम का हृदय द्रवीभूत होने के लिए कल्पना की उड़ान की अपेक्षा नहीं रखता...'बरवै नायिका भेद' में भी जो मनोहर और छलते हुए चित्र हैं, वे भी सच्चे हैं, कल्पना के झूठे खेल नहीं। उनमें भारतीय प्रेम जीवन की सच्ची झलक मिलती है।" (हिन्दी साहित्य का इतिहास / 120)

रहीम के कवित्व के बारे में शुक्ल जी की यह टिप्पणी दो बातें स्पष्ट करती है :

पहली कि उनके वचन तुलसी के वचनों की तरह ही जनता के बीच लोकप्रिय हैं। दूसरी कि बरवै नायिका भेद, जो रहीम का एक अन्यतम ग्रन्थ है जिसका प्रभाव रीतिकाल तक जाता दिखता है, में भारतीय प्रेम जीवन की सच्ची झलक मिलती है! यानी यह शास्त्रीय किस्म के 'नायिका भेद' की नकल नहीं हैं।

रहीम पर पुनर्विचार में कुछ और बाधाएँ भी हैं।

पहली है : उनकी विराट पॉलिटिकल और कल्चरल उपस्थिति।

दूसरी है : उनका लम्बा जटिल जीवनवृत्त, उनकी गुणग्राहकता और द्रवणता।

तीसरी है : उनका अवढरदानी होना, उनका मैत्री निर्वाह।

कहने की ज़रूरत नहीं कि उनका व्यक्तित्व उनकी कविता के मूल्यांकन के आड़े आता है।

जितनी किंवदन्तियाँ उनके बारे में मिलती हैं, उतनी अन्य किसी कवि के बारे में नहीं मिलतीं। और सबमें एक ही बात ख़ास नज़र आती है : वह है उनका सहज ही 'भाव–द्रवित' हो उठना, गुण पर तुरन्त रीझ उठना, कुर्बान हो उठना। जैसे गंग कवि ने एक छन्द उन पर लिखा तो तुरन्त उनको लाखों रुपये इनाम में दे डाले, तुलसी आदि से उनकी मित्रता तो ख्यात है ही।

न जाने कितने क़िस्से ऐसे हैं जिनसे रहीम के बेहद भावुकमना होने का पता चलता है। यह उनकी 'पठानियत' है, 'मुग़लियत' है या उस समय के कल्चरल माहौल का परिणाम है कि कवि मर्मज्ञ है और मार्मिक प्रसंगों का रसिक है। वह हर बात को दिल से लेता है और दिल से ही जवाब देता है। एकदम कुर्बान होने का भाव। भाव–द्रवणता का आधिक्य। समूचे मध्यकाल में यह 'भावुकता' एक बड़ा कलात्मक मूल्य है।

'रहीम ग्रन्थावली' (सम्पादक, विद्यानिवास मिश्र, गोविन्द रजनीश / वाणी / 2001) को पढ़ते हुए इस पाठक को बार–बार महसूस हुआ कि वह एक ऐसे कवि से रूबरू है जो, जिसको पसन्द करता है पूरी शिद्दत से पसन्द करता है, उसका मूल चालक भाव 'रीझना' है रहीम का 'दिल है कि मानता नहीं'। कविता में वह मन बनकर आता है यह 'मन' किसी के गुण, किसी की प्रतिभा, किसी की जीवन स्थिति देखकर ही 'कुर्बान' हो उठता है, रीझ उठता है।

'रीझना' रीतिकाल का एक 'मानक' पद है। कविता का धर्म है 'रिझाना', सहृदय का काम है रीझना। भिखारीदास ने यों ही नहीं कहा होगा कि 'आगे के सुकवि रीझिहैं तो कविताई...' यानी कविता पर कोई सच्चा कवि हृदय ही रीझ सकता है। जब कविता में रिझाने की क्षमता हो जब उसे सुन पढ़कर कवि रीझते हों तो कविता का 'आलम्बन' उसी तरह का होगा जिस पर सब रीझ सकें और यह आलम्बन श्रृंगार और प्रेममूलक ही हो सकता है।

इस अर्थ में रहीम 'रीझ' के कवि हैं। भक्तिकालीन कवियों में बहुत ऐसे ही भक्त हैं जो मूलतः प्रेम के, श्रृंगार के कवि हैं।

भक्त का एक इष्ट है, जो कुछ है सो वही है। वह ईश्वर है, वह अवतार है, वह आदर्श है, वह प्रभु है, वह सखा है, वह मुक्तिदाता है, श्रृंगार शिरोमणि है। वही लीला विधाता और लीला प्रदाता है।

शुक्ल जी के यहाँ रहीम के लिए सबसे उम्दा विशेषण 'दो' हैं : छलक और झलक : सच्चा जीवन कविता में छलक–छलक पड़ता है और वहीं सच्चे जीवन को झलक मिलती है इसीलिए रहीम के दोहे याद रहते हैं। इसी मानी में वे सच्चे रसिक हैं। रसिक जो हर बात में हर चीज़ में रस की खोज करता है। रस का अवगाहन करता है। इस कारण उनके कथित नीतिपरक दोहों में उनकी रसिकता चली आती है।

भक्तिकालीन और रीतिकालीन कविता रसिक समाज की कविता ही है। रसिकता उस दौर की कविता का अन्तरंग गुण है, उसके बिना वह सम्भव नहीं। ऐसा लगता है कि इस दौर का कवि अपना दिल हरदम हथेली पर लिए घूमता है। यही 'छलक' है, यही 'झलक' है। यही कविता का 'सांगीतिक' तत्त्व है। इसके चलते सूक्ति नीति या लोकज्ञान सम्बन्धी काव्य में भी वे अपने चुटीले और रसिकतापूर्ण उपनामों को नहीं भूलते। हर युग का साहित्य अपने समय में बहुप्रचलित 'उपनामों' से ही जाना जाता है। रहीम को जानना हो तो उनकी उपनाम व्यवस्था को देखना समझना ज़रूरी है।

रहीम सुख–दुख की पहचान करने–कराने वाले दोहे कहते जा रहे हैं कि अचानक उनके रसिक भाव में आ जाते हैं और बेहद गम्भीर बातें करते हुए वे अचानक कह उठते हैं :

रहिमन रजनी ही भली, पिय सों होइ मिलाप।
खरो दिवस किहि काम को, रहिबो आपुहि आप।।

(दोहा / 237 / रहीम ग्रन्थावली)

इससे ठीक पहले का दोहा लीजिए :

रहिमन यों सुख होत हैं, बढ़त देखि निज गोत।
ज्यों बड़री अँखियाँ निरखि, आँखिन को सुख होत।।236।।

दिन से तो भली रजनी है जिसके होने से पिया से मिलाप का सुख मिलता है। नीति कथन में भी यह 'नायक–नायिका संवाद' धँसा आया है। कवि आनन्द खोजता है और वह जिस उपमान में मिलता है, उसे ले आता है। अपने निजी सुख को बताने के लिए 'बड़री अँखियाँ' के उपमान को ले आता है।

रहीम के नीति कथनों में सबसे बड़ी बात उनमें निहित व्यंग्य है। चुटकी है और इसीलिए वे मारक हैं और तुरन्त ज़ुबान पर बैठ जाते हैं। ऐसे चुटीले कथन यूनिवर्सल अपील रखते हैं।

एक दोहे में रहीम अपने वक़्त के ब्याह पर चुटकी लेते हुए कहते हैं कि 'ब्याह' एक 'बिआधि' है। क्यों?

रहिमन ब्याह बिआधि है, सकहु तो जाहु बचाय।
पायन बेड़ी पड़त है, ढोल बजाय बजाय।।224।।

उनके ऐसे नीति कथन असल व्यंग्योक्तियाँ हैं, विडम्बनोक्तियाँ हैं। वे बड़े ही 'आइरनीकल स्टेटमेण्ट' हैं। 'आइरनी' या विडम्बना रहीम का सबसे बड़ा अनुभव है और काव्यात्मक औजार भी।

उनकी दोहावली को एक बड़े विडम्बनामूलक काव्य की तरह ही पढ़ा जाना चाहिए। नीति काव्य सा, सूक्ति या उपदेश की तरह पढ़ना उनके साथ अन्याय है।

रहिमन जिह्वा बावरी, कह गयी सरग पताल।
आपु तो कहि भीतर रही, जूती खात कपाल।।201।।

प्रेम प्रीति की कुछ नयी थियरीज देखनी हों तो दोहावली देखें, यहीं एक दोहे में उन्होंने प्रेम को एक प्रकार की 'फिजीकैलिटी' भी दी है। ज़रा उपमान को देखें :

प्रेम पन्थ ऐसो कठिन सब कोउ निबहत नाहिं।
रहिमन मैन–तुरंग चढ़ि, चलिबो पावक माहिं।।130।।

'मैन तुरंग' यानी 'काम के घोड़े पर चढ़कर आग में चलना' है। प्रेम का मुख्य चालक 'मैन' है, काम है।

'एक आग का दरिया है और डूब के जाना है' वाली लाइन तो बहुत बाद की है।

रहीम के 'नगर शोभा' में 'मैन' उपमान कई बार आता है। प्रेम की भक्तिकालीन अवधारणा में मैन की बात करना नया है। भक्तिकालीन वायवीयता को छोड़ रहीम प्रेम को, उसके केन्द्र में सक्रिय 'काम' तत्त्व से उसकी 'फिजीकैलिटी' से जोड़ते हैं।

इससे पहले कि हम रहीम के काव्य में "नगर शोभा" का महत्त्व जानें हमें 'दोहावली' का एक दोहा और देख लेना चाहिए जो कबीर के फक्कड़पन की याद दिलाता है, यह हिन्दी समाज में रोज़मर्रा के मुहावरे की तरह इस्तेमाल किया जाता है :

चाह गयी चिन्ता मिटी मनुआ बेपरवाह।
जिनको कछू न चाहिए वे साहन के साह।।56।।

नगर शोभा

अपने समय की स्त्रियों को लेकर रहीम के नज़रिए को आज के स्थूल फेमिनिज़्म की नज़र से 'पुल्लिंगी नज़रिया' कहा जा सकता है लेकिन वे स्त्रियों के जटिल आब्ज़र्वर हैं और नगर शोभा में चित्रित स्त्रियाँ अपने समय का बेहद जटिल सांस्कृतिक सामाजिक निर्माण है। सरलतावादी स्त्रीत्ववाद इस जटिलता को नहीं पकड़ सकता। आप चाहें तो उनको 'सेक्सिस्ट' कह दें लेकिन 'कुछ सत्य' वे कह ही देते हैं जैसे कि इस दोहे में :

अरज गरज मानैं नहिं रहिमन ए जन चारि।
रिनिया राजा माँगता काम आतुरी नारि।।

'काम आतुरी नारि' पद बड़े झगड़े वाला है। स्त्रीत्ववादी इसे स्त्री को गलत तरीके से दिखाने वाला बता सकते हैं लेकिन 'काम आतुरी नारि' एक प्रकार की 'सेक्सुअली सजग एवं एक्टिव' औरत है। जिसे माडर्न फेमिनिस्ट सिद्धान्तकार स्त्रीमुक्ति का एक महत्त्वपूर्ण तत्त्व मानते हैं।

ऐसी 'सेक्सुअली सजग' औरतें सबसे ज़्यादा संख्या में 'नगर शोभा' में मिलती हैं। यह रहीम की एक विशेष 'विधा' है, विशिष्ट 'जॉनर' है, विशिष्ट 'काव्य विषय' है (जो शायद फ़ारसी से आया है)। वे इसके स्पेशलिस्ट हैं।

लेकिन इस नगर शोभा में वर्णित स्त्रियाँ सिर्फ़ 'काम आतुरी नारियाँ' ही नहीं हैं बल्कि वे कलाकार हैं; श्रमिक हैं, किसान हैं, कमेरी हैं, शिल्पी हैं, प्रोफ़ेशनल हैं। और उस दौर में बनी ऐसी नयी स्त्रियों का वर्णन न कबीर की भाषा में किया जा सकता है न तुलसी की भाषा में किया जा सकता है जिसमें स्त्री अपने आप में एक 'पाप' है,

'नरक की खान' है और एक वर्जित प्रदेश है। ये दबंग औरतें हैं और इनके वर्णन के लिए चाहिए वैसी ही खुली नयी भाषा। ऐसी 'सजग सेक्सुअलिटी' को सेक्सिस्ट भाषा में ही कहा जा सकता है।

नगर शोभा की स्त्रियों के अंग–प्रत्यंगों का, उनकी चेष्टाओं का, उनके देह कौशल और हाव–भावों का और उनके ठाठ–बाट का जैसा फिजिकल वर्णन रहीम ने किया है वैसा हिन्दी साहित्य में अन्यत्र नहीं मिलता। उसे पढ़ते हुए लगता है मानो मुग़लकाल के आगरे के मीना–बाज़ार का पूरा समाजशास्त्र और फेमिनिस्ट विमर्श ही समक्ष हुआ जाता है!

इस नगर शोभा में 'शोभा' कहाँ निवास करती है? कहाँ दिपती है? कहाँ दिखती है?

वह 'हाट' में दिखती है। यह 'रूप की हाट' है, 'ब्यूटीज़' का 'मार्केट' है, सुन्दरियों का बाज़ार है जहाँ वे अपने हुनर, अपने सामान, अपनी कला, अपने शिल्प को एक सेक्सिस्ट हाव भाव को बेचने बैठी हैं। कवि उनको इसी सेक्सिस्ट और ऐन्द्रिक नज़रिए से उनकी फिजीकैलिटी में पढ़ता और पढ़ाता है।

दोहावली का कभी–कभी झाँकने वाला रसिक यहाँ रसिकता का 'होलटाइमर' हो गया है। वह नारी के जिस सौन्दर्य का वर्णन यहाँ करता है वह सिर्फ़ नारी नहीं है बल्कि समूचे नगर का सकल सौन्दर्य है। नगर की शोभा किसी क़िले में बन्द नहीं है बल्कि उसमें काम करने वाली, उसमें दिखने वाली बाज़ार में मुक्त भाव से 'सेल्स वीमेन' का काम करने वाली एक से एक उन्मुक्त सुन्दरियाँ हैं।

आज के ज़माने में जो टीवी के विज्ञापन, बाज़ार में मिस यूनीवर्स, मिस वर्ल्ड, मिस ये, मिस वो करती हैं अपने वक़्त में कमोबेश ये भी ऐसे ही काम कर रही हैं। कल की मिस वर्ल्ड और आज की मॉडलें जिस तरह स्त्री की सुन्दरता को बनाए रखने के लिए नये–नये सोप या शैम्पू स्किन क्रीम या बिकिनी, पेंटीज या व्हिस्पर टाइप नैपकिन बेचकर जो काम करती हैं, उसी तरह का काम नगर शोभा की ये नाना 'प्रोफेशनल' औरतें करती हैं। जिस तरह आजकल के 'ब्यूटी पेजेंट्स' संयोजक वाचक प्रोमो करने वाले जोकीज विश्व सुन्दरियों की सुन्दरता का वर्णन किया करते हैं, उससे कम उजड्ड और सम्मानजनक तरीके से रहीम अपने नगर की इन ब्यूटीज़ के सौन्दर्य का वर्णन करते हैं। आज के मंच संचालक संयोजक आदि हल्ला ज़्यादा मचाते हैं रहीम इसको बेहद पर्सनल टच देकर कर देते हैं।

रहीम द्वारा सृजित इस रूप की हाट में 'रूप' क्या है? वह है :

आदि रूप की परम दुति घट–घट रहा समाइ।
लघु मन ते मो मन रसन अस्तुति कही न जाइ।।

(नगर शोभा, दोहा 1)

यहाँ शोभा वर्णन, 'मन और रसना' से नारी रूप की 'स्तुति' है। वर्णन तो तुच्छ काम हैं। रूप की स्तुति वही कर सकता है जो रूप का पारखी हो, रूप पर रीझने वाला हो, 'रूप रसिक' हो।

जितने भक्त कवि हैं सब किसी न किसी इष्ट के रूप के रसिक ही हैं वो तो श्रद्धा के भाव ने उनके प्रेम को भक्ति में तब्दील कर दिया है। रहीम इष्टदेव के रूप की स्तुति करने की जगह नारी रूप की स्तुति करते हैं।

इसका कारण स्त्री रूप की लीला है और उसका प्रभाव है। वे अगले दोहे में इसे खोलते हैं :

नैन तृप्ति कछु होतु है, निरखि जगत की भाँति।
जाहि ताहि में पाइयै आदि रूप की काँति।।2।।

एक सौ उन्नीस दोहों में पचासियों प्रकार की स्त्रियाँ हैं, वे नगर की शोभा है क्योंकि वे नगर की सुन्दरता में चार चाँद लगाती हैं, वे उसकी कज़्यूमर मार्केट को, उसकी इकोनॉमी को चलाती हैं, उसके रसिकों (कंज़्यूमरों) को लुभाती हैं और कंट्रोल करती हैं। इस मानी में वे हिन्दी साहित्य की पहली 'एंपावर्ड' स्त्रियाँ हैं, 'ज़ोरदार' स्त्रियाँ हैं।

सबसे बड़ी बात है उनका स्वतन्त्र दबंग व्यक्तित्व, जो न किसी से डरता है न किसी के दबाव में आता है बल्कि कई बार उन्हीं का दबाव भारी पड़ता है।

ये औरतें आज वाली एक जैसे मेकअप में बनी मशीनी 'सेल्स वीमन' नहीं हैं, जिनके चेहरे भावहीन और सपाट तथा एग्रेसिव होते हैं।

रहीम रूप की इस हाट को एक बड़े कवि की हमदर्दी के साथ देखते हैं। बाज़ार में अपना सामान बेचने बैठी औरत की निजी तकलीफ़ तक रहीम की नज़र से ओझल नहीं होती।

ज़रा इस दुखियारी जौहरिन का चित्र देखिए :

कबहुँ दिखावै जौहरिन, हँसि–हँसि मानिक लाल।
कबहूँ चख ते च्वै परै, टूटि मुकुत की माल।।7।।

जद्यपि नैननि ओट है, बिरह चोट बिन घाइ।
पिय उर पीरा ना करै, हीरा सी गड़ि जाइ।।8।।

जौहरिन अपने प्रिय के अभाव में मोती माणिक्य बेच रही है। प्रिय की याद में उसकी आँख से कभी–कभी एक बूँद मोती भी चू जाता है लेकिन वो उसे उस तरह से नहीं दिखने देती। सिर्फ़ रहीम ही उसकी पीड़ा को महसूस करते हैं।

एक सेल्स वीमन से ऐसी हमदर्दी रहीम की अपनी विशेषता है। वे तटस्थ वर्णनकार नहीं हैं। लगता है वो इन पचासियों जातियों की औरतों में से अनेक की पर्सनल दुःखद कहानियाँ जानते हैं। दुःखद किस लिए? उनका प्रिय उसके पास नहीं है। उसके अभाव में बाज़ार में बैठना पड़ रहा है, अपने दुर्भाग्य पर रोना आ रहा है, लेकिन रोना दिखाएगी तो बाज़ार से बाहर हो जायेगी।

रहीम ने ही कहा है :

रहिमन निज मन की बिथा, मन ही राखो गोय।
सुनि अठिलैहैं लोग सब बाँटि न लैहैं कोय।।

जौहरिन का प्रिय कहाँ हैं? वह सेना में गया हो सकता है, बिज़नेस करने गया हो सकता है, लौट कर नहीं आया है यानी या तो मर गया है या किसी और के संग रहने लगा है और इसे भूल गया है। यह बचे हुए गहने बेच कर अपना ख़र्च चला रही है। एक दर्दनाक कहानी निहित है इस दोहे में। यानी यह नगर शोभा है तो कोरी सुखवादी नहीं। वह सुख–दुख भरी कहानी है।

है न एक मीना बाज़ार में बैठी औरत की पूरी सोशलॉजी। रहीम उसे ही कहते हैं। इस नगर शोभा के जरिये वे अपने वक़्त के आगरे के भू–सांस्कृतिक वातावरण में स्त्री के स्पेस की ख़बर देते हैं।

सारे दोहों में एक से एक छबीली, हिम्मती, सेक्सी, विक्रेता स्त्रियाँ हैं। रहीम इस बाज़ार के डेली विजिटर या कस्टमर लगते हैं। उनका आब्ज़र्वेशन बड़ा ही पैना है। ज़रा एक चितेरिन की चातुरी देखिए :

चतुर चितैरिन चित हरै, चख खंजर के भाइ।
ह्नै आधौ करि डारई, आधौ मुख दिखराइ।। 11।।

पलक न टारै बदन तें, पलक न मारै मित्र।
नेक न चित तें ऊतरै, ज्यों कागद में चित्र।। 12।।

अपने खंजर रूपी नयनों की चंचलता का सहारा लेना और आधा मुख दिखलाकर ही काम तमाम करना। चितेरिन कस्टमर का चित्र बनाती है तो एक पल को उससे नज़र नहीं टालती! कस्टमर उसके मुख दर्शन के चक्कर में है लेकिन वो उसे आधा मुख ही दिखाती है। है न नयी स्टाइल वाली चितेरिन।

रसिक रस की लालसा में इधर–उधर घूमते रहते हैं। इसी हाट में एक 'गोरे बरन' की 'गँवारि' भी नज़र आती है। वह हस्तिनी नायिका की तरह है :

गति गरूर गजराज जिमि, गोरे बरन गँवारि।
जाके परसत पाइयै, धनवा की उनहारि।। 21।।
घरो भरो धरि सीस पर, बिरही देखि लजाइ।
कूक कण्ठ ते बाँधि कैं, लेजू ज्यों लै जाइ।। 22।।

यहाँ बिरही का अर्थ 'रसिक' है, यह बाज़ार का ग्राहक है। एक 'गँवारि' यानी गाँव की औरत बाज़ार में आयी है। रसिक उसकी हस्तिनी चाल पर लट्टू होते हैं, उसके सिर पर भरे घड़े को देखकर रसिक लज्जित होता है और वह उसे लेजू यानी रस्सी से बाँधकर ले जाती है। इसी तरह वे रसिकों का मज़ाक़ उड़ाते हैं और इन स्त्रियों की दबंगई को बार–बार दिखाते हैं। इसके लिए वे कई बार 'विडम्बनात्मक' शैली का सहारा लेते हैं।

अनेक लोगों ने इस नगर शोभा को मीना बाज़ार भी बताया है लेकिन मीना बाज़ार के बारे में जिस तरह के सेक्सिस्ट क़िस्से मशहूर हैं उनके बरअक्स नगर शोभा की स्त्रियाँ सिर्फ़ वेश्याएँ, गणिकाएँ या देह व्यापार करने वाली नहीं दिखतीं, वे बड़ी 'स्ट्रांग' किस्म की 'सेल्स वीमन' हैं जिनको बिना उनकी मरजी के छुआ तक नहीं जा सकता। इनमें 'गणिका' अलग से आती है।

हमें तो लगता है कि यह नगर शोभा वर्णन उस ज़माने की औरतों के बारे में जितनी प्रामाणिक जानकारी देता है उसी अनुपात में उस वक़्त के पुरुषों की रसिकता, लम्पटता और कायरता के बारे में भी बताता है। 119 दोहों में वर्णित एक से एक दबंग औरत के आगे तमाम रसिक जन पानी माँगते हैं।

'रसिक' (बिरही) रहीम के समय का एक 'कल्चरल आइटम' है। वही इस शोभा को देखने आता है और इसके आगे अक्सर हार कर जाता है।

एक बनजारी के लावण्य को देखिए :

> बनजारी झुमकत चलत जेहरि पहिरै पाइ।
> वाके जेहरि के सबद बिरही जिय जरि जाइ।।25।।

> और बनज ब्यौपार को, भाव बिचारै कौन।
> लोइन लोने होत हैं, देखत वाको लौन।।26।।

बनजारी ऐसी लावण्यवती है कि उसका लावण्य देखते ही दर्शक की आँखों में लोन यानी नमक लग जाता है! व्यंग्य यह कि नेत्रों में नमक लग जाता है तो आँखें रोने लगती हैं।

रूप माधुरी या रूप लावण्य वर्णन सूरदास का सुना है, लेकिन यह रहीम में भी ख़ूब है क्योंकि वह स्त्रियों में ख़ूब है।

इस गूजरी का रसिक क्या करे? जिसके पीछे वो 'गोरस' (सूरदास ने 'गोरस' का अक्सर श्लिष्टार्थ में प्रयोग किया है। गोरस का अर्थ है दूध–दही, दूसरा अर्थ है 'इन्द्रिय रस'!) के लिए पड़े रहते हैं लेकिन गूजरी उनको 'सो रस' चखने ही नहीं देती :

> परम ऊजरी गूजरी दह्यौ सीस पै लेइ।
> गोरस के मिस डोलही सो रस नेकु न देइ।।33।।

गूजरी के सिर पर दही की हाँड़ी उसकी सुन्दरता पर मरने वाले इस चक्कर में है कि वो उनको लिफ्ट दे लेकिन वो हाथ भी नहीं धरने देती! ऐसी उन्मुक्त किन्तु दबंग औरत कहाँ मिलेगी? वह नगर शोभा में ही मिलेगी! यह है मध्यकालीन 'देसी फेमिनिज़्म'।

नगर शोभा में ऐसे अनेक दोहे मिलते हैं जो इस देसी फेमिनिज़्म को बनाते हैं।

ये सेल्स वीमन तत्कालीन ज़रूरी मध्यवर्ती धन्धों में लगी औरतें हैं जो अपने माल को बनाती हैं और बेचती भी हैं।

जौहरिन, कैथिन, चितेरिन, बरइन, सुनारी, बनियाइन, रंगरेजिन, गँवारी, कौंजरी बनजारी, कुम्हारिन, लुहारिन, कलवारी, गूजरी, कसाइन, तबाखिनी, तेलिन, पटइन भटियारी, कमांगरी, तीरगरिन, छीपिन, सिकलीगरिन, सक्किन, गांधिनी, रजपूतनी, तुरकिन, जोगिन, भाटिन, डोमनी, नटिनी, पातुरी, जुंकिहारी, खटकिन, कुंदिन, सबनीगरिन, कुंदीगरिन, धुनियाइन, कोरिन, दबगरिन, नगारचिन, दलालिन, ठठेरिनी कागदिन, मसिकारिन, बाजदारिनी, जिलेदारिनी, भंगेरिनी, बाजीगारिन, चीताबानी कठिहारी, घासिनि, डफालिनी, गड़बारिन, चिरवादारिन, धोबिन, चमारिनी, चूहरी आदि

औरतें उस वक़्त की उन मध्यवर्ती जातियों से आती हैं जिनका शिल्प और प्रोफ़ेशन मुग़लकाल में फला–फूला था। उनके द्वारा बनाये बेचे जाने वाले सामान की माँग थी।

इस तरह यह हाट जो रूप की हाट थी जो बिज़नेस भी थी, नगर की शोभा थी शान थी। जिन्हें आज हम पिछड़ी जातियाँ और अनुसूचित जातियाँ कहते हैं उनमें से बहुत सी इस बाज़ार की शान हैं।

रहीम के युग का सांस्कृतिक मुहावरा भी ऐसा था जहाँ कविता का मुख्य आलम्बन एक न एक सुन्दर स्त्री ही होती थी।

शुक्ल जी ने अपने इतिहास में रहीम को व्यर्थ ही सगुणधारा के फुटकल रचनाकारों में रखा है, क़ायदे से रहीम को श्रृंगार के बड़े कवि के रूप में देखा जाना चाहिए। ब्रजभाषा के काव्य में सबसे पहले सूरदास ने श्रृंगार को केन्द्रीयता दी, फिर रहीम ने उसी का विस्तार किया। उनका 'बरवै नायिका भेद' इसका प्रमाण है। यह नायिका भेद रहीम ने अपने प्रिय बरवै छन्द में लिखा और वो भी अवधी में। लेकिन इसमें चित्रित नायिकाएँ उस तरह की नायिकाएँ नहीं हैं जो शास्त्रों में बताई गयी हैं। वे उस समय की वे आम स्त्रियाँ हैं जिनका एक परिचय हमें 'नगर शोभा' में मिलता है।

इन बरवयों के आगे 'नायिका भेद' लिखने से इनका मौलिक मर्म, इनका काव्यत्व छिप जाता है। अगर हम इस नायिका भेद को 'प्रेम संवाद काव्य' कहें तो अधिक सटीक हो क्योंकि जितना भी नायिका भेद है वह नायक–नायिका के बीच का विविध प्रेमालाप ही है अथवा प्रेमी–प्रेमिका के मानसिक शारीरिक अनुभावों का हाव–भाव आदि का परिचय है। रहीम इसे एक विराट प्रेम संवाद की तरह लिखते हैं। ऐसे में हम अगर इसे नायिका भेद ही मानते रहेंगे तो रहीम के उन बरवयों के मर्म और व्यंजना तक नहीं पहुँच पाएँगे। अतः इसे परम्परागत 'नायिका भेद' की तरह नहीं लेना चाहिए।

यहाँ कई एकदम नयी प्रेमिकाएँ नज़र आती हैं जैसे कि इस बरवै की अनूठी प्रेमिका :

लैके सुघर खुरुपिया, पिय के साथ।
छइए एक छतरिआ बरखत पाथ।।101।।

पण्डित विद्यानिवास मिश्र–गोविन्द रजनीश ने न जाने क्यों इसे 'नायक भेद' के अन्तर्गत रखा है और इसके ऊपर 'पति' शीर्षक फ़िक्स किया है जबकि बरवै में यह स्वतः स्पष्ट है कि इसकी कर्ता 'नायिका' है वरना कवि न कहता 'लैके एक खुरपिया पिय के साथ' और यह खुरपिया ही इस बरवै को नायिका भेद के संकुचित खानेबाज़ी से मुक्त कर देती है।

रीतिकाल का सारा नायिका भेद पढ़ जाइए कहीं ऐसी किसान नायिका नहीं मिलेगी जो अपने प्रिय का नैकट्य पाने के लिए हाथ में एक सुन्दर खुरपी लेकर अपने प्रिय के साथ खेती क्यारी का काम करने लगी हो और बरसात से बचने के लिए खुरपी के जरिये एक छतरी भी बना रही हो।

यह खुरपीवाली नायिका, यह छतरीवाली नायिका तमाम 'नायिका भेद वाले शास्त्र' से एकदम परे है। इसे 'मध्यमा' कहना 'स्वकीया' कहना इसके एकदम घरेलू और पारिवारिक किस्म के प्रेम भाव को नष्ट करना है, जिसे यह बरवै रेखांकित किये जाता है।

कहने की ज़रूरत नहीं कि यह एकदम आधुनिक रोमाण्टिक टच वाला प्रेम है। शास्त्रबद्ध नायिका भेद इसके साथ न्याय नहीं कर सकता।

इसलिए कहा कि इसे 'प्रेमालाप' या 'प्रेमसंवाद काव्य' कहा जाना चाहिए। जिस अनुचर की स्त्री से रहीम को इस बरवै छन्द की प्राप्ति हुई थी और जिसके बाद उन्होंने इस छन्द में लिखना तय किया वह बरवै भी एक बेहद मधुर निजी 'प्रेमालाप' है, जिसे लिखकर वह रहीम के पास भेजती है ताकि रहीम उसके पति को दण्डित न करें। अपनी तबीयत के मुताबिक वे इस बरवै पर इतने फिदा होते हैं कि न केवल अपने अनुचर को इनाम देते हैं बल्कि उसकी छुट्टी तक बढ़ा देते हैं। नया प्रेम, नयी शादी और प्रियतमा के पति की छुट्टी कैंसिल। अपने विरह का व्यंजनात्मक वर्णन करते हुए वह यह बरवै रहीम को लिख भेजती है क्योंकि जानती है कि रहीम कवि हैं और इसका वांछित असर होता है। क्या यह वही खुरपी वाली नायिका नहीं हो सकती जो अपने पति के साथ कुछ अधिक दिन तक रहना चाहती है।

ऐसे बरवै छन्दों में प्रकट होती स्त्री को नायिका भेद में पटक देना कहाँ का न्याय है, वह तो इस शास्त्र से बहुत परे की चीज़ है। शास्त्र में खुरपी वाली नायिका कहाँ हैं?

हमारी कल्पित खुरपीवाली नायिका ने जो बरवै रहीम के पास लिखकर भेजा था वो एक नितान्त रोमाण्टिक पोयम की तरह है जो रहीम को नहीं अपने प्रियतम को ही सम्बोन्धित है जिसे नायक रहीम को देता है। इसमें नायिका लिखती है :

प्रेम प्रीति के बिरवा चलेहु लगाय।
सींचन की सुधि लीजै मुरझि न जाय।।

तुम छुट्टियों में आये, मेरे मन में प्रेम का बिरवा उगाये और चले गये, अगर उसे सींचोगे नहीं तो मुरझा जायेगा इसलिए सींचो प्लीज़।

रहीम अपने अनुचर का इनाम देकर उसकी छुट्टी बढ़ाकर इसी 'स्वच्छन्द प्रेम' को 'प्रोटेक्ट' करते हैं।

बरवै नायिका भेद इसी तरह पढ़ा जाना चाहिए!

चित्र विवरण (पृष्ठ संख्या-73) :

'अब्दुर्रहीम ख़ानेख़ाना' द्वारा अधिकृत वाल्मीकि रामायण के फ़ारसी अनुवाद की सचित्र जिल्द। इसमें हनुमान हिमालय पर्वत को चार औषधीय वृक्षों के साथ लौटाते हुए दर्शाये गये हैं। स्याही, अपारदर्शी जलरंग और स्वर्ण काग़ज़ पर, आधुनिक जिल्द में; 27.5 × 15.2 सेमी; ज़ायन अल-अबिदीन द्वारा चित्रित। फ़्रीयर गैलरी ऑफ़ आर्ट एंड आर्थर एम. सैकलर गैलरी, स्मिथसोनियन इंस्टीयूशन, वाशिंगटन, डी. सी.: चार्ल्स लैंग फ़्रीयर का उपहार, एफ. 1907.271-273-346, अंक-2 : जिल्द 236, दायाँ पृष्ठ।

मन सों कहाँ रहीम प्रभु, दृग सों कहाँ दिवान ।
देखि दृगन जो आदरैं, मन तेहि हाथ बिकान ।।

थके-माँदे योद्धाओं का दृष्टि-विलास

(सन्दर्भ : रहीम रचित 'नगर शोभा')

अनामिका

'राम झरोखे बैठ के जग का मुजरा लेहि'—वैसे तो यह पंक्ति स्थितप्रज्ञता की अपेक्षित स्थिति की ओर एक प्रखर संकेत है कि निरपेक्ष भाव से संसार की लीला निरखो—परखो, राग—द्वेष में डूबना क्या! राम ने खिड़की खोल दी है—दस इन्द्रियों का झरोखा खुला है, देखो तमाशा, पर वीतराग भाव से किन्तु व्यंजना की भूमि से उठाकर अभिधा की मिट्टी में इस पंक्ति का प्रत्यारोपण कर लें अगर तो युद्ध—जर्जर मध्यकालीन समाज के थके योद्धाओं के दृष्टि—विलास (male gaze) से भी सहानुभूति ही होगी। जिसके सिर पर सचमुच ही तलवार लटकी हो, उसके वाग्विलास या दृष्टिविलास को भी उसी मातृभाव से मटिया देना पड़ता है जिस भाव से कैंसर—वॉर्ड या युद्ध—शिविर की नर्सें मरणासन्न रोगियों/घायल सैनिकों की अक—बक या उनकी टकटकी नज़रअन्दाज़ कर देती होंगी कि मरे हुए को क्या मारना! 'दरोदीवार पर हसरत से नज़र' करने की यह स्थिति कुल मिलाकर करुणा ही जगाती है।

जैसा कि डॉ. बमबम द्वारा रेखांकित तथ्य बताते हैं : रहीम के जीवन का अधिकांश युद्ध में ही बीता! नौ वर्ष की अवस्था से 72 तक की आयु तक अकबर और जहाँगीर ने इनके सैन्यकौशल का ध्यान रखते हुए इन्हें अनेक युद्धों में झोंका—मुजफ़्फ़र गुजराती, मिर्ज़ा जानी, सुहेल ख़ाँ हब्शी आदि प्रसिद्ध योद्धाओं से लोहा लेने में इनकी सधी हुई रणनीतियाँ भी बहुत काम आयीं! पर सोचने की बात यह है कि अरबी, फ़ारसी, तुर्की, संस्कृत, हिन्दी आदि अनेक भाषाओं के प्रौढ़ ज्ञाता, उनमें रचित समस्त दार्शनिक और साहित्यिक ग्रन्थों के मर्मज्ञ, चित्रकला और संगीतकला के अनुपम पारखी इस प्रज्ञावान, मधुरभाषी, परमविनोदी व्यक्ति के अपने स्वभाव में तो नहीं होगी ख़ून—खराबे की ऐसी नृशंस वृत्ति! बेचारा कवि—आदमी अपनी प्रवृत्ति के प्रतिकूल इतना ख़ून बहाकर जब घर आता होगा तो कैसा मन होता होगा उसका तरह—तरह के नीतिपरक दोहे इसी नैतिक दबाव में तो उसने लिखे होंगे।

ध्यान से 'नगर शोभा' और 'बरवै नायिका भेद' आदि पढ़ने वालों को ये कृतियाँ

एक ख़ास तरह की 'मिनिएचर पेंटिंग' भी दीख सकती हैं! यह ऐतिहासिक तथ्य है कि भवन निर्माण कला के पूर्वपक्ष के रूप में 'मिनिएचर पेंटिंग' भी मुग़लकाल में फली–फूली थी। कहा जाता है कि एक बार किसी मशहूर चित्रकार ने रहीम को एक चित्र भेंट किया जिसमें एक रूपवती मुग्धा कुर्सी पर बैठी बाल सुखा रही है और दासी नीचे बैठी झाँवा पत्थर से उसके तलवे रगड़ रही है। चित्रकार को प्रसन्न होकर उन्होंने पाँच हज़ार रुपयों का पुरस्कार दिया! चित्रकार भी आनी था, उसने कहा कि इतने रुपये वह तभी स्वीकार करेगा जब इस चित्र का मर्म वे बता दें। तब कलापारखी रहीम ने हँसते हुए जो कहा, उसका सारांश यह कि इस नायिका की मुस्कान में चित्र का मर्म छुपा है। झाँवा पत्थर उसके कोमल तलवों पर जो मीठी गुदगुदी कर रहा है, उसमें चतुर दासी के परिहास की गुदगुदी भी शामिल है–इसी गुदगुदी का पता उसके सस्मित अधर, खोयी आँखें और रक्ताभ गाल दे रहे हैं–सबमें निश्चिन्त और मग्न हँसी परावर्तित हो रही है! मोनालिसा की रहस्यमय मुस्कान की भी किसी ने ऐसी संश्लिष्ट व्याख्या न की होगी! कहते हैं, उसके बाद वह चित्रकार रहीम के पास से गया ही नहीं, वहीं उनका दास होकर रह गया!

रहीम की इस सरस व्याख्या में एक और बात शामिल है–समझ उस सहज बहनापे की जो 'प्रेम–बेल' की लय में वर्ण, वर्ग–सम्प्रदाय आदि की सब कँटीली दीवारें फलाँग जाती है! किसी वर्ग, किसी जाति की दो स्त्रियाँ मिल बैठें तो हास–परिहास की अन्तरंगता उनके बीच जाड़े की धूप–सी पसर ही जाती है–वो इसलिए कि देह से जुड़े सुख–दुख–दोनों के साझा होते हैं और, जैसा कि नैंसी शोदोरोव आदि भाषा–वैज्ञानिकों के अध्ययन बताते हैं, उनका भाषिक अवचेतन भी एक–सा होता है : उच्छल, निर्बाध और अन्तरंग रलमल से लहालोट! इसी को इरिगेरे 'push and joy of women's language'[1] (स्त्री–भाषा की हँसमुख तरंगमयता) भी कहती हैं–इस चित्र में जिसकी मौन अनुगूँज रहीम तत्काल पकड़ लेते हैं!

इसी सहज अन्तरंगता का तो सुभग चित्रण मीराँ की कविता करती है–'अब तो बेल फैल गयी, आनन्द फल होई!' जनाबाई आदि सब भक्त कवयित्रियों की खासियत यह है कि सिंगार–पटार या घरेलू कामकाज में लगी हुई होकर भी वे सहज परिहास को प्रस्तुत रहती हैं और इससे भी सुखद यह कि इस सखी–तत्त्व का विकास वे अपने कल्पित आदर्श, अपने मनचीते पुरुष में भी कर लेती हैं कि हे माधव, आओ, मेरी जुँएँ हेर दो, मेरा आटा गूँध दो, मेरे साथ चक्की चलाओ, मेरी चोटी भी गूँथ दो, आलता लगा दो...वगैरह–वगैरह!

मुग़लकाल में ऐसे बहुतेरे चित्र लोकप्रिय हुए जिनका आधार संस्कृत के रीति–ग्रन्थ थे। उनका साक्ष्य लेकर रहीम ने 'बरवै नायिका' भेद लिखा और संस्कृत की महाकाव्य–परम्परा के अनुरूप लिखी 'नगर शोभा'। 'रामचरितमानस' में यह नगर शोभा 'सुन्दर काण्ड' में सँजोयी है। 'पदमावत' और अन्य सूफ़ी आख्यानों में भी 'नगर शोभा' पूरे वैभव में उत्कीर्ण है। सूफ़ी काव्य के करीब सौ साल पहले विद्यापति के लखिमा

देवी–विषयक महदाख्यान और उनके कुछ फुटकर पदों में भी नगर के हाट–बाज़ार में सजी सुन्दर वस्तुओं और उनका मोल–तोल करती छबीली स्त्रियों का रमणीक वर्णन है! विद्यापति में तो एक युवती जिसकी शादी उसके पिता ने दो वर्ष के बालक से कर दी है, बालक पिया को गोद में उठाकर बाज़ार जाती है और रास्ते में हँसती हुई कहती है कि अपने नाना से कहो, तुम्हारे लिए एक गैया का इन्तज़ाम भी करें जिसका दूध पीकर तुम जल्दी–जल्दी बड़े हो सको! यह उपालम्भ सूरदास के 'भ्रमरगीत' के टक्कर का है जो नगर शोभा अकेली ही देखने को अभिशप्त युवती के आश्रय सामने आया है :

पिया मोर बालक हम तरुनी
पिया लेली गोदक चलली बज़ार![2]

रहीम की 'नगर शोभा' के फोकस पर दो चीज़ें हैं–अलग–अलग जाति की स्त्रियों का वह आपसी बहनापा (जिसका संकेत उल्लिखित चित्र में भी मिलता है) और अलग–अलग व्यवसाय में लगे पुरुषों के काम से, उनके काम के औजारों (रंदा, कुदाली, क़लम–दावात–काग़ज़, धनुष–बाण, हथौड़ी, कैंची तक) से उनकी सहधर्मिणी, सहकर्मिणी पत्नियों का ऐसा तादात्म्य कि ये व्यवसाय उनके हाव–भाव पर भी हावी हो गये हैं और उनके चित्ताकर्षक–अभियान का एक हिस्सा भी बन गये हैं, जैसे कि राजपूत देश–विजय करते हुए धनुष–बाण और बन्दूक से लड़ते हैं, उनकी स्त्रियाँ रूप–द्वीप और प्रेम नगर पर राज्य करती हुए भौंहों के कमान चलाती हैं और छिटकी लटों की बन्दूक से नायक का हृदय–गढ़ जीत लेती हैं! कायस्थ लेखन–कार्य में अग्रगण्य हैं तो उनकी पत्नियाँ भौंहों की लेखनी और काजल की स्याही से नैनों में प्रेमाक्षर भरती हैं! इसी प्रकार ब्राह्मणी, जौहरिन, कुम्हारिन, रंगरेजिन, चमारिन आदि का भी अपने पतियों के व्यवसाय से इतना गहरा तादात्म्य है कि उनके हाव–भाव पर भी उसकी छाया पड़ गयी है!

यहाँ ध्यान देने की बात यह है कि 'तुलसी के पात कौन बड़े, कौन छोटे'! मनहर सभी हैं! कमनीयता में कोई किसी से कम नहीं। और श्रेणीबद्धता के संकेत भी सूक्ष्म ही हैं–'बिस्तर छूत नहीं मानता' के तर्क से हो या 'सब व्यवसाय अपने ढंग से मनोरम हैं' के तर्क से! जैसे अभयारण्य में हिरण निश्चिन्त घूमते हैं, हर जाति/देश/वर्ण/पेशे और पोशाक की युवतियाँ अकबर द्वारा प्रायोजित मीनाबाज़ार में रंग–बिरंगी वस्तुएँ बेचने–ख़रीदने आयी हैं और जैसा कि हजारीप्रसाद द्विवेदी निउनिया के प्रसंग में लिखते हैं कि वह पान के साथ मुस्कान भी बेचती थी, या प्रेमचन्द रूपवती 'घासवाली' से बीच बाज़ार होने वाली छेड़–छाड़ का धारदार ज़िक्र करते हैं–रहीम भी काबुल–कन्धार और कश्मीर से लेकर देश के मध्यवर्ती क्षेत्रों से आने वाले क्रेता–विक्रेताओं के बीच इन स्त्रियों के तरह–तरह के हाव–भाव निरखते–परखते हैं। गौर करने की बात यह भी है कि बाज़ार आयी स्त्रियाँ पर्दा–प्रथा की शिकार नहीं हैं, और दूसरी बात यह कि मोहक भंगिमाओं के खुले वर्णन में भी भोले विस्मय और विनोद का ही पुट है जो कहीं

से अश्लील पण्यीकरण (कमॉडिफ़िकेशन) नहीं जान पड़ता! कुल मिलाकर पूरी 'नगर शोभा' छोटे स्पेस (दोहे) में छिटकी महीन मीनाकारी ही जान पड़ती है–ऐसी मीनाकारी जिसकी एक–एक पत्ती जीवन की सच्ची हरियाली से महमह हो :

काछिन कछू न जानई, नैन बीच हित चित्त।
जोवन जल सींचति रहै, काम कियारी नित्त।

कुच भाटा, गाजर अधर, मूरा से भुजभाई
बैठी लौका बेचई, लेटी खीरा खाई![3]

राजा रवि वर्मा ने अधलेटी शकुन्तला का चित्र जो बनाया, उस पर सिस्टर निवेदिता खासी रंज हुई थीं, पर 'बैठी लौका बेचई, लेटी खीरा खाई' में एक अद्‌भुत भोलापन है जिस पर हँसी तो आ सकती है, गुस्सा नहीं आ सकता! फिर भी पं. विश्वनाथ प्रसाद मिश्र जैसे मर्यादावादी लिखते हैं :

"रहीम की नगर शोभा से स्पष्ट है कि विभिन्न जाति की स्त्रियों का यह वर्णन विदेशियों के संसर्ग से भारतवर्ष में फैला! इस प्रकार के वर्णन काव्य–शिष्टता के विरुद्ध और काव्य की सर्वमान्य शिष्टता से बाह्य हैं! काव्य अजायबघर नहीं है जिसमें देश–विदेश की विभिन्न जातियों की सामग्री इकट्ठा की जाये! इसके वर्णन अधिक शृंगारी हैं!"[4]

इस पर आश्चर्य ही व्यक्त किया जा सकता है कि पं. विश्वनाथ मिश्र यहाँ यह साफ़ भूल गये हैं कि 'धर्म–मोक्ष' के समानान्तर 'अर्थ–काम' को भी पुरुषार्थ मानने वाले, 'कामसूत्र' और तन्त्र, खजुराहो और रीतिग्रन्थों के रचयिता इस देश में 'विदेशियों के संसर्ग' के पहले भी देह और यौनिकता को लेकर कोई कुण्ठा नहीं थी। वे यह भी भूल गये हैं कि इस देश की तो मूल सांस्कृतिक दृष्टि में शामिल था द्वार पर आये हर व्यक्ति को अपना मानना! देश–विदेश, अपना–पराया इसने माना ही कब! कोई लड़ता–झगड़ता भी आये और द्वार पर रुक जाये तो उसे अपना ही मान लिया जाता है।

फिर युद्धक्लान्त वर्षों में स्त्री–पुरुष के आपसी सम्बन्धों का व्याकरण कैसे बदलता है, इस पर भी गौर करना चाहिए! इरफान हबीब ने 'मेडीवल इण्डिया' नामक अपनी प्रसिद्ध पुस्तक के अपेंडिक्स में ख्वाज़ा ख़ान द्वारा संकलित कुछ 'पेजेण्ट रोमांस' डाले हैं। उनमें से कुछ युद्ध और आतंकजर्जर मध्यकालीन समाज में स्त्री–पुरुष सम्बन्ध के बदलते हुए छन्द पर प्रकाश डालते हैं।[5]

सोलहवीं शताब्दी के इन सच्चे क़िस्सों में लिखने वाले को सबसे दिलचस्प बात लगती है औरत के चरित्र का यह पक्ष कि कितनी जल्दी–जल्दी वह स्वयं को नयी–नयी परिस्थितियों में ढालती गयी, कितनी निस्संगता से उसने भाग्य के निर्णयों से समझौता किया। कई बार नायिका के धर्म–परिवर्तन और अन्य सम्भावित परिवर्तनों पर लेखक का कोई विचार नहीं बनता। जैसे कि एक क़िस्से में बनिया की बेटी अफ़गान के साथ रहती हुई मुसलमान बनती है, दुबारा अपने पति के पास रहते हुए वह हिन्दू रीति–रिवाज

निभाने लगती है। अफ़गान मालिक के प्रति नायक की बेवफ़ाई या उसकी अपनी पत्नी का तोताचश्म होना लेखक को चकित नहीं करता, न वह एक बार भी उपदेष्टा की मुद्रा ही गहता है।

आधुनिक पाठक के लिए यहाँ सबसे अधिक ध्यान देने वाली बात यह है कि अस्त–व्यस्त जनजीवन और विस्थापनजन्य अनिश्चितताएँ प्रेम की सान्द्रता पर भी ग्रहण लगा जाते हैं। अचानक सैनिक दस्ता आता है और सब–कुछ घिंघोल देता है–हिंसा आरोपित आत्मीयता का आलम रचती है। आरोपित आत्मीयता खोखली तो होगी ही। उसमें प्रदर्शनप्रियता अधिक होगी, घनत्व कम होगा, इसलिए परिस्थितियाँ बदलने पर तोताचश्म होना भी आसान होगा–स्त्री–पुरुष दोनों के लिए। एक बार आक्रमण और हिंसा का हुदहुद तूफ़ान और उसके बाद महीनों की श्मशान–शान्ति, बेरोज़गारी और ग़रीबी! ऐसे में दत्तचित्त भाव से कोई प्रेम करे भी तो कैसे! ध्यान देने की बात यहाँ यह है कि नायक–नायिका–दोनों इस ध्वस्तप्राण, क्षणजीवी समाज में एकनिष्ठता के किसी दावे से मुक्त नज़र आते हैं :

चित, चितु मारक जोगु भयौ, भयैं सुत सोगु।
फिरि हुलस्यौ जिय जोरसी, समुझै आरज जोगु।[6]

(दो सखियाँ हँस रही हैं ये कहकर कि किसी ज्योतिषी पिता के यहाँ कोई पुत्र पितृघातक योग में पैदा हुआ। शुरू में तो उसे क्लेश हुआ पर गहरे मनन पर एक बात यह भी पता चली कि पितृघातक योग वाले इस बच्चे का दूसरा योग जारज योग है। इस बात पर वह मुदित हो गया कि अब मरेगा मेरा रकीब जिसका यह बेटा मेरी पत्नी के गर्भ से पैदा हुआ : यहाँ ध्यान देने की बात यह है कि ज्योतिष जानने वाला एक पढ़ा–लिखा व्यक्ति भी पत्नी का परकीया होना सहज भाव से स्वीकार लेता है, उसे तकलीफ़ तो होती है पर वह कोई हाय–तौबा नहीं मचाता।)

मात्र सत्रह–अट्ठारह शब्दों के दोहे में एक पूरी मिनिएचर पेंटिंग कैसे समोयी जाती है और अलग–अलग दृष्टियाँ कैसे नियोजित की जाती हैं, सम्भावित अर्थ–पुंज अलग–अलग टोनल संयोजन में कैसी व्यंजनाएँ विकिरित करता है, इसका प्रमाण हैं रहीम की 'नगर शोभा' जैसी फुटकर रचनाएँ भी! ठीक से देखा जाये तो हर फुटकर रचना अपने समय का महत्त्वपूर्ण सामाजिक दस्तावेज़ होती है जहाँ समाज की अलग–अलग सरणियों का आपसी ताल–मेल और उसमें अनुस्यूत आपसी राग–द्वेष के तन्तु आसानी से विरचित (डि–कन्सट्रक्ट) किये जा सकते हैं! रहीम की यह रचना तो एक सरलहृदय वाग्विलास है, एक तरह का हास–परिहास, जैसा लीलाओं में या ब्याह–शादियों में पुरजनों–परिजनों के बीच होता है; एक तरह का मनमोदक लूटने की कोशिश। फिर भी अलग–अलग तरह के जातीय समीकरण इसमें पढ़े जा सकते हैं। कहीं–कहीं युगीन मान्यताओं के अनुसार 'अवर्ण' स्त्रियाँ 'अधिक उपलब्ध', अधिक खुली हुई दिखाई गयी हैं, पर बिना जजमेंटल हुए–

बाजीगरिन बज़ार में, खेलत बाजी प्रेम!
देखत वाको रस रसन, तजत नैन व्रत नेम।
पीवत वाको प्रेमरस, जोई सो बस होई।
एक खरे घूमत रहे, एक परे मत खोई![7]

चोरति चित्त चमारिनी, रूप रंग के साज।
लेत चलाए चाम के, दिन है जीवन राज।
जावै वन्यों नेम सब, होई लाजकुल हानि
हो वाके संग पोढ़ई, प्रेम अछोरी तानि![8]

हरी–भरी गुन चूहरी, देखत जीव कलंक!
बाके अधर कपोल को, चुवौ परै जिमि रंग।
परम लता से लहलही, धरै पैम संयोग।
कर गहि गरै लगाइयै, हरै विरह को रोग।[9]

लाजकुल हानि के बावजूद चमारनी के साथ 'पोढ़ा' जा सकता है, चूहरी को हाथ पकड़कर गले लगाया जा सकता है पर ब्राह्मणी के सिर्फ़ पाँव छुए जा सकते हैं। उसके 'अंग–तरंग' में भी स्नान इस भाव से होता है जैसे गंगा की लहरों में 'परम–पाप पल में हरत गंगा रूप समान'। खत्री स्त्रियों का स्पर्श भी उद्धारक है–वे कायाकल्प करने वाली पारसमणियाँ हैं पर पारस मणि की कठोरता उनमें नहीं–फूल की कोमलता और सोने की चमक का मणिकांचन–संयोग हैं वे : 'मानव रची बिरंचि पचि, कुसुम कनक में सान'! उनके बाद जौहरिन की हँसी में छिटकते 'मानक लालों' का वर्णन है! उन्हें 'चखते' हुए उनकी मुक्ता माला के टूट पड़ने के संकेत भी हैं।

ध्यान देने की एक और बात है कि काम–केलि के दौरान भी स्त्रियों की आँखों में 'विरह की चोट' है। बाज़ार में पराये पुरुषों का दृष्टि–विलास झेलते हुए पीछे छूटे या शायद युद्ध में खेत आये प्रेमियों/पतियों की याद उनकी आँखों में बरबस झिलमिला जाती है। 'नगर शोभा' का पर्याय बनकर उभरा है हर तरह की कामगर स्त्रियों का नख शिख वर्णन–वह भी काम–काज के दौरान। ज़्यादातर स्त्रियाँ बाज़ार में उतरी स्त्रियाँ हैं 'बाज़ार से गुज़री भी नहीं' 'ख़रीदार' भी नहीं, बाज़ार में बैठी तरह–तरह की वस्तुएँ बेचती कारोबारी स्त्रियाँ, अक्सर अकेली, इसलिए विरहदग्ध भी, पर बाज़ार का तकाजा है कि उन्हें सजना–सँवरना भी है और मुस्काना भी।

अब रहीम का कमाल इस बात में है कि वे मनोभावों का क्लिष्ट चित्रण छोटे–से स्पेस में भी कर लेते हैं और 'मेटाफ़िज़िकल विट' की तरह दो–तीन धरातलों की आपसी झप्पी मंचित करने वाला सूक्ष्म मनोवैज्ञानिक युद्ध भी एक कौंध में ही उजागर कर देते हैं–नख–शिख वर्णन के समानान्तर! अब जैसे 'बनियाइन' रूप की हाट बैठी, भौंहें मोड़ मुस्कुरा भी रही है। ऐसा करते हुए वह विरह–तराजू में डण्डी मारती है यानी हल्की बेईमानी कर

लेती है पीछे छूटे प्रिय की स्मृति से, पर यह स्वाभाविक ही है क्योंकि इतनी चिन्ताओं के बोझ चित्त लगातार नहीं झेल सकता–'डाँड़ि मारे बिरह की, चित्त चिन्ता घटि जात'।

एक दूसरा पक्ष इस 'नगर शोभा' का यह है कि यहाँ ज़्यादातर पुरुष भी जो घूम रहे हैं, 'विरही जन' ही हैं। नगर तो विस्थापितों का जमावड़ा होता ही है और उनमें से कितनों की आर्थिक स्थिति ऐसी होती है कि परिवार को साथ रख पायें तो बाज़ार के दृष्टि–विलास (vicarious pleasure) से ही उन्हें काम चलाना पड़ता है–'औरों को हँसता देख मन हँसो और सुख पाओ' वाले भाव से! पनवाड़िन और अन्य स्त्रियाँ भी शायद उनकी इस स्थिति पर तरस खाकर ही 'नैन खवावे पान' की मुद्रा आती हैं और फिर 'निसिदिन फेरैं पान ज्यों, विरही जन के प्रान'। बंजारिन अपने गिल्लट के गहने झमकाती इसलिए झूमती चलती हैं कि उनकी झंकार से 'बिरही हर जिय जाइ'।

तो कुल मिलाकर बाज़ार या नगर एक ऐसी जगह है जहाँ संयोग और वियोग की विरोधी मनःस्थितियाँ आपस में गलबहियाँ डाले ऐसे चित्र खिंचवा रही हैं जैसे मेलाघुमनियाँ साठ–सत्तर के दशक तक देहाती फ़ोटोग्राफ़रों के तम्बू के भीतर आपस में सटी हुई 'फ़ोटू' निकलवाती थीं। विरह की अग्नि स्त्री–पुरुष दोनों में सुलगी है। पीछे छूटे हुओं को वे भूले नहीं हैं, पर थोड़ा हास–परिहास उसी में ये सम्भव कर लेते हैं, अब जैसे लोहारनी को देखें :

बिरह अगिनि निसिदिन धेवे, ओ चित्र चिनगार।
बिरही जियहि जराई कै, करत लुहार–लुहार।

भक्तिकाल में कितनी तरह के पेशे के लोग एकजुट हुए होंगे, इसका सही आकलन करने में भी रहीम की 'नगर शोभा' सक्षम है। इन दिनों जातिसूचक जनगणनाएँ फ़ैशन में हैं, इस तरह का एक गुप्त प्रयोजन शायद 'नगर शोभा' का भी हो! जितनी तरह के व्यवसाय वहाँ चित्रित हैं, उनमें से कई तो अब लुप्तप्राय हैं–जैसे तबखिन, भिश्तिन, सरीकन, कूँदिन, सबनीगरनी, धुनिआइन, ठठेरनी, भगेरनी, महावतिन, सखारिन, जिलादारिन और भटियारिन–

भटियारी अरु लच्छमी, दोऊ एकै घात।
आवत बहु आदर करे, जात न पूछै बात।

भटियारी उर–मुँह करै, प्रेम पथिक को ठौर।[10]
धौंस दिखावें और की, रात दिखावें और।

मध्यकाल का 'हॉस्पिटैलिटी सेक्टर' सराय ही हुआ करती थी जिसका नियोजन–प्रबन्धन भटियार और भटियारिन किया करते थे! तरह–तरह के पथिकों का स्वागत करते हुए उन्हें जो सबसे हँसना–बोलना पड़ता होगा और पथिकों के मोहा जाने पर उनसे पल्ला भी छुड़ाना पड़ता होगा–इस पूरी प्रक्रिया का वर्णन एक ही कौंध में हो गया है। भटियारिनों के चरित्र पर संशय उठाया तो गया है पर तुरत उनकी तुलना लक्ष्मी से करके बात ख़तम भी कर दी गयी है!

धार्मिक उदारता का एक अच्छा उदाहरण शुरु का ही दोहा है जहाँ 'नगर शोभा' में चित्रित सारी नायिकाएँ आद्या शक्ति के रूप का विस्तार मान ली गयी हैं :

आदि रूप की परम दुति, घट–घट रही समाई।
लघु मति ते मो मन रसन, अस्तुति कही न जाई।

नैन तृप्ति कछु होत है, निरखि जगत की भाँति।
जाहि–ताहि में पाइयत, आदि रूप की भाँति।[11]

जब आद्यारूप ही हैं समाज की सभी सरणियों की स्त्रियाँ तो फिर 'हिकारत की राजनीति' का प्रश्न ही कहाँ उठता है।

ध्यान देने की एक बात यह भी है कि मीनाबाज़ार में मुग्धा या पद्मिनी नायिकाएँ नहीं विचरतीं। सब–की–सब प्रौढ़ा स्वकीयाएँ हैं जो सामाजिक और राजनीतिक उथल–पुथल के एक झटके में खण्डित परकीयाएँ भी हो सकती हैं। बार–बार की विवाह–सन्धियाँ, अपहरण, बलात्कार और विस्थापनजन्य दूसरी उठापटकें झेलती हुई स्त्री–देह कब किराये का कमरा हो जाये या गले में लटका ढोल–यह कौन कह सकता है! सौन्दर्य और यौवन ही जिस समाज में स्त्री–जीवन का केन्द्रीय सत्य हो, वहाँ बुढ़ापा कितना भयावह बना दिया जाता होगा ऐसी स्त्रियों के लिए जिनका जीवन किसी कारण पटरी से उतर गया, यह समझने की बात है! ऋतुमुक्ति (मेनोपॉज़) के स्नायविक तनावों से जूझती हुई एक सन्तानविहीन परकीया चॉसर की 'वाइफ़ ऑफ़ बाथ' भी है। चॉसरकालीन समाज भी एक युद्धपीड़ित समाज ही था! पर चॉसर की नायिका आर्थिक रूप से स्वावलम्बी है। वह सफल कपड़ा विक्रेता है।[12] रहीम की ये नायिकाएँ नहीं जानतीं कि पति के कामों में हाथ बँटाते हुए जो गुर उन्होंने सीखे हैं, 'सुखद गृहस्थी' वाली 'चार दिनन की चाँदनी' छिन जाने के बाद उनका सजग उपयोग वे कर पायेगी कि नहीं! जैसे कि बढ़ई की स्त्री अपहरण आदि के बाद के भयानक दिनों में सूखी पत्ती–सी उधियाती हुई अगर किसी दर्ज़ी/लोहार/डोमादि के घर गयी या किसी सवर्ण की 'रक्षिता' हुई तो वह अपने गुरों का क्या करेगी! एक मुट्ठी घास की तरह कहीं से उखड़कर कहीं और जड़ जमाते हुए कितनी तरह की अपमान शृंखलाओं, अपयश और दूसरी व्यावहारिक दिक्क़तों से गुज़रना होगा–यह समझना भी किसी सहृदय के लिए कठिन नहीं!

हारे–टूटे और थके पुरुष को स्त्री–देह गर्भ–गृह के समान सुखद लगती ही है, छुपने की एक खोह–पर स्त्री देह के भी अपने दुख हैं क्योंकि उससे एक संवेदनशील मन भी जुड़ा है–इसकी समझ कहीं–कहीं ही झलकती है! यह तो अयाँ है कि रहीम प्रज्ञावान थे–कवि–शिक्षक, परामर्शदाता, इतिहासकार, राजनीति टिप्पणीकार, राज्यनायक और सैन्यनायक की महती भूमिकाएँ निभाते हुए उन्होंने राजनीति (राजपूत–मुग़ल सम्बन्ध), मनोवृत्ति और सामाजिक आचरण (कोर्टली प्रोटोकॉल, बहु–सांस्कृतिकता के प्राक्–आधुनिक प्रभाव) और स्त्री–पुरुष सम्बन्धों के अनेक रंग देखे। चित्रकला, ख़ासकर मिनिएचर पेंटिंग,

स्मारक, मिथक, रिवाज, धार्मिक मोटिफ, दास्तान आदि नवेतिहासवादी संसाधनों के आलोक में इनकी उपदेशप्रवण या हृदयप्रवण ('नगर शोभा' जैसी) रचनाएँ पढ़ी जानी चाहिए और इसलिए भी पढ़ी जानी चाहिए कि तत्कालीन समाज की सही समझ विकसित हो सके।

कविता के बारे में हम सभी जानते हैं कि प्रेम, सौन्दर्य, प्रकृति की महीनियों के अलावा धार्मिक–सामाजिक–राजनीतिक और आर्थिक बर्ताव की महीनियों का भी सजग और चुस्त ग्राफ़ांकन वह करती चलती है! काल और स्थान की अवधारणा, बाज़ार, नगर, राज्यारोहण, युद्धारोहण, कसीदे, रंगमहल, सेना, गोशाला, रनिवास, हरम, कोप–भवन आदि कठिन साइट्स (ठैयाँ और ठिकानों) में जो भी महीन परिवर्तन घटे–मध्ययुग के महाकाव्य तो वे परिवर्तन सजग कुशलता से दर्ज करते ही हैं, उससे भी अधिक कुशलता से वे दर्ज करते हैं स्त्री–पुरुष सम्बन्धों के बदलते सम्बन्धों का व्याकरण! और इस क्रम में 'नगर शोभा' जैसी फुटकर रचना भी अपनी नागर विदग्धता में पीछे नहीं रहतीं, ठीक वैसे जैसे रसखान की अठखेलियाँ करती, ठुनकती–ठनकती हुई चुटकियाँ जाति–विमर्श या स्त्री–विमर्श के सूक्ष्मातिसूक्ष्म लेंस से पढ़ने पर भी कहीं अटपटी और अपमानजनक नहीं जान पड़तीं–

'ताहि अहीर की छोहरियाँ छछिया–भर छाछ पे नाच नचावैं'–ऐसी छहरती हुई–सी भाषा–तरंग में कोई कल्मष ठहर भी कैसे सकता है।

सन्दर्भ

1. इरिगेरे, द सेक्स विच इज़ नॉट वन, L' Arc, 58
2. सिंह प्रमोद कुमार (सम्पादित) 'विद्यापति पदावली', बिहार ग्रन्थ कुटीर, 1980
3. याज्ञिक मयाशंकर, 'रहीम रत्नावली', गोपालदास सेवक प्रकाशन, काशी, 1879
4. मिश्र विश्वनाथ, नीलकमल बमबम सिंह, 'रहीम साहित्य की भूमिका', बिहार राष्ट्रभाषा परिषद,1979
5. हबीब इरफ़ान, 'मेडीवल इंडिया', नैशनल बुक ट्रस्ट, 1980
6. शर्मा देवेन्द्रनाथ, 'बिहारी सतसई', बिहार ग्रन्थ कुटीर, पटना, 1975

7-11. 'रहीम रत्नावली'

12. चॉसर, वाइफ़ ऑफ़ बाथ, 'कैंटरबरी टेल्स', डॉ. लैंग पर्ल्स, फिंगर प्रिंट्स क्लासिक्स, 2017

चित्र विवरण (पृष्ठ संख्या-85) :

केशवदास की रसिकप्रिया : लज्जाशील नायिका। भारतीय, मुग़ल, मुग़ल काल (1615), चित्र स्थान : उत्तर भारत, परिमाप : 11.9 × 12.8 सेमी (4 11/16 × 51/16 इंच), आरोहण संख्या : 15.61 बी, उत्पत्ति–एम.एफ.ए. को डेनमन वॉल्डो रॉस द्वारा 1915 में प्रदत्त (आरोहण तिथि : 7 जनवरी, 1915), सूत्रोल्लेख : डेनमन वॉल्डो रॉस संग्रह।

रहीम की संस्कृत-साधना : समकालीन आश्चर्य बनाम उपलब्ध इतिहास

प्रताप कुमार मिश्र

ई. सन् 1625 से 1627 के बीच किसी महीने की बात होगी। दिल्ली के किसी क़िले, किसी भव्य प्रासाद के सुसज्जित कमरे में तशरीफ़फ़र्मा सत्तर–बहत्तर वर्ष के एक वृद्ध के समक्ष आकार–प्रकार से पारम्परिक ब्राह्मण प्रतीत होता बीस–बाईस वर्ष का एक नवयुवक आता है। वृद्ध की अभिरुचि के अनुरूप साहित्यिक चर्चा का दौर चल पड़ता है। इस लम्बी चर्चा के किसी रिक्त काल में ही नवयुवक ने अपनी जेब से काग़ज़ का टुकड़ा निकाला और वृद्ध के समक्ष रख दिया। वृद्ध ने उखड़ी नज़रों से काग़ज़ पर दर्ज मज़्मून को पढ़ा। लिखा था :

प्राच्य चलानधिकारान् शत्रुषु मित्रेषु बन्धुवर्गेषु।
नापकृतं नोपकृतं न सत्कृतं किं कृतं तेन।।

(राजकीय पद और अस्थायी अधिकारों को प्राप्त करने के बावजूद जिसने शत्रुओं का अपकार, मित्रों का उपकार और भाई–बन्धुओं का सत्कार नहीं किया तो उसने क्या किया?)

वृद्ध की होंठों पर तबस्सुम की एक मौज उठी और गुम गयी। भवों में तनाव उठा पर झुर्रियों में छिप गया। न जाने क्या सोचते वृद्ध ने बग़ल में पड़े क़लमदान से क़लम उठाई और कँपकँपाते हाथों से उपर्युक्त पद्य की निचली पंक्ति के प्रथम पद 'नापकृतं' के 'ना' के ऊपर एक मात्रा बढ़ा कर उसे 'ओ' याने 'नो' कर दिया। अब यह पद 'नोपकृतं' के रूप में पढ़ा जा सकता था और इसकी वजह से समूचे पद्य के अर्थ में एक ऐसा परिवर्तन हो चुका था जो मानव को अतिमानव या महामानव की सीमा पर आसीन कर सकता था। युवक अपने पद्य में एक मात्रा मात्र के परिवर्तन से होने वाले अर्थ–गाम्भीर्य पर मुग्ध था या इसके परिवर्तक उस महामानव के चरित्र–गाम्भीर्य पर या उसके काव्यकौशल पर या संस्कृत–कवितई में उसकी पैठ पर, यह तो नहीं कहा जा सकता लेकिन युवक मुग्ध था। स्तब्ध, बिलकुल निःस्तब्ध।

एक इतिहास–प्रसिद्ध घटना और–

स्थान, दिन और दिनांक का कोई उल्लेख उपलब्ध नहीं किन्तु घटना ई. सन् 1605 से 1627 के बीच की है। अकबर की तमाम उदारवादी नीतियों और इनमें आंशिक संशोधनपरक जहाँगीर की नीतियों द्वारा शासित भारत–भूमि के किसी भूभाग–विशेष में किसी मार्मिक घटना से क्षुब्ध कोई ब्राह्मण नागरिक सरेआम, बल्कि तमाम मुग़ल अमीर–उमरा के सामने ही मुस्लिम–शासन और शासक को कोस रहा था, कोसे जा रहा था। क्रोध का आवेग जब चरम पर पहुँचा ब्राह्मण ने संस्कृत के एक वाक्य में शाप दिया–'मुस्लिमों के शासन का सत्यानाश हो जावे।' दुर्भाग्य से संस्कृत का यह वाक्य आज उपलब्ध नहीं है।

इस शाप को सुन मुग़ल–अधिकारियों की भीड़ से निकलकर एक अधेड़ उम्र का अधिकारी गम्भीर मुद्रा में ब्राह्मण की ओर बढ़ा। देखते ही ब्राह्मण की सिट्टी–पिट्टी गुम। लेकिन करे भी क्या, तीरे ज़बान तो निकल चुका था। अधेड़ ब्राह्मण के समीप आया और अनुमान के विपरीत बड़े विनम्र भाव से प्रणाम कर कहा–"महाराज! आपने मुग़लों के विनाश का जो शाप दिया उसका कोई प्रभाव नहीं पड़ने वाला क्योंकि आपका वाक्य ही अशुद्ध था। दरअस्ल आपके वाक्य में प्रयुक्त एक पद समास में है और इसे पंचमी–विभक्ति का समास होना चाहिए।"

वाक्य–विन्यास में हुई संस्कृत–व्याकरण की इस अशुद्धि पर ब्राह्मण कितना लज्जित था यह तो नहीं मालूम पर इस अशुद्धि को यूँ समझ लेने और इस बेबाक़ी से उसे टोक देने वाले मुग़ल–अधिकारी पर उसे जो आश्चर्य हुआ उसका यह आलम था कि श्रद्धावनत ब्राह्मण ने चट अपनी पगड़ी उतारी और उसके क़दमों में डाल दी। देखने वालों ने देखा कि मुग़ल–अधिकारी उस अधेड़ ने अपने हाथों से पगड़ी उठाई और बड़ी श्रद्धा से उसे अपने ललाट से लगाकर प्रणाम किया और फिर ब्राह्मण को उठा कर अपने गले से लगा लिया। इतिहास में दर्ज है कि ब्राह्मण की उद्विग्नता का मूल कारण, उसकी दरिद्रता उसी दिन दूर हो गयी।

पाठकों को यहाँ यह जानकर आश्चर्य होगा कि उस भव्य प्रकोष्ठ में विश्रामरत यह वृद्ध अमीर–उमरा और निर्धनता से उद्विग्न ब्राह्मण की पगड़ी अपने सिर पर धारण कर लेने वाला यह अधेड़ मुग़ल–अधिकारी कोई और नहीं बल्कि स्वयं ख़ानेख़ाना अब्दुर्रहीम थे। हिन्दी में एक मुहावरा है–'होश उड़ जाना' और मैं चाहता हूँ कि यहाँ मैं इस मुहावरे का प्रयोग करता हुआ अपने पाठकों को बतलाऊँ कि पहली घटना में 20–22 वर्ष का वह नवयुवक कोई और नहीं बल्कि संस्कृत–साहित्य–शास्त्र के युगप्रवर्तक, 'न भूतो न भविष्यति' जैसी उक्ति को संस्कृत–काव्यशास्त्र के क्षेत्र में चरितार्थ कर देने वाले आचार्य 'पण्डितराज जगन्नाथ' ही थे। वही जगन्नाथ जिनके बारे में संस्कृतवालों ने स्वयं घोषणा कर रखी है–'पण्डितराजान्तं कवित्वम्' याने 'संस्कृत–कवितई पण्डितराज के साथ ही समाप्त हुई।'

रहीम के संस्कृत–ज्ञान के सन्दर्भ में उपर्युक्त और इसी तरह की कुछ अन्य घटनाओं को सुनाने के बाद प्रायः मैंने देखा है कि सुनने वाला अविश्वास की स्थिति में आ जाता है। रहीम का संस्कृत–ज्ञान और संस्कृत–कृतित्व इस क़दर आश्चर्यचकित कर

देने वाला है कि संस्कृत, हिन्दी, फ़ारसी तथा मध्यकालीन इतिहास के बड़े–बड़े विद्वान् तक विस्मित हो उठते हैं। यहाँ मैं कुछ स्वनामधन्य आचार्यों के नाम लूँगा, यथा– स्वर्गीय कमल गुप्त (सम्पादक–'कहानीकार' पत्रिका, वाराणसी), स्वर्गीय भानुशंकर मेहता (प्रसिद्ध सर्जन–चिकित्सक एवं विख्यात संस्कृतिविद्), प्रो. नामवर सिंह (दिल्ली) तथा प्रो. इरफ़ान हबीब (अलीगढ़)। रहीम की संस्कृत–कृतियों के विषय में सुनते ही आप समस्त आचार्यों ने समय–समय पर अविश्वास की स्थिति में प्रायः एक ही प्रश्न मुझसे पूछा–'मगर यह कैसे मालूम हो कि संस्कृतविद् रहीम, हिन्दी के प्रसिद्ध कवि ख़ानेख़ाना रहीम ही हैं?'

उपर्युक्त आचार्यों के नाम और उनके प्रश्न को यहाँ असामयिक रूप में प्रस्तुत करने के पीछे मेरा उद्देश्य है रहीम के संस्कृत–ज्ञान के सन्दर्भ में न केवल सामान्य भारतीय जनमानस के आश्चर्य को व्यक्त करना अपितु भारतीय–मनीषा के समसामयिक पुरोधा आचार्यों में भी अविश्वास की स्थिति को निरूपित करना। वस्तुतः इस आश्चर्य और अविश्वास का एकमात्र कारण है रहीम की संस्कृत–रचनाओं का भारतीय जनमानस में उचित प्रचार–प्रसार का अभाव। अन्यथा ऐसा नहीं कि उपर्युक्त आचार्यों ने यूँ ही इस तरह का प्रश्न पूछ लिया हो। दरअस्ल इन प्रश्नों द्वारा मेरे लिए उनका आशय यह होता–'अनुसन्धान के धरातल पर रहीम के तथाकथित संस्कृत–ज्ञान और कृतियों का सप्रमाण व्यवस्थापन।'

आचार्यों के आशय के अनुकूल रहीम के तथाकथित संस्कृत–ज्ञान का, कि जिसका उल्लेख उपर्युक्त दो घटनाओं के द्वारा किया गया है और आगे उनकी कृतियों के सन्दर्भ में स्वतः होता रहेगा–का अनुसन्धान के धरातल पर सप्रमाण व्यवस्थापन का कुछ प्रयत्न निम्नवत् किया जा रहा है।

उपर्युक्त पहली घटना तो ख़ैर इतिहास–प्रसिद्ध है किन्तु इसमें प्रयुक्त संस्कृत–पद्य का प्रथम उल्लेख मुंशी देवीप्रसाद[1] ने किया था। ब्राह्मण युवक का नाम यहाँ जगन्नाथ त्रिशूली बताया गया है। 1902 से लेकर 2007 ई. तक रहीम पर हिन्दी में जितने भी ग्रन्थ और ग्रन्थावलियाँ प्रकाशित हुईं उनमें कुछ में तो यह घटना मुंशी जी से नक़ल की गयी बाक़ी में पूर्ववर्ती ग्रन्थों का अनुसरण। नक़ल और अनुसरण की इस 105 वर्षीय परम्परा ने युवक का नाम जगन्नाथ त्रिशूली ही बदस्तूर ज़ारी रखा और इस बात की कभी परवाह नहीं की कि आख़िरकार यह जगन्नाथ त्रिशूली था कौन। 2007 ई. में जब मैं इस विषय पर कार्य कर रहा था जगन्नाथ त्रिशूली का परिचय प्राप्त करने के लिए मैंने कई उद्यम किये। समकालीन कई जगन्नाथ नामा पण्डितों का इतिवृत्त ज्ञात हुआ किन्तु जगन्नाथ त्रिशूली किसी क़दर सुलझते ही न थे। कालान्तर में 'गंगालहरी' की कुछ प्राचीन हस्तलिखित प्रतियों में इसके रचयिता के रूप में जगन्नाथ त्रिशूली का उल्लेख और रीतिकाल के प्रसिद्ध आचार्य कुलपति मिश्र द्वारा अपने गुरु पण्डितराज जगन्नाथ का 'जगन्नाथ त्रिशूली' के रूप में स्मरण–परक उल्लेख मिल जाने से यह प्रमाणित हो गया कि यह जगन्नाथ त्रिशूली, साहित्यशास्त्र के युगप्रवर्त्तक वही आचार्य हैं–पण्डितराज जगन्नाथ और 'त्रिशूली' सम्भवतः उनका उपनाम था।[2]

मुंशी देवीप्रसाद जी ने इस पद्य को उद्धृत करते हुए यह नहीं बताया है कि यह उन्हें कहाँ से और किस रूप में प्राप्त हुआ? अतः अनुसन्धान के धरातल पर प्रथम दृष्ट्या यह पद्य ही सन्दिग्ध हो उठता है। यद्यपि मुंशी देवीप्रसाद जैसे अनुसन्धान–कुशल आचार्य पर इस प्रकार का सन्देह उचित नहीं तथापि यदि वर्तमान और आने वाली पीढ़ी को इस पद्य में कोई शुब्हा हो और मात्र इसी आधार पर रहीम के संस्कृत–ज्ञान को वह ख़ारिज करना चाहे तो उसके लिए एक ऐतिहासिक प्रमाण प्रस्तुत है। सूरजमल ने 'वंशभास्कर' नामा ऐतिहासिक भाषा–ग्रन्थ[3] में उपर्युक्त घटना का हूबहू विवरण दिया है। केवल ब्राह्मण युवक का नाम इस विवरण में अनुपलब्ध है :

इक कहिय अरि न उपकार अप्पि थिर मित्रजन न उपकार थप्पि।
बन्धु न सतकार हि तिम बनाइ, प्रख्यात होत अधिकार पाइ।।
इहि बिहसि कहिय तजि फल उमंग, सोहत उपकारहि सबन संग।
ऐसो नवाब यह बुध बजीर, बहराम–तनय हत अनय–वीर।।[4]

रहीम के संस्कृत–ज्ञान और कृतित्व के सन्दर्भ में सूरजमल के ये उद्धरण समकालीन फ़ारसी–तवारीख़ तक में दुर्लभ हैं। रहीम से महज़ 210 वर्षों के बाद और आज से तक़रीबन 177 वर्ष पूर्व सूरजमल के यह साक्ष्य रहीम–अध्ययन के लिए दुर्लभ ऐतिहासिक दस्तावेज़ हैं जिसकी प्रामाणिकता का शपथ वह स्वयं इन शब्दों में प्रस्तुत करते हैं :

बत्त रहहु तिम जिम बनी, आग्रह हमहिं न अत्थ।
बिनु मूलहि जन जो बदत, सो न लिखहिं हठ सत्थ।।[5]

अस्तु, रहीम के संस्कृत–ज्ञान के सन्दर्भ में प्रस्तुत उपर्युक्त दूसरी घटना का साक्ष्य भी संयोग से सूरजमल (पृष्ठ 2272–2273) स्वयं ही हैं :

एक बुध दरिद्र द्विज रिख उपेत, द्रुत होहु मिच्छ खय साप देत।
सुनि कहिय होहु पंचमी समास, तब द्विज प्रसन्न हुव बचन तास।।
पग्घहि जिन फैंकि रीझि पास, नहि बिफल उदारन रीझि नास।
बहु छिद्र मलिन जनु कूल बीस, सुहि लै नवाब बंधी स्व सीस।
मा बानी दुव इक मिलाइ, द्विज किय सुआढ्य बहु बसु दिलाइ।।

यूँ तो सूरजमल ने रहीम के संस्कृत–कृतित्व के सन्दर्भ में कई उद्धरण प्रस्तुत किये हैं किन्तु स्थानाभाव के कारण यहाँ हम उन सबको प्रस्तुत न कर केवल एक और उद्धरण प्रस्तुत किये देते हैं। इस उद्धरण को प्रस्तुत करने से हमारा उद्देश्य यह भी है कि इसमें रहीम की एक ऐसी संस्कृत–कृति का अस्तित्व नाम्ना सुरक्षित है जिसकी बाबत रहीम–अध्ययन की प्रत्यक्ष धारा (हिन्दी–फ़ारसी–संस्कृत तथा इतिहास) को इसकी सूचना तक नहीं–

छितितल वसन्ततिलका सुछन्द, अज्जहु बढात भक्तन अनंद।
सुरबानी जवनबानि रु दुसीर, बरने बहु इति मुख जिहिं प्रवीर।।[6]

इस उद्धरण की प्रथम पंक्ति में रहीम की 'वसन्ततिलका'–छन्द में प्रणीत जिन छन्दों को 'छितितल' पर प्रसिद्ध बताया गया है दुर्भाग्य से उसका नामो–निशान तक

नहीं बच रहा। दूसरी पंक्ति में 'सुरबानी जवनबानि रु दुसीर' से सूरजमल का आशय रहीम की 'मदनाष्टक' और 'खेट—कौतुकम्' आदि कृतियों से है।

अब्दुल बाक़ी निहावंदी रहीम का समकालीन ही नहीं स्वयं उनका अधीनस्थ कर्मचारी, प्रिय साहित्यकार भी था। निहावंदी ने रहीम के संरक्षण में ही 'मआसिरे रहीमी' नाम से एक विशालकाय इतिहास—ग्रन्थ की रचना की। इसके द्वितीय भाग में रहीम के विविध भाषा—ज्ञान, विविध भाषाओं में उनके कृतित्व, रहीम—संरक्षित विविध भाषाओं के कवियों और उनकी रचनाओं का विस्तृत विवरण प्राप्य है। विविध भाषाओं पर रहीम के अधिकार को निरूपित करते निहावंदी ने कहीं भी स्पष्ट रूप से 'संस्कृत' का नाम नहीं लिया किन्तु उसके इस अनुल्लेख से भी रहीम के संस्कृत—ज्ञान पर सन्देह करना उचित न होगा। ध्यान रहे कि निहावंदी रहीम के सन्दर्भ में ब्रज, अवधी, आदि भाषाओं का भी उल्लेख नहीं करता अपितु इन सबके लिए समवेत रूप में 'हिन्दी' का प्रयोग करता है। सम्भव है भाषाओं के इस समवाय में हिन्दी से ही उसका आशय संस्कृत भी हो। निहावंदी के निम्नलिखित विवरण में रहीम के हिन्दी—ज्ञान और योगदान की चर्चा तो है ही 'कवि—रहीम और ख़ानेख़ाना रहीम के रूप में भ्रम' से बचने की एक महत्त्वपूर्ण सूचना भी कि अकबर का यह सिपहसालार याने ख़ानेख़ाना अब्दुर्रहीम हिन्दी में अपना तख़ल्लुस 'रहीम' करता है (स्मरण रहे कि संस्कृत में भी उन्होंने रहीम ही नाम रखा है— 'करोम्यब्दुर्रहीमोऽहं'—खेट—कौतुकम्) और यह भी कि वह हिन्दी का 'यदेबैज़ा' (रौशन और चमकीला हाथ) था :

'रहीम कि नाम शरीफ़ एइशान अस्त तख़ल्लुस मी नुमायंद। ओ बज़बाने हिन्दी ओ तुर्की ओ अरबी नीज़ अशआरि आबदार फ़रमूदाअंद। ओ दर ज़बान हिन्दी यदेवैज़ः नमूदाअंद। चंदाँ अशआरि मतीन व अबियात दिल नशीन कि एइशान दर आँ ज़बान दारिंद हीच यक़ अज़ फ़ुहूल शुअराअ आँ ज़बान रा नीस्त।'[7]

समकालीन साक्ष्यों में जहाँगीर का संस्मरण भी बड़ा महत्त्वपूर्ण है और वह इसलिए कि साक्ष्यों के मुताबिक़ रहीम, सलीम के 'अतालीक़' (संरक्षक) याने शिक्षक रह चुके थे।[8] निहावंदी के समान जहाँगीर भी 'संस्कृत' के लिए 'हिन्दी' शब्द का ही इस्तेमाल करता है :

'ख़ानेख़ाना योग्यता और गुणों में सारे संसार में अनुपम था। अरबी, फ़ारसी, तुर्की और हिन्दी भाषाएँ जानता था। अनेक प्रकार की विद्याओं और साथ ही भारतीय विद्याओं का भी बहुत अच्छा ज्ञान रखता था। शूरता—वीरता में झण्डा बल्कि ईश्वरीय कृति का झण्डा था। फ़ारसी और हिन्दी में बहुत अच्छी कविता करता था।'[9]

विशुद्ध इतिहास—ग्रन्थों के बाद कुछ ऐसे भी समकालीन ग्रन्थ हैं जो विविध राज्यों के राजाओं द्वारा लिखवाये गये थे और इनमें रहीम के संस्कृत—ज्ञान से सम्बन्धित साक्ष्य उपलब्ध होते हैं। इनमें एक है 1609 ई. में रुद्रकवि का लिखा 'नवाबख़ानेख़ानाचरितम्।' संस्कृत में लिखे इस चम्पूःग्रन्थ का मुख्य प्रयोजन था रहीम के विद्या—वैदुष्य की प्रशंसा

द्वारा आपद्ग्रस्त बागुलान हेतु उनका संरक्षण प्राप्त करना किन्तु इस प्रयोजन को प्राप्त करने की जो योजना बागुलान के राजा प्रताप शाह ने बनाई वह बहुत विलक्षण थी। प्रताप शाह रहीम के संस्कृत–ज्ञान और संस्कृत–प्रेम से परिचित थे अतः उन्होंने इस भाषा में ही अपने आश्रित कवि से एक काव्य ग्रन्थ का निर्माण कराया।

यह सम्पूर्ण ग्रन्थ छोटे–छोटे चार उल्लासों में विभक्त है जिनमें 'वृत्तगन्धि'–गद्यों के अतिरिक्त पद्यों की कुल संख्या 49 (पहले में 10, दूसरे में 20, तीसरे में 13 और चौथे में 6) है। गद्य–विस्तार की दृष्टि से दूसरा और तीसरा उल्लास महत्त्वपूर्ण है। ग्रन्थ की भाषा और शैली संस्कृत की उस प्रौढ़ अवस्था पर केन्द्रित है जो किसी रचना को 'प्रौढ़' तो बना सकती है किन्तु 'क्लासिक' नहीं। वैसे ग्रन्थकार संस्कृत की इस प्रौढ़ शैली का भी पूर्ण और निर्द्वन्द्व लाभ उठाता नहीं दीख पड़ता। इसका कारण 'आश्रयदाता की इच्छा के अनुकूल कविता' सम्बन्धी कवि की परतन्त्रता हो सकती है।[10]

श्रीकृष्ण दैवज्ञ नामा एक ज्योतिर्विद् को रहीम का संरक्षण प्राप्त था जिसने 'जातकपद्धत्युद्धरणम्' नाम की एक फलित–ज्योतिष की पुस्तिका बनाई। इसमें रहीम के जन्म–काल से सम्बन्धित ज्योतिषीय पक्षों और फलादेश के माध्यम से जातकपद्धति के उद्धरणों के उदाहरण प्रस्तुत किये गये हैं। कृष्ण दैवज्ञ ने रहीम के सन्दर्भ में कई विवरण दिए हैं। विविध भाषाओं पर रहीम के अधिकार, उनके विद्याव्यसन एवं विद्याव्यसनियों को उनके उदार संरक्षण को प्रस्तुत करतीं कुछ पंक्तियाँ प्रशंसात्मक एक गद्यखण्ड के बीच–बीच से उद्धृत हैं। उद्धरण में 'निखिललिपिविशारदः' और 'देशभाषाविशारदः' ये दो पद ध्यान देने योग्य हैं–

''सकलकलाकलापकौशलातिपेशलो निखिललिपि–शिल्प–देशभाषा–विशारदः
शारदोपदिश्यमानसर्वानवद्य–हृद्यविद्या–विनोदमोदमानमानसः प्रभूतपेक्षावद्गुणपरीक्षानिकषः
सकलपण्डितमण्डलीसमाश्रयविश्रान्तिकल्पपादपः...श्रीख़ानेख़ानापरनामधेयः प्रधानपुरुषः।''

रहीम के संस्कृत–ज्ञान को स्वीकार करने वाले परवर्ती इतिहासकारों में दो का उल्लेख यहाँ प्रस्तुत है। पहले हैं मौलाना मुहम्मद हुसेन आज़ाद (1830–1910 ई.)– 'अकबर का अहद गोया नयी रोशनी का ज़मानः था। उस (मिर्ज़ा ख़ाँ) ने इल्मे संस्कृत भी हासिल किया। जोतिष में इसकी मस्नवी है, एक मिसरा संस्कृत एक फ़ारसी का।'[11]

दूसरे हैं मौलाना शिबली नोमानी (1857–1914 ई.)–'यह कहना कठिन है कि हमारे कवि ने उस समय प्रचलित साहित्यिक एवं राजभाषा फ़ारसी को छोड़ मुख्यतः संस्कृत और हिन्दी को ही अपनी काव्यानुभूतियों की अभिव्यक्ति का साधन क्यों बनाया। किन्तु यत्र–तत्र उपलब्ध फ़ारसी रचनाओं से यह स्पष्ट प्रमाणित होता है कि यदि उन्होंने फ़ारसी में रचना की होती तो 'उर्फ़ी' और 'नज़ीरी' जैसे उत्कृष्ट कवियों की श्रेणी में उनका भी नाम होता।'[12]

रहीम के संस्कृत–ज्ञान और कृतित्व पर समकालीन और परवर्ती प्रमाणों की परिचर्चा के बाद एक प्रश्न सहज रूप से उठता है कि रहीम के संस्कृत–ज्ञान का

स्रोत क्या था? अर्थात् रहीम ने इस सीमा तक संस्कृत का अध्ययन कब और किसके सान्निध्य में प्राप्त किया? दुर्भाग्य से समकालीन तथा परवर्ती ग्रन्थों में इस विषय पर कोई चर्चा उपलब्ध नहीं। रहीम–अध्ययन की हिन्दी–परम्परा में दो विद्वानों (समरबहादुर सिंह तथा बमबम सिंह नीलकमल) को छोड़ दें तो प्रायः ही लेखकों ने इस प्रश्न से ख़ुद को बरी रखा है।

समरबहादुर सिंह[13] ने अकबरी–दरबार में उपस्थित 'महाकवि गंग' को रहीम के संस्कृत–ज्ञान का स्रोत माना है। उनकी इस परिकल्पना का आधार 'गंग' के साथ रहीम की निकटता है। बमबम सिंह[14] ने अपनी ओर से कुछ नहीं कहा बल्कि समरबहादुर सिंह से सहमत हो 'गंग' की चर्चा की है। किन्तु यह परिकल्पना किसी ठोस साक्ष्य पर आधारित नहीं और गंग की निकटता भी एकांगी रूप से रहीम के उस संस्कृत–ज्ञान का स्रोत नहीं हो सकती।

रहीम–अध्ययन की वर्तमान परम्परा में सद्यः प्रकाशित एक प्रशंसनीय ग्रन्थ में रहीम के हिन्दी–संस्कृत ज्ञान के स्रोत का अनुमान करते हुए विद्वान् लेखक–युगल ने लिखा है– 'बाल्यावस्था में हिन्दवी और कालान्तर में संस्कृत तथा पुर्तगाली से रहीम का परिचय आगे चल कर साम्राज्य की विविध सैनिक–सेवाओं और गुजरात, सिन्ध तथा दकन की सूबेदारी के दरम्यान विविध भाषाओं के कवियों के साहचर्य और मित्रता के कारण प्रौढ़ अवस्था को प्राप्त हुआ।'[15] किन्तु इस प्रकार के अनुमान रहीम–अध्ययन के प्रारम्भिक काल से ही किये और दुहराये जा रहे हैं। आवश्यकता है रहीम की Chronology में पैठ कर इस अनुमान को ऐतिहासिक रूप से व्यवस्थापित और प्रमाणित करने की।

रहीम के संस्कृत–ज्ञान का स्रोत परिभाषित करना निश्चित रूप से कठिन कार्य है और अकबर–कालीन समग्र इतिहास के विलोडन की अपेक्षा रखता है। मैंने प्रायः यह अनुभव किया है कि रहीम–अध्येता कोई विद्वान्, यदि वह अनुसन्धान के धरातल पर संवेदनशील है तो न चाहते हुए भी रहीम के संस्कृत–हिन्दी ज्ञान के स्रोत हेतु अकबरी–दरबार की ओर उन्मुख होना चाहता है[16] और होते–होते रह जाता है। इसके कई कारण हो सकते हैं। एक दशक से इस विषय पर कार्य करते हुए मुझे जो कुछ सुलझे–अनसुलझे और विचाराधीन निष्कर्ष मिले हैं उनके आधार पर रहीम के संस्कृत–ज्ञान का स्रोत हम तीन वर्गों में विभाजित कर सकते हैं–प्रारम्भिक, माध्यमिक और प्रौढ़ संस्कृत–ज्ञान का स्रोत।

रहीम के प्रारम्भिक संस्कृत–ज्ञान का स्रोत अकबरी दरबार में प्रविष्ट होने वाले वे हिन्दू अमीर–उमरा हो सकते हैं जो विविध प्रकार के राजनैतिक तथा वैवाहिक सम्बन्धों के बाद दरबार में नियमित रूप से पैठ चुके थे। 1562 ई. में बिहारीमल की पुत्री से अकबर के विवाह के बाद दरबार में भगवानदास और मान सिंह की सतत उपस्थिति इतिहास में दर्ज है। रहीम इस समय 6 वर्ष की आयु में थे। बीरवर 1564 में आगरे आते हैं और 1571 में बादशाह के लिए बन रहे महलों के बीच सीकरी में इनके लिए अलग से एक महल बनाया गया जिसके बाद बीरवर ने स्थायी रूप से इसी में निवास

किया। रहीम की आयु इस समय 8 से 15 वर्ष की थी। 1565 में टोडरमल भी सीकरी आते हैं जब रहीम 9 वर्ष के थे। 1573 में रामदास कछवाहा दरबार से जुड़ते हैं, रहीम की आयु इस समय 17 वर्ष थी।

ऊपर जितने हिन्दू अमीर–उमरा का विवरण दिया गया है, सब के सब संस्कृत का प्रौढ़ ज्ञान रखते थे और अधिकांश की संस्कृत–कृतियाँ आज भी उपलब्ध हैं। हमारा अनुमान क़तई ग़लत न होगा यदि हम उपर्युक्त और इन जैसे अन्य हिन्दू अमीर–उमरा को रहीम के प्रारम्भिक संस्कृत–ज्ञान का स्रोत मान लें। यहाँ विश्रुत जैनाचार्य पद्मसुन्दर गणि को भी स्मरण में रखा जा सकता है।

रहीम के माध्यमिक संस्कृत–ज्ञान का स्रोत सम्राट् अकबर के 'धार्मिक एवं आत्मिक उद्‌बोध' के चारों चरणों, क्रमशः 'इबादतख़ाना' की स्थापना (1575 ई.), 'मज़हर' की घोषणा (1579), हिन्दू–धर्म–दर्शन–मीमांसा (1575–1599) और 'दीने इलाही' का प्रवर्तन (1582) में कहीं समाहित है। इन चारों ही चरणों द्वारा 'धार्मिक एवं आध्यात्मिक उद्‌बोध' की प्राप्ति के लिए अकबर ने आगरा और सीकरी को विश्व–धर्म–दर्शन के युग–विश्रुत आचार्यों और विद्वानों की राजधानी के रूप में तब्दील कर दिया था। एक शोध के अनुसार इस क्रम में और उपर्युक्त कालावधि (1575–1582) में अकबरी दरबार 37 परिचित तथा 4 अपरिचित ब्राह्मण–आचार्यों और 17 जैन आचार्यों के सतत एवं दीर्घ–प्रवास का साक्षी रहा है। इनमें कुछ आचार्य ऐसे भी हैं जो अकबर के जीवन–काल तक दरबार में विद्यमान रहे। अपने युग में धर्म–दर्शन के विश्रुत ये आचार्य मूलतः संस्कृत से थे। यहाँ यह भी उल्लेखनीय है कि इसी युग में उपर्युक्त संस्कृत–आचार्यों की सहभागिता से अकबरी दरबार के ही 6 संस्कृतविद् मुस्लिम–विद्वानों की मण्डली ने हिन्दू–धर्म–दर्शन–अध्यात्म–पुराण–ज्योतिष और साहित्य से सम्बन्धित 14 विशालकाय संस्कृत–ग्रन्थों का फ़ारसी–अनुवाद भी प्रस्तुत किया था।

रहीम के माध्यमिक संस्कृत–ज्ञान का स्रोत मुग़ल–दरबार का उपर्युक्त यही संस्कृतमय वातावरण था। ध्यान रहे कि 'इबादतख़ाना' की स्थापना (1575 ई.) याने अकबरी–दरबार में जब संस्कृत–पण्डितों का जमावड़ा शुरू हो रहा था रहीम 19 वर्ष के युवा थे। इस अवस्था तक पैतृक–भाषा तुर्की, धर्म–भाषा अरबी, राजभाषा फ़ारसी और मातृ–भाषा 'हिन्दवी' में रहीम परिनिष्ठित भले न हुए हों दक्ष अवश्य हो गये होंगे। भारोपीय परिवार में समाहित होने वाली उपर्युक्त दो अप्रत्यक्ष एवं एक प्रत्यक्ष भाषा में दक्ष 19 वर्ष के किसी नवयुवक के लिए संस्कृत–अध्ययन कितना सरल हो सकता है यह भाषाविज्ञान की बारीक़ियों के जानने वालों से छिपा नहीं है। निहावंदी के साक्ष्यों से यहाँ यह भी उल्लेखनीय है कि रहीम ने 11 वर्ष की अवस्था से ही काव्य–रचना प्रारम्भ कर दी थी।[17] निहावंदी स्पष्ट नहीं करता कि प्रारम्भिक रचना की भाषा क्या थी (सम्बन्धित स्थान पर प्रथम हिन्दी फिर फ़ारसी का ज़िक्र है) मगर यदि यह फ़ारसी ही रही हो तो भी हम इस बात से स्पष्ट इनकार नहीं कर सकते कि इसी अवस्था से ही उनकी हिन्दी–रचना का भी सूत्रपात हो चुका था। यदि यह 'तथ्य' हो तो हिन्दी के

माध्यम से भी संस्कृत की ओर उनके झुकाव का सहज अनुमान किया जा सकता है।

ऊपर जिन 41 ब्राह्मण आचार्यों का उल्लेख किया गया है उनमें राय पुरुषोत्तम विविध राजकीय पदों पर रहीम के सहायक अधिकारी भी थे। 17 जैन–आचार्यों में हरिविजय सूरि तथा विजयसेन सूरि के साथ रहीम की घनिष्ठता थी जबकि भानुचन्द्र गणि और सिद्धिचन्द्र गणि तो अकबर के पुत्र–पौत्रों को संस्कृत तथा हिन्दू–धर्म–दर्शन की शिक्षा–दीक्षा तक को नियत थे। सम्भव है उपर्युक्त इन्हीं आचार्यों अथवा इनमें से कुछेक की संगति में रहीम ने संस्कृत का माध्यमिक अध्ययन प्राप्त किया हो और धीरे–धीरे इस भाषा पर अधिकार कर लिया हो।[18]

रहीम के संस्कृत–ज्ञान में प्रौढ़ि का स्रोत स्वयं रहीम का अपना दरबार था जिसमें धर्म–दर्शन के निष्णात संस्कृतविद् आचार्य संरक्षित थे। श्रीकृष्ण दैवज्ञ की चर्चा ऊपर आ चुकी है। एक नये स्रोत के अनुसार पानीपत से 6 कोस आगे 'घरोण्डा' गाँव के रहने वाले षड्दर्शनाचार्य और वैद्यक के अपूर्व वेत्ता दामोदर नामा आचार्य रहीम के 'मन्त्री' रह चुके थे। दामोदर के ही वंशज सुखलाल कवि ने 1745 ई. में रचित अपनी कृति 'श्रृंगारमाला' (प्रयाग, 2000 ई.) में बड़े गर्व के साथ इस तथ्य का उल्लेख किया है।[19] इन सबके अतिरिक्त रहीम द्वारा संरक्षित हिन्दी–कवियों में प्रायः ही संस्कृत के आचार्य थे। सम्भव है उपर्युक्त इन्हीं और इन जैसे अन्य आचार्यों की संगति में ही रहीम ने अपने संस्कृत–ज्ञान को प्रौढ़ि दी हो।

अस्तु, अपने युग के इन विश्रुत आचार्यों की संगति में रहीम ने संस्कृत का वह ज्ञान प्राप्त किया और प्राप्त ज्ञान के आधार पर छिटपुट ही कुछ ऐसी रचनाएँ कीं जिन्हें पढ़ कर आज हम आश्चर्यचकित हो उठते हैं। 'छिटपुट' शब्द का प्रयोग यहाँ मैंने सोद्देश्य किया है और वह इसलिए कि एक–दो चीज़ों को छोड़ रहीम ने संस्कृत में गम्भीरतापूर्वक कुछ लिखा ही नहीं। वैसे यही बात उनकी हिन्दी और फ़ारसी–रचनाओं के सन्दर्भ में भी कही जा सकती है और इन भाषाओं के अधिकारी विद्वानों ने इसे समय–समय पर कहा भी है। रहीम की अद्यावधि ज्ञात और उपलब्ध संस्कृत रचनाएँ निम्नवत् हैं–

1. खेट-कौतुकम्

यह फलित–ज्योतिष से सम्बन्धित एक लघुकाय ग्रन्थ है जो जातक–ग्रन्थों के समानान्तर कुण्डली में स्थित ग्रहों की दशाओं और उनकी महादशाओं पर प्रामाणिक फलादेश प्रस्तुत करता है। फलित के विज्ञ आचार्यों के अनुसार इस ग्रन्थ का 'भावफल' और 'राजयोगाध्याय' समस्त जातक–ग्रन्थों का सार भाग है। ज्यों अपने दोहों के मुआर्फ़त रहीम हिन्दी–भाषियों में बस गये और बच गये त्यों संस्कृत–भाषियों में उनके बसने और बचने का प्रधान कारण यही ग्रन्थ है। इसकी भाषा और रचनाशैली ऐसी रुचिकर और प्रवाहमयी है कि रहीम के दोहों के मानिंद यह भी संस्कृत वालों के मुँह से जा–ब–जा सुनाई पड़ जाता है। उदाहरण के लिए जन–सामान्य में प्रसिद्ध इस पद्य को देखिए :

यदा मुश्तरी कर्कटे वा कमाने, यदा चश्मख़ोरा ज़मी वाऽऽसमाने।
तदा ज्योतिषी क्या गुने क्या पढेगा, हुआ बालका बादशाही करेगा।।

पूरा ग्रन्थ संस्कृत और फ़ारसी के सम्मिश्रण से तैयार 'संकीर्ण' भाषा में रचित है। रहीम से पूर्व भी इस प्रकार की भाषा में ग्रन्थ–रचना होती रही है। अन्य भाषाओं से संस्कृत के मिश्रण की इस प्रवृत्ति से रहीम अच्छी तरह वाक़िफ़ थे, (ग्रन्थ के प्रारम्भ में ही वह इस बात की घोषणा करते हैं) और सम्भवतः भाषा का यह 'संकीर्ण' रूप उन्हें ख़ासा पसन्द आया। उपर्युक्त पद्य में दो चरण संस्कृत और दो चरण हिन्दी में रचित हैं। 'गुरु और शुक्र से राजयोग' का यह फलादेश केवल संस्कृत और फ़ारसी मिश्रित भाषा में है :

यदा चश्मख़ोरा भवेल्लग्नख़ानेऽथवा मुश्तरी बख़्तख़ाने विलग्ने।
स जातः शुतुर्फ़ील–ताज़ी–हयाढ्यो ज़री–ज़र्कशी–वस्त्रयुक्तश्चिरायुः।।

खेट–कौतुकम् के ज्ञात और उपलब्ध प्रकाशित संस्करणों में 1899 ई. में लखनऊ (सम्भवतः नवलकिशोर प्रेस) से प्रकाशित संस्करण सबसे प्राचीन, 1901 में खेमराज कृष्णदास (मुम्बई) का संस्करण सबसे प्रसिद्ध और नारायण दास द्वारा सम्पादित संस्करण (चौखम्भा, वाराणसी, 2000 ई.) 'मील का पत्थर' है।

2. द्वात्रिंशद्योगावली

यह भी फलित–ज्योतिष से सम्बन्ध रखने वाली एक लघुकाय कृति है जिसमें 'वर्ष–फल–विचार' में प्रयुक्त होने वाले 33 योगों पर 35 पद्यों में शास्त्रसम्मत विवरण प्रस्तुत किया गया है। योगों की संख्या 33 और ग्रन्थ का नाम 'द्वात्रिंशत्' याने 32 के सन्दर्भ में स्मरण रहे कि ऐसा इसकी हस्तलिखित प्रति में उपलब्ध नाम के कारण है। योगों के नाम उनकी मूल भाषा (फ़ारसी) में प्रस्तुत किये गये हैं और इनका संस्कृत समानान्तर यहाँ अनुपलब्ध है। ग्रन्थ की भाषा 'खेट–कौतुकम्' से अलग, बल्कि कहना चाहिए कि संस्कृत का वह प्रौढ़ रूप है जो ग्रन्थ–रचना के लिए अनुकूल माना जाता है। छन्दों की विविधता आकृष्ट करने वाली है। एक उदाहरण लीजिए जिसमें 'वारा–योग' पर विचार किया है :

झषे गुरुः शुक्रमहीसुताश्च लग्ने गते वा हिबुके विलग्नाः।
स्वर्णं च रत्नं लभते मनुष्यो भवेद्धि वारा यदि योगवर्षे।।

रहीम की यह अज्ञात कृति पहली बार 1925 ई. में श्रीनिवास महादेव जी पाठक के सम्पादन में रतलाम, मध्य प्रदेश से प्रकाशित हुई किन्तु प्रकाशित होकर भी चर्चा में न आ सकी। इसके तीन वर्ष बाद ही मयाशंकर याज्ञिक की 'रहीम रत्नावली' (काशी, 1928 ई.) प्रकाशित हुई थी किन्तु याज्ञिक जी ने इस ग्रन्थ की चर्चा रहीम रत्नावली के तीसरे संस्करण (काशी, 1957 ई.) तक नहीं की। स्वयं समरबहादुर सिंह, बमबम सिंह नीलकमल तथा सरयूप्रसाद अग्रवाल सरीखे विद्वानों ने भी अपनी पुस्तकों में इसका उल्लेख तक नहीं किया जिसके कारण रहीम–अध्ययन की समूची परम्परा ही

इस ग्रन्थ से अपरिचित रही। 1986 ई. में विद्यानिवास मिश्र जी की अध्यक्षता वाली एक शोधसंगोष्ठी (सागर विश्वविद्यालय) में इसे (और रहीम के 'गंगाष्टकम्' को भी) पुनः प्रस्तुत और प्रकाशित किया गया था किन्तु आश्चर्यजनक रूप से 1985 से लेकर विद्यानिवास मिश्र के जीवनकाल तक प्रकाशित 'रहीम ग्रन्थावली' (वाणी प्रकाशन, नयी दिल्ली) में इन ग्रन्थों का नामोल्लेख तक न हो सका।

पाठ की दृष्टि से पाठक जी का संस्करण अशुद्ध है बल्कि लक्ष्मणनारायण शुक्ल द्वारा प्रकाशित पाठ[20] हस्तलिखित ग्रन्थों के आधार पर संशोधित होने के कारण शुद्ध भी है और प्रामाणिक भी।

3. गंगाष्टकम्

रहीम के नाम से उपलब्ध और गंगा की स्तुति में प्रणीत यह स्तोत्र 1966 ई. तक अज्ञात और अनुपलब्ध था। 1966 में लक्ष्मणनारायण शुक्ल ने 'संगमनी', वर्ष–2, अंक–2, पृ. 89–91 (प्रयाग) में एक हस्तलिखित–प्रति, जो कि स्वयं उनके अनुसार इसके प्रकाशन वर्ष से 80 वर्ष प्राचीन, याने 1886 ई. की ठहरती थी, –के आधार पर इसे प्रकाशित किया। 1986 में यह स्तोत्र एक बार फिर प्रकाशित हुआ[21] और धीरे–धीरे रहीम–अध्ययन की परम्परा में इसकी चर्चा चल निकली।

काव्य और शैली तो नहीं किन्तु संस्कृत की भाषिक उदात्तता की दृष्टि से यह रहीम की श्रेष्ठ कृति है जिसमें भाषाओं का संकर रूप नहीं मिलता। शुक्ल जी ने अपनी ओर से पाठ को शुद्ध अवश्य किया है किन्तु अभी भी अनेक स्थल हैं जो भ्रामक हैं। कहने को तो 'अष्टक' है किन्तु पद्यों की संख्या–11 है। मूल अष्टक के सात पद्यों का अन्तिम चरण 'जगत्त्रिदोषतस्तनुं पुनातु जह्नुनन्दिनी' के रूप में प्राप्त है।

यहाँ यह उद्धरणीय है कि 'गंगाष्टकम्' के प्रथम प्रकाशन से पूर्व भी रहीम द्वारा गंगा की स्तुति में लिखा गया यह पद्य रहीम–अध्ययन की परम्परा (*रहिमन विलास*, इलाहाबाद, 1948 तथा *Contribution of Muslims to Sanskrit Learning, vol.*-2, Calcutta, 1954) में ज्ञात और प्रचलित था। ब्रजरत्नदास जी ने तो मात्र इसी पद्य के आधार पर रहीम की 'भारतीयता' और 'राष्ट्रीयता' स्वीकार की है:

अच्युतचरणतरंगिणि शशिशेखरमौलिमालतीमाले।
मम तनुवितरणसमये हरता देया न मे हरिता।।

4. मदनाष्टक

मदनाष्टक को रहीम की हिन्दी–रचना मानें या संस्कृत? इस प्रश्न से उलझने के बजाये हम इसमें अभिव्यक्त रहीम के संस्कृत–कृतित्व पर पाठकों का ध्यान आकृष्ट करेंगे। 'संकर'–भाषा में काव्य–रचना की शृंखला में रहीम रचित यह अनुपम कृति है जिसमें संस्कृत के साथ खड़ीबोली को 'मिक्स' किया गया है। 'मालिनी' छन्द में प्रणीत इस कृति की लोकप्रियता और प्रसिद्धि का अनुमान इसी से लगाया जा सकता है कि आज

इसके पाँच विविध पाठ एवं पाण्डुलिपियाँ उपलब्ध हैं और सभी पाठों के पाठक जी–जान से अपने ही पाठ को रहीम–कृत मानने पर आमादः ओ मुस्तैद हैं। मुंशी देवीप्रसाद और तमाम ग्रन्थावली–सम्पादकों का मानना है कि 'संस्कृत के प्रौढ़ पण्डित–समाज से लेकर साधारण जनता तक मदनाष्टक की भाषा, शैली, भाव–कोमलता और शृंगारिक रस–पिच्छिलता के कारण बड़े चाव से इसका श्रवण करता है।' पाठकों के रसास्वाद हेतु एक नमूना पेश है :

शरदनिशि निशीथे चाँद की रोशनाई
सघनवननिकुंजे कान्ह वंशी बजाई।
रति पति सुत निद्रा साइयाँ छोड़ भागी
मदनशिरसि भूयः क्या बला आन लागी।।

5. फुटकल संस्कृत-पद्य

रहीम रचित कुछ फुटकल संस्कृत–पद्य भी प्राप्त हैं जिनकी भाषा और शैली रहीम के संस्कृत–कवित्व की थाह देने में सर्वथा सक्षम है। हालाँकि इनकी संख्या 9 ही है किन्तु कवित्व की दृष्टि से ये नौ पद्य ही संस्कृत–कवितई में रहीम की पैठ ज़ाहिर किये देते हैं। सच पूछिए तो ये नौ पद्य रहीम की समग्र संस्कृत–कृतियों पर भारी हैं। पद्यों का विषय नितान्त भक्ति है और इनकी तुलना रहीम के हिन्दी पदों से की जा सकती है।

इन पद्यों के रचयिता के रूप में रहीम को स्थापित करने वाले पहले अनुसन्धाता मुंशी देवीप्रसाद हैं जिन्होंने विविध साक्ष्यों से प्राप्त 8 पद्यों को प्रकाशित किया।[22] कालान्तर में अयोध्याप्रसाद शर्मा[23] ने रहीम का एक नवीन पद्य ढूँढ़ निकाला और विविध साक्ष्यों से इसे रहीम–कृत प्रमाणित किया। पद्य गंगा की प्रशस्ति में है। गंगा से कवि की यह प्रार्थना, बल्कि गंगा को इस तरह का 'चैलेंज' संस्कृत ही नहीं भारत की किसी भी भाषा के कवि ने शायद ही किया हो :

'मुनिकन्ये! सुना है तू पुण्यशालियों को तारती है। बहुत ख़ूब,...मगर वे तो अपने पुण्यकर्मों से ख़ुद तर जाते हैं गो तेरा क्या? तेरी शान कैसी?... अजी मुझ यवनजाति मुसल्मीन शरीर को अगर्चः तू तारे तो तेरी शान है, बल्कि हक़ीक़ी शान है :

सुरधुनि मुनिकन्ये तारयेः पुण्यवन्तं
स तरति निजपुण्यैस्तत्र किन्ते महत्त्वम्।
यदि च यवनजातिं पापिनं मां पुनीषे
तदिह तव महत्त्वं तन्महत्त्वं महत्त्वम्।।

रहीम के इन फुटकल पद्यों के सन्दर्भ में यह भी ध्यातव्य है कि मुंशी देवीप्रसाद ने इन पद्यों के संकलन रूप में रहीम द्वारा लिखित 'संस्कृत–काव्य' की सत्ता भी स्वीकार की है जिसे आगे चल कर अयोध्याप्रसाद शर्मा जी ने अनुमोदित किया। किन्तु इस प्रकार के किसी ग्रन्थ के विषय में हम उसी तरह मौन हैं ज्यों हिन्दी में 'रहीम–सतसई' और फ़ारसी में 'दीवान–ए–रहीम' के विषय में।

संस्कृत के फुटकल पद्यों में 'शार्दूलविक्रीडितम्' के दो वे पद्य भी सम्मिलित हैं जिनके एक ही चरण में संस्कृत और खड़ीबोली दोनों का अपूर्व मिश्रण किया गया है :

दृष्ट्वा तत्र विचित्रतां तरुलतां, मैं था गया बाग़ में
काचित्तत्र कुरंगशावनयना, गुल तोड़ती थी खड़ी।
उन्नद्भ्रूधनुषा कटाक्षविशिखैः, घायल किया था मुझे
नो जीवामि त्वया विना शृणु प्रिये, तू यार कैसे मिले।।

रहीम के संस्कृत–कृतित्व का एक रूप उनके हिन्दी दोहों में भी परिलक्षित है। इसके अनुसार रहीम के कई दोहे संस्कृत के प्रसिद्ध सुभाषितों के हूबहू अनुवाद–रूप प्रतीत होते हैं। उदाहरणार्थ :

जो रहीम उत्तम प्रकृति का करि सकत कुसंग।
चंदन विष व्यापत नहीं लिपटे रहत भुजंग।।

विकृतिं नैव गच्छन्ति सङ्गदोषेण साधवः।
प्रावेष्टितं महासर्पैश्चन्दनं न विषायते।।

ओछो को सतसंग रहिमन तजहुं अंगार ज्यों।
ताते जारे अंग सीरो पै कारो करै।।

दुर्जनेन समं सख्यं प्रीतिं चापि न कारयेत्।
उष्णो दहति चाङ्गारः शीतः कृष्णायते करम्।।

अस्तु, रहीम के संस्कृत–ज्ञान, इसके स्रोत और संस्कृत–कृतित्व पर समकालीन और परवर्ती साक्ष्यों के समानान्तर इस लम्बी परिचर्चा से हमारा उद्देश्य रहीम की अरबी, तुर्की, फ़ारसी और हिन्दी–रचनाओं के समानान्तर उनके संस्कृत–ज्ञान और संस्कृत–रचनाओं से पाठकों को परिचित कराना है। दरअस्ल अपनी सर्वतोमुखी उत्कट प्रतिभा के कारण रहीम हमारे युग में एक 'मिथक', एक 'आश्चर्य' का रूप धर चुके हैं। उनका संस्कृत–ज्ञान और कृतित्व आज 'असम्भव की सीमा' और 'सन्देह के घेरे' में आ चुका है। सम्बन्धित विषयों के अधिकारी विद्वान् तक रहीम के संस्कृत–ज्ञान और कृतित्व पर 'किंकर्तव्यविमूढ' हैं। विगत वर्ष प्रकाशित एक अधिकारी विदुषी (Audrey Truschke) को उद्धृत करना अनुचित न होगा :

Whether he had command of Sanskrit is more dubious, although there are Sanskrit verses attributed to him as well as a Sanskrit astrological treatise laden with heavy Persian vocabulary.[25]

किन्तु प्रश्न है इस 'असम्भव' और 'सन्देह के घेरे' तोड़ते, थोड़े ही सही मगर उपलब्ध समकालीन और परवर्ती उन साक्ष्यों का क्या किया जाये जो रहीम को

संस्कृतविद् सिद्ध करते हैं। यह ज़रूर है कि इनमें कुछ तथ्यों का अभी 'इतिहास की कसौटी' पर खरा उतरना बाक़ी है किन्तु ऐसी किसी 'कसौटी' को ढूँढ़ने के बजाय 'परीक्ष्य रत्न' पर ही प्रश्नचिह्न खड़ा करने का क्या आशय?

सन्दर्भ

1. 'ख़ानेख़ानानामा' (कलकत्ता, 1902 ई.), भाग–2, पृ. 110
2. 'ख़ानेख़ाना अब्दुर्रहीम और संस्कृत', प्रताप कुमार मिश्र (वाराणसी, 2007 ई.), पृ. 257–263
3. ई. सन् 1841 में बूँदी के राव राजा रामसिंह के आश्रय में लिखित एक विशालकाय ऐतिहासिक भाषा–ग्रन्थ। यह ग्रन्थ प्रताप प्रेस, जोधपुर से 1900 ई. में प्रकाशित हो चुका है।
4. 'वंशभास्कर', भाग–3, राशि–6, मयूख–15, पृ. 2375
5. 'वंशभास्कर', उपरिवत्, पृ. 2272–2273
6. 'वंशभास्कर', उपरिवत्, पृ. 2275
7. मआसिरे रहीमी, भाग–2 (फ़ारसी–संस्करण, कलकत्ता, 1925), पृ. 561
8. Jahangirnama, Thackston, Oxford, 1999, p. 6
9. 'जहाँगीरनामा' के साक्ष्यों से 'ख़ानेख़ानानामा', भाग–2, पृ. 100 पर उद्धृत। इस संस्मरण को आज़ाद ने भी 'अकबरी दरबार', भाग–3 (ना.प्र.सभा, काशी, 2024 वि.), पृ. 310 पर प्रस्तुत किया है पर मुझे जहाँगीर का यह उद्धरण मूल रूप से प्राप्त नहीं हो सका।
10. विशेष विवरण हेतु देखिए–'नवाबख़ानेख़ानाचरितम्', प्रताप कुमार मिश्र, वाराणसी, 2007 ई.
11. दरबारे अकबरी (उर्दू संस्करण, NCPUL, दिल्ली, 2010 ई.), पृ. 642
12. 'शेरुल् अज़म' भाग–3, पृ. 13 से 'अब्दुर्रहीम ख़ानेख़ाना' (झांसी, 2018 वि.), पृ. 284 पर उद्धृत।
13. अब्दुर्रहीम ख़ानेख़ाना, पृ. 12–13
14. रहीम साहित्य की भूमिका, पटना, 2036 वि., पृ. 184
15. Celebrating Abdur Rahim Khan-i-khana: Statesman, Courtier, Soldier, Poet, Linguist, Humanitarian, Patron. Hossein, Shakeel (editor and designer), p. 144, New Delhi and Ahmedabad, 2017. InterGlobe Foundation / Aga Khan Trust for Culture/ Mapin Publishing.
16. प्राचीन सन्दर्भ : समरबहादुर सिंह, पृ. 12, अद्यतन सन्दर्भ : Celebrating Rahim, p. 58, para-5
17. 'अज़ ईं सिपहसालार आली मिक़दार इस्तिमाअ रफ़्त कि दर याज़दह सालगी मरा बगुफ़्तन अशआर रग़बत उफ़ताद। ओ गाहे मुतवज़्ज़ह गुफ़्तन अबियात आशिक़ानः आरिफ़ानः मीनंदम।'–मआसिरे रहीमी, भाग–2 (कलकत्ता, 1925), पृ. 562
18. रहीम के प्रारम्भिक तथा माध्यमिक संस्कृत–ज्ञान के सन्दर्भ में अकबरी–दरबार की विवेचना हेतु देखिए–'मुग़ल–सम्राट् अकबर और संस्कृत', भाग–1, प्रताप कुमार मिश्र (वाराणसी, 2012 ई.), पृ. 40–107
19. तस्यात्मजोऽस्मादगमत्तु काश्यां षड्दर्शनी बैरम–पुत्र–मन्त्री।
   दामोदरो वैद्यकग्रन्थकर्त्ता श्रीरामकृष्णस्तदपत्यमासीत्।।112।।
   विवरण हेतु देखिए–'मुग़ल–सम्राट् अकबर और संस्कृत, भाग–1, पृ. 366
20. संस्कृत–साहित्य को इस्लाम परम्परा का योगदान, सागर विश्वविद्यालय, 1986, पृ. 208
21. उपरिवत्, पृ. 121
22. ख़ानेख़ानानामा, भाग–2, पृ. 108–110
23. रहिमनविनोद, प्रयाग, 1984 वि., पृ. 86

24. रहीम की संस्कृत–कृतियों पर उपर्युक्त समस्त विवरण–'ख़ानेख़ाना अब्दुर्रहीम और संस्कृत', प्रताप कुमार मिश्र, अखिल भारतीय मुस्लिम–संस्कृत संरक्षण एवं प्राच्य शोध संस्थान, वाराणसी, 2007 ई. के आधार पर प्रस्तुत है।
25. Culture of Encounters : Sanskrit at the Mughal Court, Penguin, 2016, p. 84

चित्र विवरण (पृष्ठ संख्या-95) :

कृष्ण द्वारा ब्रजवासियों को वर्षा से बचाने के लिए गोवर्धन पर्वत को उँगली पर उठाने का चित्रण है। जिल्द हरिवंश हरि की कथा (कृष्ण) अनुमानतः 1590–95; सामग्री का नाम : सचित्र पाण्डु. लिपि से ज़िल्द, तिथि : अनुमानत : 1590–95; भूगोल : वर्तमान में पाकिस्तान के लाहौर से सम्बन्धित, माध्यम : काग़ज़ पर स्याही, अपारदर्शी जलरंग और स्वर्ण; परिमाप : एच 113 / 8 इंच (28.9 सेमी) × डब्ल्यू 77 / 8 इंच (20 सेमी); वर्गीकरण : कॉडिक्स; सूत्रोल्लेख : पर्चेज, एडवर्ड सी.मूरे जूनियर गिफ्ट, 1928; प्राप्ति क्रमांक : 28.63.1।

अब्दुर्रहीम ख़ानेख़ाना : मुग़लकालीन फ़ारसी कवि, लेखक, साहित्यपोषक

चन्द्रशेखर

ग्यारहवीं–बारहवीं शताब्दी उपरान्त हिन्दुस्तान के विभिन्न भागों में फ़ारसी भाषा अनेकानेक कारणोंवश प्रचलित एवं प्रसारित हुई। शासन एवं दरबार में फ़ारसी प्रशासनीय कार्यों के अतिरिक्त साहित्यिक कार्यों की ओर भी उन्मुख हुई। मसूद साद सलमान, अमीर खुसरो, हसन सिज्ज़ी, ज़ियाउद्दीन बर्नी, ऐसामी, जमाली कमाली, अब्दुल कुद्दूस गंगोही आदि बाबर पूर्व इस्लामी शासन के साहित्यविदों में जानी–पहचानी हस्तियों में सर्वव्यापी रहे। 11वीं से 16वीं शताब्दी में बादशाहों के अतिरिक्त बहुत गिने–चुने ही ऐसे कुलीन वर्ग के प्रतिष्ठित सदस्य साहित्यिक इतिहास में उल्लिखित हैं जितने हमें मुगलकाल, विशेषतः अकबर के दौर में नज़र आते हैं। वास्तविकता तो यह है कि इस युग के मध्य एवं दक्षिण एशियाई क्षेत्रों से सम्बन्धित अधिकांश कुलीन–जिनकी मातृभाषा तुर्की, आज़री, तुर्कमानी, उज़बेकी थी, फ़ारसी साहित्य एवं संस्कृति के पोषण में एक–दूसरे के प्रतियोगी नज़र आते हैं।

शिब्ली नौमानी ने लिखा है कि अकबर के दौर में अबुल फतेह गिलानी और अब्दुर्रहीम ख़ानेख़ाना ने शायरी की 'ऐकेडमी बैतुल' हिकमा स्थापित की, जिससे काव्य कला के क्षेत्र में बहुत उन्नति हुई। अबुल फतेह गिलानी के एक ख़त के अनुसार ईरान में जिस प्रकार के क़सीदे बड़े शायरों ने लिखे उन्हीं की तर्ज़ पर यहाँ भी लिखे गये। रहीम की शान में जो क़लाम लिखे गये उन्हें आगे प्रस्तुत किया जायेगा। उन दिनों मुल्ला उर्फ़ी और मुल्ला हयाती की शायरी में जोश परवान पर था। इससे अनुमान लगाया जा सकता है कि अकबरी दरबार के ये अमीर, काव्य पारखियों और शायरी के जौहरियों की तरह कवियों के साहित्यिक कार्यों का मूल्यांकन करते थे।

अहले क़लम–ओ–सैफ़ अर्थात् लेखनी और तलवार के धनी, अब्दुर्रहीम ख़ानेख़ाना अकबरी दरबार के नौ रत्नों में बहुभाषी साहित्य एवं संस्कृति के प्रेमी थे। तत्कालीन लेखन, कसीदा–निगारी एवं प्रशासनिक उद्‌घोष उनके लेखन व काव्य–चर्चा से परिपूर्ण

थे लेकिन ख़ानेख़ाना को यह सब प्रशंसा कदापि अच्छी नहीं लगी। इस सन्दर्भ में उनका ही एक फ़ारसी शेर है :

न कहो अपने गुणों की कहानी
न हो शायद उसमें उतनी सच्चाई

अकबरी दरबार के नौ रत्नों में सम्भवतः ख़ानेख़ाना ही ऐसा बहुमुखी व्यक्तित्व है जिसके सम्बन्ध में उस काल में 'मासिर–ए–रहीमी' जैसा महाग्रन्थ लिखा गया। अब्दुल्बाक़ी निहावंदी उसके विभिन्न प्रकार के ज्ञान के सन्दर्भ में ख़ासकर साहित्य प्रेम के बारे में लिखता है कि ख़ानेख़ाना ने ग्यारह साल की उम्र में काव्य रचना आरम्भ कर दी थी। प्रेम भावों पर आधारित समकालीन काव्य, रहस्य एवं आसक्ति भाव पर आधारित था। उनके हमउम्र बयानों में उनकी रचनाएँ काफ़ी प्रसिद्ध रहीं क्योंकि उनमें बिलकुल नये अर्थ, भाव तथा अपरिचित विषय व्यक्त होते हैं। तुक और छन्दात्मक काव्य रचनाओं में उनकी व्यक्तिगत अभिरुचि ने उनके समकालीन काव्य–गुरुओं में उन्हें एक विशिष्ट स्थान दिलाया। प्रौढ़ावस्था के उपरान्त भक्ति और प्रेम की लौ दैवी प्रेम की तरफ़ बढ़ने लगी, जिसका एक उत्तम उदाहरण है उनकी निम्नलिखित काव्य रचना[1] :

तमाम मेहर–ओ–मोहब्बत शुदम नमी दानम
कि दिल कुदाम–ओ–मोहब्बत कुदाम–ओ–यार कुदाम।

दर आफ़रिनेशे तू कुद्दूस्सियां दर इन ग़लतन्द
कि आफ़रिदा कुदाम, आफ़रीदगार कुदाम।

चुं इश्क़ पर्दा बर अन्दाख्त मी तवान दानिस्त
कि शर्मसार कुदाम अस्त–ओ ताज़ा रुई कुदाम।

अर्थात्–

प्रेमासक्ति में जड़मूर्ति बन गया, लेकिन इनमें
दिल कौन प्यार और यार कौन, नहीं जानता।

तेरी रचना में बड़े बड़े ज्ञानी भ्रम के सागर में गोता लगाते हैं
लेकिन नहीं जान पाये रचना कौन और रचनाकार कौन?

उठेगा जब प्रेम का पर्दा तब चलेगा पता
कि अचम्भित कौन और प्रफुल्लित कौन।

भारतीय दर्शन में निहित रहस्यवाद फ़ारसी कवियों में इस कद्र छा गया कि दूध में से पानी अलग करने जैसा असम्भव बन गया। खुसरो की माँ भी अवधी–भाषी थी। काव्य में ख़ून और संस्कार भी सिर उठा कर बोलता है। उन्होंने न सिर्फ़ अपने हिन्दुस्तानी नस्ल का होने पर नाज़ किया, बल्कि जहाँ–जहाँ बन पाया कोई न कोई नया राग

छेड़ दिया। रहीम से पूर्व इसी भाव को खुसरो ने कहा– (यह शेर खुसरो के दीवान में नहीं मिलता है।)

नमी दानम चे मंज़िल बूद् शब जाई कि मन बूदम....
हरसू रक़से बिस्मिल बूद शब जाई कि मन बूदम[2]

दैविक प्रेम में पूर्णतः आसक्त एवं भाव विभोर मेरी रात कहाँ गुज़री, नहीं पता।

मन्दिरों में होने वाले भजन कीर्तन, आज तो शोर शराबे और हुजूम की निशानी बनते जा रहे हैं, मगर खुसरो और रहीम के ज़माने में दैवी भाव विभोरता की दशा में डूब जाने के पवित्र मक़ाम माने जाते थे। खुसरो और रहीम उसी दैवी भाव दशा का चित्रण प्रस्तुत कर रहे हैं। ऐसी आन्तरिक भाव विभोरता जब रहीम पर तारी हो जाती तो ज़ंजीर की कड़ियाँ स्वतः शब्द–दर–शब्द बँधने लगती हैं, जैसे–

यक दीदो–यक निगाही–सद रश्क।
यक दीदो यक देहानी–सद आह।।

अज़ शौक़े–तू राह–ए ख़ाना ए–तू
दर हर क़दमीऐ–दराजो़–कोताह

अर्थात्–

एक ही निगाह, नज़र भी एक, मगर ईर्ष्या भाव बेशुमार
एक ही आँख, एक ही मुँह, मगर आह बेशुमार।

दीदार के बड़े शौक से हुआ तेरे घर की तरफ़ चलना
क़दम छोटे तो कभी बड़े, बढ़ते शौक़ से लबरेज़।

अलख प्रेम की सर्जनात्मक अनुभूति सिर्फ़ ख़ामोश रह कर ही महसूस की जा सकती है। रहीम ने इसका इज़हार निम्नलिखित रुबाई में किया है :

दर क़िस्सा–ए इश्क़ मर्दए–न–गोया बेह
अन्दिशे–ए–इश्क़–ओ–ख़ून–ए–दिल यक जा बेह
ता कर्दे–विसाले दोस्त ज़ाहिर गरदद
हम चुन शबए–क़द्र विसाल न पैदा

अर्थात्–

प्यार के क़िस्से में ख़ामोशी बेहतर।
प्यार की आग में जलना और विरह व्यथा का बढ़ना बेहतर।

यदि वैराग्य का अनुभव नहीं तो प्यार की आग में जलने से उठे दर्द का अनुभव भी नहीं।

18वीं शताब्दी के प्रमुख फ़ारसी कवि बेदिल अज़ीमबादी ने इसी ख़ामोशी को भारतीय दर्शन की शून्यता से समान बताते हुए कहा :

साज़े–हस्ती ग़ैरे–आहंगे–अदम चीज़ी न दशत
हर नवाई रा कि वा दीदम ख़ामोशी मी सरूद

अर्थात्–

शून्यता की परछाईं जो अनादिकाल से उठी
साज़ पर छेड़े हर आलाप में उसी का नाद सुनता हूँ

अमीरी में विरह पीड़ा का दर्द बहुत देर तक नहीं होता! संयोग की उम्मीद निकट ही होती है। रचना भाव का ताल्लुक अमीरी और ग़रीबी से भी बँधा हुआ है। जितनी ग़रीबी उतनी तीव्र विरहाग्नि, जितनी अमीरी उतनी ही माशूक़ाओं के नाज़–ओ–अदा के चर्चे और विसाल की सम्भावना बयान यहाँ कि महबूब से बदला लेने की धमकी भी। ख़ानेख़ाना एक अमीर थे सो अमीर खुसरो भी, चाहे खुसरो के यहाँ हमें ऐच्छिक पारितोषिक न पाने का गिला भी मिलता है। मगर ऐसे ऐसे शेर मिलते हैं कि पढ़ने वाला भी शरमा जाये। मिलन की सदैव अभिलाषा एवं सम्भावना का सम्बन्ध भी अमीरों से है। शायद उस दौर में पैसा और प्रेम उतने ही निकट थे जितने आज और इसी कारण उनके काव्य में आशावाद का प्रभुत्व देखते ही बनता है :

नसीमे–वस्ल गोया मी वज़द कि ज़ कुऐ यार इमशब।
कि दिल बा नाउम्मीदीहा गर्दद क़रार इमशब।।

अर्थात्–

कूचा–ए–यार से उठ चली बाद–ए–विसाल आज रात।
दिल ने छोड़ दिया निराशा का हाथ आज रात।।

क्योंकि पैसे में जो बात है–

मताए ज़ोर–ओ–ज़फ़ा कि ज़ जहाँ दारी।
बिआ बिआ कि दिलम मीकुनद ख़रीदारी।[3]

अर्थात्–

तुम्हारी पूँजी सिर्फ़ बेवफ़ाई और बे–मुरब्बती ही है।
ठीक है ले आओ, आज दिल भी पूरी तरह खरीदारी पर लगा है।

इतराना, इठलाना माशूक़ाओं के नाज़ों को उठाना, आशिक़ के प्रेम–जीवन में सन्तुष्टि एवं सन्तोषप्रद पारितोषिक नज़र आता है। प्रेमी के धैर्य की परीक्षा हर घड़ी होती है। प्रेम भाव व्यक्त न करना ही सच्चे प्रेम का प्रमाण शायरी में बताया गया है। अगर उसके धैर्य एवं हृदय में निहित प्रेमभाव का अनुमोदन अगर माशूक़ कर ले तो प्रेमी के लिए यह दुनिया की तमाम पूँजियों पर हावी है।

यक चन्द दिलम सब्र आमोंख़ता बूद।
वा ज़ यादे विसाल दीदेरर दूख़ता बूद।
नागाहग़मे तू बर किनारी आऊर्द।
बर मा–ओ–बेदाद हर चे अनदोख़ता बूद।

अर्थात्–

दिल ने मेरे तो कुछ देर सब्र करना सीखा।
देखने की चाहत को आँखों से हटाना सीखा।

अचानक गम–ए–फ़िराक़ ने हमें हटाया तो एक तरफ़।
मगर दे भी दिया सब किया था जमा हमने।

रहीम भी अमीरी में डूबे हुए प्रेमिकाओं से घिरे हुए कृष्ण कन्हैया से कम नहीं। शर्म और हया प्रेमिका की सुन्दरता के दो अनमोल बिन्दु है, रहीम ने इसे अपने काव्य में एक नये प्रसंग में प्रस्तुत किया है। उनके अनुसार महबूब खुद भी चतुर है मगर उसकी हया और शर्म उसकी लक्ष्मण रेखा है, जिसे रक़ीब चाहे तो हद पार नहीं कर सकता :

हर चन्द नीस्त बज़्मे विसाले–तू बा रक़ीब
शर्मए–तू बा हिज़ार निगहबान बराबर अस्त

अर्थात्–

उसकी वजह तुम नहीं तुम्हारी शर्म व हया है जो तुम पर पहरा लगाये हुए है।

फ़ारसी शायरी में वर्णित शर्म और हया को मध्यकालीन चित्रकारों ने चित्रकला के विभिन्न भावों में चित्रित किया है। मुस्कान में दबी हया और घूँघट में अवगुण्ठित हुई शर्म अकसर मध्यकालीन चित्रकला में देखने को मिल जाती है। जितनी उनमें गहराई है उतनी ही कला पारखी की दूर–दृष्टि। रहीम ने ऐसी एक कला कृति के लिए जब अच्छी–ख़ासी रकम चित्रकार को भेंट दी तो उसमें चित्रित लावण्यमयी स्त्री की शरमाती मुस्कान का वर्णन अपने कोषाध्यक्ष को किया। इसका ज़िक्र विभिन्न सन्दर्भ ग्रन्थों में प्राप्य है :

उसकी उदारता की चर्चा निहावंदी (इराक सीमा के साथ लगा पश्चिमी ईरान का मशहूर शहर जहाँ अरबों की इस्लामी फ़ौज ने ईरान के ज़रदुश्ती फ़ौज को हराकर ईरान में इस्लाम का झण्डा लहराया था) से लेकर मध्य एशिया के शहरों तक फैली हुई थी। अगर किसी शायर जैसे नज़ीरी नीशापुरी ने कह दिया कि एक हज़ार अशरफ़ियों का ढेर कैसा लगता होगा तो ख़ानेख़ाना ने उस शायर के आगे न केवल वह ढेर लगवाया बल्कि वह ढेर भी उसी को उसकी शायरी के लिए पुरस्कार स्वरूप दे दिया। फ़ारसी साहित्य के हर नव्यगामी साहित्यप्रेमी के पैर उसी के द्वार पर जाकर रुकते थे। वह उनकी रचनाओं को सुनकर आनन्द विभोर ही नहीं होता था बल्कि यदा कदा उनके काव्य में विद्यमान त्रुटियों की तरफ़ भी इशारा करता था। यही कारण है कि अच्छे बड़े–बड़े उस्ताद शायर उसकी काव्य प्रतिभा का आकलन करने की दाद ही नहीं देते थे बल्कि उनको अपना उस्ताद भी मानते थे। अनीसी ने जब उनकी शान में क़सीदा पेश किया तो उन्होंने पहले के दो मिसरे उनके कसीदे पर लगाये जो निम्नलिखित हैं :

बेबीन–ब–हश्मते–शाही–ओ–जश्नए–फरवरदीन।
कानून फि–बलद, मेहरो–की–अकनुन बेनालद कमीन।।

अर्थात्–

राजसी चमक दमक और नये साल की रौनक देखो
सूरज उगने लगे और अँधेरा छँटने लगा अब

उपर्युक्त कवि को विषय भण्डार मिला और वह कह उठा :

दो दीदेह दर राहे–ऊ दाश्तम चु मन रौशन।
ई शुद अयाँ चूदिरम हमचुं मेहर अज़ रौशन।

उसके दिखाये पथ पर देखते ही मेरी आँखों की चमक चार गुना हो उठी। जैसे कि सूरज अन्दर घर में प्रकट हो गया हो।

रहीम की इस उस्तादाना काव्य–सुधा प्रेरणा से अनीसी ने ख़ानेख़ाना को अपना उस्ताद मान लिया और उसी से कवि समाज में अनीसी की शान बढ़ गयी। निहावंदी के कथनानुसार ग़ज़ल और रुबाई ख़ानेख़ाना की अतिप्रिय काव्य विधाएँ थीं। हसीन महबूबों की चमक दमक से उसके उदित भाव अनुभवों को उसकी ग़ज़लों में देखा जा सकता है। रुबाई में उन्होंने अपने ही दरबारी कवि मीर मुग़ीसुद्दीन अली महवी हमदानी को उस्ताद माना है और उसी तर्ज़ पर रुबाइयाँ कही हैं।

ख़ानेख़ाना के पुस्तक संग्रह के शौक़ के चर्चे अक्सर समकालीन एवं बाद के लेखकों ने दर्ज किये हैं। उनमें अधिकांश या तो समकालीन शायरों की अपने हाथ से, और अगर पूर्ववर्ती शायरों और लेखकों की कृतियाँ हों तो महान हस्तलिपिकों, जैसे मीर अली तबरेज़ी या सुल्तान अली मशहदी की हस्तलिखित पाण्डुलिपियाँ हैं जिन पर वह अपनी लेखनी के नमूने अंकित कर देते थे। उनकी किताबों में अलंकृत उनके किताबख़ाने की मोहरें देखते ही बनती हैं। ऐसे कला एवं काव्य प्रेमी के गहन भावों को व्यक्त करने के लिए भाषा तो एक माध्यम थी। ज़ख़ीरतुलं खवानीन के लेखक फ़रीद भकखरी के कथन अनुसार, रहीम तुर्की, अरबी, फ़ारसी, हिन्दी, गुजराती, सिन्धी और कुछ अनुमान के मुताबिक़ मराठी के ज्ञाता थे। इनमें अक्सर उन्होंने कलाकृतियाँ छोड़ी हैं। मासिर–ए–रहीमी के अलावा भी तबक़ाते–अकबरी आदि ने उसके साहिबे–दिवान[4] शायर–ए–फ़ारसी का ज़िक्र किया है, अफ़सोस ऐसे महान कला प्रेमी के फ़ारसी दिवान का आज कुछ भी पता नहीं। यह दुर्भाग्यपूर्ण है कि उसकी शायरी के सुसज्जित पन्ने जाने किस दशा (ज़रूरी नहीं कि दुर्दशा में हों कई बार पाण्डुलिपियाँ अच्छी दशा में होती हैं मगर उनके शुरू के पन्ने ग़ायब हो जाने पर उनके कहने या लिखने वाले का पता नहीं चलता) में हों। मगर काव्य गोष्ठियों के वर्णन में कुछ तज़किरा निगारों (संस्मरणों) और अन्य विधाओं के लेखकों ने उनके शायरी के अनमोल रत्नों को आने वाली नस्लों के लिए चुन कर रख दिया ताकि प्रमाण रहे! उनकी फ़ारसी काव्य दक्षता पर टिप्पणियाँ अक्सर यह बताती हैं कि वह अपने समकालीन कवियों में प्रतिष्ठित अगुआ थे। निहावंदी लिखता है कि रहीम की ग़ज़लों में एक नया रस एवं भाव था। उनमें नये आयाम का सवेरा था। प्रातःकाल की उभरती उज्ज्वल सूर्य किरणें उनके ग़ज़लों में नयी चमक की द्योतक थीं और शीतस्थलों में सिहरन पैदा करने वाली हवा, उनके भाव रस को श्रोता के दिल में ठण्डक और सन्ध्या की गोधूली के उपरान्त लालिमा उनके काव्य का स्थिर चिन्तन एवं प्रौढ़ ठहराव, शिखर स्थल बनी जो ईरान एवं अन्य फ़ारसी भाषी देशों के काव्यों में वहाँ के अति शीत वातावरण में

विषय रूप नहीं बन सकी। काव्य गोष्ठी हो या किसी नव आगन्तुक कवि की प्रस्तुति के आकलन का समय हो, रहीम के लिए काव्य रसपान ही नहीं बल्कि काव्य जौहर की आज़माइश का मौक़ा होता था। नया शेर सुना और फिर अपनी कला का सुबूत देना आम बात थी। इसी तरह काव्य गोष्ठियों में पूर्वकालीन महाकवियों–फ़िरदौसी, उन्सुरी सनाई, अत्तार, शेख़ सादी, अमीर खुसरो, हाफ़िज़, मौलाना रूम आदि के भाव, विषयों अथवा उनके द्वारा प्रयुक्त कठिन, कम प्रचलित तुक या छन्द में काव्य रचना करना काव्य–दीक्षा का प्रदर्शन तथा काव्य प्रभुत्व की स्थापना करने का एक मौक़ा होता था। इसी प्रकार की एक बैठक में शेख सादी की आचरण सम्बन्धी ग़ज़ल का एक निम्नलिखित शेर पढ़ा गया।

फिराक़े–दोस्त चे दानद कस कि ता चन्द अस्त।
मगर कसी कि ब–ज़ंजीरे–इश्क़ दर बन्द अस्त।।

अर्थात्–

प्रीतम से विरह कितना चिरकाल होगा कोई कैसे बताए।
सिवाये उसके जो प्रेम के बन्धन में पूर्णतया पड़ा हो।।

नज़ीरी नीशापुरी और दूसरे गण्यमान्य भी उस महफिल में अपनी काव्य की प्रबुद्धता के प्रदर्शन के लिए उत्सुक थे। नज़ीरी ने पहल की और शेख़ सादी की ही तुक में यह शेर पढ़ा–

बे हर्फ़े–अहले–ग़र्ज़ कुर्ब–ओ–बोअदे–मा बन्द अस्त।
दिले शिकस्त–ए–मा रा हज़ार पयवन्द अस्त।।

अर्थात्–

अभिलषित लोगों के पास अनेक तरह के उपाय होते हैं। दिल टूट भी गया तो क्या, जोड़ने के लिए हज़ारों पैबन्द भी हासिल हैं।

रहीम के हाथ अगर शूरवीरों की तरह बलिष्ठ थे तो प्रेमसिक्त हृदय अति संवेदनशील। माशूक़ के दीदार में समय अड़चन नहीं बल्कि मिलन की प्यास–वर्धक होता है। रहीम ने अपनी अधीरता की अभिव्यक्ति इस प्रकार की :

शुमारे–शौक़ नादानिस्ताअम कि ता चन्द अस्त।
जुज़ इन क़द्र कि दिलम सख़्त आरज़ू मन्द अस्त।
अदाऐ हक़्क़े–मोहब्बत रियायातीस्त ज़ दोस्त,
व गरना ख़ातिर–ए–आशिक़ बे–हीच खुरसन्द अस्त
न मन बे गुल निगरम बे तू सूऐ बुल बुल बीन
तु रा बेखुबी व मारा बेईश्क़ सौगन्द अस्त
व न–दानी, दानम व नादानम, इन कद्र दानम
कि पये ता बा सरम हर चेहस्त दर बन्द अस्त[5]

अर्थात्–

मिलन की अभिलाषा कब पूरी हो क्या पता
हाँ, मगर दिल में आरज़ू ए–दीदार शिद्दत पे है

मुहब्बत जताने की इजाज़त भी महबूब की एक अदा है
अन्यथा आशिक़ों की निगाहों से वह सदा नाख़ुश है
मैं तुझे देखूँ न गुल को, देखूँ बुलबुल को
जो निहारूँ तुझे और याद दिलाए इश्क़ की सौगन्ध मुझे
ज्ञानी को पता न अज्ञानी को, पता है तो सिर्फ़
कि सिर से पैर जुनूने–इश्क़ में है गिरफ़्तार

अब्दुर्रहीम ख़ानेख़ाना अपने समय का हातिम ताई था। नसीब पाने वाले का था कि उसको क्या नसीब हुआ जैसा कि उसके दरबार के प्रसिद्ध कवि मौलाना औहदी तबरेज़ी ने फरमाया है।[6]

दैविक अनुकम्पा अनुसार हर कोई पाता है अपना भाग।
अगर तुम्हारा गगरा ही कम गहरा हो तो समन्दर का क्या कुसूर।।

रहीम के जीवन के विभिन्न पहलुओं के अध्ययन से पता लगता है कि तमाम भौतिकी तत्वबोध होते हुए भी उन्होंने कलात्मक जीवन की उपासना अधिक की। सत्ता में रहते हुए भी सत्ता के नशे से दूरी भी बनाये रखी। इसके सिर्फ़ दो जीवन्त उदाहरण उनके जीवनी से सम्बन्धित है। प्रथम जब गुजरात में उन्होंने मुज्ज़फ्फर गुजराती पर विजय प्राप्त की और पहले ख़ानेख़ाना का पद तथा तदोपरान्त इज़द–उद–दौला और यहाँ तक कि आरिज़े मुकर्रि[7] और शहज़ादा सलीम (जहाँगीर) के अतालीक (Regent) की ऊँची पदवी से विभूषित हुए तो भी यही कहा :

दर हुकुमत मस्ती बाशद फजुन अज़ हेज़ार शराब।
कि अज़श आन मस्ती–ओ–ग़फ़लत खानदानहा शुद ख़राब।

अर्थात्–

सत्ता का नशा शराब के नशे से भी बढ़ कर है।
हुए कितने ही ख़ानदान इस नशे की मस्ती से बरबाद।

गुजरात विजय की सफलता ने खान–ए–ख़ाना को दक्षिण का विशेषज्ञ बना दिया था। अकबरी दौर में वह वहाँ के बेताज बादशाह थे। वक़ाए–असद बेग में चित्रित उसके दरबार का वर्णन पठनीय है। अकबरी और जहाँगीरी दौर में दक्कन में शहज़ादे सूबेदार ज़रूर हुए मगर असल सिपहसालार शाही फ़ौज के ख़ानेख़ाना ही थे। इसी स्वयं अर्जित शीर्ष सम्मान पर उन्होंने शायद यह रुबाई कही हो, जिसमें पूर्णतः शासकीय पारिभाषिक शब्द का प्रयोग मिलता है।[8]

बेमिन्नत मंशुरे–शाह व मोहरे–वजीर
बेइसतिसवाबे–सद्रओ तसदीके–अमीर
बे–मेहनत जंग व कुलफ़्त–ए–खंजरो–तीर
गशतेह अस्त हमा रूए ज़मीन मिलके[9] फ़क़ीर

अर्थात्–

बिना बादशाही फरमान, वज़ीर की मोहर बिना
बिना सद्र की मंजूरी और कुलीन के अनुमोदन बिना

बिना जंग के कष्ट उठाये और चलाये खंजर और तीर बिना
हो गया सारी ज़मीन का ज़मींदार यह फ़कीर

सत्ता में जीवन्त रहने के लिए सब्र और दूरदृष्टि की बड़ी ज़रूरत होती है। अकबर, जहाँगीर और शाहजहाँ, तीनों बादशाहों, जिनमें सलीम और खुर्रम की जवानी और शहज़ादगी का दौर और शहज़ादा दानियाल और शहज़ादा मुराद का दौर, अबुल फज़ल और महाबत ख़ान की ईर्ष्या भरी निगाहों से दूर रहने जैसी अनेक शाही दरबार की हलचल मचाती हवाओं और आँधियों का सामना रहीम ने बड़ी लगन और सूझ–बूझ के साथ किया। हालाँकि उसकी मेवाती माँ हुमायूँ की साली थी जिसकी वजह से वह अकबर का मौसेरा भाई था। मगर शाही ताल्लुकात पारे की तरह होते हैं और इसीलिए कई बार उसे कठिन परीक्षणों से भी गुजरना पड़ा। निहावंदी के अनुसार रहीम ने चालाकी या धूर्तता को नहीं अपनाया। बल्कि हमेशा दूरदृष्टि और उपाय की नीति अपनाई। उसने इन दोनों को अपनी ढाल बनाया न कि खड्ग।

रहीम जैसा नाम वैसा व्यवहार अर्थात् दयालु। रहीम की दानशीलता और विनम्रता के तमाम क़िस्से मिलते हैं। कुछ हो सकता है कि काल्पनिक भी हों। मगर निहावंदी पर कुछ तो विश्वास करना ही चाहिए। उसका वर्णन आँखों देखा है। सुना हुआ नहीं जो शक पैदा करे। उसके अनुसार एक बार एक दरवेश उसके दरवाज़े पर आया उसने भाँग पीने की माँग की, जो उसे उपलब्ध करा दी गयी। पीते समय उसकी लार उसकी दाढ़ी और गर्दन तक टपक गयी। रहीम ने एक रूमाल से आगे बढ़कर उसे पोंछ दिया। उपस्थित काज़ी महमूद इस्फ़हानी, शेख़ अब्दुल सलाम (रहीम का पुस्तकालय अध्यक्ष) और हाजी मुस्तफा आदि यह दृश्य देखकर हैरान हुए और रहीम के कृत्य पर वाह–वाह किया। रहीम ने फ़रीदुद्दीन गंजे–शकर के हवाले से एक क़िस्सा सुनाया जिसके आखिर में यह शेर पढ़ा :

ख़ाकसाराने–जहां रा बे हिक़ारत मनिगर
तू चे दानि कि दर इन गर्द सवारी बाशद।

अर्थात्–

धूसरित[10] दीनहीन को हेय दृष्टि से मत घूरो।
इस भँवर में क्या प्रकट हो, क्या पता।।

तज़किरा–ए–सफ़ीना–ए ख़ुशगो में बिंद्राबनदास 'ख़ुशगो' ने भी एक योगी का क़िस्सा बयान किया है। उसके अनुसार, योगी ख़ान–ए–ख़ाना को पारे की एक डली जिसको मुँह में रखने पर अदृश्य रूप में उड़ा जा सकता था, पेश करता है, मगर ख़ान–ख़ाना यह कह कर कि उसके पास इस क़द्र साज–ओ–सामान, सेना, एवं आवश्यक सुविधाएँ उपलब्ध हैं कि वह इस डली के ज़रिये अदृश्य होकर उड़ना नहीं चाहता। योगी हैरान रह जाता है और जाते–जाते कहता है कि असल में साधु योगी तो वह महान व्यक्ति है, न कि हम।

ख़ानेख़ाना को अपनी बेगम माहबानो से बहुत प्यार था, इसलिए उन्होंने हुमायूँ के मक़बरे और हज़रत निज़ामुद्दीन औलिया की दरगाह के निकट एक विशाल गुम्बद

वाला मक़बरा बनवाया। माहबानो का देहान्त ख़ानेख़ाना के लिए अत्यन्त दुखी कर देने वाला मामला था। तमाम दुनियावी ऐश–ओ–आराम का सामान होते हुए भी माहबानो के बग़ैर उनके लिए जीवन और दुनिया बिलकुल खोखली थी और वे आहें भरते हुए कहते हैं कि :

खाक़ बादा, ख़ाक बादा बर सरेइन ज़िन्दगी
ख़ान–ए–ख़ानाँ बूदन औ बी–जानेए–जानाँ ज़ीस्तन

अर्थात्–

ख़ान–ए–ख़ानाँ होना, मगर बिना मेहबूब–ए–जानाँ के जीना
ऐसा भी जीना क्या जीना, तबाह व बरबाद हो यह जीना

और शायद निम्नलिखित रुबाई भी इसी दुख भरे समय में कही गयी होगी :

सरमायाए–मारा–जावदानी गमे–तू
बेहतर ज हज़ार शादमानी गमे–तू
गुफ्ती कि चनिन वालहे ओ शैदायत कि–कर्द
दानी गमे–तू अगर न दानी गमे–तू

अर्थात्–

सारी उम्र की पूँजी अब सिर्फ़ तेरा ग़म
हज़ारों ख़ुशियों से बेहतर तेरा ग़म
तूने पूछा कैसे हुआ तेरा दीवाना, क्यों हुआ
बूझे तो, तेरा ग़म, ना बूझे तो तेरा ग़म

ख़ान–ए–ख़ाना की शायरी, प्रेमालाप, प्रेमाख्यान, इश्क़–ए–हक़ीक़ी या प्राकृतिक वातावरण, बाग़ों, इमारतों की प्रशंसा के अतिरिक्त उस दौर की राजसी संस्कृति का पूरा हाल, आपसी रंजिश एवं प्रतिद्वन्द्विता तथा बादशाह–ए–वक़्त की बहुमुखी चालों का संग्रह है।

शहज़ादा ख़ुर्रम, जो ख़ान–ए–ख़ाना का दामाद भी था, के विद्रोह में उसका साथ देने के कारण ख़ान–ए–ख़ाना का जहाँगीर के दौर में शासकीय सितारा ग्रहण–ग्रस्त हो गया। साथ ही ख़ानेख़ाना को दक्कन नीति में भी पुरानी साख खोनी पड़ी। महाबत ख़ान का सितारा बुलन्द हुआ और उसने ख़ान–ए–ख़ाना को बहुत लज्जित व अपमानित किया। पद और प्रतिष्ठा दोनों हाथ से जाते रहे। मगर ख़ानेख़ाना की पुरानी वफ़ादारी रंग लायी। जहाँगीर जिसने 'तुज़ुके जहाँगीरी' में ख़ान–ए–ख़ाना के लिए और उसके पिता बैरमखान के लिए कड़े और ख़राब शब्दों का प्रयोग किया था, उसने ख़ान–ए–ख़ाना को न सिर्फ़ तमाम पद वापस किये, बल्कि लज्जित होते हुए यह भी कहा कि यह उसका कसूर था, जो यह सब हुआ। ख़ान–ए–ख़ाना की निम्नलिखित शायरी में पादशाही लज्जा का स्वयं को कारण मानते हुए यह स्वीकार है कि :

करम बीनो–लुत्फ़े–ख़ुदावंद गार
गुनाह बन्दे करदस्तो–ऊ शर्मसार

अर्थात्–

स्वामी की अनुकम्पा देखिये और करम फ़रमायी भी कि गुनहगार यह दास और कारण स्वामी ख़ुद को ठहराए।[11]

ख़ानेख़ाना ने बड़े गर्व से यह शेर कहा :

मीरा लुत्फ़–ए–जहाँगीरी ज़ ताईदात–ए– रब्बानी
दोबारा ज़िन्दगी दादो दोबारा ख़ान–ए–ख़ानानी

अर्थात्–

ईश्वरीय अनुमोदन की बदौलत फिर मिली जहाँगीरी अनुकम्पा
जीवन मिला मुझे फिर से और ख़ाने खाँनानी।[12]

बर्लिन पुस्तकालय में सुरक्षित अमीर ख़ुसरो की महान काव्य–कृति 'ख़मसा' की अति दुर्लभ पाण्डुलिपि, जो उसने लगभग उस दौर में 3000 रुपये देकर गुजरात से बड़ी मुश्किल से हासिल की थी और जिसमें पूर्णतः सजिल्द चित्रकारी के लिए 12 साल का अरसा लगा था, के प्रथम पृष्ठ पर ख़ानेख़ाना ने एक तहरीर अंकित की है जिसमें जहाँगीरी शासन–नीति की उस पर आन पड़ी बलाओं को भी इंगित किया है।[13]

ख़ानेख़ाना की वफ़ादारी की नूरजहाँ ने बड़ी क़द्रदानी की। जब वह लाहौर में सख़्त बीमार हुआ, तो अच्छे–से–अच्छे हकीम से इलाज करवाया, थोड़ा–सा ठीक होने पर विभिन्न प्रकार के पारितोषिकों और इनामात से नवाज़ा, ताकि महाबत ख़ान ने जो उसे दरबार में अपमानित किया था, उस कड़वाहट की कष्ट भरी गर्द माथे के शिकन की सिलवटों से निकल जाये। ख़ानेख़ाना महाबत ख़ान को परास्त करने के इरादे से लाहौर से चला, मगर देहली पहुँचा, फिर सख़्त बीमार हो गया, शायद देहली पहुँचा ही इसलिए था कि आख़िरी साँस के उपरान्त माहबानो के निकट ही रहे। ज़ख़ीरतुल ख़वानीन में एक शायर, जिसने ख़ान–ए–ख़ाना के देहान्त की तिथि पर मिसरा कहा, शायद वह माहबानो की ही आवाज़ हो। "ख़ान सिपहसालार को?" = 1036 हिजरी (अर्थात् ख़ाने सिपहसालार कहाँ है?)[14] ख़ानेख़ाना को भी सन्तुष्टि शायद यह हो कि मृत्यु–उपरान्त ख़ुद को भी मेहबूब–ए–जानाँ, माहबानो की बग़ल में ही दफ़्न किया गया।

काव्य रचनाओं के अतिरिक्त, रहीम की लेखनी से बहुआगामी पत्र–व्यवहार जिसका प्रारम्भ फतेह गिलानी से हुआ था, बाद में अबुल फज़ल तक पहुँचा। अगर उस दौर में अबुल फ़ज़ल अपनी सुलेखन कला (इंशा निगारी) के लिए प्रसिद्ध रहा तो रहीम के लिखे फ़रमान, निशान अपने आप में व्यक्तिगत पत्र–व्यवहार के कुछ सजीव उदाहरण माने जाते हैं। वह पिता की तरफ़ से तुर्कमान था अर्थात् मातृ भाषा तुर्कमानी थी (तुर्की नहीं) तथा माता मेवाती थी, जो ब्रज के निकट का क्षेत्र था। मगर अनेक ज़बानों के इस बहुमुखी प्रतिभाशाली मुग़ल कालीन अमीर की बहुभाषी लेखनियाँ पठनीय हैं। 'तुज़ुक–ए–बाबुरी' के रहीम–कृत अनुवाद, शाही फ़रमान और मकातीब से उनके खालिस फ़ारसी ज्ञान का तथा 'तुजुक–ए–बाबुरी' से ज़रूरत अनुसार सुस्पष्ट

एवं साधारण फ़ारसी का पता लगता है। 'तुज़ुक–ए–बाबुरी' की सरल फ़ारसी लिखने का आग्रह स्वयं अकबर का था ताकि वह ख़ुद और अन्य अल्प फ़ारसी–भाषी लोग उसे पढ़ सकें।

"उसकी सादगी पे कौन न मर जाये ग़ालिब"– (इस सादगी पे कौन न मर जाये ऐ ख़ुदा) रहीम की बहुमुखी विलक्षण प्रतिभा उनकी फ़ारसी लेखनी में विद्यमान है।

"सिर्फ़ दीदावर चाहिए।"

सन्दर्भ

1. मासिर–ए–रहीमी, भाग–2, पृ. 562
2. अमीर ख़ुसरो की फ़ारसी ग़ज़ल, नूरूल हसन अंसारी, अहवालो–आसारे अमीर ख़ुसरो, फ़ारसी विभाग, दिल्ली विश्वविद्यालय, दिल्ली, 1978
3. तज़किरा–ए–नसराबादी, तज़किरातुश–शोआरा, मोहम्मद ताहिर नसराबादी, मोहासिन नाज़ी नसराबादी, असार्लर पब्लिकेशन, तेहरान, पृ. 57
4. साहिब–ए–दीवान–वह कवि जिसका काव्य एक संग्रह के रूप में आ चुका हो; फ़ारसी काव्य के संग्रह वाला कवि।
5. मासिर–ए–रहीमी, III, पृ. 562, मीर अली शेर कानी तत्तावी–मक़ालातुश शुआरा, पृ. 239, कालिमातुश शुआरा, पृ. 35
6. मासिर–ए–रहीमी, भाग–2, पृ. 549
7. बादशाह के सम्मुख खड़ा होकर प्रार्थियों की याचना पहुँचाने वाला शाही अधिकारी।
8. मासिर–ए–रहीमी, भाग–2, पृ. 549, सफ़ीन–ए–खुशगो, जिल्द–2, बिन्द्रा बनदास खुशगो, कलीम असगर, किताब ख़ाना–ए–मजलिस, तेहरान, 2010, पृ. 249–50
9. यह शब्द फ़ारसी लिपि में मुल्क भी पढ़ा जा सकता है। मगर उसका अर्थ साम्राज्य हो जायेगा जो कि उस काल में ख़ानेख़ाना को स्वयं को साम्राज्य का मालिक कहना सम्भव नहीं। अतः इसे ज़मींदार के रूप में प्रयुक्त करना बेहतर है।
10. ख़ासकर, धूसरित, धूल में लथपथ, एक सूफ़ी सम्प्रदाय भी था, मासिर–ए–रहीमी, भाग–2, पृ. 588
11. तज़किरा–ए–नसराबादी, तज़किरातुश–शोआरा, मोहम्मद ताहिर नसराबादी, मोहासिन नाज़ी नसराबादी, असार्लर पब्लिकेशन, तेहरान, पृ. 57
12. ज़ख़ीरतुल ख़वानीन, जिल्द–II, पृ. 60
13. पूर्ण विवरण के लिए मेपिन से मुद्रित लेख संग्रह : सेलिब्रेटिंग रहीम, 2017, में इसी लेखक का लेख देखिये, पृ. 113
14. ज़ख़ीरतुल ख़वानीन, जिल्द–I, पृ. 5–8

का तुम जुगुल तिरियवा, झगरति आय।
पिय बिन मनहुँ अटरिया, मुहि न सुहाय॥

रहीम की जीवन-दृष्टि

हरीश त्रिवेदी

आचार्य रामचन्द्र शुक्ल ने जब से रहीम को इक्कीस और कवियों के साथ भक्तिकाल के 'फुटकल' कवि कहा, जिनमें गंग, केशवदास और सेनापति भी थे (शुक्ल, पृष्ठ 239–79), तब से वे मुख्यतः भक्ति परम्परा के कवि ही माने जाते रहे हैं। प्रो. रामस्वरूप चतुर्वेदी ने कुछ नया कहा जब उन्होंने भक्तिकाल के छह प्रमुख कवियों में रहीम की गिनती की (कबीर, जायसी, सूरदास, तुलसीदास और मीराँबाई के साथ), अन्य 'गौण' कवियों में नहीं, और यह भी सुझाया कि उनका कृतित्व 'भक्ति और रीति के सन्धि–बिन्दु' पर है। (चतुर्वेदी, पृष्ठ 62) पर अगर हिन्दी–क्षेत्र के माध्यमिक विद्यालयों के हिन्दी पाठ्यक्रमों का अवलोकन करें तो लगेगा कि रहीम मुख्यतः उपदेश–प्रवण नीति–कवि हैं। हिन्दी में विरले ही कवि होंगे जिनकी भक्ति, रीति और नीति, इन तीनों श्रेणियों में समान रूप से और सम्मानपूर्वक गणना होती हो।

भक्ति-काव्य

लेकिन अगर ध्यान से देखा जाय तो रहीम सामान्य और प्रचलित अर्थ में न तो भक्ति कवि सिद्ध होते हैं और न ही रीति या नीति कवि! पहले भक्ति को ही लें। उनके कई दोहे हैं जिनमें भक्ति–भावना का प्रदर्शन है और हिन्दू देवताओं के प्रति पूरा समर्पण–भाव है। उदाहरणार्थ :

रहिमन को कोउ का करै, ज्वारी, चोर, लबार।
जो पत–राखनहार हैं, माखन–चाखनहार।।

या

रहिमन धोखे भाव से, मुख से निकसे राम।
पावत पूरण परम गति, कामादिक को धाम।।

इस पिछले दोहे में वे वाल्मीकि से सम्बन्धित एक किंवदन्ती का ध्यान दिलाते हैं जिसके अनुसार वे 'मरा–मरा' जपते हुए भी 'राम–राम' जपने का पुण्य–फल पा गये थे।

ऐसे पारम्परिक दोहों की संख्या रहीम के काव्य में कम नहीं है। पर यह भी

द्रष्टव्य है कि इनके अतिरिक्त रहीम के और भी अनेक दोहे हैं जिनमें भक्ति के सामने छोटा–सा प्रश्नवाचक या कम–से–कम विस्मयबोधक चिह्न लगा दीखता है। शायद यह कहना अधिक उपयुक्त होगा कि रहीम की कविता का एक बड़ा भाग भक्ति–कविता जैसा लग तो सकता है पर स्पष्ट है कि उसमें हिन्दू कवियों वाली भक्ति–भावना को आरोपित करना रहीम के साथ ज़्यादती होगी। कहा जा सकता है कि उन्होंने भक्त हुए बिना सुन्दर भक्ति–कविता लिखी, कुछ वैसे ही जैसे परकायाप्रवेश किया जाता रहा होगा।

रहीम भाषा–शैली और मुहावरे से तो भक्ति–काव्य रच रहे हैं और साहित्यिक–सांस्कृतिक रूप से भक्त लगते भी हैं, पर आस्था से भी वे भक्त रहे हों यह न सम्भव है और न आवश्यक। असंख्य कवि हर भाषा और हर युग में उस युग की वाणी और मुख्यधारा से सुर में सुर मिलाते रहे हैं पर इसे उनकी व्यक्तिगत भावनाओं पर आधारित नहीं मानना चाहिए। जैसे कि अनेक उपन्यास जीवन का प्रामाणिक और भुक्त–भोगी दस्तावेज़ लगते हुए भी आत्मकथात्मक नहीं होते वैसा ही हमें कविता के बारे में भी सोचना चाहिए। उर्दू की इश्क़िया शायरी में तो व्यक्तित्व और कृतित्व के बीच हरदम रहने वाली यह फाँक स्पष्ट दीखती है पर हिन्दी की कविता में इसे उतनी स्पष्ट तौर से परिलक्षित नहीं किया गया है।[1]

वैसे हिन्दी में भी ऐसी कविता अवश्य लिखी गयी है जिसमें यह द्विविधा थी कि इसका मूल मन्तव्य और उद्देश्य क्या है। जैसा कि भिखारी दास ने अपनी प्रसिद्ध पंक्ति में कहा : "आगे के सुकवि रीझिहैं तो कविताई, नहीं राधिका–कन्हाई सुमिरन को बहानो है।" इसमें कवि का पहला मन्तव्य यह है कि उनको कालजयी कवि माना जाय, लेकिन अगर आगे की कविता के मानदण्ड पर वह खरे न निकलें तो उनको यह सन्तोष तो है ही कि अपनी रीतिकालीन श्रृंगार–रस की कविता के 'बहाने' उन्होंने राधा–कृष्ण को याद किया। यहाँ भक्ति तो बहाना है, भिखारी दास का असली उद्देश्य था कवि के रूप में अमरत्व पाना और भविष्य के सुकवियों द्वारा बड़ा कवि माना जाना। कुछ ऐसा ही रहीम को भी समझिये, कि भक्ति कविता उन्होंने की और अनेकानेक हिन्दू देवी–देवताओं की स्तुतियाँ रचीं, इसलिए नहीं कि उनकी भक्ति से उनको मोक्ष मिले पर इसलिए कि उनको हिन्दी कवियों की श्रेणी में बड़ा स्थान मिले, कि वे सुकवि माने जायें।[2]

यहाँ यह भी ध्यान रखने योग्य है कि भक्त तो हमारी परम्परा के एक से एक बढ़ कर हुए होंगे पर उनमें से सभी ने कविता तो नहीं की होगी। जो हमारे इतिहास में बचे हैं वे शायद सुकवि कहाने के अभिलाषी अधिक रहे हों और मुमुक्ष किंचित कम, और इसी कारण से वे हमारे साहित्य के इतिहास में सुरक्षित हैं। मात्र मुमुक्षु लोगों का तो कोई इतिहास कभी लिखा नहीं गया और लिखा भी जाय तो विरोधाभास होगा, क्योंकि मोक्ष पाकर वे इतिहास से बरी हो गये। बहरहाल रहीम धार्मिक अर्थ में मुमुक्ष कदापि नहीं थे, उनका एकमात्र मन्तव्य सुकवि सिद्ध होना था और उसमें वे सफल भी हुए।

उनके इस अलग अन्दाज़ के कम से कम दो तरह के प्रमाण उनकी कविता में मिलते हैं। पहला यह कि हिन्दू देवी–देवताओं के प्रति जितना उनका श्रद्धा–भाव दीखता है लगभग उतना ही कुछ विनोद व विस्मय का भाव। और दूसरा यह कि हिन्दू 'मिथोलॉजी' का उनका पौराणिक ज्ञान अद्भुत था पर एक–आध जगह उनसे ऐसी बड़ी चूक भी हुई है जो कोई जन्मजात हिदू कवि शायद नहीं करता। यहाँ इसका एक ही उदाहरण पर्याप्त होगा। अपनी मुख्य कृति 'दोहावली' के प्रारम्भ में उन्होंने दो दोहे मंगलाचरण या स्तुति के रचे हैं जिनमें पहला उनकी कृष्ण–भक्ति का द्योतक है और दूसरा गंगा जी से यह प्रार्थना है :

अच्युत–चरण–तरंगिणी, शिव–सिर–मालति–माल।
हरि न बनायो सुरसरी, कीजो इन्दव–भाल।।

अर्थात्, हे गंगे! आप विष्णु जी के चरणों से निकल कर शिव जी के सिर पर मालती–माला की भाँति सुशोभित होती हैं। जब मेरा पुनर्जन्म हो तो आप मुझे विष्णु न बनाकर शिव बनाइयेगा जिससे मैं आपको अपने पैरों में न रखूँ, सिर पर धारण करूँ।

यहाँ रहीम की उद्भावना नितान्त मौलिक लगती है और उनकी काव्य–प्रतिभा का प्रमाण देती है। पर साथ ही दो बातें खटकती भी हैं। पहली यह कि गंगा और शिव की यह कैसी प्रशंसा है जिसमें विष्णु की अवमानना भी हो रही है कि उनका व्यवहार उचित नहीं है। और दूसरे, जब किसी भी मनुष्य का पुनर्जन्म होता है तो वह मनुष्य या किसी और जीव–जन्तु के रूप में ही हो सकता है। रहीम को यह गुमान कैसे हुआ कि वे मरणोपरान्त सीधे देवता बन जायेंगे और उनमें भी या तो विष्णु या शिव? यह या तो उनकी समझ की चूक है या भक्ति–विनत श्रद्धा का अभाव, जिससे यह दोहा स्तुति कम और मज़ाक़ ज़्यादा लगता है।

पर रहीम को स्वयं अपनी यह नयी सूझ इतनी पसन्द आयी कि उन्होंने ठीक इसी आशय का और लगभग इन्हीं शब्दों में एक संस्कृत श्लोक भी रचा :

अच्युतच्चरणतरंगिणि शशिशेखर–मौलि–मालतीमाले।
मम तनु–वितरण–समये हरता देया न मे हरिता।।

इसके बरअक्स सच्चे भक्त की पुनर्जन्म के सम्बन्ध में अभिलाषा क्या हो सकती है यह देखना हो तो रहीम के ही समकालीन कवि रसखान का प्रसिद्ध सवैया स्मरण करें, "मानुष हौं तो वही रसखान..." जिसमें वे कल्पना करते हैं कि अगले जन्म में वे चाहे मनुष्य हों या पशु हों या पक्षी हों या भले पत्थर ही हों, उन्हें आराध्य कृष्ण की ब्रज–भूमि में ही बसने को मिले। कहाँ रसखान अगले जन्म में पत्थर तक हो जाने का दैन्य दिखाते हैं, और कहाँ रहीम सीधे विष्णु और शिव के समकक्ष हो जाने का दर्प प्रदर्शित करते हैं। पर रहीम मुग़ल–ए–आज़म अकबर के दरबार में बैठ कर ख़ानेख़ाना के पद से लिख रहे थे और रसखान अपने कुंज–बिहारी के वृन्दावन में विनत समर्पण से।

प्रसंगवश, रहीम के अन्य चार संस्कृत श्लोकों में भी दो में कुछ इसी प्रकार के कथन पाये जाते हैं जिनका परम्परागत भक्ति–भाव से तारतम्य बिठाना कठिन है। पहले

ही श्लोक में ("आनीता नटवन्मया तव पुरः..." इत्यादि) रहीम श्रीकृष्ण से कहते हैं कि धरती, समुद्र और आकाश इत्यादि में रहने वाली जो चौरासी लाख योनियाँ हैं उनमें जन्म लेकर मैंने किसी नट की भाँति अनेक प्रकार के करतब दिखाए। उनसे आप यदि प्रसन्न हुए हों तो मैं जो माँगता हूँ वह दीजिए, और यदि प्रसन्न न हुए हों तो आज्ञा दीजिए कि फिर कभी मुझे ऐसे स्वाँग न दिखाने पड़ें। यहाँ मुश्किल यह है कि कोई भी भक्त कवि शायद इसका उल्टा कहता–कि यदि आप प्रसन्न हुए हों तो मुझे अब मुक्ति दीजिये। रहीम का यह कहना कि यदि भगवान प्रसन्न हुए हों तो जो रहीम चाहते हैं वह दें कुछ समझ नें नहीं आता, कि ऐसा क्या है जो रहीम चाहते हैं और जो उन्हें मोक्ष से भी श्रेयस्कर लगता है। वैसे भी पुनर्जन्म निर्धारित करने का ठेका भगवान कृष्ण ने लिया हो इसका कोई विधान नहीं मिलता।

एक और श्लोक है ("रत्नाकरोस्ति सदनं..." इत्यादि) जिसमें रहीम भगवान विष्णु से कहते हैं कि लक्ष्मी जी आपकी गृहिणी हैं पर आपका मन राधिका जी ने हर लिया है, तो उसकी पूर्त्ति के लिए अब मैं स्वयं अपना मन आपको देता हूँ जिसे आप ग्रहण करें। यहाँ भी रहीम विष्णु जी से कुछ इस प्रकार बोल रहे हैं जैसे कि वे रहीम के समकक्ष मित्र हों। और इसका तो कहा ही क्या जाय कि अगर विष्णु जी का मन राधिका जी ने हर लिया है तो अब कृष्ण महाराज का क्या होगा! वैसे भी रहीम के अपने मन को लेकर विष्णु जी क्या करेंगे? वाग्विलास या खिलवाड़ के स्तर पर भी रहीम की यह युक्ति कुछ जमती नहीं।

भक्तिपरक उनका एक दोहा है जिसका भाव बिलकुल स्पष्ट है किन्तु जिसमें भी भक्ति–भावना कुछ कम और विनोद–वृत्ति कुछ अधिक दीखती है।

अब रहीम मुश्किल पड़ी, गाढ़े दोऊ काम।
साँचे से तो जग नहीं, झूठे मिलैं न राम।।

बात बिलकुल सही है पर लगता है कि कवि भक्ति के दायरे से बाहर खड़े हो कर कुछ मुस्कराते हुए कह रहा है कि देखें इस दुविधा में पड़ा व्यक्ति क्या करता है यानी ऊँट किस करवट बैठता है। 'गाढ़े' शब्द के सटीक प्रयोग से विनोद का रंग कुछ और चटक हो जाता है। गम्भीर भक्त–कवि शायद कहता कि आचार–व्यवहार सच्चा होने पर ही राम मिल सकते हैं, अन्यथा नहीं, और कबीर जैसे प्रखर नीति–कवि ने तो साफ़–साफ़ उपदेश दिया है : "साँच बराबर तप नहीं, झूठ बराबर पाप"।

नीति-काव्य

तो जैसे रहीम वस्तुतः भक्त–कवि नहीं थे कुछ उसी प्रकार वे अन्य नीति–कवियों से भी भिन्न प्रतीत होते हैं। ऊपर देखा गया कि वे कबीर जैसे रूखे नीतिवादी नहीं थे। न ही वे तुलसी की तरह उदात्त धर्मगत मर्यादा के हिमायती थे। इसीलिए उनकी नीतिपरक अधिकांश कविताएँ उपदेशात्मक नहीं हैं बल्कि निष्कर्षात्मक हैं। वे नहीं कहते कि ऐसा करोगे तो ऐसा होगा अतः ऐसा मत करो; वे अधिकतर इतना ही बताते हैं कि ऐसा

करने पर सामान्यतः ऐसा होता है या होता रहा है। मनुष्य के व्यवहार को वे मनुष्य की दुर्बलताओं को ध्यान में रख कर देखते हैं और उनकी उक्तियाँ किसी कल्पित आदर्श के मानदण्ड पर आधारित नहीं हैं बल्कि सहज ही घटित हुए और भोगे हुए अनुभव का सरस निचोड़ है। वे दुनिया को सुधारने या सिखाने नहीं निकले हैं, वे तो बस जग का मुजरा ले रहे हैं और भलीभाँति जानते हैं कि कई लोग ऐसे भी हैं जिनको सीख देना ही व्यर्थ है :

अनकीन्ही बातैं करे, सोवत जागे जोय।
ताहि सिखाय जगाइबो, रहिमन उचित न होय।।

उनके नीति के दोहों में भी अनेक स्थानों पर हास्य का खमीर मिला हुआ पाया जाता है।

रहिमन जिव्हा बावरी, कहि गई सरग पताल।
आपु तो कहि भीतर रही, जूती खात कपाल।।

यह दोहा रचते समय रहीम मुस्करा ही नहीं रहे हैं, शायद हँस भी रहे हैं। उनके अनेक अन्य रूपक भी अपने–आप में मनोरंजक हैं।

रहिमन ओछे नरन सों, बैर भलो नहीं प्रीत।
काटे–चाटे स्वान के, दुहूँ भाति बिपरीत।।

उनके और भी अनेक दोहे हैं जिनसे लगता है कि रहीम को 'ओछे' लोगों से जैसी घोर वितृष्णा थी वैसी शठों से भी नहीं। यह उनके अपने आभिजात्य का लक्षण भी माना जा सकता है। तभी शायद रहीम में जीवन के प्रति एक प्रकार की तटस्थता थी जो उनको पूरी तरह से भक्त या नीति–प्रचारक होने से रोकती रही होगी।

समय पाय फल होत है, समय पाय झरि जाय।
सदा रहै नहिं एक सी, का रहीम पछिताय।।

रीति और श्रृंगार

जहाँ तक रीति–काव्य या श्रृंगार की बात है, विवाद मुख्यतः इस बात पर होता रहा है कि रहीम का 'बरवै नायिका–भेद' सचमुच नायिका–भेद की श्रेणी में शामिल किया जा सकता है या नहीं, क्योंकि इसमें रहीम ने लक्षण तो बताये नहीं, केवल उदाहरण भर दिये हैं। मतलब छिलका उतार कर फेंक़ दिया है, बस गूदा ही गूदा है। असंख्य आधुनिक पाठक तो इससे प्रसन्न ही होंगे, बस मिश्र–बन्धुओं की शास्त्रीय परिपाटी के कोई छिद्रान्वेषी अनुगामी बचे हों तो इस पर अवश्य आपत्ति कर सकते हैं।

पर रहीम का श्रृंगार रस का अनूठा और अद्भुत ग्रन्थ है 'नगर शोभा।' अगर हिन्दी के किसी अन्य कवि ने भी इस प्रकार का या इस विधा में कोई ग्रन्थ लिखा है तो सुनने में नहीं आता, अर्थात् रहीम का यह ग्रन्थ अपनी मिसाल आप ख़ुद है। इसकी दो प्रमुख विशेषताएँ हैं। पहली यह कि इसमें वर्णित लगभग अधिकांश स्त्रियाँ कामकाजी औरतें अर्थात् नितान्त ग़ैर–शास्त्रीय नायिकाएँ हैं जिनको अपने–अपने पेशे के अनुसार कुछ न कुछ बेचते हुए दिखलाया गया है जिस प्रक्रिया में गाहक को आकर्षित करने की कला

और उसकी टेंट ढीली करवाने का जतन भी शामिल है। यहाँ शृंगार–रस की फुहार तो है ही, साथ–साथ जीविकोपार्जन का आवश्यक उपक्रम भी चल रहा है। वैसे किसी गाहक को वस्तुतः आते नहीं दिखाया गया है क्योंकि फिर इस ग्रन्थ का पूरा माहौल ही बदल जाता, और ये स्त्रियाँ अपनी नितान्त स्वाभाविक और अबाधित छवि में न दिखतीं।

कहते हैं कि अकबर बादशाह ने शाही परिवार के सदस्यों को आम बाज़ार में न जाना पड़े इसलिए उनके लिए क़िले के अन्दर ही एक 'मीना–बाज़ार' खुलवा दिया था जिसमें सभी दुकानदारिनें भी दरबार से सम्बन्धित परिवारों की ही साहबज़ादियाँ थीं। लेकिन रहीम का नगर शोभा वाला बाज़ार शाही तो बिलकुल ही नहीं है, उलटे वह इतना स्वाभाविक और आडम्बर रहित है कि उसमें दरबार की छाया भी नहीं पड़ी है। जो ये दुकानदारिनें अपने विविध माल सजा कर और अपनी अलग–अलग भाव–भंगिमा से लैस होकर तैयार बैठी हैं वे दरबारी बेगमात नहीं बल्कि सामान्य और साधारण निम्नवर्गीय औरतें हैं, और आज के राजनीतिक विमर्श की भाषा में वे 'सबाल्टर्न' हैं।

'नगर शोभा' की दूसरी विशेषता तो विशेषता लगती ही नहीं और इस कारण और भी अधिक उल्लेखनीय है। वह है कि जिस क्रम में इन सभी औरतों का वर्णन हुआ है वह जातिप्रथा की पारम्परिक वर्णगत मर्यादा के सर्वथा अनुकूल है। सबसे पहले है "उत्तम जाती ब्राह्मनी," फिर खतरानी, फिर जौहरिन, फिर कैथिन, इत्यादि। और सबसे अन्त में आती हैं 'चमारिनी' और उसके भी बाद 'चूहरी,' यानी आज की राजनीति की भाषा में दलित से भी बढ़कर (या घट कर) 'महादलित'। यह वर्णानुक्रम सचमुच ही वर्णानुक्रम है क्योंकि यह क–का–कि–की वाला अक्षरशः वर्णानुक्रम नहीं है, यह मनुस्मृति की वर्णव्यवस्था वाला वर्णानुक्रम है। यह क्रान्तिकारी भले न लगे पर उस समय के समाज के लिए तथ्यात्मक अवश्य था।

142 दोहों की इस विस्तृत कविता में रहीम का फलक व्यापक है। प्रत्येक जाति की स्त्री का वे दो–दो दोहों में वर्णन करते हैं, अर्थात् लगभग 70 जातियों का उल्लेख यहाँ मिलता है। मध्यकाल के इतिहास के ग्रन्थों में भी विभिन्न जातियों की ऐसी लम्बी सूची शायद न मिले, तो इस कविता का समाजशास्त्रीय महत्त्व भी है। यहाँ यह गवेषणा अभीष्ट नहीं है कि प्रत्येक व्यवसाय की स्त्री का रहीम का वर्णन कितना यथार्थवादी लगता है, बल्कि मज़ा यह देखने का है कि प्रत्येक व्यवसाय के परिचित औज़ारों या उपादानों का रहीम ने शृंगार रस के पक्ष में कैसा अद्‌भुत विनोदात्मक प्रयोग किया है। ब्राह्मणी की सात्विक मर्यादा की रक्षा करते हुए और फिर भी शृंगार रस की उद्‌भावना करते हुए रहीम कहते हैं कि उसके पैर छूने से ही सभी पाप कट जाते हैं अर्थात् उसके स्पर्श का लाभ भी मिलता है और पाप भी बढ़ने के बजाय घटता है। उसका रूप गंगा नदी के समान है जिसके अंगों की तरंगों में बस नैनों से ही स्नान किया जा सकता है। यहाँ बिम्ब शृंगार के हैं, भावना श्रद्धा की है, और दोनों के बीच रहीम ने नाज़ुक तालमेल बैठाया है। आजकल जिसे **'male gaze'** या पुरुष की काम–दृष्टि कहते हैं उसका भी जितना परिमार्जन हो सकता है रहीम ने किया है!

किन्तु 'बनियाइन' अर्थात् बनिया जाति की स्त्री के वर्णन में रहीम का स्वर कुछ अधिक मुखर है। ख़रीद–फरोख़्त उसका धन्धा है तो इस ''रूप की हाट'' में उसका बन–ठन कर बैठना उचित ही है। वह भारी बाँट अर्थात् भरा–पूरा सौन्दर्य लेकर तौलने को बैठी है, उसकी आँखें तराजू के दोनों पलड़े हैं, और उनके ऊपर चढ़ी अपनी भौंहें मोड़कर वह ''दांड़ी मारत बिरह की''! यहाँ रूपक अधिक स्पष्ट है और लक्षणा में शरारत कुछ अधिक है।

एक और स्त्री विशेष उल्लेखनीय है जिसके वर्णन में शृंगार और विनोद का मनोहारी संयोग हुआ है। यह है 'काछिनि' अर्थात् साग–सब्ज़ी उगाने और बेचने वाली। वह अपने 'जोबन जल' से नित्य 'काम कियारी' सींचती रहती है–काम कियारी अर्थात् न केवल अपने व्यावसायिक कामकाज की क्यारी पर साथ ही कामदेव की भी क्यारी। फिर उसका सौन्दर्य–वर्णन आता है :

कुच भांटा गाजर अधर, मूरा से भुज भाइ।
बैठी लौका बेचई, लेटी खीरा खाइ।

उसके सभी अंगों की उपमा यहाँ सामने ढेर–लगाई सब्ज़ियों से दी जा रही है जो स्वयं ही विनोद का विषय है : उसके कुच गोल बैंगन हैं, होंठ लाल गाजर हैं, भुजाएँ मूली की तरह गोरी और पतली हैं। पर जब वह बैठी–बैठी लौकी नहीं बल्कि बड़ा गोल लौका (जो उरोजात्मक बिम्ब है) बेचते–बेचते थक जाती है तो लेट जाती है और ख़ुद ही खीरा खाने लगती है। यह वर्णन दिखलाता है कि इस भोली लड़की का व्यवहार कितना सरल व स्वाभाविक है। प्रसंगतः उसको स्वयं सपने में भी ख़याल नहीं आ सकता था, और न शायद रहीम को ही, कि गाजर–मूली और खीरा तीनों का लिंगाकार (phallic shape) होने के कारण आजकल की फ्रॉयड द्वारा निर्धारित मनोविश्लेषण की भाषा में कुछ और ही अर्थ निकल सकता है–विशेषतः किसी स्त्री के लेटकर खीरा खाने का!

हमारे आधुनिक विमर्श के परिप्रेक्ष्य में इसी प्रकार दो और तरह की स्त्रियों पर हमारा ध्यान विशेष रूप से जा सकता है। इनमें एक है 'राजपूतई' अर्थात् राजपूतनी, क्योंकि राजपूतों से तो मुग़लों का 'अहिनकुलम' सम्बन्ध था, और दूसरी 'तुरकिन'। इस तुर्क स्त्री का वर्णन और भी विशिष्ट है क्योंकि वह तो हिन्दू वर्ण–व्यवस्था में आती ही नहीं। तो उसको रहीम ने अलग ही तरह की सुविधा दी है कि वह इस सर्वथा भारतीय और हिन्दू शोभा–यात्रा में शामिल हो सके। प्रसंगतः, तब 'तुर्क' शब्द का अर्थ होता था सभी मुसलमान, तो रहीम ने इस पर क्या कहा इस विषय में हमारी विशेष जिज्ञासा स्वाभाविक है।

रजपूतनी के तुरन्त बाद तुरकिन का क्रम आता है जो इस तुलनात्मक निरूपण की धार कुछ अधिक तीखी कर देता है। रजपूतनी के वर्णन का पूरा उद्धरण यहाँ प्रासंगिक होगा, और फिर उसके बाद तुरकिन का भी :

राज करत रजपूतई, देस रूप के दीप।
कर घूँघट पट ओट कै, आवत पियहि समीप।
सोभित मुख ऊपर धरै, सदा सुरत मैदान।
छूटि लटें बन्दूकची, भौंहैं रूप कमान।।

यह वीरांगना की छवि है जो सतत युद्ध करने को तत्पर है, जो शृंगार में पराक्रमी है, और जिसके पास तीर–कमान जैसे पारम्परिक और बन्दूक़ जैसे आधुनिक दोनों ही अस्त्र मौजूद हैं।

इसके मुक़ाबले तुरकिन की छवि सर्वथा नम्र, सरल व सरस है

चतुर चपल कोमल बिमल, पग परसत सतराइ।
रस ही रस बस कीजिए, तुरकिन तरक–न जाइ।।
सीस चूँदरी निरखि मन, परत प्रेम के जार।
प्रान इजारै लेत है, वाकी लाल हज़ार।।

रहीम की दृष्टि में तुरकिन चतुर मतलब समझदार है, चपल अर्थात् शोख़ है, सुकुमार है, और विमल यानी (अधिक) गोरी भी है। लेकिन सबसे बड़ा अन्तर यह है कि वह प्रेम के रस से ही वश में की जा सकती है, किसी और आक्रामक तरीक़े से नहीं। बस पैर छूने पर वह बिगड़ जाती है, शायद इसलिए कि यह एक हिन्दू प्रथा है और ब्राह्मणी के लिए भले उपयुक्त हो पर उसके रिवाज़ के ख़िलाफ़ है। उसकी जालीदार चुनरी विदेशी परिधान होने से और विचित्र (exotic) लगने से तुरन्त मन मोहती है, और उसी तरह उसका लाल रंग का ईरानी–शैली का पायजामा तुरन्त देखने वाले के प्राणों पर अधिकार कर लेता है। रजपूतनी घूँघट में है जबकि तुरकिन के सिर पर जाली की चुनरी ज़रूर है पर उसका चेहरा खुला है। रजपूतनी को 'सुरत मैदान' अर्थात् शृंगार के युद्धक्षेत्र में भले तीर–कमान और बन्दूक़ के प्रयोग की ज़रूरत पड़े पर तुरकिन अपनी सरस कोमलता व विशिष्ट विदेशी छटा से ही हृदय जीत लेती है।

मुग़ल काल की मुस्लिम स्त्री का ऐसा चित्रण शायद पूरी हिन्दी कविता में ढूँढ़े न मिले, वह भी एक मुसलमान कवि द्वारा, और वह भी सीधे एक रजपूतनी के बरअक्स। वैसे तो अपनी–अपनी भिन्न भंगिमाओं में दोनों ही स्त्रियाँ आकर्षक हैं पर रहीम का अपना रुझान किस ओर अधिक है यह अनुमान सहज लगाया जा सकता है। हिन्दुओं की दृष्टि में तुर्कों की छवि क्रूर आक्रामकों की भले रही हो पर रहीम की तुरकिन उस छवि से कोसों दूर है।

प्रसंगवश स्मरण किया जा सकता है कि मैथिली के महाकवि विद्यापति (1352–1448) जिनका जीवन–काल रहीम से लगभग दो सौ वर्ष पहले का था, यानी मुग़लों के आने के कहीं पहले तुग़लकों के शासन–काल का, जब अपने आश्रयदाता महाराज कीर्ति सिंह के साथ एक बार जौनपुर गये तो इब्राहीम शाह द्वारा शासित उस मुस्लिम राज्य में उन्होंने 'तुरुकों' अर्थात् तुर्कों के दर्शन किये, और पाया कि वे लोग बिना बात के ही बिगड़ जाते थे और अपने सामने किसी और (यानी हिन्दुओं) को कुछ नहीं समझते

थे। बल्कि एक भी तुरुक को देख कर लगता था कि वह अनेक हिन्दुओं को बस खा जायेगा। (देखिये विद्यापति का काव्य–ग्रन्थ *'कीर्त्तिलता'*)। और तुर्कों की चली आयी अकड़ का प्रेम और श्रृंगार के क्षेत्र में भी मनोहर चित्रण उर्दू के विख्यात कवि रघुपति सहाय 'फ़िराक़' ने इस शे'र में किया है :

सिर से पा तक सुपुर्दगी की अदा
एक अन्दाज़ तुर्कमानी भी।

यानी जब माशूक़ा पूरी तरह से प्रेमी को आत्म–समर्पण कर रही है, सिर से पैर तक अपने को उसके सुपुर्द किये दे रही है, उस वक़्त भी उसमें तुर्कों की तरह की अदा मौजूद है!

कुल मिलाकर रहीम का 'नगर शोभा' उनके अन्य काव्य–ग्रन्थों की तुलना में कुछ उपेक्षित रहा है पर कहा जा सकता है कि यह उनकी सबसे सरस और मौलिक कृति है। समाज के निम्न–वर्ग के लोगों, और वह भी स्त्रियों, को केन्द्र में रखने के कारण यह रचना रहीम को तथाकथित 'रीति–मुक्त' कवियों से भी कहीं आगे ले जाकर उन्हें मध्यकाल के सभी श्रृंगारी कवियों से अलग खड़ा करती है। रहीम ने अन्य रीति कवियों की भाँति नायिका–भेद अवश्य लिखा पर 'नगर शोभा' भी लिखा जो श्रृंगारिक तो है पर रीतिकाल की सभी कृतियों से सर्वथा विशिष्ट है और किसी और ही साँचे में ढला हुआ है। तो जैसा रहीम की भक्ति और नीति कविता के साथ देखा गया, उसी तरह कहना होगा कि रहीम रीति–कवि हैं भी और नहीं भी हैं।

व्यंग्य, विनोद और विडम्बना

कुल मिलाकर रहीम के सम्पूर्ण काव्य को हिन्दी कविता की किस श्रेणी, प्रवृत्ति या विधा में रखा जाय यह कह सकना मुश्किल है। किसी एक वर्ग में तो वह आ ही नहीं सकते पर तीन–चार अलग–अलग वर्गों में भी शामिल करने के बाद वे हर–एक परिपाटी के आधे अन्दर और आधे बाहर दीखते हैं, किसी में भी ठीक से फ़िट नहीं होते। इसका क्या कारण हो सकता है?

यही कहा जा सकता है कि वे जन्म से ही विचित्र और अनूठे थे। माँ की तरफ़ से आधे हिन्दू और पिता बैरम ख़ाँ की तरफ़ से आधे मुसलमान थे। जल्दी ही पिता की हत्या होने से यतीम हो गये थे। वे अपनी मेवाती/राजस्थानी माँ की छाया में पले और माँ आजीवन उन्हीं के साथ रहीं। अन्त में माँ का स्वर्गवास बुरहानपुर में हुआ जहाँ मुग़लों की दक्षिण–विजय के निमित्त युद्ध लड़ते हुए रहीम ने जीवन के बीस से अधिक वर्ष बिताये, और वहीं रहीम ने उनका आलीशान मक़बरा बनवाया जो अब भी खड़ा है।

पर स्पष्ट ही रहीम के मुस्लिम संस्कार कहीं अधिक प्रबल थे। वे अकबर बादशाह के दरबार में पले, उनके नव–रत्नों में एक बने, उनके प्रमुख सेनापति के रूप में जंग जीतने अफ़ग़ानिस्तान से लेकर दकन तक हिन्दुस्तान के अनेक भागों में भेजे गये,

सम्मानित भी हुए और अपमानित भी हुए, कभी अर्श पर पाये गये और कभी फ़र्श पर, लेकिन अपने लम्बे जीवन के अन्त में अपनी पुरानी प्रतिष्ठा पुनः पाकर शन्ति व सन्तोषपूर्वक मरे, और ऐसे भव्य मक़बरे में दफ़न हुए जो उन्होंने अपनी प्रिय पत्नी माहबानो के लिए बनवाया था और जो अब भी दिल्ली के नायाब ऐतिहासिक स्मारकों में गिना जाता है। यह कुछ वैसे ही है जैसे कुछ दशकों बाद शाहजहाँ ने ताजमहल अपनी प्रिय पत्नी मुमताज़ महल के लिए बनवाया और फिर ख़ुद भी उसी में दफ़न हुए।

जैसा कि इस पुस्तक के प्रारम्भिक अध्याय में कहा जा चुका है, रहीम के जैसा उप–राजसी जीवन हिन्दी के किसी और कवि को नहीं मिला। रहीम की एक बड़ी विशेषता यह लगती है कि वे भाग्यचक्र के कभी नीचे और कभी ऊपर जाते हुए चढ़ाव–उतार का बख़ूबी साथ निभाते रहे, समान रूप से सब कुछ भोगते–सहते रहे, और अपने जीवन के अनुभवों का खट्टा–मीठा निचोड़ कुछ उदात्तीकृत रूप में अपने काव्य में अमर कर गये। इस कलात्मक उपलब्धि का सबसे बड़ा कारण शायद यह था कि उन्होंने भरपूर जीवन तो जिया ही पर उससे कुछ असम्पृक्त भी बने रहे जिससे जीवन के प्रति भी न्याय कर सके और कला के प्रति भी, क्योंकि यदि लेखक बीच–बीच में जीवन से अपने को काट कर, दो–तीन क़दम पीछे हट कर, अपने भोगे हुए को कुछ दूर से न देख सके तो जीवन को कला में परिवर्तित नहीं कर सकता। इस दार्शनिक दूरी को बनाये रखने में रहीम माहिर थे।

पर राग और विराग का यह सन्तुलन रहीम ने जीवन से कट कर और सन्तों की तरह निर्लिप्त रह कर नहीं बल्कि इस भवसागर में पूरी तरह अवगाहन कर के स्थापित किया था। उन्होंने उत्साहपूर्वक और पूरी शान–बान से जीवन को अपनी सम्पूर्णता में जिया, किसी प्रकार के अनुभव से विमुख न होकर बल्कि आगे बढ़ कर भाँति–भाँति के अनुभवों का स्वागत किया, उनका आस्वाद लिया, और उन अनुभवों को कला के स्तर पर 'साधारणीकरण' द्वारा सहृदय पाठकों के रसास्वाद के लिए प्रस्तुत करने का यत्न किया।

इस कीमियागिरी में जो रसायन रहीम के लिए शायद सबसे अधिक कारगर साबित हुआ वह था उनका विनोदी स्वभाव। 'दोहावली' में सरस भावभीनी मार्मिकता के अनेक उदाहरण हैं पर साथ ही हर चौथे–पाँचवें दोहे में उनकी हास–परिहास करने की प्रवृत्ति sense of humour और विनोदात्मक उक्ति–चातुर्य wit के दर्शन भी होते रहते हैं। कहा जा सकता है कि रहीम जैसे विनोदी और वाक्पटु कवि हिन्दी में इने–गिने ही होंगे। इस सन्दर्भ में वे कुछ–कुछ फ़ारसी–उर्दू कवियों या अंग्रेज़ी कवियों की याद दिलाते हैं। संयोगवश अंग्रेज़ी के जिन कवियों की wit के क्षेत्र में विशेष ख्याति है और जिन्हें सामूहिक रूप से 'metaphysical poets' कहा जाता है उनमें से अधिकांश रहीम के समकालीन थे, पर यह मात्र संयोग ही है, क्योंकि रहीम कुछ पुर्तगाल के लोगों से तो मिले थे पर अंग्रेज़ी कविता से न उनका परिचय था और न उन अंग्रेज़ कवियों का रहीम से।

देवी-देवताओं के प्रति विनोद-वृत्ति

रहीम की विनोदप्रियता व उक्ति–चातुर्य के अनेक उदाहरण हैं जिनमें कुछ ऐसे भी हैं जो विशेष आकर्षक हैं क्योंकि उनका विषय हमारे देवी–देवता और उनसे सम्बन्धित पौराणिक कथाएँ हैं। रहीम ने इन कथाओं पर ताज़ा दृष्टि डाली है, उनकी मौलिक व्याख्या की है और उन प्रसंगों में एक नये प्रकार की सरसता घोली है। ऐसे दोहों से रहीम के भक्ति–काव्य में एक नया आयाम जुड़ता है। उदाहरणार्थ :

अनुचित वचन न मानिये, जदपि गुराइसु गाढ़ि।
है रहीम रघुनाथ तें, सुजस भरत को बाढ़ि।।

पिता की असंगत आज्ञा का राम ने पालन किया, पर भरत ने उसकी अवज्ञा की जो अधिक उचित था, और इसी से भरत की इतनी महिमा है। यहाँ कदाचित् रहीम के यदा–कदा राजसी आज्ञा न मानने के अपने निजी अनुभव भी झलक रहे हैं।

एक पौराणिक प्रसंग है जो रहीम के मन में ऐसा प्रभाव छोड़ गया कि उन्होंने उस पर एक–दो नहीं पाँच अलग–अलग दोहे लिखे और उसकी भाँति–भाँति से उधेड़बुन की। यह है भगवान विष्णु के वामनावतार की, जिसमें वे एक बौने का अवतार लेकर राजा बलि से तीन क़दमों में पूरा ब्रह्माण्ड ही माँग लेते हैं। रहीम फिर शायद स्वयं अपने अनुभवों के परिप्रेक्ष्य में कहते हैं कि जो किसी से माँगने जाता है वह चाहे जितना बड़ा क्यों न हो, घट कर ही लौटता है। (जिन कवियों और अन्य लोगों को रहीम ने स्वयं इतना मुँहमाँगा दान दिया क्या उनके बारे में भी उनकी यही राय थी?) एक दोहे में इस प्रसंग को लेकर रहीम कहते हैं कि कहीं माँगने जाने से तो ''परि रहिबो मरिबो भलो...''। एक और दोहे में वे विष्णु की इस सन्दर्भ में 'लघुता' का उल्लेख करते हैं, फिर एक और में विनोद–भाव से चुटकी लेते हुए कहते हैं :

माँगे घटे रहीम पद, कितौ करौ बढ़ि काम।
तीन पैग बसुधा करो, तऊ बावनै नाम।।

एक और दोहे में यही बात कुछ अन्तर से दोहराते हैं : ''नारायण को हू भयो, बावन आँगुर गात,'' और एक और दोहे में इस प्रसंग का कुछ अलग ही अर्थ निकालते हैं, जैसे कि इसे उलट–पुलटकर बार–बार देख रहे हों कि इसमें मनोविनोद की कितनी सम्भावनाएँ बनती हैं।

रहिमन बिगरी आदि की, बनै न खर्चे दाम।
हरि बाढ़े आकाश लौं, तऊ बावनै नाम।।

एक और पौराणिक प्रसंग रहीम के मन में कुछ ऐसा अटक गया कि उन्होंने उस पर चार बार कुछ–कुछ अलग दोहे लिखे। यह है कृष्ण के गोवर्धन पर्वत उठाने का पराक्रम। एक दोहे में रहीम ने कहा :

जो बड़ेन को लघु कहैं, नहिं रहीम घटि जाँहि।
गिरधर मुरलीधर कहे, कछु दुःख मानत नाहिं।।

दो और दोहे हैं जिनमें रहीम ने इस बात के अलग–अलग कारण सुझाए हैं कि बड़ा पहाड़ तो हनुमान जी ने भी उठाया था पर उन्हें कोई गिरिधर क्यों नहीं कहता। और चौथे दोहे में तो रहीम ने विनोद और मार्मिकता का अद्भुत सम्मिश्रण प्रस्तुत किया है :

जो रहीम करिबो हुतो, ब्रज को इहै हवाल।
तो काहे कर पर धरयो, गोवर्धन गोपाल।।

यदि कृष्ण भगवान को ब्रज के सभी निवासियों को रोते–बिलखते छोड़ कर जाना ही था तो पहले पहाड़ उठा कर ब्रज की रक्षा करने की ज़हमत क्यों उठाई!

रहीम के देवी–देवता सम्बन्धित दोहों में शायद सबसे लोकप्रिय हैं उनका लक्ष्मी जी की चपलता वाला दोहा :

कमला थिर न रहीम कहि, यह जानत सब कोय।
पुरुष पुरातन की वधू, क्यों न चंचला होय।

यह दोहा सीधे विष्णु भगवान की जर्जर वृद्धावस्था पर आक्षेप लगता है, लेकिन अगर किसी भक्तिप्रवण पाठक की भावनाओं को यहाँ ठेस लगने की गुंजाइश हो तो बस यह बता देना पर्याप्त होगा कि यह उद्भावना रहीम की अपनी नहीं है, यह दोहा एक संस्कृत श्लोक की नक़ल है। ध्यान रहे कि संस्कृत में भी हास्य–विनोद की पुष्ट परम्परा थी जिसमें देवी–देवताओं को भी नहीं बख़्शा जाता था। (जैसे कि ''मन्ये मत्कुणशंकया'' वाला श्लोक, जिसमें कहा गया है कि यदि ब्रह्मा जी कमल पर सोते हैं, विष्णु भगवान क्षीरसागर में सोते हैं और शिव जी कैलास पर्वत पर, तो यह तो नहीं कि खटमलों से बचने के लिए ऐसा करते हों।)

और अगर एक दूसरा ही आक्षेप रहीम पर लगे कि वे दूसरों का कहा अपने नाम से प्रचारित कर रहे थे तो इसका उत्तर है कि वह पूरा युग ही ऐसा था। भला तुलसीदास का 'मानस' वाल्मीकि रामायण और अध्यात्म–रामायण पर आधारित नहीं था क्या? या सभी कृष्ण–भक्ति काव्य का उद्गम–ग्रन्थ 'भागवत पुराण' का दशम स्कन्ध नहीं था? (देखिए Trivedi, pp. 50-53) पूरे भक्तिकाल और रीतिकाल में हिन्दी के सभी कवि सम्पूर्ण संस्कृत काव्य एवं काव्यशास्त्र को अपनी बपौती मान कर चले, वह उनका सतत उपजीव्य बना रहा, और कॉपीराइट जैसी पश्चिमी पूँजीवादी व्यक्ति–केन्द्रित व्यवस्था का तो तब आविष्कार भी नहीं हुआ था।

वैसे यह सब कहने के बाद यह जोड़ना आवश्यक लगता है कि इस लक्ष्मी जी वाले दोहे का ऊपर दिया पाठ लिखने के बाद रहीम ने (जैसा कि उर्दू में कहते हैं) इसी ज़मीन पर एक और दोहा रचा जिसका अर्थ बिलकुल ही फ़रक है और जो उनकी नितान्त मौलिक कवि–कल्पना और अदम्य विनोद–वृत्ति का परिचायक है।

कमला थिर न रहीम कहि, लखत अधम जे कोय।
प्रभु की सो आपुन कहै, क्यों न फजीहत होय।।

यानी, ठीक है कि लक्ष्मी एक जगह नहीं टिकतीं, पर जिस व्यक्ति के पास वे थोड़े दिन भी रह गयीं वह उन्हें अपनी ही समझ बैठे तो उस अधम की ज़रूर ही फ़ज़ीहत होगी,

क्योंकि लक्ष्मी जी अभी उठेंगी और कहीं और चल देंगी। और यह नयी बात कह के, जो संस्कृत में नहीं मिलेगी, रहीम ने इस दोहे पर जैसे अपनी विशेष मोहर लगा दी फ़ारसी के शब्द 'फ़ज़ीहत' से, जो सम्भवतः इस शब्द का हिन्दी में यहाँ पहला प्रयोग है।

इन सब उदाहरणों में (और इस प्रकार के और भी अनेक दोहे व पद हैं) रहीम चिर–परिचित भक्ति–प्रसंगों की कुछ नयी ही व्याख्या करते हैं। इस विषय में उनकी कुछ अलग ही बाँकी अदा है, सोचने का और कहने का कुछ अलग ही अन्दाज़ है, जो उन्हें भक्ति–कवियों के विशाल समुदाय से अलग खड़ा करता है। यदि व्यंग्य नहीं तो व्यंजना ही उनकी स्वाभाविक विधा है। कई बार लगता है वे अभिधा में कुछ कह रहे हैं लेकिन जो यह फ़रेब खा गया वह उनका सावधान और सच्चा पाठक नहीं हैं। देखिए :

मनि मानिक महँगे किये, सस्तो तृन जल नाज।
याही ते हम जानियत, राम ग़रीबनेवाज।।

इस दोहे में भी जो भक्ति–भावना है वह उक्ति–चातुर्य और विनोद से पगी है। भला यह भगवान राम का काम है कि वे दुनिया भर की हरेक जिन्स का दाम तय करते फिरें! यह तो मनुष्य का आर्थिक व्यापार है जिसका मुख्य कारण यह है कि जल, तृण और अनाज बहुतायत से उपलब्ध हैं जबकि मणि–माणिक विरल हैं। पर इस व्यवस्था का श्रेय रहीम राम को तो दे ही रहे हैं, यह भी जोड़ रहे हैं कि बस इसी से, "याही से," सिद्ध हो जाता है कि राम दीन–दयालु हैं।

रहीम में इस सतत विनोद–वृत्ति के भी आगे जाकर एक प्रकार का शैलीगत खिलन्दड़ापन भी था, जिसे एक प्रकार का रूपवादी प्रयोगवाद कहा जा सकता है। इसका मुख्य प्रमाण हैं उनके कुछ संस्कृत और हिन्दी मिश्रित छन्द, जिनमें इस प्रकार की पंक्तियाँ हैं : "एकस्मिन् दिवसावसानसमये, मैं था खड़ा बाग़ में...।" केवल अमीर खुसरो ने इस प्रकार के कुछ छन्द शताब्दियों पहले रचे थे पर उनमें जिन दो भाषाओं का सम्मिश्रण था वे थीं फ़ारसी और हिन्दवी। रहीम ने पहली बार दिखाया कि उनका फ़ारसी जैसा ही संस्कृत पर भी अधिकार था, और यह भी कि यहाँ भारत में फ़ारसी छाँटने के बजाय संस्कृत में दक्षता प्रदर्शित करने का कुछ अलग ही सांस्कृतिक महत्त्व होगा।

हास–परिहास, व्यंग्य–विनोद, और खिलन्दड़ेपन के अलावा रहीम के काव्य–तरकश में एक और अचूक बाण था और वह था मानव जीवन में विडम्बना के सर्वथा स्थान की पहचान। विडम्बना शब्द के संस्कृत और हिन्दी में अनेक अर्थ हैं जो यहाँ अभिहित हैं पर साथ ही इसका प्रयोग यहाँ अंग्रेज़ी के पद 'irony of fate' के अर्थ में विशेष किया जा रहा है, यानी विधि की विडम्बना या ऐसा विधान जिससे जैसा फल अपेक्षित था उसका उल्टा ही घटित हो जाता है। रहीम के अपने जीवन में इस प्रकार के बड़े–बड़े भाग्य–विपर्यय कई बार घटित हुए तो लगता है कि उन्हें इनकी गहरी पहचान हो गयी थी। ऐसे अनुभवों से वे बड़े त्रस्त व हताश भी हुए थे, यहाँ तक कि उन्होंने कहा कि 'रहिमन निज मन की व्यथा मन ही राखौ गोय" जबकि दुनिया कहती है कि दुःख बाँटने से हल्का होता है। पर यह रहीम की महानता है कि इस प्रकार की विडम्बना के दुखद

ही नहीं बल्कि सुखद संयोग भी वे लक्षित कर पाये। एक अन्य पौराणिक सन्दर्भ को लेकर उन्होंने एक कवित्त रचा है जो उनकी बार–बार मार खायी ज़िन्दगी, पर फिर भी बची रही (''जो मार खा रोयी नहीं'') विनोदात्मक जीवन–दृष्टि का ज्वलन्त प्रमाण है :

दीन्ह चहैं करतार जिन्हें सुख सो तो रहीम टरै नहिं टारै।
उद्यम पौरुख कीन्हें बिना धन आपहिं आवत हाथ पसारे।।
देव हँसैं कहि आपस में, बिधि के परपंच न जाँय बिचारे।
बेटा भयो बसुदेव के धाम औ दुन्दुभि बाजत नन्द के द्वारे।।

यह छन्द मुझे रहीम के पूरे काव्य में सबसे अधिक प्रिय है। पहली पंक्ति में ''टरै नहिं टारै'' शब्दावली का प्रयोग हिन्दी में अन्यत्र हो चुका था पर अनिष्ट के अर्थ में : ''करम गति टारे नाँहि टरी।'' उसको रहीम ने यहाँ 'सुख' के साथ जोड़ कर सिर के बल खड़ा कर दिया। दूसरी पंक्ति में भी बिलकुल नया बिम्ब है : धन हाथ फैलाये, भीख माँगता–सा, ख़ुद चला आ रहा है कि कृपा करके मुझे स्वीकार कीजिए! तीसरी पंक्ति में भी सर्वथा अनूठा दृश्य है, कि स्वर्ग में स्थित अनेक देवी–देवता आपस में हँसी–मज़ाक़ कर रहे हैं कि 'विधि' या 'करतार' की लीला अपरम्पार है, वे ऐसे–ऐसे प्रपंच रचते हैं कि देवतागण भी आश्चर्यचकित व अवाक् रह जाते हैं। और अन्तिम पंक्ति तो मौलिक कविताई का ट्रम्प–कार्ड है, क्योंकि कृष्ण के जन्म की यह पौराणिक कथा तो सब लोग जानते थे पर रहीम ही हैं जो इसकी ऐसी विनोदी और चमत्कारी व्याख्या कर पाये।

रहीम के काव्य में भक्ति से तादात्म्य और 'बिपदा'–जनित अनुभवों से निकली मार्मिकता तो अवश्य है, जैसा कि आचार्य शुक्ल से आरम्भ करके सभी परवर्ती आलोचक कहते रहे हैं। पर यदि हम यह भी लक्षित करें कि उनके काव्य में हास–परिहास भी है, व्यंग्य–विनोद भी है, और जीवन की अ–निवार्य विडम्बनाओं पर भी हँस सकने और उन पर भी सम–भाव से दृष्टि डाल सकने की क्षमता है तो रहीम की कवि–छवि अधिक समृद्ध और परिवर्धित होगी और सम्भवतः हिन्दी जगत् में उनका मान–सम्मान भी बढ़ेगा। अन्त में यह कहना आवश्यक लगता है कि यह हम सबका परम सौभाग्य है कि बेटा तो हुमायूँ के सिपहसालार बैरम ख़ाँ के धाम में पैदा हुआ था पर तब से दुन्दुभि हिन्दी कविता के द्वार पर बजती रही है।

सन्दर्भ

1. इस विषय में देखिए रहीम की एक नयी जीवनी के लेखक श्री राघवन का मत, जो कवि 'रहिमन' और ऐतिहासिक चरित्र 'अब्दुर्रहमान' को बिलकुल अलग–अलग व्यक्ति मानने को तत्पर दीखते हैं। (Raghavan, pp. 286–87)
2. प्रसंगवश स्मरण किया जा सकता है कि एक और छन्द में (जिसका आरम्भ होता है ''एक लहैं तप–पुंजनि के फल...'' से) भिखारी दास ने कहा कि तुलसी और सूर ने तप–पुंजों का फल पाने के लिए कविता रची, केशव और भूषण ने वीरों की बड़ाई करके बड़ी सम्पत्ति कमाई, रसखान और रहीम को ''जस ही सों प्रयोजन'' था अर्थात् उन दोनों ने केवल यश चाहा, जबकि स्वयं भिखारी दास की अभिलाषा है कि उनके कवित्तों की चर्चा करके दूर–दूर के ''बुधिवन्तन'' अर्थात् बुद्धिमान रसिकों को सुख मिले।

सन्दर्भ-ग्रन्थ (कालक्रमानुसार)

(क) रहीम के काव्य-संग्रह

रहीम रत्नावली–सम्पादक : मयाशंकर याज्ञिक। दूसरा संस्करण। काशी : साहित्य–सेवा–सदन। शक संवत् 1879 (ई.1957)। (रहीम की कविता का पहला प्रामाणिक संस्करण, 80 पृष्ठों की विशद भूमिका के साथ।)

रहीम ग्रन्थावली–सम्पादक : विद्यानिवास मिश्र व गोविन्द रजनीश। नयी दिल्ली : वाणी प्रकाशन, 1985, आवृत्ति 2010। (कुछ अन्य दोहे इत्यादि शामिल करके; विस्तृत भूमिका; पूरे काव्य का आधुनिकतम संस्करण। इस लेख में रहीम की कृतियों से उद्धरण इसी संस्करण से लिए गये हैं।)

ये रहीम दर दर फिरहिं–सम्पादक एवं व्याख्याकार : श्रीकान्त उपाध्याय। नयी दिल्ली : नेशनल पब्लिशिंग हाउस, 2000। (अक्खड़ स्वाभिमानी भूमिका; केवल 'दोहावली' पर केन्द्रित; हर दोहे की विस्तृत व्याख्या)

(और अब यह संस्करण, 2019।)

(ख) अन्य ग्रन्थ

विद्यापति–*कीर्तिलता* (चौदहवीं–पन्द्रहवीं शती)। आधुनिक संस्करण के लिए देखिए : *विद्यापति की कीर्तिलता और अवहट्ट भाषा,* लेखक व सम्पादक शिवप्रसाद सिंह। 1955; आवृत्ति 2009, नयी दिल्ली : वाणी प्रकाशन।

शुक्ल, रामचन्द्र–*हिन्दी साहित्य का इतिहास।* संशोधित व परवर्द्धित संस्करण। प्रयाग : इंडियन प्रेस लिमिटेड, संवत् 1997 (ई. सन् 1940)

चतुर्वेदी, रामस्वरूप–*हिन्दी साहित्य और संवेदना का विकास।* इलाहाबाद : लोकभारती प्रकाशन, चतुर्थ संस्करण, 1994

Raghavan, T.C.A. *Attendant Lords: Bairam Khan and Abdur Rahim, Courtiers and Poets in Mughal India.* Noida: Harpercollins Publishers India, 2017

Celebrating Abdur Rahim Khan-i-Khana: Statesman, Courtier, Soldier, Poet, Linguist, Humanitarian, Patron. Edited and designed by Shakeel Hossain. Ahmedabad: Mapin Publishing/ Aga Khan Trust for Culture, 2017

Trivedi, Harish. "Rahim in His World and in Ours," in *Celebrating Abdur Rahim Khan-i-Khanan* (see the above entry), 2017, pp. 46-57

نغزک ما نغزکن بوستان　　نغزترین میوهٔ هندوستان

خوبش خوب می شود بسیار پخته می شود خوبش کم می شود اکثر خام
می کنند در خانه پخته می شود غوره اش فاتق خوب آش میشود مربای غوره
او هم خوب می شود فی الواقع میوهٔ خوب هندوستان اینست درختش بسیار
بالیده میشود بعضی مردم انبه را آنچنان تعریف کردند که غیر از خربوزه جمع
یوه ها ترجیح کرده بود در برابر تعریف کردن مردم خود نیست به شفتالو

भाग-2

रहीम की काव्य-कृतियाँ शब्दार्थ व व्याख्या सहित

'दोहावली' से 100 दोहे

व्याख्याकार

माधव प्रसाद मिश्रा

अच्युत–चरन–तरंगिनी, शिव–सिर–मालति–माल।
हरि न बनायो सुरसरी, कीजो इंदव–भाल।।1।।

अच्युत–विष्णु भगवान, तरंगिनी–गंगा नदी, मालति–माल–मालती पुष्प की माला, इंदव–भाल–महादेव।

रहीम गंगाजी की आराधना करते हुए कहते हैं हे गंगे! भगवान विष्णु के चरणों से प्रवाहित होकर शिवजी के सिर पर मालती पुष्प की माला के समान सुशोभित होने वाली आप, जब मेरे उद्धार के लिए अवतरित होंगी तब मेरा पुनर्जन्म महादेव शिव के रूप में सुनिश्चित कीजिएगा न कि श्री हरि विष्णु के रूप में; क्योंकि मैं आपको मस्तक पर धारण करना चाहता हूँ न कि चरणों में।

अनकीन्हीं बातें करै, सोवत जागै जोय।
ताहि सिखाय जगायबो, रहिमन उचित न होय।।2।।

अनकीन्हीं–व्यर्थ, ताहि–उसे।

जो लोग सदा व्यर्थ बातों में उलझे रहते हैं और लोगों के बीच निरर्थक, अतार्किक, अप्रामाणिक वार्तालाप में समय व्यतीत करने में आनन्द का अनुभव करते हैं, वे जान–बूझ कर अनैतिक कार्यों में लिप्त रहते हैं। ऐसे लोगों से उलझने और उन्हें सही रास्ते पर लाने का प्रयास कभी नहीं करना चाहिए। वे जागते हुए भी सोते के समान हैं। रहीम कहते हैं : ऐसे लोगों को जगाकर समझाना, सिखाना समय बर्बाद करने के अलावा कुछ और नहीं है।

अनुचित बचन न मानिए, जदपि गुरायसु गाढ़ि।
है रहीम रघुनाथ ते, सुजस भरत को बाढ़ि।।3।।

गुरायसु–गुरु की आज्ञा, सुजस–यश, जदपि–यद्यपि।

कोई कितना भी प्रभावशाली आदमी क्यों न हो, उसकी अनुचित बात नहीं माननी चाहिए। चाहे बात गुरु के मुख से निकली हुई वाणी जितनी ही गम्भीर क्यों न हो?

रामायण का उदाहरण देते हुए रहीम समझाते हैं—भगवान राम ने अपने पिता दशरथ की आज्ञा मानते हुए वन गमन किया पर फिर भी उनसे अधिक यश भरत को प्राप्त हुआ जिन्होंने अपनी माँ कैकेयी की बात न मानकर राज्य त्याग दिया था। राम ने पिता की अनुचित बात मानी थी जिससे उन्हें और उनसे जुड़े अन्य सभी लोगों को अनावश्यक कष्ट सहन करना पड़ा जबकि भरत ने माँ की अनुचित बात न मानकर यश और कीर्ति ही पायी।

अब रहीम मुसकिल पड़ी, गाढ़े दोऊ काम।
साँचे से तो जग नहीं, झूठे मिलैं न राम।।4।।

गाढ़े—कठिन, दोऊ—दोनों, साँचे—सच या सत्य।

रहीम कहते हैं : यदि सांसारिक जीवन जीना है तो झूठ का सहारा लेना ही पड़ता है। केवल सच का सहारा लेकर जीवन जीना कठिन है क्योंकि इससे दुनियादारी निभाने में तमाम अड़चनें आती हैं। जब कोई मनुष्य पूरी तरह सच पर अडिग रहना चाहता है तब वह सांसारिक आचार—विचारों से दूर होने लगता है जबकि झूठ का सहारा लेकर आगे बढ़ने पर वह ईश्वर का साक्षात्कार नहीं कर पाता।

अमरबेलि बिनु मूल की, प्रतिपालत है ताहि।
रहिमन ऐसे प्रभुहिं तजि, खोजत फिरिए काहि।।5।।

अमरबेलि—बिना पत्ती और मूल की लता जो वृक्षों पर फैली हुई पाई जाती है, आकाश बेलि या आकास बौर।

हम सभी जानते और मानते हैं कि सभी पेड़ पौधों में जड़ होती है, उसी के माध्यम से वे अपना भरण—पोषण करते हैं पर अमरबेल इसका अपवाद हैं। इस पौधे में जड़ नहीं होती फिर भी इसका पालन—पोषण होता रहता है। साथ ही यह सदा हरा—भरा भी दिखाई देता है। इस पर प्रश्न उठता है, आखिर कौन है उसका पालनहार? अवश्य ही वह सर्वशक्तिमान ईश्वर है। उस अद्भुत सामर्थ्यशाली और सर्वव्यापी ईश्वर को छोड़ किसी और को ढूँढ़ना मूर्खता है।

आदर घटे नरेस ढिग, बसे रहे कछु नाहिं।
जो रहीम कोटिन मिले, धिक जीवन जग माँहिं।।6।।

ढिग—पास, समीप, बसे रहे कछु नाहिं—बने रहना व्यर्थ है, कोटिन—करोड़ों।

रहीम कहते हैंः जब राजा की नज़रों में आपका मान—सम्मान कम हो जाये तब राजदरबार में बने रहने का कोई औचित्य नहीं होता। जिस जगह आपकी सलाह से फ़ैसले लिए जाते रहे हों, वहाँ आपको मूकदर्शक बनना पड़े तो यह असहनीय स्थिति होगी। इस संसार में ऐसी उपेक्षित ज़िन्दगी व्यर्थ है, जिसमें इज़्ज़त न हो, पैसे भले कितने भी अधिक मिल रहे हों। क्योंकि संसार में मान—सम्मान के मुक़ाबिले पैसे का महत्त्व 'न' के बराबर है। बेइज़्ज़त ज़िन्दगी भी कोई ज़िन्दगी है?

ए रहीम दर दर फिरहिं, माँगि मधुकरी खाहिं।
यारो यारी छोड़िए, वे रहीम अब नाहिं।।7।।

मधुकरी—भीख या भौंरे की तरह यहाँ—वहाँ से थोड़ा—थोड़ा लेकर इकट्ठा करने की प्रवृत्ति।

रहीम दान देने के लिए प्रख्यात थे। जब उनका बुरा समय आया तो उन्हें अपनी सारी धन–दौलत गँवानी पड़ी। वे निर्धन हो गये, पर यह न जानते हुए भी लोग उनके दर चले आते थे। कुछ न कुछ देकर वे लोगों को निराश नहीं करते थे। परन्तु एक समय ऐसा भी आया कि उन्हें अपने दोहे के माध्यम से यह कहना पड़ा कि अरे दोस्तो! अब मेरी दोस्ती को छोड़ दो क्योंकि अब मेरे पास देने को कुछ नहीं है। हम पुराने वाले रहीम नहीं रहे अब तो हमें स्वयं द्वार–द्वार भटककर मिले अन्न से अपना गुज़ारा करना पड़ता है।

ओछो काम बड़े करें, तो न बड़ाई होय।
ज्यों रहीम हनुमन्त कों, गिरधर कहे न कोय।।8।।

ओछो–छोटा, गिरधर–गोवर्धन पर्वत को धारण करने वाले कृष्ण का विशेषण।

रहीम हनुमान जी और भगवान श्रीकृष्ण की तुलना करते हैं और हनुमान को अधिक बलशाली मानते हुए 'बड़ा' और कृष्ण को उनकी तरुण अवस्था जानकर 'छोटा' कहते हैं। पौराणिक मान्यताओं के अनुसार कृष्ण ने गोवर्धन पर्वत उठाकर गोकुल निवासियों की रक्षा की थी। इसलिए उन्हें 'गिरधर' कहा जाता है। परन्तु पर्वत तो हनुमान जी ने भी उठाया था, यहाँ तक कि उसे उठाकर लंका तक ले गये थे फिर भी कोई उन्हें 'गिरधर' नहीं कहता। यहाँ, काम के बड़े होने की अपेक्षा काम किसके द्वारा किया गया, इसे अधिक महत्त्वपूर्ण माना गया है।

अंड न बौड़ रहीम कहि, देखि सचिक्कन पान।
हस्ती–ढक्का, कुल्हड़िन, सहैं ते तरुवर आन।।9।।

अण्ड–एरण्ड का पेड़, बौड़–बौड़ाना, पागल होना, भ्रम में पड़ना।

अरे, घमण्डी एरण्ड! तेरे दो–चार चिकने पत्ते क्या हो गये तू तो पागल ही हो गया। इसी ऐंठ में तू तन गया। सच्चाई यह है कि हाथों के इशारे मात्र से तेरी टहनियाँ टूट जाया करती हैं। तेरी तुलना छायादार और फलदार वृक्षों से कभी भी नहीं हो सकेगी। तू अपने आप को तरुवर समझने की भूल मत कर। वे दूसरे ही पेड़ होते हैं जो हाथियों के धक्के और कुल्हाड़ी की मार सहन कर जाते हैं। तेरा गुमान सर्वथा व्यर्थ है। रहीम का उद्देश्य इस दोहे के माध्यम से नये–नये धनवान या अल्पज्ञानी लोगों को सचेत करना है।

कदली, सीप, भुजंग–मुख, स्वाति एक गुण तीन।
जैसी संगति बैठिये, तैसोई फल दीन।।10।।

कदली–केला का पेड़, स्वाति–एक नक्षत्र विशेष।

दुर्जनों का साथ सज्जनों को भी दूषित कर देता है। कवियों का मानना है कि स्वाति नक्षत्र में वर्षा की बूँदें केले के पत्ते पर गिरें तो कपूर, सीप के मुँह में गिरें तो मोती और साँप के मुँह में गिरें तो ज़हर बन जाती हैं। एक ही स्वाति के विभिन्न प्रभाव, तीन अलग–अलग संगतियों के कारण हुआ करते हैं। अतः संगति का प्रभाव निश्चित रूप से पड़ता है, जैसी संगति वैसा ही फल।

करत निपुनई गुन बिना, रहिमन निपुन हजूर।
मानहु टेरत बिटप चढ़ि, मोहि समान को कूर।।11।।

निपुनई–चतुराई, योग्यता, निपुन हजूर–योग्य पुरुष के सामने, बिटप–वृक्ष, पेड़।

इस संसार में बहुधा देखने को मिलता है कि लोग समाज या परिवार के हित में कोई काम न करके गपबाज़ी और अपनी बड़ाई की डींगें हाँकने में समय बिताते रहते हैं। रहीम की यह सीख उन ख़ास लोगों के लिए है जो बिना किसी गुण के होते हुए अपने ज्ञान की डींगें हाँकते रहते हैं। वे कहते हैं–गुणीजनों पर गुणहीनों द्वारा निपुणता की धौंस ज़माना ऐसा ही है, जैसे पेड़ पर चढ़कर कोई चिल्लाये और कहे कि मेरे समान दूसरा मूर्ख कौन है?

करमहीन रहिमन लखो, धँस्यो बड़े घर चोर।
चिन्तन ही बड़ लाभ के, जागत ह्वै गो भोर।। 12।।

करमहीन–अकर्मण्य, निकम्मा, अभागा, भोर–सबेरा।

कोई चोर किसी धनी व्यक्ति के घर में रात के समय चोरी के इरादे से घुसा परन्तु कुछ भी चुराये बिना सुबह हो जाने पर वापिस आ गया। वह सारी रात इसी उधेड़बुन में लगा रहा कि क्या उठाने से अधिक लाभ होगा? रहीम कहते हैं, इसे ही अभागा या दुर्भाग्यशाली कहा जाता है। इस दोहे में यह भाव छुपा है कि विचारों को अमल में लाने से ही काम सिद्ध होता है, ज़्यादा सोच–विचार करने से अक्सर काम बिगड़ जाता है।

कहि रहीम संपति सगे, बनत बहुत बहु रीत।
बिपति–कसौटी जे कसे, सोही साँचे मीत।। 13।।

समपति सगे–धन के साथी, बिपति–कसौटी जे कसे–विपत्ति में जिनकी परीक्षा हो चुकी है।

रहीम की दुनियादारी की समझ अत्यन्त गूढ़ थी। बारीक़ से बारीक़ तथ्य उन्होंने बड़ी सूक्ष्मता से परखे थे। वे कहते हैं जब व्यक्ति के पास धन–सम्पत्ति आती दिखाई देती है तब लोग बहुत प्रकार से सम्बन्धी, मित्र अथवा हितैषी बनने लगते हैं। परन्तु जो लोग मुश्किल समय में आपके साथ खड़े रहते हैं वे ही सच्चे हितैषी हुआ करते हैं। ऐसे लोगों को कोई फ़र्क़ नहीं पड़ता कि आपकी आर्थिक स्थिति कैसी है, उनके मन में तो बस अपने मित्र के सुख–दुःख में शामिल होने की ललक होती है।

कहु रहीम कैसे निभै, बेर केर को संग।
वे डोलत रस आपने, उनके फाटत अंग।। 14।।

बेर–एक काँटेदार जंगली झाड़ी, केर–केले का पौधा, रस–आनन्द।

रहीम कहते हैं : दो विपरीत स्वभाव के लोगों की संगति कभी भी लाभदायी नहीं हो सकती। मान लीजिए कोई केले का पेड़ किसी बेर के पेड़ के एकदम समीप लगा हुआ है और सुहानी हवा चलने लगे, तब क्या होगा? बेर का पेड़ तो हवा के झोंकों से मस्ती में झूमने लगेगा वह भी बिना पड़ोसी की चिन्ता किये हुए और बेचारे केले के पत्ते फटने के लिए मजबूर होंगे। एक का चरम आनन्द दूसरे का महाकष्ट बन जायेगा।

कागद को सो पूतरा, सहजहि में घुलि जाय।
रहिमन यह अचरज लखो, सोऊ खैंचत बाय।। 15।।

पूतरा–पुतला, बाय–वायु, खैंचत बाय–घमंड करना।

जैसे काग़ज़ का पुतला पानी में सरलता से घुल जाता है मानव तन भी उसी सुगमता से पानी में घुलनशील है। परन्तु अचम्भा तो यह है कि पुतला गलते–घुलते हुए भी वायु अन्दर खींचता रहता है। मनुष्य भी पुतले की ही तरह सारी ज़िन्दगी वायु खींचता रहता है अर्थात् अहंकार से भरा रहता है। रहीम कहते हैं : मानव जीवन सार्थक तब होगा जब वह व्यवहार में सहज, सरल होगा। इस मिट्टी से बने शरीर को आखिर मिट्टी में ही मिल जाना है, फिर अभिमान, अहंकार, दम्भ क्यों? इस दोहे की नैतिक शिक्षा–"अहंकार त्याग कर सादा जीवन व्यतीत करो"।

काज परै कछु और है, काज सरै कछु और।
रहिमन भँवरी के भए, नदी सिरावत मौर।।16।।

काज–काम, मतलब पड़ने पर, कछु–कुछ, काज सरै–काम निकल जाने पर।

दुनिया में बहुधा देखा जाता है कि, जिससे काम पड़ता है उसे पूरे समर्पण के साथ आदर और सम्मान दिया जाता है। परन्तु काम निकल जाने के बाद उसे पहचानने से भी इनकार कर दिया जाता है। दूसरे शब्दों में– "काम पड़ने पर आप हमारे सब कुछ" और काम हो जाने पर "कौन हैं आप हमारे" की विचारधारा मनुष्य की स्वार्थपरता को दर्शाती है। रहीम ने बहुत नजदीक से हिन्दुओं के धार्मिक रीति–रिवाजों का अवलोकन किया है। दूल्हा सारे विवाह कार्यक्रम के दौरान सिर पर मौर धारण किये रहता है क्योंकि बिना उसके विवाह नहीं हो सकता, यही परम्परा है। परन्तु विवाह सम्पन्न होने के बाद मौर को नदी में विसर्जित कर दिया जाता है। ऐसी ही रीति बनाई गयी है।

काह करौं बैकुंठ लै, कल्पबृच्छ की छाँह।
रहिमन ढाक सुहावनो, जो गल पीतम–बाँह।।17।।

कल्पबृच्छ–स्वर्ग का वृक्ष जो मनचाहा पदार्थ देता है।

रहीम प्रेमिका के विचारों और उसकी अन्तर्दशा को प्रेमिका के ही शब्दों में कुछ इस तरह व्यक्त करते हैं– यदि प्रियतम साथ में हो तो कठिन से कठिन जगह में बहुत आनन्द से रह लूँगी। मान लीजिये मूसलाधार पानी गिर रहा है, कुटी टूटी–फूटी है, घोर शीत का वातावरण है, खटिया के तार–तार बिखर रहे हों और ऐसे में प्रियतम का साथ मिल जाये तो उसी क्षण प्रेम की लूट मचने लगेगी। प्रेमी के साथ के बदले स्वर्ग का भी लोभ नहीं करुँगी। यहाँ तक कि वहाँ के कल्पवृक्ष की छाया भी मुझे आकर्षित न कर पायेगी। इस स्वर्गीय प्रलोभन के बदले जंगल में टेसु के नीचे प्रेमी के साथ गले में बाँहें डालकर प्रेमालाप करना, मैं अधिक उपयुक्त समझूँगी।

कुटिलन संग रहीम कहि, साधू बचते नाहिं।
ज्यों नैना सैना करें, उरज उमेठे जाहिं।।18।।

सैना–संकेत, इशारा, उरज–स्तन, कुच।

रहीम कहते हैं : अच्छे विचार और उत्तम स्वभाव के लोग जब बुरी आदतों वाले लोगों की संगति में पड़ जाते हैं तब वे भी कुसंगति के प्रभाव और दण्ड से नहीं बच पाते। जब अभिसारिका आँखों के इशारे से प्रियतम को अपने पास बुलाती है तब स्तनों

का कोई दोष नहीं होता। गलती न होते हुए भी उन्हें प्रेमी द्वारा उमेठा जाता है। उनका अपराध बस इतना होता है कि वे गलत संगति में होते हैं। स्तन और आँखें एक ही शरीर के अंग होने के कारण आपस में संगति में रहते हैं। इस कारण उन्हें निर्दोष होते हुए भी सजा भुगतनी पड़ती है।

कौन बड़ाई जलधि मिलि, गंग नाम भो धीम।
केहि की प्रभुता नहिं घटी, पर घर गये रहीम।। 19।।

जलधि–समुद्र, सागर, पर घर–दूसरे के घर।

हिन्दू समाज में गंगा नदी के उच्च स्थान को रेखांकित करके रहीम कटाक्ष करते हैं कि जब गंगाजी दौड़ती हुई जाती हैं और सागर में मिल जाती हैं तब उनका नाम ही गंगा नहीं रह जाता। हिमालय से गंगासागर तक गंगा, गंगा कहलाती हैं। उसके बाद नहीं। रहीम इस उदाहरण के माध्यम से सन्देश देते हैं कि हमें अपनी ज़रूरतों को सीमित रखना चाहिए क्योंकि दूसरों के घर जाने से मान–सम्मान कम हो जाता है, जब गंगाजी का मान घट गया तो दूसरों की तो कहने की कोई बात ही नहीं।

खीरा सिर तें काटिए, मलियत नमक बनाय।
रहिमन करुए मुखन को, चहिअत इहै सजाय।। 20।।

करुए मुखन–कटु भाषी मुख, कटुवादी मनुष्य, सजाय–दण्ड; सज़ा।

सभी जानते हैं कि खीरे की कड़ुवाहट उसके ऊपरी सिरे को काटने के बाद नमक रगड़कर कम की जाती है। इस साधारण से दैनिक क्रिया–कलाप का रहीम ने बारीकी से मनन किया। जनमानस को समझते और समझाते हुए वे कहते हैं–कटु वचन बोलने वाले मनुष्य की सज़ा खीरे की ही तरह होनी चाहिए। अर्थात् कुवचन बोलने वाले का मुँह रगड़ा जाये तभी वह समाज में रहने लायक बन पायेगा, जैसे उपचार के बाद खीरा खा़ने लायक बन जाता है।

खैर, ख़ून, खाँसी, खुसी, बैर, प्रीति, मदपान।
रहिमन दाबे ना दबैं, जानत सकल जहान।। 21।।

खैर–कुशलता, भलाई, ख़ून–नरहत्या।

रहीम ने इस दोहे में अन्तर्मन की भावनाओं का प्रतिबिम्ब दिखाया है। वे कहते हैं कि इस संसार में तमाम ऐसी चीज़ें हैं, जिन्हें मनुष्य लाख प्रयत्न करके भी नहीं छिपा सकता। जैसे– कुशलता का समाचार, मनुष्य की हत्या, गले की ख़राश या खाँसी, किसी के साथ शत्रुता, परस्पर प्रेमभाव और सुरापान आदि दुर्व्यसन। स्पष्ट है कि ये तथ्य ऐसे हैं जो बिना बताये भी संसार के सामने देर–सवेर उजागर हो ही जाते हैं। ये सब खाँसी की भाँति चुगली कर देते हैं।

गुन ते लेत रहीम जन, सलिल कूप ते काढ़ि।
कूपहु ते कहुँ होत है, मन काहू को बाढ़ि।। 22।।

गुन–रस्सी, योग्यता, सलिल–जल, कूप–कुआँ, काढ़ि–निकालना।

कुएँ में जल गहराई पर होता है, इसलिए साधारण उपाय से उसे नहीं निकाला जा सकता। परन्तु गुणवान लोग रस्सी की सहायता से जल निकाल लेते हैं। रहीम कहते हैं कि इसी प्रकार, अच्छे गुणों द्वारा दूसरों के हृदय में भी अपने लिए प्रेम उत्पन्न किया जा सकता है क्योंकि किसी का भी मन कुएँ से अधिक गहरा नहीं होता। सतत परिश्रम व निरन्तर प्रयास करके किसी का भी मन जीता जा सकता है।

छिमा बड़न को चाहिए, छोटिन के उतपात।
का रहीम हरि को घट्यो, जो भृगु मारी लात।।23।।

छिमा–सहनशीलता, क्षमा, उतपात–उपद्रव।

ज्ञानवान लोगों को रहीम ने यहाँ बड़ा कहकर सम्बोधित किया है। विवेकशील व्यक्ति ही किसी दुष्ट को क्षमा कर सकता है। रहीम के अनुसार विवेकवान, ज्ञानी पुरुष का दायित्व है कि वह समाज को अपने ज्ञान से लाभ पहुँचाये। दुष्ट लोग अज्ञानतावश उपद्रव, उत्पात में लगे रहते हैं, इन्हें ओछा या छोटा मानते हुए ज्ञानी अथवा बड़े लोगों को माफ़ कर देना चाहिए। इस तरह बड़े लोग समाज सुधारक का कर्त्तव्य निभा पाएँगे। पौराणिक कथा के अनुसार भृगु ऋषि ने भगवान विष्णु की क्षमाशीलता की परीक्षा लेने हेतु उनकी छाती पर पैर से प्रहार किया था परन्तु उन्होंने न केवल ऋषि को माफ़ किया वरन् हमेशा के लिए उनके पैर को छाती पर अंकित कर लिया है? यह क्षमादान का अतुलनीय उदाहरण है।

छोटिन सों सोहें बड़े, कहि रहीम यह रेख।
सहसन को हय बाँधियत, लै दमरी की मेख।।24।।

रेख–लकीर, निश्चय, सहसन–हज़ारों, हय–घोड़ा, दमरी–दस कौड़ी, मेख–खूँटा।

छोटे लोग भी कम महत्त्वपूर्ण नहीं होते। व्यावहारिक जीवन में सभी जानते हैं छोटों से ही बड़ों की शान होती है। रहीम कहते हैं– पशु–मेले में व्यापारी अपने सैकड़ों रुपये की कीमत के घोड़े को नगण्य दाम के खूँटों से बाँधता है। घोड़ा और खूँटा एक–दूसरे के पूरक–अनुपूरक होते हैं। घोड़े की शोभा खूँटे से ही होती है क्योंकि बिना अवलम्ब के घोड़ा इधर–उधर स्वच्छन्द विचरण करने लगता है, जिससे उसे हानि पहुँचने की आशंका रहती है जबकि अवलम्ब में बँधा सुरक्षित घोड़ा सभी के आकर्षण का केन्द्र बनता है। स्पष्ट है कि कोई भी वस्तु क्षुद्र या नगण्य नहीं होती यह परिस्थितियाँ ही हैं जो किसी वस्तु को महत्त्वपूर्ण अथवा कम महत्त्वपूर्ण बनाती हैं।

जलहि मिलाय रहीम ज्यों, कियो आप सम छीर।
अँगवहि आपुहि आप त्यों, सकल आँच की भीर।।25।।

छीर–दूध, अँगवहि–झेलते हैं, अपने ऊपर सहते हैं, आँच की भीर–ताप का कष्ट।

दूध और पानी की दोस्ती जैसा दूसरा अन्य उदाहरण दीपक लेकर ढूँढ़ने से भी मिलना कठिन है। दूध पानी को अपने में मिलाकर उसी जैसा बना लेता है। इस मिश्रण में पानी के कण कौन से हैं और दूध के कौन से पता कर पाना असम्भव होता है। यह तो हुआ दूध की मित्रता का नमूना। अब देखिये पानी का मित्रता निभाने का तरीका। जब इस घोल को तपाया जाता है तब पानी सारा ताप स्वयं बर्दाश्त करता है। वह दूध

पर आँच तब तक नहीं आने देता जब तक उसका अस्तित्व रहता है। दूध तभी प्रभावित होता है जब सारा पानी समाप्त हो जाता है। यह निःस्वार्थ मित्रता की अनूठी मिसाल है।

जहाँ गाँठ तँह रस नहीं, यह रहीम जग जोय।
मँड़ए तर की गाँठ में, गाँठ गाँठ रस होय।।26।।

गाँठ–ईख की गाँठ और मनोमालिन्य, जोय–जानता है, मँड़एतर की गाँठ–विवाह–मण्डप में वरवधू को परस्पर बाँधने वाली गाँठ।

रहीम कहते हैं : यह जग जाहिर है कि जहाँ गाँठ होती है वहाँ रस नहीं होता। जहाँ मनोमालिन्य, मतान्तर होता है वहाँ आनन्द व्याप्त नहीं होता। इसके विपरीत, विवाह–मण्डप के नीचे परिणय–गाँठों में रस ही रस होता है। विवाह–मण्डप में बाँधी जाने वाली ये गाँठें, प्रेम, संकल्प और समर्पण की प्रतीक होती हैं, अतएव इनमें रस होना स्वाभाविक है क्योंकि विवाह के दौरान दोनों पक्ष के लोग रस में सराबोर रहते हैं इस कारण इस मौक़े पर बँधने वाली गाँठों में रस ही रस होता है।

जे ग़रीब पर हित करें, ते रहीम बड़ लोग।
कहाँ सुदामा बापुरो, कृष्ण–मिताई जोग।।27।।

बापुरो–बेचारा, ग़रीब, मिताई–मित्रता, दोस्त, जोग–योग्य।

रहीम कहते हैं, जो समर्थ और साधन–सम्पन्न लोग साधनहीन ग़रीबों की सहायता करते हैं, वे साधुवाद के पात्र बनते हैं। जैसे, पौराणिक मान्यताओं के अनुसार भगवान श्रीकृष्ण और सुदामा बचपन के मित्र थे। समय के साथ श्रीकृष्ण द्वारिका के राजा बने और द्वारिकाधीश कहलाये। यहाँ गोकुल में सुदामा अत्यधिक ग़रीबी में जीवन–यापन कर रहे थे। सुदामा हमेशा अपनी पत्नी से कहते थे कि कृष्ण उनके बाल–सखा हैं। एक दिन पत्नी की सलाह से सुदामा अपने मित्र से मिलने चल दिये। भगवान श्रीकृष्ण जिस प्रेम व आदर से सुदामा से मिले और उनका मान–सम्मान कर उन्हें अतिथि बनाकर अपने महल में रखा वह इतिहास में अमर हो गया। तब से मित्रता कृष्ण–सुदामा की मैत्री से परिभाषित की जाने लगी।

जैसी जाकी बुद्धि है, तैसी कहै बनाय।
ताको बुरो न मानिये, लैन कहाँ सूं जाय।।28।।

जैसी–जिस प्रकार की, जाकी–जिसकी, बुद्धि–विवेक, समझदारी।

दुनियादारी में आमतौर पर देखने को मिलता है कि हम वार्तालाप करते हुए एक–दूसरे को गलत साबित करने पर लगे रहते हैं। इसका मूल कारण होता है कि हम अपनी बुद्धि से सामने वाले की बुद्धि की तुलना करने लगते हैं। हमें समझना चाहिए कि हर कोई कुशल नहीं होता, पर अपने विवेकानुसार सभी अपनी बात रखने की कोशिश करते हैं। हम सब लोगों से सुसंस्कृत एवं मृदु–भाषी होने की अपेक्षा नहीं कर सकते। जिस मनुष्य की बुद्धि जैसी होती है वह वैसी ही बात करता है। वह बुद्धि कहीं और से तो लेकर आने से रहा। ऐसे लोग उपेक्षा के नहीं दया के पात्र होते हैं। इनकी नादानी को नज़रअन्दाज़ कर देना चाहिए।

जैसी परै सो सहि रहे, कहि रहीम यह देह।
धरती ही पर परत है, सीत धाम औ मेह।।29।।

जैसी परै–परिस्थितियों के अनुरूप, धरती–पृथ्वी, सीत धाम औ मेह–ठण्ड, ग्रीष्म, वर्षा ऋतु।

इस पृथ्वी पर सभी मौसमों की मार पड़ती है। यह तपती धूप, सिहराने वाली ठण्ड और घनघोर बरसात सहन करती हैं। परन्तु इस सबके बावजूद अपना कर्तव्य पालन करती रहती है जिसके फलस्वरूप हम सब निवासियों को जीवन–यापन करने के संसाधन उपलब्ध होते रहते हैं। धरती हमें कठिन परिस्थितियों में कर्तव्य पथ पर डटे रहने की सीख देती है। रहीम कहते हैं : जैसे धरती ठण्ड, धूप और वर्षा सहन करती है, वैसे ही हमें अपने शरीर को सुख–दुःख, भूख–प्यास, हानि–लाभ इत्यादि सहने की आदत डालनी चाहिए क्योंकि ये सब जीवन के अभिन्न अंग हैं। ज़िन्दगी का उद्देश्य ही विपरीत स्थितियों में बिना घबराये अपना काम करते रहना होना चाहिए।

जो बड़ेन को लघु कहें, नहिं रहीम घटि जाहिं।
गिरधर मुरलीधर कहे, कछु दुख मानत नाहिं।।30।।

बड़ेन–बड़ों को, लघु कहें–कम महत्त्व का या लघु कहने से, कछु–कुछ।

बहुधा देखा गया है लोग अपनी आत्म–सन्तुष्टि अथवा शेखी बघारने के लिए पराक्रमी और समर्थ व्यक्तियों को हल्के शब्दों से सम्बोधित करके गर्व महसूस करते हैं। रहीम कहते हैं कि बड़े को छोटा कहने से बड़े का सामर्थ्य और गौरव कम नहीं हो जाता। श्रीकृष्ण के बल, बुद्धि, विवेक और सामर्थ्य से तो सब परिचित हैं किन्तु यदि कोई उन्हें गिरधर न कहकर मुरलीधर कहे तो उससे उनकी प्रभुता कम नहीं होती। वे तो मुरलीधर कहलाना भी गिरधर कहलाने के समान ही मानते हैं। प्रभुता में अहंकार की सम्भावना होती है पर लघुता सदैव निश्छल और भोली होती है।

जो रहीम उत्तम प्रकृति, का करि सकत कुसंग।
चन्दन विष व्यापत नहीं, लपटे रहत भुजंग।।31।।

उत्तम प्रकृति–परिपक्व और अच्छा, स्वभाव, कुसंग–बुरी संगति, दुस्संगति, भुजंग–सर्प ।

रहीम कहते हैं : जो लोग दृढ़ मानसिकता के उच्च विचार से युक्त, आदर्श चरित्र के और विवेकशील होते हैं उन पर बुरी संगति कोई असर नहीं कर सकती। उनके स्वभाव पर बुरे विचारों और बुरी आदतों का कोई प्रभाव नहीं पड़ता। चन्दन–वन में चन्दन के पेड़ों पर ज़हरीले साँप सदा लिपटे रहते हैं फिर भी चन्दन अपनी खुशबू ज्यों की त्यों रखता है। विषैला चन्दन आज तक किसी ने नहीं देखा होगा। कहने का मतलब यह कि साँपों का ज़हर चन्दन का कुछ भी नहीं बिगाड़ पाता। बुरी संगति केवल मानसिक रूप से दुर्बल व्यक्तियों पर असर डाल सकती है। गुणवान और मानसिक रूप से सबल लोग कुसंगति के प्रभाव से अछूते रहते हैं।

जो रहीम ओछो बढ़ै, तौ अति ही इतराय।
प्यादे सो फरजी भयो, टेढ़ो टेढ़ो जाय।।32।।

प्यादा–पैदल, फरजी–शतरंज का एक मुहरा जिसे वज़ीर भी कहते हैं, टेढ़ो टेढ़ो जाय–टेढ़ा चलना।

दैनिक जीवन में हम सभी महसूस करते हैं कि छोटी सोच रखनेवाला व्यक्ति यदि ऊँचे पद पर पहुँच जाता है तो उसमें अहंकार आ जाता है। वह धृष्टता से व्यवहार करने लगता है और बात–बात में अड़ना, अकड़ना उसकी आदत बन जाती है। इस बात को समझाने के लिए रहीम शतरंज–खेल के नियमों का सहारा लेते हैं। इस खेल में जब कोई प्यादा एक–एक घर चलते–चलते विरोधी वज़ीर के घर में पहुँच जाता है, तब वह ख़ुद वज़ीर बन जाता है और बनते ही उसकी चाल बदल जाती है। वह आड़ा–तिरछा चलने लगता है। अहंकार में टेढ़ा–तिरछा चलना स्वाभाविक है।

जो रहीम मन हाथ है, तो तन कहुँ किन जाहि।
जल में जो छाया परे, काया भीजति नाहिं।। 33।।

हाथ है–वश में है, तन–शरीर, काया, छाया–प्रतिबिम्ब, परछाईं।

मन की स्थिरता कठिनता से मिलती है। इसके लिए सतत संयम की ज़रूरत होती है। लगातार नियम–पालन और संकल्प से ही मन पर क़ाबू पाया जा सकता है। परन्तु एक बार मन आपके वश में हो गया तो मानो सारी चिन्ता का अन्त हो गया। शरीर तो मन का दास होता है। यह कहीं भी भटकता रहे, चाहे वह तीर्थ–स्थान हो या जुए का अड्डा या फिर वेश्यालय ही क्यों न हो, मन जब तक वश में है तन कुछ भी ग़लत नहीं कर पायेगा। यह वैसा ही है जैसे पानी में व्यक्ति की छाया पड़ जाये तो भी उसका शरीर नहीं भीगता।

टूटे सुजन मनाइए, जो टूटे सौ बार।
रहिमन फिरि फिरि पोइए, टूटे मुक्ताहार।। 34।।

टूटे–रूठने या बिगाड़ होने पर, सुजन–स्वजन, पोइए–पिरोइए, मुक्ताहार–मोतियों की माला।

यदि कोई प्रियजन जैसे मित्र, हितैषी, भाई–बन्धु, कुटुम्बी–जन जिसका आप से अनूठा लगाव हो किसी कारणवश आपसे रूठ जाता है तो उसे मनाने का निरन्तर प्रयास करना चाहिए। सौ बार मनाने से भी न माने तो भी कोशिश जारी रखनी चाहिए। रहीम ने अत्यन्त सरल उपमा देकर इस जटिल पहेली को सुलझाया है–जब कीमती मोतियों की माला टूटकर बिखर जाती है तो उन मोतियों को समेटकर बार–बार धागे में पिरोया जाता है। मनुष्य को बचपन से ही कीमती वस्तुओं की उपेक्षा न करने का अभ्यास कराया जाता है।

तरुवर फल नहिं खात हैं, सरवर पियहि न पान।
कहि रहीम पर काज हित, संपति सँचहि सुजान।। 35।।

तरुवर–वृक्ष, सरवर–तालाब, जलाशय, सँचहि–संचय करना, एकत्रित करना, सुजान–बुद्धि मान पुरुष।

दुनिया में अपनी अर्जित धन–सम्पत्ति को अन्य ज़रूरतमन्दों के ऊपर ख़र्च करने वाले लोगों को हमेशा याद किया जाता है। ऐसे संवेदनशील सज्जनों की गाथाएँ इतिहास में दर्ज हो जाती हैं। रहीम इन महानुभावों की तुलना फलदार वृक्षों और जलाशयों से करते हुए कहते हैं कि पेड़ स्वयं अपने फल नहीं खाते और न ही तालाब

कभी अपना पानी पीते हैं। सदैव अन्य लोग ही इनका उपभोग करते हैं। यह क़ुदरत का क़ानून है।

थोथे बादर क्वाँर के, ज्यों रहीम घहरात।
धनी पुरुष निर्धन भये, करें पाछिली बात।। 36।।

थोथे बादर—वे बादल जो बरसाती नहीं होते, खाली, दिखावटी या जलहीन बादल, घहरात—गर्जते हैं।

मेघों का काम वर्षा करना होता है। इन पर हमारी निर्भरता होती है। ये वर्षा ऋतु में हमारी उम्मीदें पूरी करते हैं। वर्षा ऋतु में सावन—भादों के बाद क्वाँर का महीना आता है। इस महीने में गरजने वाले बादल दमदार नहीं होते अर्थात् इनसे पानी की उम्मीद नहीं होती है। ये सिर्फ़ गर्जना कर सकते हैं। रहीम कहते हैं : इसी प्रकार जब संपन्न व्यक्ति विपन्न हो जाता है तब वह हमेशा पुरानी बातें दुहराता रहता है, जिससे किसी को कोई लाभ नहीं होता। उस व्यक्ति को भी नहीं। अतः सदैव वर्तमान में जीने की कोशिश करनी चाहिए यही इस दोहे की मूल भावना है।

थोरो किए बड़ेन की, बड़ी बड़ाई होय।
ज्यों रहीम हनुमन्त को, गिरधर कहत न कोय।। 37।।

थोरो—थोड़ा, कम करने पर, बड़ेन—बड़े लोगों की, बड़ाई—अत्यधिक प्रशंसा।

बड़े लोग अपने किये गये काम की खुद तारीफ़ करें, या न करें परन्तु अन्य लोग उसका बखान बढ़ा—चढ़ा कर करते नहीं थकते। रहीम कहते हैं : गोवर्धन पर्वत उठाने वाले कृष्ण को गिरधर कहा गया परन्तु धौलागिरी उठाने वाले हनुमान जी को ऐसी कोई उपाधि नहीं दी गयी है। इस दोहे में कृष्ण को बड़ा और हनुमान जी को छोटा माना गया है। यहाँ गोवर्धन पर्वत उठाने के प्रयास को धौलागिरी उठाने और उसे लंका ले जाने के मुक़ाबिले अधिक बड़ा काम माना गया है।

दीन सबन को लखत है, दीनहिं लखै न कोय।
जो रहीम दीनहिं लखै, दीनबन्धु सम होय।। 38।।

दीन—ग़रीब, विपन्न, याचक, सबन—सभी को, लखत है—देखता है।

याचक सभी की ओर आस लगाकर देखता रहता है। उसे हर किसी से उम्मीद होती है। परन्तु देखने में आता है कि लोग उसे अनदेखा कर देते हैं। प्रायः वह उपेक्षा का पात्र ही बनता है। रहीम कहते हैं, जो ग़रीबों की ओर देखता है अर्थात् उनकी यथासम्भव मदद करता है वह उन लोगों के लिए भगवान के समान पूजनीय हो जाता है। ग़रीब की ज़रूरतें बहुत ही छोटी—छोटी होती हैं जिन्हें साधारण जन भी पूरा कर सकते हैं। उनको भरपेट भोजन भी मिल जाये तो उनकी आत्मा तृप्त होकर खिलाने वाले को ढेरों आशीष देती है।

देनहार कोई और है भेजत हैं दिन रैन।
लोग भरम हम पर धरैं, यातें नीचे नैन।। 39।।

देनहार—देने वाला, दाता, रैन—रात, याते—इसलिए, नीचे—झुके हुए।

रहीम के समकालीन कवि गंग ने एक बार उनकी दानशीलता की तारीफ़ में कहा—'सीखे कहाँ नवाब जू, ऐसी देनी देन। ज्यों ज्यों कर ऊँचो करो, त्यों त्यों नीचे

नैन।।' रहीम में लेश मात्र भी गर्व नहीं था। वे अपनी प्रशंसा व महानता को सदा ईश्वर की अनुकम्पा मानते थे। 'गंग' के दोहे का जवाब उन्होंने इस दोहे से दिया जिसका भाव कुछ इस प्रकार है– देने वाला कोई और है जो दिन–रात भेजता रहता है और लोग इस भ्रम में रहते हैं कि मैं दान दे रहा हूँ, इसलिए मैं आँखें नीची किये रखता हूँ ताकि देने का श्रेय वास्तविक देने वाले को दिया जा सके।

दोनों रहिमन एक से, जौ लौं बोलत नाहिं।
जान परत हैं काक पिक, ऋतु बसन्त के माँहिं।।40।।

जौ लौं–जब तक, काक–कौआ, पिक–कोयल।

किसी व्यक्ति की बुद्धिमानी और ज्ञान का पता तभी चल पाता है जब वह बोलना शुरू करता है। मूर्ख की मूर्खता का और धूर्त की धूर्तता का पता भी उसके मुँह खोलने से ही चलता है। बिना किसी के बोले उसके बारे में कोई राय नहीं बनाई जा सकती। पक्षियों में कौआ और कोयल एक समान दिखाई देते हैं। जब तक ये बोलते नहीं तब तक इनकी पहचान कर पाना मुश्किल होता है। जब बसन्त ऋतु आती है तब कोयल मधुर स्वर में गाने लगती है जिससे सब जान जाते हैं कि कोयल कूक रही है। कौआ अपनी कर्कश आवाज़ में काँव–काँव करता रहता है और सब पहचान लेते हैं। बोलने से ही दोनों का अन्तर स्पष्ट हो पाता है।

नात नेह दूरी भली, लो रहीम जिय जानि।
निकट निरादर होत है, ज्यों गड़ही को पानि।।41।।

नात–नातेदारी, नेह–स्नेह, गड़ही–ताल–तलैया या छोटे गड्ढे का पानी।

रहीम कहते हैं : नातेदारी, रिश्तेदारी, स्नेह इत्यादि तभी तक अपनी चमक रख पाते हैं जब तक दूरी बनी रहती है। निकटता बढ़ने से सम्बन्धों में शिथिलता आ जाती है। अभाव में भावनाएँ बलवती होती हैं। वियोग कल–कल बहता झरना और संयोग ठहरा हुआ पानी होता है। दूर के तालाब सुहावने लगते हैं क्योंकि उनके बारे में अधिक जानकारी नहीं होती। निकट के ताल–तलैयों को हम उचित आदर नहीं देते, क्योंकि उनके बारे में सारी जानकारी पहले से ही उपलब्ध होती है।

पन्नगबेलि पतिव्रता, रति सम सुनो सुजान।
हिम रहीम बेली दही, सत जोजन दहियान।।42।।

पन्नगबेलि–पान की लता, सम–बराबर, दहियान–जलाया गया, तपा हुआ, हिम–पाला, बर्फ़।

रहीम कहते हैं : पान की कोमल लता और रतिस्वरूपा–पतिव्रता स्त्री एक समान होती हैं। दोनों संवेदनशील और स्वभाव से कोमल होती हैं। लता ठण्ड न सह पाने के कारण शीतपूर्ण पाले से जल जाती है और पतिव्रता स्त्री पति के विरह की दूरी से जल जाती है। पति से सौ योजन दूर होने की कल्पना पतिव्रता स्त्री के लिए पाले के समान सन्तापकारी होती है।

पसरि पत्र झंपहि पितहिं, सकुचि देत ससि सीत।
कहु रहीम कुल कमल के, को बैरी को मीत।।43।।

पसरि—फैलाकर, पत्र—यहाँ इसका अर्थ पंखुड़ी है, न कि पत्ते, झँपहि—छिपा लेते हैं, पितहि—तालाब का जल अर्थात् कमल का पिता, सकुचि—पंखुड़ी बन्द करना।

कमल जल में पैदा होता है अतएव जल को उसका पिता कहा जाता है। भीषण गर्मी में कमल अपनी पंखुड़ियों को फैलाकर जलाशय के पानी को ढक लेता है ताकि पानी को सूर्य के प्रचण्ड ताप से राहत दिलाई जा सके। रात्रि में वह इन्हीं पंखुड़ियों को समेट लेता है जिससे कि चन्द्रमा की चाँदनी जल को शीतल कर सके। रहीम कहते हैं, जिस कुल में कमल जैसा पुत्र और जल जैसा पिता होता है उस कुल का कोई भी शत्रु नहीं होता क्योंकि सभी उस कुल के मित्र होना चाहेंगे।

पुरुष पूजें देवरा, तिय पूजैं रघुनाथ।
कहि रहीम दोउन बनै, पड़ो बैल को साथ।।44।।

देवरा—भूत प्रेत, छोटे देवी—देवता आदि, तिय—स्त्री, नारी, पोड़ा—भैंस का बच्चा।

पुरुष भाग्य भरोसे रहकर मन्त्र—तन्त्र, जादू—टोने इत्यादि की शरण में विचरता हो तथा उसकी पत्नी सरलमना हो और भगवान श्री राम की आराधना में जुटी रहती हो (अपने घर में ही) इस प्रकार की गृहस्थ जोड़ी को आप क्या कहेंगे? यह बैल—गाड़ी में भैंसे और बैल के जुते होने के समान है। दो विपरीत स्वभाव वाले गाड़ी को एक दिशा में कैसे ले जा पाएँगे? यह विचारणीय अवश्य है, पर सच तो यह है नहीं ले जा सकते।

फरजी साह न ह्वै सके, गति टेढ़ी तासीर।
रहिमन सीधे चाल सो, प्यादो होत वजीर।।45।।

फरज़ी—वज़ीर, साह—शतरंज का एक मोहरा जिसे बादशाह कहते हैं, तासीर—असर करना, स्वभाव।

रहीम कहते हैं : तरक्की पाने के लिए परम आवश्यक है सरलता और सहजता। सरलता और निरन्तरता सफलता पाने का एकमात्र उपाय है। शतरंज के खेल में पैदल सीधा चलते हुए वज़ीर के स्थान पर पहुँच, वज़ीर बन जाता है, वहीं दूसरी ओर इसी खेल में वज़ीर कभी भी राजा नहीं बन पाता। खेल से व्यावहारिक ज़िन्दगी की तुलना करते हुए वे बताते हैं कि वज़ीर सदा आड़ा—तिरछा चलता है अथवा चालबाज़ी करता रहता है इसलिए वह कभी राजा नहीं बन पाता जबकि पैदल सीधी चाल चलकर वज़ीर बन जाता है।

बड़े बड़ाई नहिं तजै, लघु रहीम इतराइ।
राइ करौंदा होत है, कटहर होत न राइ।।46।।

इतराइ—इतराना, अभिमान करना, राइ करौंदा—एक करौंदे की किस्म होती है जो करौंदे से बड़ा होता है। करौंदा एक छोटा—सा खट्टा फल होता है।

बड़े और छोटे लोगों में बुनियादी फ़र्क़ होता है। बड़े लोग हमेशा अपनी मर्यादा में रहते हैं और छोटे लोगों में जल्द ही अभिमान घर कर लेता है। करौंदा और कटहल की उपमा से समझाते हुए रहीम इस प्रकार कहते हैं—'करौंदा' बढ़ने की

प्रक्रिया में एक बार तो राइ के बराबर दिखता है। परन्तु 'कटहल' कितना भी छोटा हो किभी भी क्षण 'राइ' जितना छोटा नहीं होता। कटहल अपना बड़प्पन शुरू से ही बनाये रहता है।

बसि कुसंग चाहत कुसल, यह रहीम जिय सोस।
महिमा घटी समुद्र की, रावन बस्यो परोस।।47।।

कुसंग–बुरी संगति, कुसल–खै़र, सोस–अफ़सोस।

बुरी संगति में रहकर कोई भी ख़ुश और प्रसन्नचित्त नहीं रह सकता क्योंकि कुसंगति अपना प्रभाव डाले बिना नहीं रह सकती। रहीम एक अन्य दोहे में कहते हैं–'कदली, सीप, भुजंग–मुख, स्वाति एक गुण तीन। जैसी संगति बैठिये, तैसोई फल दीन। 'रहीम के मन में यह बड़ा अफ़सोस है कि लोग कुसंगति में रहने के बावजूद भी भ्रम में रहते हैं कि वे कुशल से रह सकेंगे। जबकि सच्चाई यह है कि पौराणिक कथा के अनुसार रावण के पड़ोस में बसने से समुद्र का भी बड़प्पन घट गया था क्योंकि उस पर पुल बना दिया गया था।

बिगरी बात बनै नहीं, लाख करौ किन कोय।
रहिमन फाटे दूध को, मथे न माखन होय।।48।।

बिगरी–बिगड़ी, मथे–मथना।

रहीम कहते हैं : आपसी वार्तालाप में हमें सदा सतर्क रहना चाहिए। कम से कम ऐसी स्थिति से तो निश्चित रूप से बचना चाहिए जहाँ पूरी तरह से बात बिगड़ने का अंदेशा हो। यह ठीक वैसे ही है जैसे यदि दूध फट जाये तो लाख कोशिश करने पर भी उसे मथ कर मक्खन नहीं निकाला जा सकता। यदि हम मक्खन प्राप्त करना चाहते हैं तो हमारा प्रयत्न दूध को फटने से रोकना होना चाहिए।

मन सों कहाँ रहीम प्रभु दृग सों कहाँ दिवान।
देखि दृगन जो आदरैं, मन तेहि हाथ बिकान।।49।।

प्रभु–राजा, स्वामी, दृग सों नेत्रों जैसा, दिवान–वज़ीर, मन्त्री।

रहीम कहते हैं : यदि शरीर राज–पाट है तो मन इस राज्य का राजा है और आँखें उसकी दीवान। किसी को देखकर ही मित्रता और प्रेम का आरम्भ होता है। दरबार में जिस प्रकार राजा अपने मन्त्री के परामर्श से कार्य करता है उसी प्रकार मन भी आँखों के परामर्श से कार्य करता है। वह आँखों को प्रिय लगने वाले व्यक्ति को अपनाता है क्योंकि राजा द्वारा अपने समझदार और निपुण मन्त्री के विरुद्ध जाने का कोई कारण नहीं होता। नेत्र जो प्रेम की उदात्त मनोभूमि का मार्ग प्रशस्त करते हैं मन उस पर बिना किसी मोल के बिक जाता है। अतः इस दोहे के माध्यम से रहीम ने प्रेमराज्य में नेत्ररूपी मन्त्री के महत्त्व को दर्शाया है।

मानसरोवर ही मिले हंसनि मुक्ता–भोग।
सफरिन भरे रहीम सर, बक–बालकनहिं जोग।।50।।

सफरिन–सफ़ेद छोटी चमकदार मछलियाँ, सर–सरोवर, बक–बालकनहिं–बगुलों के बच्चे।

हंस, मानसरोवर झील में ही शोभा देते हैं। वे वहीं मोती चुगते हुए आनन्ददायक लगते हैं। शफरी मछलियों के तालाब, तो बस बगुलों और उनके बच्चों के ही लायक होते हैं। रहीम कहते हैं, श्रेष्ठ लोग हमेशा उत्कृष्ट कार्य करते हैं। साधारण लोग छोटे–मोटे कामों में अपना समय व्यतीत करते हैं जैसे बगुले मछलियों को भोजन बनाने की जुगाड़ में ही सदा उलझे रहते हैं।

माह मास लहिं टेसुआ, मीन परे थल और।
त्यों रहीम जग जानिये, छुटे आपुने ठौर।। 51।।

माह–माघ, मास–महीना, टेसुआ–टेसू, एक पुष्प विशेष, जो बसन्त में खिलता है।

रहीम कहते हैं :, पलाश, जंगल का गौरव कहलाता है। परन्तु माघ के महीने में उसकी दुर्दशा हो जाती है, तब वह अपना सब कुछ खो देता है। फूल तो होते ही नहीं पत्ते तक सिकुड़ जाते हैं। एकदम कुरूप हो जाते हैं। इसी प्रकार, पानी से निकाली गयी मछली ज़मीन पर पड़कर प्राण–हीन हो जाती है। जैसे पराक्रमी और वीर पुरुष अपने स्थान से हटाये जाने पर अपनी गति, मति और चमक सब कुछ गँवा देते हैं। वह एक अनावश्यक जीव बन जाते हैं। विस्थापित की पीड़ा को दूसरा कोई विस्थापित ही समझ सकता है।

माँगे घटत रहीम पद, कितो करो बढ़ि काम।
तीन पैड़ बसुधा करी, तऊ बावनै नाम।। 52।।

कितो–कितना ही, बढ़ि काम–महत्त्वपूर्ण काम, बसुधा–पृथ्वी, बावनै–बावनावतार, जो शरीर से नाटा था।

रहीम कहते हैं : माँगने से स्थायी अपयश मिलता है और जीवन भर का कलंक लग जाता है। एक बार याचक बनने के बाद कितना भी बड़ा काम क्यों न कर लो, आदर के पात्र नहीं बन सकते। राजा बलि की भूमि छल करके लेने के लिए नारायण याचक बनते हैं। भूमि मापने के समय विशाल होकर आकाश तक बढ़ जाते हैं और तीन पग में पूरी भूमि अपनी कर लेते हैं। परन्तु इस प्रकरण के बाद वे सदा के लिए बावन कहलाने लगते हैं। यह कलंक अब तक उनके नाम के साथ जुड़ा है।

मन्दन के मरिहू गये औगुन गुन न सराहि।
ज्यों रहीम बाघहु बधे, मरहा ह्वै अधिकाहि।। 53।।

मन्दन–नीच, सराहि–सराहना, बाघहु–बाघ, मरहा–प्रेत।

रहीम ने बुरे लोगों का गहन अवलोकन किया था। उनके अनुसार बुराई, इस संसार से कभी भी ख़त्म नहीं होगी। यहाँ तक कि बुरे लोगों के मरने के बाद भी यह ज्यों की त्यों रहेगी। कारण इनकी आत्मा अन्य बुरे लोगों में जाकर बस जायेगी। यदि किसी दुष्ट की बाघ के खाने से अकाल मृत्यु भी हो जाती है तो वह प्रेत योनि पाकर पहले से अधिक अनिष्टकारी हो जाता है।

यह न रहीम सराहिए, देन लेन की प्रीत।
प्रानन बाजी राखिए, हारि होय कै जीत।। 54।।

प्रानन–प्राण, बाजी–दाँव, हारि–हार।

रहीम कहते हैं : ऐसे प्रेम की सराहना नहीं होनी चाहिए, जहाँ लेन–देन की बात होती हो। प्रेम कोई व्यापार नहीं है। इसमें लाभ–हानि का विचार नहीं किया जाता। वास्तव में प्रेम वीरता है। यह वीर रस से ओत–प्रोत होता है। बिना युद्ध का परिणाम जाने जिस प्रकार युद्ध में प्राणों की बाजी लगाई जाती है ठीक उसी प्रकार जब आप प्रेम करने लगते हैं तब आप सिर्फ़ प्रेम करते चले जाते हैं बिना उसका परिणाम सोचे। न सोचकर युद्ध लड़ा जा सकता है और न ही सोच–विचार कर प्रेम ही किया जा सकता है।

यह रहीम निज संग लै, जनमत जगत न कोय।
बैर, प्रीत, अभ्यास, जस, होत होत ही होय।। 55।।

निज–अपने, लै–लेकर, जनमत–जन्म, जगत–संसार, जस–यश।

बैर, प्रेम, अभ्यास और यश के भाव अचानक ही किसी के जीवन में घर नहीं करते। इनका विकास क्रमिक रूप से होता है। इनको सिर्फ़ अनुभव किया जा सकता है ये प्रत्यक्ष में नहीं दिखाई देते। इन भावों को साथ लेकर कोई भी पैदा नहीं होता। ये साधना और आचरण से निर्मित होते हैं। इनका बनना–बिगड़ना व्यक्तिविशेष पर निर्भर करता है। व्यक्ति चाहे तो इन्हें अभ्यास से बढ़ा सकता है और चाहे तो उदासीन रहकर घटा सकता है।

यह रहीम मानै नहीं, दिल से नवा न होय।
चीता चोर, कमान के, नये ते अवगुन होय।। 56।।

नवा–झुका हुआ, नम्र, विनीत, नये ते–झुकने से।

रहीम कहते हैं कि लोग देखने में सरल और नम्र लगते हैं सचमुच वे वैसे ही हैं यह आसानी से नहीं मानना चाहिए। किसी के भी मन को पढ़ पाना अत्यन्त ही दुष्कर कार्य होता है। बहुधा देखा जाता है–चीता शिकार करते समय, चोर सेंध लगाते समय और कमान तीर छोड़ते समय झुकता है। परन्तु इनका झुकना अनर्थकारी होता है। यथार्थ में ये कुछ बुरा करने की तैयारी में होते हैं। अतः ऐसे बनावटी विनम्रता का ढोंग करने वालों से सावधान रहना चाहिए।

यों रहीम गति बड़न की, ज्यों तुरंग व्यवहार।
दाग दिवावत आपु तन, सही होत असवार।। 57।।

तुरंग–घोड़ा, दाग–गरम लोहे से दागना, असवार–घुड़सवार।

बड़े लोगों का चाल–चलन व आचार–विचार सदा दूसरों के हित की सोच में लगा रहता है। वे कष्ट सहकर भी परोपकार में लगे रहते हैं। परमार्थ ही उनका धर्म हो जाता है। मुग़ल फ़ौज में घोड़ों को दागने का चलन था। घोड़े को दाग कर ही उसे फ़ौज में शामिल किया जाता था। दाग ही घोड़े की पहचान होती थी। घोड़ा, शरीर दगवाता

था और असवार सवारी करने का अधिकार पाता था। घोड़ा इस तरह परोपकारी जीव बनकर सेवा करता था।

रन, बन, व्याधि, विपत्ति में, रहिमन मरै न रोय।
जो रच्छक जननी जठर, सो हरि गये कि सोय।।58।।

रन–युद्धस्थल में, बन–जंगल में, व्याधि–रोग, कष्ट, जननी जठर–माँ के पेट में।

रणभूमि में युद्ध करते हुए, जंगल में सफ़र करते हुए, बीमारी का सामना करते हुए या किसी मुसीबत में फँस जाने पर मरने के भय से रोना नहीं चाहिए। इन परिस्थितियों का तो आमना–सामना किया जा सकता है। परन्तु माँ के गर्भ में शिशु की रक्षा अन्य कोई नहीं सिर्फ़ ईश्वर ही करता है। अतः रहीम कहते हैं! ईश्वर सर्वव्यापी है, सर्वशक्तिमान है और सबकी सहायता करने को तत्पर है इसलिए उसके सहारे ही सारी विषमताओं से पार पाया जा सकता है।

रहिमन अती न कीजिए, गहि रहिए निज कानि।
सैंजन अति फूले तऊ, डार पात की हानि।।59।।

कानि–चाल, रीति या मर्यादा, सैंजन–सहजन का वृक्ष विशेष।

सबको अपनी–अपनी मर्यादाओं में रहना चाहिए। रहीम कहते हैं, अपनी सीमाओं से बाहर जाकर कार्य करने से हानि ही अधिक होती है। सहजन का वृक्ष जब अत्यधिक फूलता है तो फूलों के बोझ से उसकी कोमल टहनियाँ टूटकर ज़मीन पर गिर जाती हैं। अपनी सामर्थ्य का अतिक्रमण करने वाला अक्सर धोखा खाता है। ख़ुद पर विश्वास होना चाहिए पर अति–विश्वास होना हानिकारक होता है।

रहिमन अपने गोत को, सबै चहत उत्साह।
मृग उछरत आकाश को, भूमी खनत बराह।।60।।

गोत–वंश, उछरत–उछलना, खनत–खोदना।

रहीम कहते हैं, कौन अपने गोत्र का उत्थान नहीं चाहता? सभी चाहते हैं। मृग पूर्वजों का आशीर्वाद पाने के लिए सदा आकाश की ओर मुँह करके उछलते हैं। कहा जाता है, सैर पर निकले चन्द्रमा के रथ के वाहक मृग ही होते हैं। 'वराह' रूप में भगवान ने राक्षस हिरण्याक्ष को पराजित किया था इसलिए उनके वंशज सूअर, विजय का जश्न मनाते हुए सदा ज़मीन खोदते दिखाई देते हैं।

रहिमन अब वे बिरछ कहँ, जिनकी छाँह गँभीर।
बागन बिच बिच देखिअत, सेंहुड़ कुंज, करीर।।61।।

बिरछ–वृक्ष, सेंहुड़–पौधा विशेष, कुंज–लतादि, करीर–करील के पेड़।

रहीम कहते हैं : वे धीर–गम्भीर पुरुष अब कहीं भी दिखाई नहीं पड़ते जिनकी छत्रछाया नयी पीढ़ी को बनाने में योगदान करती थी। पुराने समय में लोग अपनी सामाजिक जिम्मेदारी समझा करते थे। युवकों को सही दिशा दिखाने में गौरव महसूस किया करते थे। बात समझाने के लिए छायादार पेड़ों से समाज के गण्यमान्य लोगों कि तुलना करते हुए कहते हैं– अब वे वृक्ष कहाँ हैं, जिनकी धीर–गम्भीर छाया लोगों

को सुख–शांति देने में सहायक होती थी। अब तो जहाँ तक नज़र जाती है वहाँ तक झाड़–झंखाड़ और काँटों वाले पेड़ ही दिखाई देते हैं।

रहिमन कठिन चितान ते, चिन्ता को चित चेत।
चिता दहति निर्जीव को, चिन्ता जीव समेत।।62।।

चितान–मृत व्यक्ति की चिता,ते, चिन्ता–परेशानी, उलझन।

चिता से चिन्ता अधिक क्रूर और निर्दयी होती है। चिता में जलना चिन्ता में जलने से फिर भी ठीक है क्योंकि चिता में प्राणहीन देह जलती है जिसमें तकलीफ़ नहीं होती है जबकि चिन्ता घुन के समान लग जाती है और जोंक की तरह ख़ून चूसती है। चिन्ता शरीर और आत्मा दोनों को दग्ध कर देती है। चिता में जलना और चिन्ता में जलना दोनों ही दुष्कर हैं। फिर भी अगर दोनों में से एक को चुनना हो तो चिता में जलना चिन्ता में जलने के मुकाबिले उचित होगा।

रहिमन कुटिल कुठार ज्यों, करि डारत द्वै टूक।
चतुरन के कसकत रहे, समय चूक की हूक।।63।।

कसकत–कभी–कभी कष्ट देना, चूक की हूक–अवसर निकल जाने का पछतावा।

जिस प्रकार तेज़ धार वाली कुल्हाड़ी लकड़ी को दो भागों में विभाजित कर देती है, उसी तरह समय की चूक बुद्धिमान लोगों के हृदय को विदीर्ण कर देती है। मानो हृदय पर कुठार चल गया हो। चूक की हूक जीवन भर कसकती रहती है और सालती रहती है। समय पर चूका हुआ इन्सान सिर्फ़ पश्चात्ताप करता है। चूक की भरपाई कर पाना असम्भव होता है। काम करने के लिए वर्तमान से अच्छा कोई समय नहीं होता।

रहिमन गली है साँकरी, दूजो ना ठहराहिं।
आपु अहै तो हरि नहीं, हरि तो आपुन नाहिं।।64।।

साँकरी–सँकरी, संकीर्ण, तंग, दूजो–दूसरा, आपु–अहंकार, ममत्व।

रहीम कहते हैं : ईश्वर तक पहुँचने का मार्ग अत्यन्त संकीर्ण है। वहाँ एक समय में एक ही आदमी के जाने योग्य स्थान है। दूसरा न ठहर सकता है और न ही चल सकता है। या तो आप ईश्वर को भूलकर दुनियादारी निभा सकते हैं। या तो आप सब कुछ भुलाकर हरि की शरण में जाकर उनकी आराधना और ध्यान में लीन हो सकते हैं। स्वयं को भूलकर ही हरि को प्राप्त किया जा सकता है।

रहिमन चाक कुम्हार को, माँगे दिया न देइ।
छेद में डंडा डारि कै, चहै नाँद लै लेइ।।65।।

चाक कुम्हार–कुम्हार का बरतन बनाने वाला उपकरण, दिया–दीपक, नाँद–पशुओं को चारा खिलाने वाला बड़ा पात्र।

माँगने पर कुम्हार का बर्तन बनाने वाला चक्का एक दिया (छोटे से छोटे पात्र) तक नहीं देता। परन्तु यदि उसी चाक के छेद में डंडा डालकर घुमाया जाये तो वही चाक, नाँद (बड़े से बड़ा पात्र) भी दे देता है। कुछ भी पाने के लिए प्रयत्न और परिश्रम करना अनिवार्य है। माँगना न ही कोई उपाय है और न ही यह कोई विकल्प है। रहीम

इस दोहे के माध्यम से लोगों को चेतावनी देते हुए कहते हैं कि सफलता पाने के लिए प्रयत्न करना अत्यन्त आवश्यक है। प्रयत्न करके ही कुछ पाया जा सकता है।

रहिमन चुप ह्वै बैठिए, देखि दिनन को फेर।
जब नीके दिन आइहैं, बनत न लगिहै देर।।66।।

दिनन को फेर—बुरे दिन, प्रतिकूल परिस्थितियाँ, नीके दिन—अच्छा या अनुकूल समय।

जीवन में आये हुए प्रतिकूल समय से पार पाने का तरीका बताते हुए रहीम कहते हैं— ऐसे समय में शान्ति से ही बैठना उपयुक्त होता है, निराशा की मनोदशा से बचो और अच्छे दिनों का इन्तज़ार करो, जब आपके अनुकूल दिन शुरू होंगे तब बात बनते देर नहीं लगेगी। प्रतीक्षा करो, बुरे दिन बीतेंगे और सब कुछ आपके अनुसार हो जायेगा। धैर्य रखो और देखो।

रहिमन जिह्वा बावरी, कहिगै सरग पताल।
आपु तो कहि भीतर रही, जूती खात कपाल।।67।।

बावरी—पगली, कहिगै सरग पताल—आकाश और पाताल कहना या उल्टा—सीधा बकना, कपाल—सिर।

रहीम मनुष्य को अपनी जीभ को वश में रखने की सलाह देते हुए कहते हैं कि यह तो पगली होती है जब कहने पर तुल जाये तो आकाश—पाताल एक कर देती है। अनाप—शनाप कहकर यह तो मुँह के अन्दर हो लेती है और सुरक्षित हो जाती है। प्रतिक्रियास्वरूप इसकी बदतमीज़ी की कीमत बेचारे सिर को जूते खाकर चुकानी पड़ती है। यहाँ करे कोई भरे कोई की उक्ति एकदम सटीक बैठती है।

रहिमन ठठरी धूरि की, रही पवन ते पूरि।
गाँठ युक्ति की खुलि गयी, अन्त धूरि की धूरि।।68।।

ठठरी धूरि की—धूल की गठरी अथवा मनुष्य की देह, गाँठ युक्ति की—ईश्वर द्वारा यत्नपूर्वक लगाई गयी प्राणरूपी गाँठ।

मानव देह का सूक्ष्म निरीक्षण करते हुए रहीम कहते हैं कि यह एक धूल भरी गठरी से अधिक कुछ नहीं है, जिसे बड़ी युक्ति एवं जतन से बाँधा गया है। इसे बाँधने वाला ईश्वर अत्यन्त निपुण कलाकार है। परन्तु, अचरज तो यह है कि इतने प्रयत्न से बनाई गयी गठरी में जो गाँठ लगी है वह बहुत ही सरल है और कभी भी खुल सकती है। गाँठ खुलने की देर है शरीर रूपी धूल बिखरकर फिर धूल ही हो जायेगी।

रहिमन तब लगि ठहरिए, दान मान सनमान।
घटत मान देखिय जबहिं, तुरतहि करिय पयान।।69।।

तब लगि—तभी तक, ठहरिए—रुकिये, मान—इज़्ज़त, घटत—कम होने पर, पयान—प्रस्थान करना, चल देना।

रहीम कहते हैं : मेहमान को तब तक ही ठहरना चाहिए, जब तक दान, मान और सम्मान लगातार मिलता रहे। जब उसे ऐसा प्रतीत होने लगे कि अब यहाँ मान—सम्मान में कमी आनी शुरू हो गयी है तब तुरन्त ही बिना ज़्यादा सोच—विचार के वहाँ से चल

देना चाहिए। रहीम अपने एक अन्य दोहे में इसी बात को ऐसे दुहराते हैं–रहिमन रहिबो वा भलो, जौ लौं सील समूच। सील ढील जब देखिए, तुरत कीजिए कूच।।

रहिमन दानि दरिद्रतर, तऊ जाँचिबे जोग।
ज्यों सरितन सूखा परे, कुआँ खनावत लोग।। 70।।

दानि–दाता, दान देने वाला, दरिद्रतर–ग़रीब, तऊ–तब भी, जाँचिबे–जोग–माँगने योग्य, सरितन–नदियों के।

रहीम के मतानुसार यदि दान देने वाला व्यक्ति परिस्थितिवश ग़रीब भी हो जाता है तब भी वह इस लायक होता है कि उसके पास माँगने जाया जा सकता है। उस व्यक्ति की भावना हमेशा ही याचकों के प्रति सहानुभूतिपूर्ण होती है। दानशील निर्धन व्यक्ति धनवान–कृपण से कहीं बेहतर होता है। जिस तरह नदियों के सूख जाने पर भी लोगों को उम्मीद होती है कि उन्हें अब भी उनसे ही पानी मिलेगा और लोग उनमें छोटे–छोटे कुएँ खोदकर पानी ले लिया करते हैं। उसी तरह दानी के निर्धन हो जाने पर भी उसे सदा कुछ न कुछ मिल ही जाया करता है।

रहिमन देखि बड़ेन को, लघु न दीजिए डारि।
जहाँ काम आवे सुई, कहा करै तरवारि।। 71।।

देखि बड़ेन को–बड़ों को देखकर, लघु न–छोटी वस्तुओं को, डारि–डालना, त्यागना, छोड़ना।

दुनिया में हर वस्तु अलग–अलग कामों के लिए बनी है। हर चीज़ की उपयोगिता निर्धारित है। रहीम कहते हैं कि अगर कोई बड़ी वस्तु मिल जाये तो छोटी का त्याग नहीं कर देना चाहिए। जो काम सुई कर सकती है वह काम तलवार नहीं कर सकती। तलवार से युद्ध लड़े जा सकते हैं लेकिन कपड़े की सिलाई नहीं की जा सकती। अर्थात् यहाँ कवि का मन्तव्य है कि जीवन में हर वस्तु की अपनी उपादेयता है।

रहिमन धागा प्रेम का, मत तोड़ो छिटकाय।
टूटे से फिर ना मिले, मिले गाँठ पड़ जाय।। 72।।

छिटकाय–छिटका कर।

जब परिजन, मित्र, हितैषी और रिश्तेदार आपस में मिलजुल कर रहते हैं तब उनमें एक अटूट सम्बन्ध बन जाता है। रहीम कहते हैं, प्रेम का धागा अर्थात् रिश्ता कभी नहीं तोड़ना चाहिए। यह सत्य है कि रिश्तों में कभी न कभी मनमुटाव हो जाता है पर उससे उनमें कड़ुवाहट नहीं आनी चाहिए। अगर एक बार यह प्रेम का धागा टूटता है तो फिर कभी बिना गाँठ के नहीं जुड़ता। कहने का मतलब यह है कि रिश्तों में दरार आ जाये तो खटास रह ही जाती है। रहीम यही बात एक अन्य दोहे में से इस प्रकार कहते हैं–रहिमन फाटे दूध को, मथे न माखन होय।

रहिमन निज मन की बिथा, मन ही राखो गोय।
सुनि अठिलैहैं लोग सब, बाँटि न लैहै कोय।। 73।।

बिथा–व्यथा, दुख, गोय–छुपा के रखना, सुनि–सुनकर, अठिलैहैं–हँसी करेंगे, कोय–कोई।

हालात से दुखी और परेशान लोगों को परामर्श देते हुए रहीम कहते हैं कि अपने

मन के दुःख को मन के भीतर ही छिपा कर रखना चाहिए। व्यक्तिगत जीवन में आने वाली विषम परिस्थितियों से अपने आप ही निपटा जा सकता है। यूँ तो दुनिया मुफ़्त की सलाह देने वालों से भरी पड़ी है। लेकिन जब तक कोई स्वयं उसी विषम परिस्थिति से न गुज़र रहा हो, वह आपकी बात को संजीदगी से नहीं लेगा। अर्थात् समाज में लोग दूसरे का दुःख सुनकर इठला भले ही लें, पर उसे बाँट कर कम करने वाले नहीं होते।

रहिमन पानी राखिए, बिनु पानी सब सून।
पानी गये न ऊबरे, मोती, मानुष, चून।।74।।

पानी–आभा, इज़्ज़त, जल, राखिए–रखो, बिनु–बिना, सून–सूना, ऊबरे–उबरना, चून–चूना।

रहीम कहते हैं कि मोती, मनुष्य और चूने की कदर तब तक ही है जब तक उनमें पानी रहता है। यहाँ पानी के तीन अर्थ हैं– आभा, इज़्ज़त और जल। पानी न रहने पर मोती, मनुष्य और चूना सभी का अस्तित्व निरर्थक हो जाता है। मोती की आभा जाने से, मनुष्य की इज़्ज़त जाने से और चूने का पानी जाने से ये तीनों किसी उपयोग के नहीं रह जाते।

रहिमन पैंड़ा प्रेम को, निपट सिलसिली गैल।
बिछलत पाँव पिपीलिका, लोग लदावत बैल।।75।।

पैंड़ा–मार्ग, को–का, निपट–अत्यन्त, सिलसिली–चिकनी, गैल–गली, पिपीलिका–चींटी।

रहीम कहते हैं : प्रेम का मार्ग प्रशस्त नहीं है। यह एक फिसलन भरी ऐसी गली है जहाँ चलते हुए चींटी के भी पैर फिसलने का अन्देशा रहता है, परन्तु बहुत से लोग अज्ञानवश, इस गली से बैल लादकर ले जाना चाहते हैं, यह कैसे सम्भव होगा? अर्थात् जीवन–मृत्यु रूप विषम स्थितियों के मध्य अवस्थित प्रेम का संकीर्ण रास्ता कोई–कोई ही पार कर सकता है। प्रेम में लाभ–हानि का विचार करने वाले व्यापारियों के लिए कोई स्थान नहीं है।

रहिमन प्रीति न कीजिए, जस खीरा ने कीन।
ऊपर से तो दिल मिला, भीतर फाँकें तीन।।76।।

प्रीति–प्यार, जस–जैसे, कीन–की, फाँकें–हिस्से, भाग।

रहीम कहते हैं : जब आप किसी से स्नेह, प्यार या मुहब्बत करते तो हैं तब पूरे मन से करना चाहिए। इसमें जैसा बाहर से दिखता है वैसा ही अन्दर से होना चाहिए न कि खीरे की भाँति। खीरा ऊपर से तो एकदम चिकना और सपाट लगता है पर अन्दर से तीन भागों में विभक्त होता है। प्रेम के व्यवहार में सदा भीतर और बाहर एक जैसा होना पड़ता है तभी से सम्बन्ध निभ सकते हैं। अन्यथा प्रेम भाव में दिखावा अच्छा नहीं समझा जाता।

रहिमन प्रीति सराहिए, मिले होत रँग दून।
ज्यों जरदी हरदी तजै, तजै सफेदी चून।।77।।

सराहिए–प्रशंसा कीजिए, मिले–मिलने पर, दून–दुगना, जरदी–पीलापन, हरदी–हल्दी, तजै–छोड़कर।

रहीम कहते हैं कि प्रेम व्यवहार में दोनों प्रेमियों में एक–दूसरे में समा जाने की होड़

होनी चाहिए। यह प्रीति चूने और हल्दी की प्रीति जैसी हो। इसमें दोनों अपनी–अपनी रंगत भूलकर नयी रंगत ले लेते हैं। न हल्दी का पीलापन रहता है और न ही चूने की सफेदी रह जाती है। वास्तव में ये मिलकर लाल (रोचना) रंग के हो जाते हैं। हल्दी और चूने का मेल एक अद्‌भुत घटना होती है जिसमें दोनों अपना मूल स्वभाव छोड़ देते हैं।

रहिमन व्याह बिआधि है, सकहु तो जाहु बचाय।
पाँयन बेड़ी परत है, ढोल बजाय बजाय।।78।।

व्याह–विवाह, बिआधि–मुसीबत, सकहु–हो सके तो, जाहु–जाये, बचाय–बच लो, पाँयन–पाँवों में।

रहीम शादी–विवाह समारोहों की धूम–धाम पर विनोद करते हुए कहते हैं–शादी करना एक बड़ी बीमारी को पालने के समान है। यह जानते हुए भी इससे बचना मुश्किल है। वे सलाह देते हैं कि यदि सम्भव हो तो बच जाओ। अन्यथा इस समारोह में पैरों में ढोल बजा–बजा कर बेड़ियाँ डाली जाती हैं और आदमी ख़ुशी–ख़ुशी डलवाता है। यह मुसीबत को खुश होकर गले लगाने की भाँति है।

रहिमन बहु भेषज करत, व्याधि न छाँड़त साथ।
खग मृग बसत अरोग बन, हरि अनाथ के नाथ।।79।।

बहु–बहुत, भेषज–उपचार, छाँड़त–छोड़ती, खग मृग–पशु–पक्षी।

रहीम कहते हैं : मनुष्य जब रोगग्रस्त हो जाता है तब उपचार के लिए सब कहीं भटकता है और रोग फिर भी पीछा ही नहीं छोड़ता। बीमारी बहुत उपचार के बाद भी ठीक नहीं हो पाती। इसके विपरीत, पशु–पक्षी निरोग रहकर वन में विचरण करते हैं। क्योंकि ईश्वर सदैव उनके साथ रहता है। उन पर कृपा रखता है। अतः मनुष्य को आस्था एवं विश्वास से अपने मन को दृढ़ करके रहना चाहिए।

रहिमन बिगरी आदि की, बनै न खरचे दाम।
हरि बाढ़े आकाश लौं, तऊ बावनै नाम।।80।।

बिगरी–बिगड़ी, आदि–शुरुआत, बनै–बनती, खरचे दाम–पैसे ख़र्च करने से, बाढ़े–बढ़े, लौ–तक।

रहीम कहते हैं कि जो बात शुरुआत में ही बिगड़ गयी, वह बिगड़ी ही रहेगी चाहे आप कितना भी दाम ख़र्च क्यों न कर दें। अब बात बनने वाली नहीं है। अतः बात बिगड़ने से पहले ही सावधानी बरतनी चाहिए, क्योंकि उसके पश्चात् कोई रास्ता नहीं है। वामन ने छोटा रूप धरकर बलि को छला था। वह छलते समय विराट भी हो गये और आकाश तक बढ़ गये पर सदैव उन्हें छोटा ही कहा गया। यहाँ तक कि आज भी वे संसार में 52 अंगुल के शरीर वाले अर्थात् बावन नाम से ही जाने जाते हैं। यह याचकता का दुष्परिणाम नहीं तो और क्या है?

रहिमन भेषज के किए, काल जीति जो जात।
बड़े–बड़े समरथ भए, तौ न कोउ मरि जात।।81।।

भेषज–उपचार, किए–करते हुए, जीति–जीत, समरथ–समर्थ, तौ–तो, मरि–मर।

रहीम एक प्रकार से कटाक्ष करते हुए कहते हैं कि अगर उपचार करवाने से मनुष्य अजर–अमर हो जाता और काल को जीत लेता तो जितने भी सम्राट या अन्य समर्थ, धनी–मानी लोग इस संसार में हुए हैं, वे सब आज तक ज़िन्दा होते। इस

संसार में मरना सबको है किसी को जल्दी तो किसी को देर में, लेकिन संयत होकर आचार–विचार करने से लोग मरने के बाद भी श्रद्धा से याद किये जाते हैं जैसे बहुत से दानी, परोपकारी व शूरवीर मनुष्य।

रहिमन मैन–तुरंग चढ़ि, चलिबो पावक माँहिं।
प्रेम–पन्थ ऐसा कठिन, सब कोउ निबहत नाहिं।। 82।।

मैन–मोम, तुरंग–घोड़ा, पावक–अग्नि, पन्थ–मार्ग, कोउ–कोई, निबहत–निभाना।

प्रेम की राह काँटों भरी होती है इसमें किसी को कोई संशय नहीं होना चाहिए। इसमें बाधाओं का आना स्वाभाविक है। प्रेमी–प्रेमिका दोनों को इस बात का अन्दाजा पहले से ही होना चाहिए क्योंकि उन्हें ही मिल–जुल कर आने वाली मुसीबतों से निपटना होगा, वह भी पूरी सजगता और सफलता के साथ। रहीम कहते हैं, इस मार्ग पर चलना अत्यन्त दुष्कर कार्य है। यह हर किसी के वश की बात नहीं है। यह ऐसा ही है मानो, मोम के घोड़े पर सवार होकर आग की नदी पार करके दूसरी ओर जाना है।

रहिमन याचकता गहे, बड़े छोट ह्वै जात।
नारायनहू को भयो, बावन आँगुर गात।। 83।।

याचकता–भीख माँगना, गहे–अपनाने से, ह्वै–हो, बावन–52, आँगुर–अंगुल, गात–शरीर।

हिन्दू धर्म में भगवान विष्णु को सर्वोच्च स्थान प्राप्त है। एक पौराणिक कथा के अनुसार विष्णु जी एक बार पाताल के राजा बलि के पास बौने बनकर भीख माँगने गये थे। देवताओं के हित के लिए उस तरह से जाना उनकी विवशता थी। परन्तु एक बार याचक बनने से ही उनका रुतबा सदा के लिए घट गया। उस घटना के बाद से संसार उन्हें बावन (बौने) अवतार के रूप में याद रखता है। सिर्फ़ एक बार छोटा बनने से सदा के लिए छोटे बन गये।

रहिमन यों सुख होत है, बढ़त देखि निज गोत।
ज्यों बड़री अँखियाँ निरखि, आँखिन को सुख होत।। 84।।

यों–इस तरह, होत–होता, गोत–वंश, ज्यों–जिस तरह, बड़री–बड़ी, निरखि–देखकर।

किसी और की बड़ी–बड़ी आँखें देखकर आँखों को ठण्डक मिलती है। उसी प्रकार जैसे अपने कुल, गोत्र, वंश और कुटुम्ब को बढ़ता देख लोग खुश होते हैं। परिवार में नये सदस्य के आने की खुशी सभी ने अनुभव की हुई होती है। यह खुशी सिर्फ़ अनुभव की जा सकती है। इसी प्रकार वृक्ष की शाखाए उसका अंश होती हैं। वृक्ष चारों ओर अपना विस्तार देख गर्वित होता है। वंश–वृद्धि का सुख शब्दों में व्यक्त नहीं किया जा सकता।

रहिमन रहिला की भली, जो परसै चित लाय।
परसत मन मैला करे, सो मैदा जरि जाय।। 85।।

रहिला–मोटा अनाज , भली–अच्छी, चित–चित्त, परसत–परोसना, मैला–मलीन, जरि–जलना।

रहीम कहते हैं : यदि घर आये मेहमान को शालीनता और प्रेमपूर्वक मोटे अनाज के आटे से बनी रोटी परोसी जाये तो वह उसे अत्यन्त स्वाद से खायेगा। वहीं मैदा की बनी हुई लज़ीज़ रोटियाँ भी उसे अच्छी नहीं लगेंगी अगर परोसने वाले के मुख पर मलिनता

होगी। ऐसी मैदा की रोटियों को जला देना चाहिए। भोजन में स्वाद, खिलाने वाले द्वारा दिये गये मान–सम्मान और प्रेम भाव से आता है। आदर, बिना खिलाये–पिलाये भी मन को खुश कर देता है, वहीं अनादर से परोसे गये छप्पन–भोग भी भूख नहीं मिटा पाते।

रहिमन रीति सराहिए, जो घट गुन–सम होय।
भीति आप पै डारि कै, सबै पियावै तोय।।86।।

रीति–तरीका, घट–घड़ा, गुन–रस्सी, सम–समान, भीति–दीवार, तोय–पानी।

कुएँ पर रखे गये घड़े और रस्सी का संकल्प होता है कि कोई भी राहगीर प्यासा न जाने पाये। इसे पूरा करने के प्रयास में घड़ा रस्सी के सहारे नीचे उतरते हुए कुएँ की दीवारों से टकराकर चोट खाता रहता है। रस्सी भी अपना फ़र्ज़ निभाते हुए लगातार रगड़ की पीड़ा सहती है। रहीम कहते हैं : घड़े और रस्सी की मित्रता तारीफ़ के लायक होती है। दोनों अपने–अपने कष्टों को भुलाकर प्यासों को पानी पिलाने के काम में लगे रहते हैं। यही परोपकार है और यही सच्ची सेवा है।

रहिमन विद्या बुद्धि नहिं, नहीं धरम जस दान।
भू पर जनम वृथा धरै, पसु बिनु पूँछ बिषान।।87।।

जस–यश, भू–भूमि, धरै–रखना, पसु–पशु, बिनु–बिना, विषान–सींग।

रहीम ऐसे लोगों के बारे में कहते हैं जिन्होंने अपनी बुद्धि के विकास के लिए कोई श्रम न किया हो, न ही विद्या प्राप्त की हो, न कभी धर्म का कोई कार्य किया हो, न ही कोई परोपकार का काम किया हो और न ही कभी दान–दक्षिणा दी हो। ऐसे सब लोगों ने पृथ्वी पर व्यर्थ ही मानव रूप में जन्म लिया है। ये सब बिना पूँछ के पशु समान ही हैं, इन्हें मनुष्य कहलाने का कोई अधिकार नहीं हैं।

रहिमन विपदा हू भली, जो थोरे दिन होय।
हित अनहित या जगत में, जानि परत सब कोय।।88।।

विपदाहू–विपत्ति भी, भली–अच्छी हैं, थोरे– थोड़े, परत–पड़ता, कोय–कोई।

विपत्ति को कोई भी अच्छा नहीं कह सकता। परन्तु रहीम कहते हैं : यदि विपत्ति कुछ समय की हो तो ठीक है। कारण, विपत्ति में ही जाना जा सकता है कि संसार में कौन हमारा हितैषी है और कौन नहीं है। खुशहाली के समय तो सभी दोस्त होते हैं। लेकिन जो मुसीबत में काम आता है वही सच्चा मित्र या हितैषी है।

राम–नाम जान्यो नहीं, भइ पूजा में हानि।
कहि रहीम क्यों मानिहैं, जम के किंकर कानि।।89।।

जान्यो–जाना, भइ–हुई, मानिहैं–मानेंगे, जम–यम, किंकर–दूत, कानि–प्रतिष्ठा।

राम नाम का महत्त्व नहीं समझा, इस जीवन को यों ही बर्बाद कर दिया। भौतिक सुख–सुविधा पाने के लिए न जाने कौन–कौन देवी–देवताओं को प्रसन्न करने हेतु अनुष्ठान करते रह गये। जाने का समय निकट आ गया, अब बचने का कोई उपाय नहीं है। यमराज के दूत अत्यन्त अनुशासन प्रिय हैं, वे तुम्हें निर्धारित समय पर अवश्य

ले जायेंगे। अब पश्चाताप में बैठ आँसू बहाने के सिवा कोई विकल्प शेष नहीं रहा। रहीम कहते हैं : इस जीवन में ईश्वर के प्रति लगाव रखना चाहिए ताकि अन्त समय में पश्चाताप न हो।

रीति प्रीति सबसों भली, बैर न हित मित गोत।
रहिमन याही जनम की, बहुरि न संगति होत।।90।।

सबसों–सबसे, भली–अच्छी, बैर–दुश्मनी, गोत–वंश, गोत्र, याही–इसी, बहुरि–दोबारा।

मनुष्य योनि में जन्म पाकर हमें कृतज्ञ होना चाहिए, क्योंकि यह जन्म बहुत यत्न से मिलता है। इस जन्म में मिले हितैषी, बन्धु–बान्धवों से किया गया प्रेमपूर्ण व्यवहार ही जीवन को आनन्दमय बनाता है। इस संसार में सबसे प्रेम करो, न जाने अगला मानव जन्म मिले या न मिले। अतः इसे सार्थकता से जीने की सलाह देते हुए रहीम कहते हैं : क्या पता, पुनर्जन्म हो या न हो और यदि हो भी, तो, इस जन्म के बन्धु–बान्धव, हितैषी, स्वजन उस जन्म में मिलें या न मिलें, अतएव इसी जीवन को भरपूर जियो। जो करना है, इसी जन्म में कर लो ताकि आगे किसी तरह का पश्चाताप न करना पड़े।

लिखी रहीम लिलार में, भई आन की आन।
पद कर काटि बनारसी, पहुँचे मगरु–स्थान।।91।।

लिलार–ललाट, भई–हुई, आन की आन–कुछ का कुछ, पद–पैर, कर–हाथ, मगरु स्थान–मगध देश।

काशी में देह त्यागने से मोक्ष मिलता है। इस कामना से किसी अज्ञानी ने काशी जाकर अपने हाथ–पैर कटवा लिए ताकि अन्त समय में वह काशी में ही मर सके और मोक्ष की प्राप्ति कर सके। किन्तु हाय रे भाग्य मृत्यु का समय आने पर न जाने कहाँ से एक घुड़सवार आया और वह उसको घोड़े पर लादकर 'मगहर' ले गया। कहते हैं मगहर में देह त्यागने से गधे की योनि प्राप्त होती है। कहने का मतलब यह कि जहाँ उसे मरना था, वह वहीं पहुँच गया अर्थात् ललाट का लेख मिटाया नहीं जा सकता।

वे रहीम नर धन्य हैं पर उपकारी अंग।
बाँटनवारे को लगे, ज्यों मेहँदी को रंग।।92।।

उपकारी–परोपकारी, बाँटनवारे–बाँटने वाला, ज्यों–जिस तरह।

रहीम कहते हैं : जो लोग सदा परोपकार में लगे रहते हैं और परोपकार को ही जिन्होंने अपने जीवन का धर्म बना लिया है उनके आन्तरिक आनन्द की कोई सीमा नहीं होती। दूसरों की भलाई करने में इन्हें जो सुख मिलता है वही उनका पुरस्कार होता है। उपकार का कोई अन्य पारिश्रमिक नहीं हो सकता। दूसरों के लिए मेहँदी पीसने वाले के हाथ अनजाने ही मेहँदी से रच जाते हैं। यही उसकी मेहनत का फल होता है। इसी को परोपकार का प्रत्युपकार कहा जा सकता है।

सदा नगारा कूच का, बाजत आठों जाम।
रहिमन या जग आइकै, को करि रहा मुकाम।।93।।

नगारा–नगाड़ा, कूच–प्रस्थान, मुकाम–ठहरना।

रहीम कहते हैं : चौबीसों घण्टे इस दुनियाँ से जाने का नगाड़ा बजता रहता है। हम रोज़मर्रा की ज़िन्दगी में देखते हैं, हर दिन कोई न कोई मृत्यु पा रहा होता है। इस मृत्यु–लोक में आकर कौन स्थायी रूप से आज तक रह सका है? अर्थात् कोई भी नहीं। यह जीवन की सच्चाई है। इस शाश्वत सच्चाई को हम अंगीकार कर लें।

सबको सब कोऊ करै, कै सलाम कै राम।
हित रहीम तब जानिए, जब कछु अटकै काम।।94।।

कोऊ–कोई, कै–या, हित–भला, अटकै काम–काम पड़े।

शिष्टाचार के नाते सब लोग एक–दूसरे को अभिवादन करते हैं। मुसलमान को सलाम और हिन्दू को राम–राम कहकर सम्बोधित करते हैं और मान–सम्मान दिखाकर अपनत्व का भाव दिखाते हैं। लेकिन उनमें कौन अपना है और कौन पराया तभी पता चलता है जब कोई काम अटक जाये। खरे, खोटे की पहचान तो काम के समय ही हो पाती है।

समय परे ओछे बचन, सब के सहे रहीम।
सभा दुसासन पट गहे, गदा लिए रहे भीम।।95।।

ओछे–बुरे, सहे–सहना, पट–वस्त्र, गहे–पकड़े।

सबके जीवन में अच्छा और बुरा समय आता है। परिस्थिति को ध्यान में रखकर ही जीवनयापन करना चाहिए। रहीम कहते हैं, समय पड़ने पर लोगों के कुवचन सुनने के लिए भी तैयार रहना चाहिए। कौरवों की सभा में दुर्योधन के कहने से जब दुःशासन द्रौपदी का चीरहरण कर रहा था तब गदाधारी भीम भी उस सभा में उपस्थित थे। परन्तु युधिष्ठिर सब कुछ जुए के दाँव पर लगाकर हार चुके थे। अतः महाबलशाली भीम को भी दुष्टों के कड़वे वचन सहने पड़े।

समय पाय फल होत है, समय पाय झरि जात।
सदा रहे नहिं एक सी, का रहीम पछितात।।96।।

झरि–झड़ना, पछितात–पछतावा करना।

प्रकृति से हमें मनोविज्ञान को समझने में मदद मिलती है। परेशानी में हमें निराश न होकर कुदरत से सबक़ लेना चाहिए। रहीम कहते हैं कि उपयुक्त समय आने पर वृक्ष में फूल और फल लगते हैं। निश्चित समय पर फल पक जाते हैं और झड़ जाते हैं। सदा किसी की अवस्था एक जैसी नहीं रहती, इसलिए दुःख के समय पश्चात्ताप करना व्यर्थ है। अच्छा हो या ख़राब, समय का बदलना निश्चित है।

समय लाभ सम लाभ नहिं, समय चूक सम चूक।
चतुरन चित रहिमन लगी, समय चूक की हूक।।97।।

सम–समान, चूक–चूक–निकलने की, चतुरन–बुद्धिमान, चित–चित्त, चूक की हूक–पछताना।

इस संसार में उसे ही बुद्धिमान और विवेकशील माना जाता है जो समय की धारा को पहचान पाने में सक्षम होता है। समय पर किये गये कार्य का लाभ जीवन भर मिलता है और समय पर हुई चूक जीवन भर सालती रहती है। रहीम कहते हैं कि बुद्धिमान लोगों के मन में समय पर की गयी चूक का मलाल जीवन भर बना रहता है।

सर सूखे पच्छी उड़ैं, औरे सरन समाहिं।
दीन मीन बिन पच्छ के, कहु रहीम कहँ जाहिं।।98।।

सर–सरोवर, पच्छ–पंख, सरन–शरण, मीन–मछली।

रहीम कहते हैं : सरोवर सूख जाने पर उसके सहारे रहने वाले पक्षी उड़कर अन्य स्थानों पर चले जाते हैं। परन्तु बिना पंख के बेचारी मछलियाँ कहाँ जायें? उनकी नियति तो वही सरोवर है। इसे व्यावहारिक रूप में मानव–जीवन के सन्दर्भ में देखें तो कहा जा सकता है कि बल–बुद्धि से युक्त लोग अन्यत्र जाकर जीविकोपार्जन कर लेते हैं परन्तु बेचारे अनपढ़, और प्रतिभाहीन लोग जहाँ हैं वहीं रहने पर विवश होते हैं।

साधु सराहै साधुता, जती जोखिता जान।
रहिमन साँचे सूर को, बैरी करै बखान।।99।।

सराहै–सराहना करना, जति–यती, जोखिता–यज्ञ, बैरी–शत्रु।

लोगों को अपने–अपने व्यवसाय की परख होती है और वे उसी व्यवसाय से सम्बन्धित लोगों की तारीफ़ या निन्दा किया करते हैं। साधु–सन्त अपने जैसे साधुओं की प्रशंसा करते हैं क्योंकि उन्हें उस कर्म में निपुणता हासिल होती है। इसी प्रकार यति दूसरे द्वारा किये गये यज्ञ–कर्म की सराहना करते हैं। परन्तु रहीम के अनुसार सच्चे शूरवीर योद्धा की प्रशंसा उसके विपक्षी भी करते हैं। अर्थात् सच्चा योद्धा वही होता है जिसकी सराहना बैरी भी करें।

होय न जाकी छाँह ढिग, फल रहीम अति दूर।
बढ़िहू सो बिनु काज ही, जैसे तार खजूर।।100।।

जाकी–जिसकी, छाँह–छाया, ढिग–पास, बढ़िहू–बड़ा होकार भी, तार–ताड़ का वृक्ष।

रहीम कहते हैं : ताड़ और खजूर के पेड़ लोगों के लिए लाभकारी नहीं होते। कारण, न इसकी छाया सबको सुलभ होती है और न ही इनके फल अधिक ऊँचाई पर लगने के कारण लोग सरलता से खा पाते हैं। अतः इनका बढ़ना समाज के किसी काम का नहीं होता है, अर्थात् व्यर्थ होता है। मानव जाति के लिए इस दोहे में यह सन्देश छिपा है कि आपका जीवन व्यर्थ है यदि आप समाज के कल्याण के काम करने में सक्षम नहीं हैं।

चित्र विवरण (पृष्ठ संख्या-139) :

अब्दुर्रहीम ख़ानेख़ाना द्वारा फ़ारसी में अनूदित बाबर के संस्मरणों के संकलन बाबरनामा से लिया गया आम का वृक्ष। बाबर एक उत्कट द्रष्टा और प्रकृतिप्रेमी थे जिन्होंने मध्य एशिया और हिन्दुस्तान में अपने अभियान के दौरान लिखे गये अपने रोज़नामचे में विविध प्रकार के वृक्षों और जानवरों की किस्मों को दर्ज़ किया था। अपने संस्मरण में वह आम के वृक्ष के आकार एवं उसके पत्तों का वर्णन करते हैं, आम खाने के तरीक़े के बारे में बताते हैं और यहाँ तक कहते हैं कि यह हिन्दुस्तान का सर्वश्रेष्ठ फल है। बाबरनामा में कलाकारों के आरोपण के साथ 143 लघुचित्र हैं। कलाकार : सर्जन; मुग़ल, अकबर शैली, 1590, द ब्रिटिश लाइब्रेरी बोर्ड ऑर 3714 अंक 4, एफ़ 396। ©द ब्रिटिश लाइब्रेरी बोर्ड ऑर 3714 अंक–4, एफ़ 396।

चित्र विवरण (पृष्ठ संख्या-143) :

स्वर्ण नगरी लंका में कुम्भकर्ण को जगाया जाना, सजिल्द रामायण। सी.ए. 1605, नाम : सचित्र पाण्डुलिपि से सजिल्द, तिथि : सी.ए. 1605, भूगोल : भारत में निर्मित, माध्यम : काग़ज़ पर पारदर्शी जलरंग और स्वर्ण, परिमाप : पेंटिंग : एच. 10 7/8 इंच (27.6 सेमी), डब्ल्यू. 7½ इंच (19.1 सेमी), काग़ज़ : एच. 10 7/8 इंच (27.6 सेमी), मैट : एच. 19 1/4 इंच (48.9 सेमी), डब्ल्यू. 14 1/4 इंच (36.2 सेमी), वर्गीकरण : कॉडिक्स, सूत्रोल्लेख : सिंथिया हेज़ेन पॉलस्की एंड लियॉन, बी. पॉलस्की फंड, 2002, आरोहण संख्या : 2002.504।

रहिमन लाख भली करो, अगुनी अगुन न जाय।
राग सुनत पय पिअतहूँ, साँप सहज धरि खाय।।

این را مبارک می گیرند یک موش دیگری است که کالاهری می گویند
این همیشه بالای درختها می باشد
و بالا عجب چست و چسپان سیر رود از طیور یکی طاوس است
و پر زیب جانوری است اندام او در خور رنگ و زیب نیست

'नगर शोभा' से 75 दोहे

व्याख्याकार

दीपा गुप्ता

आदि रूप की परम दुति, घट–घट रही समाइ।
लघु मति ते मो मन रसन, अस्तुति कही न जाइ।।1।।

आदि–परमेश्वर, दुति–चमक, प्रकाशवान, मति–बुद्धि, रसन–जिह्वा।

ईश्वर का आदि निराकार एवं दिव्य रूप जो परम् प्रकाशवान है और संसार के प्रत्येक जीव में समाया हुआ है, उसका बखान करना मुझ जैसी अल्पबुद्धि और मेरी जिह्वा के लिए अत्यन्त कठिन कार्य है। मैं अपने सामर्थ्य के अनुसार ईश्वर के उस दिव्य स्वरूप का वर्णन करने की धृष्टता कर रहा हूँ।

नैन तृप्ति कछु होत है, निरखि जगत की भाँति।
जाहि ताहि में पाइयत, आदि रूप की काँति।।2।।

तृप्ति–शान्ति, सन्तोष, निरखि–देखकर, काँति–शोभा।

हे प्रभु! तेरे आदि अनन्त रूप की दिव्य छवि इस संसार के कण–कण में विराजमान है अर्थात् परमात्मा का अंश हर जगह उपस्थित है, यह देखकर नेत्रों को परम सन्तोष की प्राप्ति होती है। साधक सोऽहम की स्थिति में आत्मलीन है और उस अखण्ड सत्ता की उपस्थिति का अनुभव कर लेता है।

उत्तम जाती ब्राह्मणी, देखत चित्त लुभाय।
परम पाप पल में हरत, परसत वाके पाय।।3।।

चित्त–हृदय, अन्तःकरण, लुभाय–मोहित, पाय–पद, चरण ।

ब्राह्मणी उत्तम जाति की स्त्री है, जिसे देखते ही हृदय में एक आकर्षण उत्पन्न हो जाता है। उसके श्रेष्ठ, सर्वगुणसम्पन्न होने से मन में शालीनता और सद्ज्ञान की अनुभूति होने लगती है तथा मन से बुरे विचार दूर होने लगते हैं। ऐसी ब्राह्मण स्त्री के चरण–स्पर्श से क्षण भर में मन के सब पाप दूर हो जाते हैं।

परजापति परमेश्वरी, गंगारूप समान।
जाके अंग तरंग में, करत नैन अस्नान।। 4।।

परजापति–सृष्टिकर्ता, परमेश्वर–शक्ति, दुर्गा।

जिस प्रकार पतितपावनी गंगा में स्नान करके हृदय में आनन्द और शान्ति की अनुभूति होती है उसी प्रकार सृष्टिकर्ता ब्रह्मा की सहचरी शक्ति की ईश्वरीय आभा से युक्त ब्राह्मणी स्त्री के अंगरूपी लहरों में स्नान करके आँखों को असीम आनन्द की प्राप्ति होती है।

रूप–रंग रतिराज में, खतरानी इतरान।
मानों रची बिरंचि पचि, कुसुम कनक में सान।।5।।

इतरान–घमण्ड करना, इठलाना, बिरंचि–ब्रह्मा, पचि–पिघलाकर, कनक–सोना, धतूरा।

खत्री की स्त्री खत्राणी अत्यन्त रूपवान् और कामकला में निपुण है। उसे देखकर ऐसा लगता है मानो ब्रह्माजी ने सोने को पिघलाकर उसे साँचे में डालकर फिर उसमें फूलों की कोमलता मिलाकर खत्राणी के शरीर को रचा है। खत्राणी अपने गर्वीले सौन्दर्य से सबको चकित करती रहती है।

कबहुँ दिखावै जौहरनि, हँसि–हँसि मानिक लाल।
कबहूँ चखते च्वै परै, टूटि मुकुत की माल।।6।।

मानिक–लाल रत्न, चख–आँख, मुकुत–मोती।

जौहरी की स्त्री जौहरिन अपनी मर्ज़ी की मालिक होती है। कभी छोटी–छोटी बातों पर खिलखिलाने लगती है और कभी किसी बात पर नाराज़ होकर आँखों से आँसू टपकाने लगती है। जौहरिन जब हँसती है तो हँसते हुए उसके सुन्दर दाँतों की पंक्ति ऐसे दमकती है जैसी बेशकीमती माणिक हों। परन्तु पल भर में ही किसी बात पर उदास हो जाती है और उसकी आँखों से आँसू टपकने लगते हैं, जैसे माला टूटने पर मोती बिखर जाते हैं।

नैननि ओट है, बिरह चोट बिन घाइ।
पिय उर पीरा ना करैं, हीरा सी गड़ि जाइ।।7।।

ओट–शरण, पीरा–पीड़ा ।

जब जौहरी की स्त्री अपने प्रिय के सामने नहीं होती हैं तो जौहरी अपनी स्त्री से मिलने को व्याकुल हो उठता है। यह विरह की वेदना भले ही आँखों से दिखाई नहीं देती परन्तु इसकी चोट बहुत हृदय विदारक होती है। प्रेम में डूबे प्रिय को विरह भी प्रिय होता है और यह विरह हृदय में हीरे के समान गड़ जाता है। जिस प्रकार सोने में जड़कर हीरे का सौन्दर्य बढ़ जाता है उसी प्रकार विरह की ज्वाला प्रेम को निखार देती है।

कैथनि कथन न पारई, प्रेम कथा मुख बैन।
छाती ही पाती मनों, लिखै मैन की सैन।।8।।

पाती–चिट्ठी, मैन–कामदेव, सैन–संकेत।

कायस्थ की स्त्री कायस्थिन अपने पति से कितना प्रेम करती है, इसका वर्णन मुँह से बोलकर नहीं किया जा सकता। यह प्रेम तो अनुभव करने से पता चल सकता है। ऐसा लगता है मानो कायस्थिन की छाती एक चिट्ठी है, जिसपर कामदेव अपनी इच्छा से नित नये शब्द लिख रहा है अर्थात् कायस्थिन नित नये प्रकार से अपने प्रेम की अभिव्यक्ति करके अपने प्रिय को वश में रखती है।

बरुनि बार लेखनि करै, मसि काजरि भरि लेइ।
प्रेमाक्षर लिख नैन ते, पिय बाँचन को देइ।।9।।

बरुनि—पलकों के आगे के बाल, मसि—स्याही।

कायस्थिन ने अपने भौंहों को लेखनी बना लिया है और काजल को स्याही। वह अपनी भौंहों की लेखनी बनाकर काजलरूपी स्याही में डुबोकर अपने नेत्रों से प्रेम के अक्षर लिखती है और इसे बाँचने (पढ़ने) के लिए अपने प्रिय को देती है। इस प्रकार कायस्थिन अपने नेत्रों से ही प्रेम पत्र लिखती है। नेत्रों के आकर्षण से वह अपने पति को अपनी ओर आकर्षित करने में माहिर है।

चतुर चितैरनि चित हरै, चख खंजन के भाइ।
हृदै आधौ करि डारई, आधौ मुख दिखराइ।।10।।

चख—आँख, खंजन—अमोला, खंडरिच, पक्षी।

चित्रकार की स्त्री चितेरिन चंचल मन वाली अत्यन्त चतुर स्त्री है। जब वह अपने खंजर जैसे नेत्रों से देखती है तो प्रियतम उसके नेत्रों की चंचलता में डूब जाता है। इस प्रकार वह अपने चंचल नेत्रों से सामने वाले का हृदय हर लेती है और प्रेमी की क्रीड़ाओं में रमकर वह कभी अपना मुख आधा ढक लेती है तो कभी आधा दिखाती है, इस तरह वह अपनी भाव—भंगिमाओं और अंग संचालन से प्रिय को आकर्षित करती है।

पलक न टारै बदन ते, पलक न मारे मित्र।
नेक न चित तें ऊतरै, ज्यों कागद में चित्र।।11।।

टारै—हटाना, नेक—तनिक।

चतुर चितेरिन अपनी भाव—भंगिमाओं से चित्रकार को अपनी ओर आकर्षित करती है। प्रेमाकर्षण में बँधे चित्रकार की दृष्टि उसके शरीर पर गड़ जाती है। वह पल भर के लिए भी अपनी दृष्टि उसके शरीर से नहीं हटाता और न ही आँखें झपकाता है, बल्कि लगातार उसके चंचल सौन्दर्य में डूबकर अपनी सुधबुध खो देता है। जिस प्रकार चित्रकार काग़ज़ पर कोई आकृति बनाता है तो वह उसमें डूब जाता है, उसी प्रकार यह चितेरिन चित्रकार के हृदय पर अंकित हो गयी है।

सुरंग बरन बरइन बनी, नैन खवाये पान।
निसदिन फेरैं पान ज्यों, विरही जन के प्रान।।12।।

बरन—वर्ण, बरइन—तमोलिन, फेरैं—चक्कर।

पान उगाने, पान बनाने तथा पान बेचने वाले तमोली की स्त्री तमोलन सुन्दर रंग वाली है और उसने अपने अंगों को सुसज्जित कर रखा है। सजी—सँवरी तमोलन दिन—रात पान लगाती है और बेचती है, परन्तु साथ ही साथ वह इस क्रिया में अपने नेत्रों का भी भरपूर प्रयोग करती है। वह ग्राहकों को आँखों से ही पान खिलाती है।

पानी पीरी अति बनी, चन्दन खौरे गात।
परसत बीरी अधर की, पीरी कै ह्वै जात।।13।।

पीरी—कष्ट, मालिक, अनुयायी, खौरे—लेप, बीरी—बीड़ा।

तमोलन स्नान करके स्वयं को सुसज्जित किये हुए है और उसने अपने शरीर पर चन्दन का लेप लगा रखा है, जो उसकी काम की ज्वाला को शान्त कर रहा है। उसके

शरीर से उठने वाली चन्दन और पान की सुगन्ध मिलकर विरही जनों को आकर्षित कर रही है। वह तमोलन स्त्री अधरों पर अधर का बीड़ा लगाकर प्रेमी जनों को अपना मुरीद बना रही है।

परम रूप कंचन बरन, सोभित नारि सुनारि।
मानो साँचे ढारि कै, बिधिना गढ़ी सुनारि।। 14।।

सुनारि–सुन्दर नारी, सुनार की स्त्री, ढारि–ढालकर, बिधिना–ब्रह्माजी।

सुनार की स्त्री सुनारिन अत्यन्त रूपवान है और उसके शरीर का रंग सोने जैसा है। उसने अपने इस सुन्दर शरीर को विभिन्न प्रकार के स्वर्ण आभूषणों से सजा रखा है। ऐसा लगता है मानो ब्रह्मा जी ने सुनारिन के शरीर को साँचे में ढालकर सोने से ही बनाया है।

रहसनि बहसनि मन हरै, घोर घोर तन लेहि।
औरन को चित चोरि कै, आपुन चित्त न देहि।। 15।।

रहसनि–केलि क्रीड़ा, लेहि–लेना, चित्त–मन।

स्वर्ण आभूषणों से सजी रूपवान् सुनारिन जब दूसरों से हँसती बोलती है, तो ऐसा करते समय वह दूसरों के तन, मन को अपनी ओर आकर्षित कर लेती है। इस प्रकार दूसरे का मन हर लेती है किन्तु अपना हृदय किसी को नहीं देती।

बनियाँइन बनि आइकै, बैठि रूप की हाट।
पेम पेक तन हेरि कै, गरुवे तारत बाट।। 16।।

पेम–प्रेम, पेक–छोटा व्यापारी।

बनिया अपना व्यापार पूरी तैयारी के साथ करता है। वह दुकान पर नया–नया सामान रखकर पूरे दिन मेहनत कर तराजू में बाट रखकर सामान तोलकर देता है। उसी प्रकार बनिये की घरवाली बनियाइन बनठन करके अपनी सुन्दरता का बाज़ार लगाकर बैठी है। उसके शरीर में प्रेम और आकर्षण का भाव भरा हुआ है और वह प्रेमाकर्षण लेकर दुकान पर बैठकर ग्राहकों की राह देख रही है।

गरब तराजू करत चख, भौंह मोरि मुसक्यात।
डाँड़ी मारत बिरह की, चित चिन्ता घटि जात।। 17।।

गरब–गर्व, चख–आँख, डाँड़ी–तराजू की डण्डी।

बनियाइन दुकान पर सजधज कर बैठी है। वह अपनी आँखों और भौंह के द्वारा मुस्कुराते हुए बड़े गर्व के साथ सामान बेचती है और जब ग्राहक उसके आकर्षण में बँधकर उसको निहारने लगता है, उसी समय बनियाइन अपनी भाव–भंगिमाओं से ग्राहक के हृदय में प्रेम उत्पन्न कर तराजू में डंडी मार घटतौली कर लेती है। इस तरह दोनों की ही चिन्ता घट जाती है। घटतौली करने से बनियाइन ख़ुश हो जाती है और ग्राहक बनियाइन की मोहक मुस्कान पर न्यौछावर हो जाता है।

रँगरेजनि के संग में, उठत अनंग–तरंग।
आनन ऊपर पाइयतु, सुरत अन्त के रंग।। 18।।

पाइयतु–पाना, सुरत–संभोग, आनन्द।

नायक रंगरेजिन का साथ पाकर अपनी सुधबुध खो देता है। रंगरेजिन का उन्मुक्त व्यवहार नायक के हृदय में काम की अनन्त कामनाएँ पैदा कर रहा है। इस प्रकार रंगरेज नायिका के चेहरे की सुन्दरता में खोया हुआ रतिक्रीड़ाओं में निमग्न हो रहा है।

मारत नैन कुरंग तें, मो मन मार मरोर।
आपन अधर सुरंग तें, कामी काढ़तु बोर।। 19।।

कुरंग–बादामी रंग का हिरन, मार–कामदेव, सुरंग–लाल रंग, कामी–कामुक, कामना रखने वाला।

जब रंगरेजिन अपने चंचल हिरनी जैसे नेत्रों से नायक के मन पर चोट करती है तो नायक को ऐसा लगता है मानो साक्षात् कामदेव उसके मन पर चोट कर रहा है और कामुक नायक रंगरेजिन के लाल–लाल अधरों की मादकता में डूबने लगता है। वास्तव में नायिका की हिरनी जैसी आँखें और रस में डूबे लाल अधर कामक्रीड़ाओं के आश्रय स्थल हैं।

गत्ति गरूर गयन्द जिमि, गोरे बरन गँवार।
जाके परसत पाइयै, घनवा की उनहार।। 20।।

गरूर–मदमस्त, अभिमान, जिमि–जिस प्रकार से, घनवा–कपूर, उनहार–समान।

जिस प्रकार मदमस्त हाथी जब चलता है तो वह देखने वालों का मन मोह लेता है, उसी प्रकार गोरे रंग की गाँव की गँवारिन जब चलती है तो अपनी मस्तानी चाल से सबको अपनी ओर आकर्षित कर लेती है। लेकिन उसकी समीपता और उसका स्पर्श कपूर के समान क्षणिक होता है।

घरो भरो धरि सीस पर, बिरही देखि लजाइ।
कूक कण्ठ तैं बाँधि कै, लेजू लै ज्यों जाइ।। 21।।

घरो–घड़ा, धरि–रखकर, धारण करना, लेजू–रस्सी।

सिर पर जल से भरा घड़ा रखकर बड़ी ही मस्तानी चाल से गँवारिन स्त्री रास्ते से गुज़र रही है। विरही नायक रास्ते में उसकी प्रतीक्षा कर रहा है। गँवारिन का सामना जैसे ही नायक से होता है, वह लजा जाती है। सिर पर जल से भरा घड़ा लेकर नायिका का लजाना विरही नायक के हृदय को ठीक उसी प्रकार रस्सी से बाँध लेता है, जैसे कोयल के कूकने से मन वशीभूत हो जाता है।

भाटा वरन सु कौंजरी, बेचै सोवा साग।
निलजु भई खेलत सदा, गारी दै दै फाग।। 22।।

भाटा–बैंगन, सुकौंजरी–शाक बेचने वाली, फाग–होली।

तरकारी बोने या बेचने वाली कुंजड़िन जाति की स्त्री कुंजरी बैंगनी रंग की अर्थात् श्याम वर्ण की है। वह बाज़ार में खुलकर अपनी साग सब्ज़ी बेच रही है। इस तरह मोलभाव करने में वह कई बार शालीनता की सीमाएँ पार कर निर्लज्ज भाव से खुलेआम सीधे–सीधे होली जैसी गाली–गलौज करने लगती है।

हरी भरी डलिया निरखि, जो कोई नियराति।
झूठे हू गारी सुनत, साचेहू ललचात।। 23।।

डलिया–पात्र, निरखि–देखकर, नियराति–पास जाना।

कुंजरी साग बेचने वाली डलिया में हरी सब्ज़ियाँ लेकर बाज़ार में बैठी है और ग्राहक की प्रतीक्षा कर रही है। जब ग्राहक दाम पूछते हुए उसकी सब्ज़ी उठाता है तो वह झूठ–मूठ में आगबबूला होती है और अपनी भाषा में अपशब्द कहती है। लेकिन ग्राहक पर इन गालियों का कुछ असर नहीं होता बल्कि वह तो कुंजरी की सच्चाई और मेहनत द्वारा उगाई सब्ज़ियों पर ललचाता है।

बनजारी झुमकत चलत, जेहरि पहरै पाइ।
वाके जेहरि के सबद, बिरही हर जिय जाइ।।24।।

जेहरि–पाजेब, सबद–शब्द।

बैलों, घोड़ों आदि पर माल लादकर एक जगह से दूसरी जगह ले जाकर बेचने वाली बंजारा जाति की स्त्री बंजारिन ने विभिन्न प्रकार के पुराने आभूषणों से स्वयं को सजा रखा है। उसने कानों में बड़े–बड़े झुमकों तथा पाँवों में छोटे–छोटे घुँघरुओं से बनी भारी झाँवर यानि पाजेब पहन रखी है। इन्हें पहनकर जब वह झूम–झूमकर चलती है तो वह विरही नायक के ह्रदय को हर लेती है।

और बनज व्योपार को, भाव बिचारै कौन।
लोइन लोने होत है, देखत वाको लौन।।25।।

लोइन–लोचन, नेत्र, लोने–नमकीन।

बंजारिन सज–सँवर कर हाट में अपना सामान बेचने आयी हुई है, लेकिन लोगों को अर्थात् ग्राहकों को उसके सामान, व्यापार और मोलभाव से कोई मतलब नहीं है। इस प्रकार ग्राहक बंजारन के व्यापार और भाव का विचार नहीं कर रहा है, उसे तो बंजारन के रूप और लावण्य से मतलब है। जो कोई उसकी आँखों के सलोने सौन्दर्य को देखता है उसके नेत्र नमकीन हो जाते हैं अर्थात् प्रेम से युक्त हो जाते हैं।

बरवाके माँटी भरे, कौंरी बैस कुम्हार।
द्वै उलटे सरवा मनौ, दीसत कुच उनहार।।26।।

सरवा–मिट्टी का गिलासनुमा पात्र, कुच–वक्षस्थल।

कुम्हार की स्त्री कुम्हारिन घर में कामकाज कर रही है और काम करते हुए उसके सुगठित शरीर के उभार स्पष्ट हो रहे हैं। कुम्हारिन के यौवन द्वय मानो उलटे रखे हुए दो सरवे हैं। सरवे को अगर उल्टा कर दिया जाये तो उसका फैला वाला हिस्सा नीचे और नुकीला हिस्सा ऊपर आकर स्त्री के वक्षस्थल का आकार ले लेता है। कुम्हारिन का वक्षस्थल शराब पीने के सरवे हैं। मिट्टी के सरवे वक्षस्थल की कठोरता और शराब का पात्र होने का तात्पर्य वक्षस्थल की मादकता को इंगित करती है। इस प्रकार कुम्हारिन स्त्री का सौन्दर्य कसा हुआ और मादक है।

निरखि प्रान घट ज्यों रहै, क्यों मुख आवै वाक।
उर मानौं आबाद है, चित्त भमें जिमि चाक।।27।।

वाक–वचन, शब्द, उर–ह्रदय, भ्रमै–भ्रमण करना, घूमना, चाक–कील पर घूमने वाली लकड़ी का वह चक्राकार ढाँचा जिस पर कुम्हार बर्तन बनाता है।

जब कुम्हार मिट्टी के बर्तन बनाता है तो वह बिना बोले पूर्ण तल्लीनता से मिट्टी को आकार देता रहता है और जब कील पर घूमते चाक पर पात्र बनकर तैयार हो जाता है तो कुम्हार का हृदय प्रसन्न हो जाता है। उसी प्रकार कुम्हार का चित्त कुम्हारिन के प्रेम को पाने के लिए निरन्तर उसके आस–पास चुपचाप घूमता रहता है जिस प्रकार चाक पर बर्तन।

बिरह अगिनि निसदिन धवै, उठै चित्त चिनगार।
बिरही जियहि जराइ कै, करत लुहार लुहार।।28।।

जराइ–जलाकर, लुहार–लोहे के समान, लाल।

लुहार लोहे से बर्तन, हथियार आदि बनाता है। उसकी धौंकनी (आग) निरन्तर जलती रहती है। आग में तपा तपाकर वह लोहे को पिघलाता है और उसे मनचाहा आकार देता है। लुहारिन के विरही मन में भी रात–दिन विरह की ज्वाला धधकती रहती है। जिस प्रकार लुहार की धौंकनी में निरन्तर आग जलती रहती है और लुहार बीच–बीच में हवा देकर उसे और तेज़ करता रहता है, उसी प्रकार लुहारिन का विरही मन दिन–रात विरह की ज्वाला में जलता रहता है और यह आग विरही के हृदय को जलाकर पिघले हुए लाल लोहे की तरह बना देती है। इस प्रकार लुहार आग में तपाकर न केवल बर्तन बना रहा है बल्कि लुहारिन को भी इस विरह की आग में जलाकर लुहारी कर रहा है।

राखत मो मन लोह–सम, पार प्रेम घन टौर।
बिरह अगिन में ताइकै, नैन नीर में बोर।।29।।

टौर–तोड़ना, ताइकै–गर्म करके, बोर–डुबोकर।

जिस प्रकार लुहार आग से तपे गरम–गरम लोहे को घन से पीट–पीट कर मनचाहा आकार देता है और आकार मिलने पर उसे ठण्डे पानी में भिगो देता है, उसी प्रकार लुहारिन गरम लोहे के समान लुहार के मन पर अपने प्रेम के घन की चोट कर विरह की आग में तपाकर मनचाहा आकार देती है और फिर अपनी आँखों के आँसू रूपी पानी में डुबो देती है। इस तरह उनके प्रेम सम्बन्ध में मज़बूती आती है। विरह के आँसू लुहारिन के प्रेम सम्बन्ध को मज़बूत करते हैं।

कलवारी रस प्रेम को, नैननि भर भर लेत।
जोबन–मद माँती फिरै, छाती छुवन न देत।।30।।

कलवारी–नाच गाकर पैसा कमाने वाली स्त्री, फिरै–घूमे।

गाने बजाने का काम कर पैसा कमाने वाली कलवारी या कलावन्ती स्त्री अनुपम सौन्दर्य की स्वामिनी है और नाचने–गाने में निपुण है। उसने महफ़िल सजा रखी है और उसके नाच गाने के मुरीद मतवाले इकट्ठा हैं। वह नाचते और गाते समय अपनी अदाओं से प्रेम लुटा रही है। उसके आँखों के इशारे आशिक़ों को घायल कर रहे हैं ऐसी स्थिति में मतवारे आशिक़ स्पर्श सुख की कामना से नायिका को छूने का प्रयास करते हैं, परन्तु चंचल और चतुर कलवारी आशिक़ों को अपने कुचों का स्पर्श करने नहीं देती है। इस प्रकार कुच–स्पर्श की कामना के अधूरे रहने पर मतवारे आशिक़ पीड़ित हैं।

नैनन प्याला फेरि कै, अधर गजक जब देत।
मतवारे की मत हरै, जो चाहै सो लेत।।31।।

गजक–पापड़, दालमोट (शराब के साथ परोसा जाने वाला समान), मत–बुद्धि।

कलवारी महफ़िल में अपने नेत्रों और अधरों का बड़ी ही चतुराई से प्रयोग कर रही है। वह अपने नेत्र रूपी प्यालों से आशिक़ों को सुरापान करा रही है अर्थात् नाचते समय कलवारी की आँखों में जो डूब जाता है, उसे सुरापान जैसा नशा हो जाता है। उस पर कलवारी अपने अधरों की मधुरता से सोने पर सुहागा कर देती है। मानो अधर वह पथ्य है जो शराब के साथ परोसा जाता है। इस प्रकार कलवारी अपनी आँखों और अधरों की मधुरता में डुबोकर मतवारे आशिक़ों की बुद्धि फेर देती है और मनचाहा इनाम पाती है।

परम ऊजरी गूजरी, दह्यौ सीस पै लेइ।
गोरस के मिसि डोलही, सो रस नेक न देइ।।32।।

ऊजरी–उज्ज्वल। दह्यौ–दही, गोरस–इन्द्रियों का सुख, मिसि–कुँवारी, बिन ब्याही।

अहीरों की एक जाति गूजर की स्त्री ग्वालिन अत्यन्त उज्ज्वल रंग की है। वह कुँवारी ग्वालिन दही बेचने के लिए गली–गली द्वार–द्वार डोलती रहती है। उसको आता जाता देखकर नायक के हृदय में प्रेम उत्पन्न होता है और वह ग्वालिन के साथ प्रेम की पींगें बढ़ाना चाहता है लेकिन ग्वालिन बहुत चालाक है। वह प्रेम तो उत्पन्न कर रही है, परन्तु अपने प्रेम के रस में किसी को भी तनिक भी सराबोर नहीं कर रही है।

गाहक सों हँसि बिहँसि कै, करत बोल अरु कौल।
पहिले आपुन मोल कहि, कहत दही को मोल।।33।।

कौल–इकरार, वायदा, सौदा, आपुन–अपना।

ग्वालिन सिर पर मटकी रखकर दही बेच रही है और दही के ख़रीदारों से हँस–हँस कर बातचीत कर दही का सौदा कर रही है। ग्राहक भी ग्वालिन के साथ हँसी–मज़ाक़ में मग्न हैं। इसी समय एक ग्राहक ग्वालिन से कहता है, हे ग्वालिन! तू अपने दही का मोल क्या बता रही है? पहले यह बता तेरा क्या मोल है? इस प्रकार ग्वालिन हँसी–मजाक करते–करते दही को बेच रही है।

काछिनि कछू न जानई, नैन बीच हित चित्त।
जोबन जल सींचत रहै, काम कियारी नित्त।।34।।

काछिनि–साग–सब्ज़ी उगाने वाली स्त्री, कियारी–क्यारी।

साग–सब्ज़ी उगाने वाली काछिनी को अपने काम से ही मतलब रहता है। वह न तो नैनों की भाषा जानती है और न ही नेत्रों का आकर्षण। वह तो एक तरफ़ अपने सब्ज़ी लगे खेत की क्यारियों को पानी से सींचती रहती है और दूसरी तरफ़ अपने यौवन के जल से अपने काम भाव की क्यारियों को भी सँवारती रहती है।

कुच भाटा गाजर अधर, मूरा से भुज भाइ।
बैठी लौका बेचई, लेटी खीरा खाइ।।35।।

कुच–वक्षस्थल, भाटा–बैंगन, अधर–होंठ, मूरा–मूली, भाइ–मन का स्वभाव, विचार।।

साग–सब्ज़ी उगाते–उगाते काछिनी का शारीरिक सौन्दर्य भी साग–सब्ज़ी जैसा हो गया है। प्रेमीजनों को काछिनी के वक्षस्थल को देखकर बैंगन, होठों को देखकर लाल–लाल गाजर और भुजाओं को देखकर मूली के विचार मन में आते हैं। परन्तु इन बातों से अनभिज्ञ काछिनी लौकी की तरकारी बेच रही है और थकान होने पर वह आराम करते हुए खीरा खाती है।

हाथ लिये हत्या फिरे, जोबन गरब हुलास।
धरै कसाइन रैन दिन, बिरही रकत पिपास।। 36।।

हुलास–उल्लास, रकत–रक्त, रुधिर।

जिस प्रकार कसाई हाथ में हथियार लेकर दिन–रात निरीह पशुओं के रक्त का प्यासा रहता है उसी प्रकार कसाई की स्त्री कसाइन बड़े गर्व से अपने यौवन के उल्लास में मस्त रहती है और रात–दिन यौवनरूपी हथियार को धारण करके वह नायक के प्रेम की प्यासी रहती है। इस प्रकार वह विरह में व्याकुल होकर दिन–रात अपने विरही का इन्तज़ार करती रहती है।

हियरा भरै तबाखिनी, हाथ न लावन देत।
सुरवा नेक चखाइ कै, हड़ी झारि सब देत।। 37।।

तबाखिनी–बड़ा थाल जिसमें रखकर शोरबा आदि बेचा जाता है, सुरवा–शोरबा, नेक–थोड़ा सा, किंचित्।

बड़े थाल में शोरबा आदि रखकर बेचने वाली तबाखिनी बड़े दिल वाली है लेकिन उसने अपने थाल में जो शोरबा बेचने के लिए रखा है उसे किसी को हाथ नहीं लगाने देती है। बल्कि स्वयं ग्राहकों को चखने के लिए देती है। वह स्त्री अपने काम में इतनी माहिर है कि शोरबा चखाकर ग्राहकों से मनमाना दाम वसूल कर रही है।

अधर सुघर चख चीकनै, वे भरहैं तन गात।
वाको परसो खात ही, बिरही नहिन अघात।। 38।

चख–आँखें, गात–शरीर, परसो–परोसा हुआ, अघात–तृप्त होना।

तबाखिनी स्त्री के होंठ तराशे हुए हैं और उसकी आँखें सबको अपनी ओर आकर्षित करने वाली हैं। इस प्रकार सुन्दर शरीर की वह स्त्री शोरबा परोस रही है। उसके हाथ से बने शोरबा आदि पदार्थ जो भी प्रेमी जन एक बार चख लेते हैं वे तृप्त नहीं हो पाते और बार–बार उसी के पास आते हैं।

बेलन तिली सुवास कै, तेलनि करै फुलेल।
बिरही दृष्टि कियौ फिरै, ज्यों तेली को बैल।। 39।।

बेलन–भोलटू की लाट, फुलेल–फूलों से सुगन्धित किया हुआ तेल।

तेली की स्त्री तेलिन सुगन्धित किये हुए तेल का टीका लगाकर अपने आस–पास के वातावरण को सुगन्धित कर रही है। उसके शरीर से अत्यन्त सुगन्धित खुशबू उठ रही है। जैसे ही यह खुशबू तेली की नाक को स्पर्श करती है, वह उसी प्रकार अपनी विरहदृष्टि को एकटक तेलिन की ओर लगा लेता है, जैसे कोल्हू का बैल बिना इधर–उधर देखे अपनी धुरी पर ही घूमता रहता है।

कबहू मुख रूखौ किये, कहै जीय की बात।
वाको करुवो बचन सुनि, मुख मीठो ह्वै जात।।40।।

कबहू–कभी, जीय–हृदय, करुवो–कड़वा।

तेलिन का स्वभाव बड़ा ही विचित्र है, वह पल में प्रसन्न होती है और पल में उदास। तेलिन ने किसी बात पर अपना मुँह फुला रखा है। मुस्कुराहट उसके चेहरे से नदारद है। उसका मुँह उतरा हुआ है, जब तेली उदासी का कारण पूछता है तो वह गुस्से में अपने मन की सारी कड़वी बातें कह देती है। इस प्रकार कड़वा बोलकर अपना गुस्सा तेली पर जाहिर कर देती है। प्रेम में गाली भी मीठी लगती है इसलिए तेली तेलिन के कड़वे वचन सुनकर दुखी नहीं होता है और तेलिन को प्रेमपूर्वक मना लेता है।

पाटम्बर पटइन पहर, सेंदुर भरे ललाट।
बिरही नेकु न छाँड़ही, वा पटवा की हाट।।41।।

पाटम्बर–रेशमी वस्त्र, पटइन–पटवा की स्त्री, हाट–बाज़ार।

सूत और रेशम में मोती मनके पिरोने का काम करने वाले पटवा की स्त्री पटइन ने रेशम का नौ पाट का घाघरा पहन रखा है और अपनी माँग में सिन्दूर लगा रखा है जिसके कारण पटइन पहले से भी ज़्यादा सुन्दर दिख रही है। उसके सौन्दर्य पर मोहित हुआ पटवा उसे अपने साथ बाज़ार ले जाता है। वह विरही पल भर के लिए भी पटइन को अपने से दूर करना नहीं चाहता है।

रस रेसम बेचत रहै, नैन सैन की सात।
फूँदी पर को फौंदना, करै कोटि जिय घात।।42।।

रस रेसम–रेशम के धागे, सैन–संकेत, इशारा, फौंदना–फूल के बराबर की गाँठ।

गहनों के मनकों तथा दानों को सूत या रेशम में गूँथने या पिरोने का काम करने वाले पटवा जाति की स्त्री पटइन अपने पति के साथ बाज़ार में दुकान पर सजधज कर रेशम के धागे बेच रही है। व्यापार करते समय वह ना केवल बोलकर मोलभाव कर रही है बल्कि अपनी आँखों के संकेत द्वारा ग्राहकों को अपना सामान दिखा रही है। उसकी चोली में रेशम का फौंदना लगा हुआ है और उसने बालों में रेशम के फुँदने से सजा चुटीला बाँध रखा है। इस तरह रेशम के धागों से सजी पटइन देखने वालों के हृदय पर चोट पर चोट किये जा रही है।

भटियारी अरु लच्छमी, दोऊ एकै घात।
आवत बहु आदर करे, जात न पूछै बात।।43।।

भटियारी–झूठी प्रशंसा और खुशामद करने वाली स्त्री, घात–चोट, जात–जाति।

दूसरों की झूठी प्रशंसा और खुशामद करने वाली भटियारी औरत और लक्ष्मी दोनों एक ही प्रकार से चोट करती हैं। जिसके पास धन दौलत होती है, समाज में सब उसको सम्मान देते हैं और जब पैसा चला जाता है तो कोई ठीक प्रकार से बात भी नहीं करता। उसी प्रकार भटियारिन भी स्वार्थवश गा–गाकर प्रशंसा करती है और इनाम पाने के बाद पलटकर भी नहीं देखती। पैसा और प्रशंसा जाने पर मनुष्य अपना मान–सम्मान सब गँवा देता है।

भटियारी उर मुह करै, प्रेम पथिक को ठौर।
धौस दिखावै और की, रात दिखावै और।।44।।

ठौर–ठिकाना, धौस–धमकी, घुड़की ।

भटियारिन के स्वभाव में चाटुकारिता और स्वार्थ है। उसके प्रेम का ठिकाना वहीं होता है जहाँ से उसे धन लाभ की सम्भावना दिखती है। वह अपना हृदय उसे ही देती है, जो उसे धन देता है। वह दिन में किसी और की धमकी देकर अपना मनचाहा काम करवाती है। रात के अँधेरे में धन के लालच में किसी और के पास जाकर उसकी प्रशंसा के गीत गाती है। अर्थात् भटियारिन दूसरों की झूठी प्रशंसा और खुशामद करने में प्रवीण होती है।

करै गुमान कमांगरी भौंह कमान चढ़ाइ।
पिय कर गहि जब खैंचई, फिर कमान सी जाइ।।45।।

गुमान–गर्व, कमांगरी–धनुष बाण बनाने वाले की स्त्री, गहि–पकड़ने की क्रिया या भाव, पकड़, कमान–धनुष, त्योरी चढ़ाना, क्रोध में होना।

धनुष बाण बनाने वाले की स्त्री कमांगरी को अपने आप पर बड़ा ही गर्व है। इसी कारण से सदैव उसकी त्योरियाँ धनुष के समान चढ़ी रहती हैं। लेकिन संभोगावस्था में जब उसका प्रिय हाथ पकड़कर उसे अपनी ओर खींचता है तो वह सारा अभिमान भूलकर अपने प्रियतम के आगे धनुषाकार हो जाती है अर्थात् लाज के कारण झुक जाती है।

जो गति है पिय रस परस, रहै रोस जिय टेक।
सूधी करत कमान ज्यों, बिरह अगिन में सेक।।46।।

जो गति–जागना, रोस–रोष, क्रोध, टेक–आश्रय, सहारा, अवलम्ब, सूधी–सीधा, शुद्ध, सेंक–ताप, गरमी, जलना।

कमांगरी का पति धनुष बाण बनाने में जी जान से लगा हुआ है और दूसरी तरफ़ कमांगरी पति के सुखद स्पर्श को पाने की बाट जोहती रहती है, परन्तु उसे हताशा हाथ लगती है जिस कारण उसके हृदय में क्रोध उत्पन्न होने लगता है। जैसे–जैसे पूर्ण तल्लीनता से कामागार धनुष की कमान सीधी करता है, वैसे–वैसे अपनी उपेक्षा से आहत कमांगरी विरह की आग में जलने लगती है।

हँसि हँसि मारै नैन सर, वारत जिय बहु पीर।
बेझा ह्वै उर जात हौ, तीरगरन कै तीर।।47।।

सर–(शर), तीर, पीर–पीड़ा, दर्द, दुःख, बेझा–निशाना, लक्ष्य, तीरगरन–तीर बनाने वाला।

तीर बनाने वाला तो अपने तीर बनाने की कला में निपुण है परन्तु उसकी स्त्री हँस–हँसकर नेत्रों से तीर चलाने में पारंगत है। वह जब अपने नेत्रों के तीर चलाती है तो प्रेमी जनों के हृदय को भेद देती है। इस प्रकार का तीरगारिन के तीरों की चोट से घायल प्रेमीजन अपने हृदय में प्रेम की पीड़ा का गहराई से अनुभव करने लगते हैं।

छीप न छापौ अधर को, सुरंग पीक भर लेइ।
हँसि हँसि काम कलोल में, पिय मुख ऊपर देइ।।48।।

छीपन–कपड़ों पर बेल–बूटे आदि छापने वाली, पीक–पान का थूक, कलोल–आमोद–प्रमोद।

कपड़ों पर बेल–बूटे आदि छापने वाली उन्मुक्त स्वभाव की सजी–धजी छीपिन के मुख में पान का बीड़ा है, जिसके कारण उसके होठों का रंग लाल हो गया है। छीपी जिस प्रकार रंगों से कपड़ों पर चित्रकारी करता है उसी प्रकार छीपिन पान की पीक से चित्रकारी कर रही है। वह हँस–हँस कर काम–क्रीड़ाओं और आमोद–प्रमोद में अपने पति के मुँह पर अपने लाल–लाल होठों के चिह्न छोड़ रही है।

मानों मूरत मैन की, धरै रंग सुर तंग।
नैन रँगीले होत है, देखत वाको रंग।।49।।

मूरत–मूर्ति, मैन–कामदेव, धरै–धारण करके।

छीपिन अत्यन्त सुन्दर और कामकला में प्रवीण है। जब वह प्रेम की क्रीड़ाओं में मग्न होती है और उस पर आमोद–प्रमोद का रंग चढ़ा होता है तो उस समय वह साक्षात् कामदेव का प्रतिरूप हो जाती है। जिस प्रकार कामदेव हृदय में कामनाएँ जगाता है उसी प्रकार छीपिन नायक के हृदय में कामनाएँ पैदा कर रही है। उसकी आँखें प्रेम रस से सिक्त हो रही हैं और नायक नेत्र छीपिन के प्रेम रंग को देखकर रंगीले हो रहे हैं।

सकल अंग सिकली गरनि, करत प्रेम औसेर।
करै बदन दर्पन मनों, नैन मुसकला फेरि।।50।।

सिकलीगरनि–ताले, चाबी, चाकू को चमकाकर कारोबार करने वाली, औसेर–उबटन, मुसकला–धातु चमकाने का, और मुश्किल।

जिस प्रकार सिकलीगारिन ताले, चाबी, चाकू आदि धातु से बने सामान को चमकाने में निपुण होती है उसी प्रकार वह अपने शरीर को भी उबटन लगा–लगाकर सीसे की तरह चमका कर रखती है और अवसर मिलते ही वह प्रेम करने से नहीं चूकती। उसके समस्त अंगों का सौन्दर्य इतना अनूठा है कि जिसकी दृष्टि उस पर जाती है उसका वहाँ से अपने नेत्र हटाना कठिन हो जाता है।

अंजन चख चंदन बदन, सोभित सेंदुर मंग।
अंगनि रंग सुरंग कै, काढ़ै अंग अनंग।।51।।

अंजन–काजल, चख–आँखें, अनंग–कामदेव।

सिकलीगारिन अपने शरीर का बहुत ध्यान रखती है और विभिन्न प्रकार के प्रसाधनों से वह शरीर को सजाती रहती है। सिकलीगारिन ने अपनी आँखों में काजल लगा रखा है। अपने चिकने बदन पर सुगन्धित चन्दन का लेप लगा रखा है और उसकी माँग में सिन्दूर सज रहा है। इस प्रकार सजी–धजी और चन्दन की सुगन्ध से सुसज्जित सिकलीगारिन के हर अंग में प्रेम का लाल रंग चढ़ा हुआ है। वह अपनी चेष्टाओं से कामदेव को भी परास्त कर रही है।

कर न काहू की संका, सक्किन जोबन रूप।
सदा सरम जल ते भरी, रहै चिबुक कै कूप।।52।।

संका–शंका, डर, खटका, सक्किन–भिश्तिन, पानी भरने वाली, सरम–लाज, चिबुक–ठोड़ी।

पानी भरने वाली भिश्तिन युवावस्था के सौन्दर्य से युक्त है और किसी के अनुचित व्यवहार से होने वाले डर से सर्वथा दूर है। जिस प्रकार कुआँ पानी से भरा रहता है, उसी प्रकार भिश्तिन के ठोड़ी का गड्ढा लज्जारूपी जल से सदा भरा रहता है।

सजल नैन वाके निरखि, चलत प्रेम सर फूट।
लोक लाज उर धाकते, जात मसक सी छूट।।53।।

वाके–उसके, निरखि–देखती है, प्रेम सर–प्रेम का सरोवर, मसक–जानवरों के चमड़े से बनी थैली जिसमें भिश्ती पानी ढोते हैं।

युवा भिश्तिन आँखों में आँसू भरकर अपने पति को देखती है तो भिश्ती के हृदय का प्रेम फूट पड़ता है अर्थात् भिश्ती अपने प्रेम को प्रदर्शित करने से रोक नहीं पाता और भिश्तिन के दुःख में द्रवित हो जाता है। लेकिन भिश्तिन सामाजिक मान–मर्यादाओं और लोक लाज के भय से वहाँ से चली जाती है, तब भिश्ती को ऐसा लगता है जैसे कठिन परिश्रम से भरी हुई मसक हाथ से छूट गयी हो और उसका सारा पानी बिखर गया हो।

सुरँग बसन तन गाँधिनी, देखत दृगन अघाय।
कुच माजू, कुटली अधर, मोचत चरन आय।।54।।

गांधिनी–इत्र बेचने वाली, अघाय–थकना, मन भरना, कुच–स्तन, छाती, माजू–भाँग की बरफी, कुटली–चूने की भट्ठी, मोचन–मुक्त हो जाना, झुक जाना।

इत्र बेचने वाली ने अपने शरीर पर सुन्दर रंगों के वस्त्र धारण कर रखे हैं। रंग–बिरंगे कपड़ों से सजी गांधिनी को जो देखता है, देखता ही रह जाता है। उसका वक्षस्थल भाँग के समान नशे का आश्रय स्थल है और होंठ दहकते चूने की भट्ठी हैं, लेकिन गांधिनी प्रेमीजनों के पैरों में झुक जाने पर भी उनके साथ जाने को तैयार नहीं होती है।

कामेश्वर नैननि धरै, करत प्रेम की केलि।
नैन माहिं चोवा नरे, छोरन माहि फुलेलि।।55।।

केलि–रति, दिल्लगी, हँसि खेल, चोवा–चोआ–अनेक सुगन्धित द्रव्यों का रस, चिहुरन–केश, बाल, फुलेल–फूलों से बासा किया हुआ तेल, कामेश्वर–स्त्री–पुरुष के सम्भोग की प्रेरणा देने वाला देवता।

गांधिनी ने स्वयं को विभिन्न प्रकार के सुगन्धित इत्रों से महका रखा है। उसने अपने बालों में फूलों से बासा किया हुआ तेल लगा रखा है और अपने नेत्रों में अनेक सुगन्धित द्रव्यों के रस का अंजन लगा रखा है। इस प्रकार विभिन्न प्रकार की खुशबूओं से महकती गांधिनी अपने नेत्रों में साक्षात् कामदेव के भावों को भरकर रति क्रीड़ा के लिए तैयार है।

राज करत रजपूतई, देस रूप के दीप।
कर घूँघट पट ओट कै, आवत पियहि समीप।।56।।

कर–हाथ, पट–परदा।

राजपूतनी स्त्री अपनी मान–मर्यादा और अपने शालीन व्यवहार के कारण राजा के हृदय पर राज करती है। उसका सौन्दर्य दिये की लौ के समान सतत प्रज्वलित और देदीप्यमान है। लाज और आदर की प्रतिमूर्ति राजपूतनी लम्बे घूँघट का परदा ओढ़कर और उसे अपने हाथ से पकड़ कर धीरे–धीरे प्रिय के निकट आ रही है।

सोभित मुख ऊपर धरै, सदा सुरत मैदान।
छूटी लटै वँदूकची, भौंहें रूप कमान।।57।।

धरै–धारण करना, सुरत–संभोग, ध्यान।

राजपूतनी स्त्री अत्यन्त वीर और साहसी है। उसका सुन्दर मुख सदैव गर्व और स्वाभिमान से सधा रहता है जिस प्रकार युद्धभूमि में सैनिक एकाग्रचित्त और सजग रहते हैं। उसके मुख पर पड़ी बालों की लटें मानो बन्दूक और तिरछी भौंहें साक्षात् कमान हैं, जैसे युद्ध में सैनिक बन्दूकों और तीरकमानों से शत्रु को मार गिराते हैं, उसी प्रकार राजपूतनी अपनी काली–काली बालों की लटों और तिरछी भौंहों से अपने प्रिय को निशाना बनाती है।

चतुर चपल कोमल बिमल, पग परसत सतराइ।
रस ही रस बस कीजियै, तुरकिन तरकि–न जाइ।।58।।

कोमल–मुलायम, नरम, परसत–छूना, सतराइ–कुपित होना, तुरकिन–तुर्क देशवासिनी, तरकि–बिगड़ना, झुँझलाना, विमल–पवित्र, सुन्दर।

तुर्क देशवासिनी तुरकिन बड़ी ही समझदार, चंचल और नरम स्वभाव की सुन्दर स्त्री है। वह जितनी सुन्दर है उतना ही उसका कोमल स्वभाव भी है। बस अगर कोई आगे बढ़कर उसे या उसके पैरों को छूने का प्रयास करता है तो वह कुपित हो जाती है।

सीस चूँदरी निरखि मन, परत प्रेम के जार।
प्रान इजारै लेत है, वाकी लाल इजार।।59।।

जार–जाल, फंदा, प्रान इजारो लेत है–प्राणों पर अधिकार कर लेता है, इजार–पायजामा, सुथना।

तुरकिन नरम स्वभाव की एक सुन्दर स्त्री है। उसने लाल रंग का अफ़गानी पायजामा और विशेष प्रकार से सिर पर जाली की चुनरी पहन रखी है। वह दूसरे के मन की भाषा पढ़ने में माहिर हैं। जो उसके सम्पर्क में आता है वह उसके प्रेम जाल में फँस जाता है। इस प्रकार वह प्रेमी जनों के प्राणों पर अपना अधिकार करने में प्रवीण है। तुरकिन को बस में करने का बस एक ही उपाय है–"प्रेमपूर्ण व्यवहार"। ऐसा करने पर वह क्रोधित होकर झुँझलाती नहीं है।

जोगिन जोगि न जानई, परै प्रेम रस माहिं।
डोलत मुख ऊपर लिये, प्रेम जटा की छाँहिं।।60।।

जोगिन–योगी की स्त्री, जोग–योग, माहिं–भीतर, डोलत–गति में होना, हलचल, जटा–लट के रूप में गुँथे हुए सर के बहुत बड़े बाल, छाँहिं–परछाईं।

योगी अपने जटाजूट बाँधकर समाधिस्थ है लेकिन योगिन किसी प्रकार के योग को नहीं जानती। वह तो योगी के प्रेम रस में सराबोर होकर समाधिस्थ योगी के आस–पास डोलती फिरती है। वह योगी की जटाओं की छाया में अपने प्रेम के लिए स्थान खोजती है।

मुख पे बैरागी अलक, कुच सिंगी विष बैन।
मुदरा धारै अधर कै, मूँद ध्यान सों नैन।।61।।

अलक–बालों की लटें, सिंगी–योगियों का वाद्य विशेष, जो सींग का बनता है, मुदरा–मुद्रा।

योगिन भले ही योगक्रियाएँ नहीं जानती, परन्तु उसका आचार–विचार और व्यक्तित्व योगी जैसा है। उसके मुख पर काले घुँघराले बालों की लटें योगी के जटाजूट

जैसी हैं। उसका वक्षस्थल योगी के वाद्यंत्र सिंगी के समान उन्नत है। उसके होंठों पर योगी की ध्यानमुद्रा के समान एक चिरस्थायी मुस्कान विराजमान रहती है और जैसे समाधिस्थ योगी अपने परमात्मा के ध्यान में रहता है उसी प्रकार जब योगिन अपने नेत्रों को मूँदती है तो उसमें योगी का ध्यान होता है।

भाटन भटकी प्रेम की, हट की रहै न गेह।
जोबन पर लटकी फिरे, जोरत तरक सनेह।।62।।

भटकी–सही रास्ते से हटना, हटकी–रुकना, गेह–घर, तरक–तर्क, बहस, परित्याग।

राजाओं की कीर्ति गाथा का वर्णन करने वाले भाट की स्त्री पति–प्रेम के कारण उसके साथ ही भटकती रहती है और राजाओं की शौर्य गाथा गाने में उसका साथ देती है इसलिए वह घर से दूर है। जब वह स्थान–स्थान पर भटकती है तो उसके यौवन पर दृष्टि रखने वाले हर समय मौक़े की तलाश में रहते हैं, लेकिन व्यवहारकुशल भाटिन अपने तर्क द्वारा ऐसे लोगों को उपयुक्त जवाब भी दे देती है और प्रेम सम्बन्ध भी जोड़कर रखती है।

मुक्त माल उर दोहरा, चौपाई मुख लौन।
आपुन जोबन रूपकी, अस्तुति करै न कौन।।63।।

मुक्ता–मोती, माल–माला, लौन–सलोना।

मोतियों की मालाएँ अपने हृदय पर धारण करने वाली भाटिन अपने सुन्दर सलोने मुख से दोहा और चौपाई छन्द में राजाओं की शौर्य गाथाओं का बखान कर रही है। वह इतनी तल्लीनता से प्रशंसा के गीत गा रही है कि उसे अपनी यौवनावस्था और सौन्दर्य का भान ही नहीं रहता। वह दूसरे की प्रशंसा तो पूरे मनोयोग से कर रही है लेकिन उसकी अपनी प्रशंसा करने वाले भी अनेक लोग है।

लेत चुराय डोमनी, मोहन रूप सुजान।
गाइ गाइ कछु लेत है, बाँकी तीरछी तान।।64।।

सुजान–पति प्रेमी, चतुर, बाँकी–बनी–ठनी, तान–संगीत के स्वरों का कलापूर्ण विस्तार।

गाने बजाने का काम करके अपना जीवनयापन करने वाले डोम की स्त्री डोमनी बुद्धिमान और मनमोहक है। जो भी उसके मोहक रूप को देखता है, उसके वश में हो जाता है। वह जब बन–ठनकर तिरछी तान लगाकर गाती बजाती है तो प्रेमी जनों से मनचाहा इनाम पाती है।

नेकु न सूधे मुख रहै, झुकि हँसि मुरि मुसक्याइ।
उपपति की सुनि जात है, सरबस लेइ रिझाइ।।65।।

सूधे–सीधी तरह से, सरबस–सम्पूर्ण, समग्र या सर्वस्व।

डोमनी गाना गाने और बातचीत करने में निपुण है, उसके मुँह से कोई भी बात सीधे–सीधे नहीं निकलती है। वह झुककर हँस–हँसकर गाना गा रही है और बीच–बीच में अपने आश्रयदाता स्वामी की प्रतिक्रिया पर भी ध्यान लगा रही है। इस प्रकार अतिशयोक्तिपूर्ण प्रशंसा वर्णन करके वह अपने स्वामी से सर्वस्व ले लेती है।

चेरी माँती मैन की, नैन सैन के भाइ।
संक–भरी जँभुवाइ कै, भुज उठाय अँगराइ।।66।।

माती–मतवाली, सैन–इशारा, संकेत, भाइ–भाँति, प्रकार, भुज–भुजा, अंगराई–देह तानकर सुस्ती दूर करना।

दासी अपने स्वामी की आज्ञा के लिए हरदम तैयार रहती है। वह अपने मालिक के नेत्रों के संकेत को भली प्रकार समझती है और वह आज्ञा मानने को तत्पर रहती है। काम करते–करते जब वह थक जाती है तो अपनी बाँहें उठाकर अँगड़ाई लेती है और बीच–बीच में आलस्य और नींद आने पर जँभाई भी लेती है।

रंग रंगराती फिरै, चित्त न लावै गेह।
सब काहू तें कहि फिरै, आपुन सुरत सनेह।।67।।

रंग–नाचना, गाना, गेह–घर, सुरत–ध्यान।

राजपूतानी दासी अपने स्वामी के आमोद–प्रमोद के लिए रातभर जागकर नाच–गाना करती है और थक हारकर जब वह अपने घर पहुँचती है तो उसका शरीर ज़रूर घर आता है परन्तु अपना मन वह मालिक के दरबार में ही छोड़ आती है। वह सबसे कहती फिरती है कि उसका ध्यान तो केवल अपने स्वामी के प्रेम पर है।

बाँस चढ़ी नट बंदनी, मन बाँधत लै बाँस।
नैन मैन की सैन तें, कटत कटाछन साँस।।68।।

नट बंदनी–नटिनी, कलाबाज, कटत–कटना, बिक्री, कटाछन–काटना, कटाकटी।

नट की स्त्री बाँस पर चढ़कर विभिन्न प्रकार की कलाबाज़ी दिखाने में निपुण है। जब नटिनी बाँस पर चढ़कर कलाबाज़ी करती है, तो सब अपना दिल थामकर उसे देखते हैं। वह अपने नट से आँखों ही आँखों में इशारे कर कटाकट ऐसे करतब दिखाती है कि देखने वालों की साँसें ख़रीद लेती है।

अलबेली अद्‌भुत कला, सुध बुध ले बरजोर।
चोर चोर मन लेत हैं, ठार ठौर तन तोर।।69।।

अलबेली–अनोखी, अनूठी, मनमौजी, बरजार–बाज़ार, जबरदस्ती, ठौर–स्थान, तोर–तोड़।

नटिनी कलाबाजी दिखाने की अद्‌भुत अनोखी कला में माहिर हैं। जब वह अपनी कला का प्रदर्शन करती है, तो भरे बाज़ार में सब अपनी सुध–बुध खो बैठते हैं। नटिनी स्थान–स्थान पर मज़मा लगाकर अपने करतब दिखाती है और जिस तरह से अपने शरीर को तोड़–मरोड़कर खेल दिखाती है, वह ना जाने कितनों के मन चोरी–चोरी हर लेती है।

काम पराक्रम जब करै, छुवत नरम हो जाइ।
रोम रोम पिय के बदन, रुई सो लपटाइ।।70।।

छुवत–स्पर्श करते ही, लपटाइ–लिपट जाती है।

रुई धुनने, बिनौला साफ़ करने वाले जुलाहे की स्त्री धुनियारिन को जैसे ही प्रियतम के संभोग सुख की कल्पना होती है। वह अत्यन्त प्रसन्न हो जाती है और काम से पीड़ित नायिका जब अपने प्रिय के द्वारा आलिंगित होती है तो वह वासना भाव से नाजुक होकर अपने प्रियतम के रोम–रोम में रुई के समान लिपटकर एक हो जाती है।

पहनै जो बिछुवा–खरी, पिय के सँग अगरात।
रतिपति की नौबत मनो, बाजत आधी रात।।71।।

खरी–खली, दृष्ट, रतिपति–कामदेव, नौबत–शहनाई।

नगाड़ा बजाने वाले की स्त्री आधी रात के समय काम से पीड़ित है। उसने पैरों में बिछुये पहन रखे हैं। जब वह रति सम्मोहित होकर अपने पति के संग सुरति आरूढ़ होती है तो उसकी पायल इस भाँति बजने लगती है, मानो कामदेव की शहनाई मधुर स्वर में बज रही हो।

नैन अहेरौ साजि कै, चित पंछी गहि लेत।
बिरही प्रान सिचान को, अधर न चाखन देत।।72।।

अहेरौ–शिकारी, सिचान–बाज, चाखन–चखने देना।

बाजीगर की स्त्री बाजीगरिन ने बड़ी ही चतुराई से अपने नेत्ररूपी बाज के द्वारा अपने प्रेमी के हृदयरूपी पक्षी का शिकार कर लिया है अर्थात् नायक नायिका के प्रेम में बँध गया है। परन्तु प्रेमी का शिकार हुआ हृदय, प्रेम के फन्दे में फड़फड़ा रहा है क्योंकि प्रेमी अपनी तृष्णा की पूर्ति हेतु नायिका के अधरों का रस चखना चाहता था किन्तु वह मुस्कुराकर मुकर जाती है जिससे नायक की इच्छा अधूरी रह जाती है।

परमलता सी लह लही, धरै पैम संयोग।
कर–गहि गरै लगाइयै, हरै विरह को रोग।।73।।

लह लही–लहराती, गरै–गले, हरै–हर लेना।

नायक जब प्रेम में डूबी सुन्दर लता जैसी लहराती नायिका को हाथ पकड़कर अपने हृदय से लगाता है तो नायिका की सरलता, कोमलता, सुन्दरता और सुगन्ध से नायक के समस्त प्रकार के वियोग की आग शान्त हो जाती है। तात्पर्य यह है कि प्रेमपूर्वक हृदय से लगी नायिका फूलों से अधिक सुन्दर और चन्दन से भी अधिक रमणीय है।

चोली माँहि चुरावई, चिरवादारिनि चित्त।
फेरत वाके गात पर, काम खरहरा नित्त।।74।।

चिरवादारिनि–साईस, घोड़े की देखरेख करने वाला, घोड़े का रखवाला, चोली–अंगिया की तरह का स्त्रियों का एक पहनावा, खरहरा–छोटे दाँतों की लोहे की कंघी।

घोड़े की देखभाल करने वाला साईस और उसकी स्त्री दाम्पत्य के रंगों में सराबोर हैं। साईस प्रेम में डूबकर चिरवादारिनि की अंगिया छुपा देता है तब अपने वस्त्रों को ढूँढ़ती हुई चिरवादारिनि की क्रियाएँ साईस के मन को मोह लेती हैं। वह प्रतिदिन घोड़े की देखभाल करता है और छोटे दाँतों की लोहे की कंघी लेकर घोड़े की पीठ पर फेरता है, उसके हाथ में तो कंघी होती है लेकिन उसकी प्रेम दृष्टि चिरवादारिनि के शरीर पर होती है। अर्थात् वह घोड़े की देखभाल करते–करते अपनी पत्नी के रूप–सौन्दर्य का आनन्द लेता रहता है।

सारी निसि पिय संग रहै, प्रेम अंग आधीन।
मठी माहिं दिखावही, बिरही को कटि खीन।।75।।

निसि–रात, मूठी–घोड़े के सुम और टखने के बीच का भाग, पतली, कटि–कमर, खीन–क्षीण, पतली।

पतली बलखाती कमर वाली चिरवादारिनि सारी रात अपने पति के संग प्रेमक्रीड़ाओं में मग्न रहती है। अगले दिन जब साईस अपने घोड़े की देखभाल करता है तो घोड़े के सुम और टखने के बीच के पतले भाग को देखकर उसे अपनी पत्नी की पतली कमर याद हो आती है और वह विरही प्रेम के वशीभूत होकर अपनी स्त्री के पास जाने को बेचैन हो उठता है।

चित्र विवरण (पृष्ठ संख्या-171) :

हिन्दुस्तान के पक्षी एवं जीव–जन्तु। वॉल्टर्स पाण्डुलिपि डब्ल्यू : 596 के जिल्द में दर्शाये गये हिन्दुस्तानी पक्षी एवं जीव–जन्तु–बाबरनामा से, कृंतक एवं मयूर। उत्पत्ति : हेनरी वॉल्टर्स, बाल्टीमोर (प्राप्ति की तिथि एवं प्रक्रिया अज्ञात) वॉल्टर्स आर्ट म्यूज़ियम, 1931, वसीयत द्वारा। श्रेय : हेनरी वॉल्टर्स / दी वॉल्टर्स आर्ट्स म्यूज़ियम द्वारा प्राप्त।

प्रेम पंथ को बिरवा, चलेहु लगाय ।
सींचन की सुधि लीजो मुरझि न जाय ।।

ومن بانتقام پدر خود سهنس باه را بهمین کمان کشتم وبیست و یکمرتبه برچهتریان غالب آمدم حالا
نوبت بسر تست چون دیوتها این سخن درشتی آمیز از پرسرام شنیدند که حالا میان رام و پرسرام
جنگی عظیم واقع خواهد شد و زمین بلرزید و رامچند با پرسرام گفت تو که میگویی که من بیست و یکمرتبه
با چهتریان جنگ کرده ایشان را کشتم خوب کردی مرا با تو هیچ تعصبی نیست چرا که تو برهمنی و ما
چهتری ایم چهتری را با برهمن چه کینه است و ما ازین سخن تو ترس هم نداریم و تو که پدر مرا
می ترسانی این خوب نیست او را چه خدمت و اهانت میکنی بیا هر سخنی که داری بمن بگو و اگر بعنایت
خداوند تعالی و تقدس کمان ترا خواهم شکست از مان جواب تو هم خواهم داد این بگفت و کمان
پرسرام را بدست گرفت و تیری از طلا بر زه ان کمان نهاد و کشش داد و بگفت تو خواهر زاده
بسوامتری که استاد ماست و ما حق او بر ذمهٔ خود بسیار داریم و رعایت ان حقوق بر ما واجب است

حالا ترا چه بکشتم که وبال است اما چون این کمان از زه بشن باد کار مانده و هر کسی که این را کار
میفرماید ضایع نمی شود بنا بران خانها و منازل و عماراتی را که تو بواسطهٔ زهد و عبادت در عالم

'बरवै नायिका-भेद' से 112 बरवै

व्याख्याकार
दीपा गुप्ता

कवित कह्यो दोहा कह्यो, तुलै न छप्पय छन्द।
बिरच्यो यही बिचारि कै, यह बरवा रस कंद।।1।।

तुलै–योग्यता, रसकंद–रस की खान, बरवा–एक छन्द।

मैंने कवित्त छन्द में रचना लिख कर देख ली, दोहा भी कह दिया और छप्पय छन्द में लिखकर देख लिया परन्तु कोई भी छन्द मुझे इस योग्य नहीं लगा जिसमें मैं अपने मनोभावों को कह सकूँ। जब मैंने बरवै छन्द में रचना करने का विचार किया और लिखना प्रारम्भ किया तो यह जाना कि यह छोटा छन्द रस की ख़ान है।

बंदो देवि सरदवा, पद कर जोरि।
बरनत काव्य बरैवा, लगइ न खोरि।।2।।

सरदवा–शारदा, सरस्वती, कर–हाथ, जोरि–जोड़कर, खोरि–खोट, दोष।

हे देवी सरस्वती! मैं दोनों हाथ जोड़कर आपसे प्रार्थना करता हूँ कि मैं बरवै छन्द में 'बरवै नायिका भेद' लिखना प्रारम्भ कर रहा हूँ, आप भली–भाँति और निर्विघ्नता से इस काम को पूर्ण करें ताकि मेरे इस कार्य में कोई दोष ना लगने पाये।

लखि अपराध पियरवा, नहिं रस कीन।
बिहँसत चनन चउकिया, बैठक दीन।।3।।

पियरवा–प्रिय, प्रेमी, रिस–क्रोध, चनन–चन्दन, चउकिया–चौकी।

उत्तम नायिका अपने पति के अपराध को देखकर भी दण्ड देना तो दूर क्रोध तक नहीं करती बल्कि वह उसे हँसते–हँसते चन्दन की चौकी पर बिठा देती है और स्वयं हीन बनकर उसके सामने बैठ जाती है, जिससे उसमें सुधार हो जाये।

बिनु गुन पिय–उर हरवा, उपट्यो हेरि।
चुप ह्वै चित्र पुतरिया, रहि मुख फेरि।।4।।

हरवा–गले का हार, उपट्यो–उखड़ना, हेरि–पुकार, टेर, पुतरिया–बनाना, पोतना।

मध्यमा नायिका लघु गान करने वाली है अर्थात् अल्पदोष पर ही कुपित हो जाने वाली है। नायक नायिका के लिए गले का हार लेकर नहीं आया है। खाली हाथ आने पर नायिका मान कर रही है। नायक के बार–बार पुकारने पर भी वह उसकी तरफ़ ध्यान नहीं दे रही है। उसका मन उखड़ गया है इसलिए वह अपना मुँह फेरकर चुपचाप चित्र बना रही हैं।

बेरिहि बेर गुमनवा, जनि करु नारि।
मानिक औ गजमुकुता, जौ लागि बारि।।5।।

गुमनवा–घमण्ड, करु–कड़वा, बारि–न्यौछावर, बलिहारी।

अधमा नायिका अकारण तथा प्रियतम के हित करने पर भी उसके साथ मान कर रही है। कड़वा बोलने वाली अधमा नायिका बार–बार मनाये जाने पर भी अपना घमण्ड नहीं छोड़ रही है। उसने अपने शरीर पर माणिक और हाथी दाँत के बहुमूल्य आभूषण धारण किये हैं, जिन्हें देखकर वह उन पर बार–बार बलिहारी जा रही है।

रहत नयन के कोरवा, चितवनि छाय।
चलत न पग–पैजनियाँ, मग ठहराय।।6।।

कोरवा–कोर, किनारा, पैजनियाँ–पायल, मग ठहराय–रास्ता रोकना।

स्वकीया नायिका मन, कर्म तथा वचन से अपने पति से अनुराग रखती है। उसकी आँखों में अपने पति की छवि समायी हुई है। पति के आगमन पर वह उससे मिलने के लिए व्याकुल हो उठती है। परन्तु रात का समय और उसके पैरों में पड़ी पायल के घुँघरू उसका रास्ता रोक रहे हैं।

लहरत लहर लहरिया, लहर बहार।
मोतिन जरी किनरिया, बिथुरे बार।।7।।

किनरिया–किनारी, बिथुरे–खुले हुए, बार–बाल।

मुग्धा नायिका अपने प्रिय के प्रेम में डूबी हुई है और प्रेम में डूबी ऐसी नायिका को स्वयं का भी ज्ञान नहीं रहता। वह हवा के साथ स्वयं भी उड़ती जा रही है। उसकी लहरदार चुनरी के किनारे में मोती जड़े हुए हैं जो हवा के साथ क्रीड़ा कर रहे हैं, उसके बाल बिखरे हुए हैं। ऐसी मुग्धा नायिका स्वच्छन्द भाव और देह से पति का संवरण कर रही है।

लागेउ आन नवेलअहिं मनसिज बान।
उकसन लागु उरुजवा, दिग तिरछान।।8।।

नवेलअहिं–नवेली स्त्री, मनसिज–कामदेव, बान–बाण, उरुजवा–वक्षस्थल, दिग–नेत्र, तिरछान–तिरछे होने लगे।

नयी नवेली मुग्धा नायिका स्वयं के सौन्दर्य से ही अभिभूत है। वह चुपचाप एकान्त में बैठी अपने प्रिय की यादों में खोई हुई है। प्रिय को याद करते ही मानो कामदेव काम के तीरों से उसे घायल करने लगता है और जैसे ही नायिका के हृदय में काम का प्रवाह तेज़ होता है, वह स्वयं लजाने लगती है। उसके नेत्रों में लज्जा का भाव आने से वह तिरछी दृष्टि से देखने लगती है और उसके वक्षस्थल में कसाव आने लगता है।

कौन रोग दौ छतियाँ, उकस्यो आइ।
दुखि दुखि उठत करेजवा, लगि जनु लाइ।।9।।

करेजवा–कलेजा, हृदय, लाइ–आग, ज्वाला, लपट।

अज्ञात यौवना नायिका अपने आते हुए यौवन से अनजान है। शरीर में हो रहे परिवर्तनों से अनभिज्ञ वह समझ नहीं पाती कि उसे क्या हो रहा है? अपने बढ़ते हुए वक्षस्थल को देखकर उसके मन में बार–बार यही विचार आता है कि कहीं उसके शरीर में कोई रोग तो नहीं हो गया। वो बार–बार अपने शारीरिक परिवर्तनों को देखकर दुखी होती है, उसे लगता है मानो उसके शरीर के भीतर कोई ज्वाला जल रही हो।

औचक आइ जोबनवाँ, मोहि दुख दीन।
छुटिगो संग गोइअवाँ, नहीं भल कीन।।10।।

औचक–अचानक, गोइअवाँ–सखियाँ, भल–भला, कीन–किया।

अज्ञातयौवना नायिका अपने यौवनागम से दुःखी है। शारीरिक परिवर्तनों के कारण उसका घर से बाहर आना जाना कठिन हो रहा है। दूसरा वह यह सोचकर दुःखी है कि विवाह हो जाने के बाद उसके सब संगी–साथी छूट जायेंगे अर्थात् वह अपने समुदाय का साथ नहीं छोड़ना चाहती है।

पहिरत चूनि चूनरिया, भूषन भाव।
नैननि देत कजरवा, फूलनि चाव।।11।।

भाव–इच्छा, नैननि–आँखों में, कजरवा–काजल, चाव–चाह।

नवोढ़ा नायिका प्रियतम से मिलने के लिए उत्कंठित हो रही है और अपना शृंगार कर रही है। वह अपनी इच्छानुसार चूड़ियाँ, चूनरी और विभिन्न प्रकार के सुन्दर आभूषणों से स्वयं को सजा रही है। अपनी आँखों में काजल लगा रही है। यह सब क्रियाकलाप वह अत्यन्त मन से करती है।

जंघन जोरत गोरिया, करत कठोर।
छुवन न पावै पियवा, कहूँ कुच कोर।।12।।

जंघन–जंघाओं को, गैरिया–नायिका, करत कठोर–कड़ा करती, कुच कोर–कुचाग्र।

विश्रब्धा नवोढ़ा नायिका को अपने पति पर विश्वास है परन्तु लज्जा के कारण वह पति को स्पर्श करने नहीं देती। नायक जब नायिका को स्पर्श करना चाहता है तब वह अपनी जंघाओं को कसकर जोड़ लेती है और लज्जा के कारण सिमट जाती है, जिसके कारण नायक नायिका के वक्षस्थल के अग्रभाग को स्पर्श नहीं कर पाता।

भोरहि बोल कोइलिया, बढ़वत ताप।
घरी एक घरि अलवा, रहु चुप चाप।।13।।

भोरहि–प्रातःकाल, ताप–दुःख, वेदना, अलिया–अलसाई हुई।

प्रौढ़ रतिप्रीता नायिका कामकला में निपुण है और इसमें लज्जा की मात्रा अल्प है। नायिका काम से पीड़ित है और सारी रात प्रियतम का इन्तज़ार करती रहती है, परन्तु वह नहीं आता। प्रातःकाल कोयल के कूकने से उसकी वेदना और अधिक बढ़ जाती है लेकिन वह उस घड़ी भी अलसाई हुई चुपचाप बिस्तर पर पड़ी रहती है।

चूनत फूल गुलबवा, डारि कटील।
टुटिगौ बन्द अँगिअवा, फटु पट नील।। 14।।

कटील–काँटों वाली, बन्द–बाँधने की डोर, अँगिअवा–अंगवस्त्र, कंचुकी, पट नील–नीला वस्त्र।

भूतसुरति संगोपना नायिका भूतकाल में किसी प्रेमी द्वारा किये गये मिलन के क्षणों को छिपाती है और अपनी सखी से कहती है कि यह खरोंच उन गुलाब के फूलों को चुनने में आयी है जिनकी शाखाएँ अत्यन्त कँटीली हैं जिनमें फँसकर मेरे अंगवस्त्र कंचुकी की बाँधने की डोर टूट गयी है और शरीर पर पहना हुआ नीला वस्त्र भी फट गया है।

आयेसि कवनेउ ओरवा, सुगना सार।
परिगा दाग अधरवा, चोंच चोटार।। 15।।

सुगना–तोता, परिगा–पड़ गया, अधरवा–होंठ, चोटार–चोट।

भूतसुरति संगोपना नायिका द्वारा अपनी भूतकाल में की गयी काम क्रीड़ाओं को छुपाने का प्रयास किया जा रहा है। नायिका अपनी सखी से कहती है, हे सखी! मेरे होंठों पर जो तुम्हें यह दाग दिखाई दे रहा है, वह तो कहीं से एक तोता उड़ता हुआ आया और उसने अपनी तीक्ष्ण चोंच से मेरे होंठों पर वार किया, जिसके कारण यह निशान पड़ गया है।

होइ कत आइ बदरिया, बरखहि पाथ।
जैहौं घन अमरैया, संग न साथ।। 16।।

कारि–काली, बदरिया–बादल, घन–घना।

भविष्य सुरति–गोपना नायिका अपने सुरत के चिह्नों को छुपाते हुए घर वापिस आ रही है, रास्ते में घने आम के बाग़ों से होकर वह गुज़र रही है, तभी आकाश में काले–काले बादल आ जाते हैं वह चिन्तित होते हुए कहती है कि ये बादल कहाँ से आ गये? अगर ये अभी बरस गये तो मैं कहाँ जाऊँगी। इन घने आम के बाग़ों में कोई साथ भी नहीं है।

जैहों चुनन कुसुमिआ, खेत बड़ दूर।
बरिया केरि छोकरिया, मोह संग कूर।। 17।।

कुसुमिआ–फूल, बरिया–पत्तलें बनाने वाली जाति, केरि–की, कूर–नादान।

भविष्य सुरति–गोपना नायिका परपुरुष के साथ भविष्य में किये जाने वाले सुरत को छिपाना चाहती है, इसलिए वह कहती है कि मैं तो फूल चुनने जा रही हूँ। खेत बहुत दूर है और यह पत्तल बनाने वाली की लड़की तो बड़ी नादान है। नायिका अपनी स्थिति छुपाने के लिए किसी को साथ ले जाना नहीं चाहती इसलिए बहाने कर रही है।

बाहर लै के दियवा, बारन जाय।
सास ननद घर पहुँचत, देत बुताय।। 18।।

दियवा–दिया, दीपक, बारन–जलाने, ढिग–घर।

क्रियाविदग्धा नायिका अपनी चेष्टाओं द्वारा अपने प्रेम को चतुराई से छिपाने वाली है। नायिका अपने प्रियतम की प्रतीक्षा कर रही है। उसका पूरा ध्यान घर के बाहर है, वह

बार–बार दरवाज़े से बाहर जाकर रास्ता देख रही है और प्रियतम के आने की प्रतीक्षा कर रही है, परन्तु घर में सास और ननद की उपस्थिति के कारण वह घर से बाहर जाने का बहाना ढूँढ़ रही है। अतः वह बार–बार जलता हुआ दिया लेकर बाहर जाती है और सास ननद के पहुँचने पर बुझा देती है। ताकि दिया पुनः जलाने के बहाने वह बाहर आ सके।

थोरेसि नाक नथुनिया, मित हित नीक।
कहेसि नाक पहिरावहु, चित दै सींक।।19।।

नथुनिया–नाक का भूषण नथ, पहिरावहु–पहना दो।

वचनविदग्धा नायिका प्रेमी के सरस प्रेम स्पर्श पाने को व्याकुल रहती है। अतः वह अपने प्रेमी से कहती है कि हे प्रिय! यह नथनी बहुत छोटी है, जिसके कारण इसे स्वयं नाक में पहनना कठिन हो रहा है इसलिए इस सींक को मेरी नाक में पहना दो। इस प्रकार वचनविदग्धा नायिका नाक में सींक पहनने के बहाने प्रिय के स्पर्श सुख के लिए लालायित है।

आज नयन के कोरवा, औरे भाँति।
नागर नेह नवेलिअहिं, मूँदिन जाति।।20।।

कोरवा–काजल, नागर–चतुर, नेह–प्रेम, मूँदिन जाति–उनींदी हो रही है।

लक्षिता नायिका परपुरुष के साथ सुरत रत होकर आयी। चतुर नायक के प्रेम में डूबी नवेली नायिका की आँखें उनींदी हो रही हैं और वह अपने रति के चिह्नों को सखी से छिपा नहीं पाती है। सखी नायिका से पूछती है कि आज तेरी आँखों का काजल कैसा हो गया है? तू कहाँ से आ रही है? और किस कारण से तेरा काजल फैला हुआ है?

बालम अस मन मिलियउँ, जस पय पानि।
हँसिनि भइल सवतिया, लइ बिलगानि।।21।।

जस–जैसे, पय–दूध, सवतिया–सौतन, बिलगानि–अलग कर दिया।

अन्य–सुरति–दुःखिता नायिका अपने पति के तन पर अन्य स्त्री के रति चिह्न देखकर दुःखी हो जाती है और कहती है मेरा मन तो अपने पति से ऐसे मिल गया है जैसे दूध में पानी। लेकिन ये सौत तो हंसिनी हो गयी है। जैसे हंस दूध और पानी को अलग–अलग कर देता है उसी प्रकार इस सौतन ने हम दोनों को (दूध और पानी को) अलग–अलग कर दिया है।

मैं पठई जेहि कजवा, आइसि साधि।
छुटि गो सीस जुरबना, दिठ करि बाँधि।।22।।

कजवा–काज, कार्य, साधि–साधन करके, पूर्ण करके, जुरबना–जूड़ा, दिठ–कसकर।

अन्य सुरति दुःखिता नायिका परपुरुष के साथ सुरत का गोपन करती है। सास ने उसे किसी काम से घर के बाहर भेजा और वह कोई और ही काम पूरा (साध) कर आयी है। इस समागम में कसकर बाँधा गया उसके सिर का जूड़ा भी खुल गया।

मो हित हरवर आवत, भौ पथ खेद।
रहि रहि लेत उससवा, औ तन स्वेद।।23।।

हरवर—हड़बड़ाहट, उससवा—गहरी साँस, स्वेद—पसीना।

अन्य—सुरति—दुःखिता नायिका अपनी सूरत को छिपाकर जैसे—तैसे जल्दबाज़ी में घर की तरफ़ आ रही है। उसे मार्ग में बहुत कष्ट होता है वह रह—रहकर गहरी साँसें ले रही है और घबराहट में उसके शरीर से पसीना बह रहा है।

आपुहि देत कजरवा, गूँदत हार।
चुनि पहिराव चुनरिया, प्रान अधार।।24।।

कजरवा—काजल, चुनरिया—चूनर, दुपट्टा।

प्रेम—गर्विता नायिका को अपने प्रेम पर गर्व है। वह प्रेम में डूबकर अपनी आँख में काजल लगा रही है और फूलों का हार गूँथ रही है ताकि जब उसका प्रिय आये तो वह उसे धारण कर सके। अपने प्रिय के लिए वह चुनरी पहनकर तैयार हो रही है।

औरन पाय जवकवा, नाइन दीन।
तुम्हें अँगोरत गोरिया, न्हान न कीन।।25।।

नाइन—नाई की पत्नी, अँगोरत—प्रतीक्षा करते हुए, आनन—मुख।

प्रेम—गर्विता नायिका स्वयं का श्रृंगार करा रही है। उसने अपने पैरों को नाइन को दे रखा है जिस पर वह महावर लगा रही है और स्वयं नायक की प्रतीक्षा करते हुए अपना मुख दरवाज़े की तरफ़ किये हुए है। रूप गर्विता नायिका को अपने रूप सौन्दर्य पर बड़ा अभिमान है। प्रिय से मिलने के लिए वह श्रृंगार कर रही है। उसने अपने पैरों पर महावर लगाने के लिए नाइन को बुला रखा है जो उसके पैरों पर महावर लगा रही है। और नायिका नायक की प्रतीक्षा करते—करते अपने मुख को सजा रही है।

वक्र मलिन विषभैया, औगुन तीन।
मोहि कहि चंद—वदनिया, पियमति हीन।।26।।

वक्र—टेढ़ा, मलिन—मैला, विषभैया—विष का भाई, चंद—वदनिया—चन्द्रमुखी, मतिहीन—बुद्धिहीन।

रूप—गर्विता नायिका को अपने सौन्दर्य पर बड़ा ही अभिमान है। नायक नायिका को चन्द्रमुखी कहता है, इस पर नायिका कहती है कि मेरा प्रिय तो बुद्धिहीन है जो मुझे चन्द्रमुखी कहता है, क्या वो जानता नहीं है कि चन्द्रमा में तीन अवगुण होते हैं। वह टेढ़ा, कलंक सहित और विष का साथी होता है।

धीरज धर किन गोरिआ, करि अनुराग।
जात जहाँ पिय देसवा, घन बर बाग।।27।।

धीरज—धैर्य, धर—धारण कर, अनुराग—प्रेम।

द्वितीय अनुशयना नायिका उपपति के संकेत स्थल पर पहुँचने की सम्भावना और अपनी असमर्थता से व्यथित है। वह अपनी सखी से कहती है कि मैं किस प्रकार धैर्य धारण करूँ? किस प्रकार अपने प्रिय का प्रेम प्राप्त करूँ। मेरा प्रिय जिस देश गया है, वहाँ तक पहुँचने का रास्ता घने जंगलों और बाग़ों से होकर गुज़रता है।

जनि मरु रोइ दुलहिया, धरु मन ऊन।
सघन कुंज ससुररिआ, और घर सून।।28।।

मरु–मरुस्थल, दुलहिया–दुल्हन, ऊन–कम, न्यूनता, अभाव।

प्रियतम के बिना द्वितीय अनुशयना नायिका का हृदय उसी प्रकार शोकग्रस्त होकर रुदन कर रहा है जैसे अनावृष्टि से सूखा व नीरस मरुस्थल रुदन करता है। नायिका की स्थिति बहुत ही विचित्र है। घर में रहती है तो प्रिय के बिना घर सूना और सास का डर। घर से बाहर निकलती है तो घने वन। इस प्रकार नायिका को घर काटता है और रास्ता डराता है।

जमुना तीर तरुनअहिं, लखि भो सूल।
झरिगो कुंज बेइलिआ, फूलत फूल।।29।।

तरुन–तरुणी स्त्री, सूल–शूल, दुःख, झरिगो–झड़ गये।

प्रथम अनुशयना नायिका रति क्रीड़ा के लिए स्थानाभाव की आशंका से दुःखी है। प्रियतम के प्रेम में डूबी बावरी प्रियतमा जब यमुना किनारे जल भरने जाती है तो देखती है कि तरु–लताओं से सारे फूल झड़ गये हैं और जो थोड़ी बहुत कलियाँ हैं, वह भी नहीं चटक रहीं हैं अर्थात् प्रिय की उपस्थिति में जो डाली फूलों से भरी रहती थी, उन्हें बिना फूलों के देखकर वह दुःखी होती है।

ग्रीषम दहत दवरिया कुंज कुटीर।
तिमि तिमि तकस तुरुनिअहि, बाढ़त पीर।।30।।

दवरिया–अग्नि, तिमि–इस प्रकार, उस प्रकार, वैसे, तकस–देखना, ताकना।

गर्मियों के दिनों में चारों तरफ़ जंगलों में आग लगी हुई है, इस दावानल ने हरे–भरे जंगलों को झुलसा दिया है और उसकी गरमाई से हरे–भरे कुंज और घर–घर भी तप रहे हैं। प्रियतम के वियोग व ग्रीष्म की आग के कारण प्रथम अनुशयना नायिका को अपनी कुटिया तपती सी प्रतीत हो रही है। इस प्रकार प्रियतम की राह ताकते–ताकते उसकी वेदना भी बढ़ती जा रही है।

मितवा करनि पसुरिआ, सुमन सपात।
फिरि–फिरि ताकि तरुनिआ, मन पछितात।।31।।

मितवा–मित्र, ताकि–देखकर, सुमन–पुष्प।

तृतीय अनुशयना नायिका संकेतस्थल पर ना पहुँच पाने के कारण बहुत अधिक दुःखी है। वह नायक से मिलना चाहती है। जब नायक दूर कहीं बाँसुरी बजा रहा है तो नायिका को लगता है मानो फूलों की वर्षा हो रही है, वह नायक से मिलने को व्याकुल हो जाती है, परन्तु वह वहाँ तक नहीं पहुँच पाती जिस कारण उसके मन में बहुत पश्चाताप हो रहा है।

मित उतते फिरि आवहु, देखि अराम।
मैं न गयी अमरइया, रह्यो न काम।।32।।

अमरैया–आम के बाग़, मित–मित्र, फिरि–पुनः, दोबारा।

तृतीय अनुशयना नायिका शोकग्रस्त है क्योंकि उसका नायक फिर उससे मिलने आम के बाग़ों में आया है। वह भी उससे मिलने को उत्सुक है, लेकिन घर से बाहर निकलने का छोटा–सा भी काम उसे नहीं मिलता जिससे वह काम के बहाने घर से

निकलकर आम के बाग़ों में पहुँच जाये, जहाँ उसका प्रियतम प्रतीक्षारत है।

नेवते गयी नँनदिआ, मैके सास।
दुलहिन तोरि खबरिया, औ पिय पास।। 33।।

नेवते–न्यौता, मैके–मायका।

मुदिता नायिका पर–पुरुष के साथ काम–केलि करने के लिए मनचाही परिस्थितियाँ प्राप्त होने से प्रसन्न है और वह अपने नायक को यह ख़बर पहुँचाती है कि तुम जल्दी से आ जाओ, मैं तुमसे मिलने को व्याकुल हूँ। मेरी ननद न्यौते पर घर से बाहर गयी है और सास तो पहले ही अपने मायके गयी है। अर्थात् रास्ता निर्विघ्न है।

जैहों कान्ह नेवतवा, भो दुख दून।
बहू करे सुखबरिया, है घर सून।। 34।।

नेवतवा–निमन्त्रण, सून–सूना, अकेला, खाली, सुखबरिया–देखरेख।

मुदिता नायिका अत्यन्त प्रसन्न है जैसे ही उसे प्रियतम के आने की सूचना मिलती है, उसके सारे दुःख दूर होने लगते हैं और उसकी नायक से मिलने की इच्छा प्रबल हो जाती है। वह मनचाही परिस्थिति प्राप्त होने से प्रसन्न है क्योंकि घर पर कोई नहीं होने के कारण घर सूना है और गाँव के सब लोग अपने–अपने काम में व्यस्त हैं।

जस मातिल हथिआ, हुमकत जाय।
चितवति छैल तरुनिआ, मुहु मुसक्याय।। 35।।

हथिआ–हथिनी, मदमालित–मदमस्त, हुमकत–ठुमकती।

कुलटा नायिका अनेक पुरुषों से अनुराग रखती है और अपनी अदाओं से पुरुषों को आकर्षित करती है। जैसे मदमस्त हथिनी मस्तानी चाल चलती है उसी प्रकार कुलटा नायिका अपने यौवन की उमंग में मस्तानी हथिनी के समान इठलाती हुई जा रही है। अपने सामने नायक को देखकर वह कुलटा तरुणी तिरछी दृष्टि से नायक को देखकर मुस्कुराती है। ऐसा करके वह पराये पुरुष को अपनी ओर आकर्षित करती है।

चितवति ऊँच अटरिया दाहिन बाम।
लाखत लखत बिदेसिया ह्वै बस काम।। 36।।

दाहिन बाम–दाएँ–बाएँ, चारों तरफ़, ह्वै बस काम–कामदेव के वश में होकर।

कुलटा स्त्री प्रेम की नहीं बल्कि काम सम्बन्धों की अभिलाषिणी है और निरन्तर नये साथी की तलाश में रहती है। इस प्रकार वह कामदेव के वशीभूत होकर अपने घर की ऊँची अटारी पर चढ़ जाती है और दूर से आते हुए प्रेमीजनों को देख रही है।

लखि–लखि धनिक धनिअवा, बनवति भेख।
रहि गइ हेरि अरसिआ, कजरा नेख।। 37।।

लखि–देखकर, धनिक धनिअवा–धनवान नायक, अरसिया–शीशा, दर्पण, हेरि–देखकर।

गणिका नायिका व्यक्ति से प्रेम न करके धन से प्रेम करती है व जिसके पास धन है, उसका अनुरक्त भाव से मनोरंजन करती है। धनवान नायक को देखकर वह उसे अपनी ओर आकर्षित करने के लिए श्रृंगार करती है और भाँति–भाँति के वस्त्र धारण

करती है। वह बार–बार स्वयं को दर्पण में देखकर आँखों में काजल लगाती है।

का सन कहउँ सँदेसवा, पिय परदेसु।
रातुल ह्वै नहिं फूले, उहि बिन टेसु।।38।।

रातुल–लाल, टेसू–पलाश का फूल।

प्रौढ़ा–प्रोषितपतिका नायिका को ऐसा प्रतीत हो रहा है कि चैत मास लग जाने के बाद भी लाल–लाल पलाश के फूल खिल नहीं रहे हैं। क्योंकि प्रियतम परदेस में है और प्रिय के बिना नायिका को प्रकृति सूनी–सूनी दिखायी पड़ती है। अतः नायिका कहती है कि मैं किससे अपने मन की बात कहूँ, जो जाकर मेरे पति को कह दे, क्योंकि मेरे पति तो परदेस गये हैं।

का तुम मंजु मलतिया, झलरति जाति।
पिय बिन मन हुकरैया, मोहि न सुहाति।।39।।

मलतिया–मालती की लता, हुकरैया–हुड़क, स्मृतियाँ–यादें।

मध्या प्रोषितपतिका नायिका पति के विदेश जाने के कारण विरह वेदना से पीड़ित है। आज उसे विरह में फूलों से लदी मालती की बेल सुखदायी नहीं लगती है। वह कहती है–हे सुन्दर मालती की लता! तुम झड़ क्यूँ नहीं जाती? प्रिय के बिना मुझे कुछ भी अच्छा नहीं लगता। रह–रहकर प्रिय की उद्वेगकारी स्मृतियाँ मुझे दुःखी कर रही हैं।

तैं अब जाइ बेइलियाँ, जरि बरि मूल।
विन प्रिय सूल करैजवा, लखि तब फूल।।40।।

बेइलिया–बेल, जरि–जल, मूल–जड़, सूल–वेदना, कष्ट, दुःख।

मुग्धा प्रोषितपतिका नायिका पति के विदेश जाने से दुःखी है। अतः वह प्रकृति के प्रति अपने आक्रोश को रोक नहीं पाती और पुष्पलताओं से कहती है कि हे लताओ! तुम जड़सहित जलकर नष्ट हो जाओ क्योंकि प्रियतम के बिना तुम्हारे फूलों को देखकर मेरे हृदय में अत्यन्त वेदना हो रही है।

या झर में घर घर में, मदन हिलोर।
पिय नहिं अपने कर में, करमै खोर।।41।।

मदन–कामदेव, करमै–भाग्य, कर्म, खोर–दोष।

प्रौढ़ा प्रोषितपतिका नायिका पति के विदेश जाने से कामपीड़ित है। वह कहती है कि फूलों के बगीचे में, हर घर में कामदेव हिलोरें ले रहा है, अर्थात् जहाँ देखो वहाँ प्रेम का वातावरण है। सभी प्रेम रस में डूबे हैं। परन्तु नायिका अपना दुःख व्यक्त करते हुए कहती है कि प्रेम के लिए उपयुक्त समय होने पर भी भाग्य में दोष होने के कारण मेरा पति मेरे साथ नहीं है।

सखि सिख सीखि नवेलिया, कीन्हेसि मान।
पिय लखि कोप–भवनवा, ठानेसि ठान।।42।।

सिख–शिक्षा, मान–नखरा, ठान–मुद्रा।

अपनी सखी की शिक्षा मानकर मुग्धा खण्डिता नायिका मान कर रही है। वह पति

को देखकर भी उससे बात नहीं करती, बल्कि कोपभवन में जाकर बैठ जाती है। साथ ही यह भी ठान लेती है कि वह अब पति से नहीं मिलेगी क्योंकि वह परस्त्री के सम्भोग चिह्नों से युक्त होकर उसके पास आया है।

सीस नावइ नवेलिया निचवा जोइ।
छिति खनि छोर छिगुनिआँ सुसुकन रोई।।43।।

सीस–सिर, नावइ–झुकाकर, निचवा–नीचे की तरफ़ देखकर, छिगुनियाँ–छोटी अँगुली (कनिष्ठा)।

मुग्धा खण्डिता नायिका कोप भवन में जाकर बैठ जाती है और दुःखी होते हुए भी संकोचवश अपनी व्यथा नहीं कह पाती है। वह सिर झुकाकर बैठी है और लगातार नीचे की ओर देख रही है। दुःख और अपमान के कारण वह पृथ्वी पर झुकी जा रही है, उसने अपनी कनिष्ठिका उँगली के किनारे को पकड़ रखा है और सिसक–सिसक कर रो रही है।

ठकि गौ पीय पलँगिआ आलस पाइ।
पौढहु जाइ बरोटवा सेज बिछाइ।।44।।

ठकि गौ–स्तब्ध हो गया, पौढहु–आराम करने के लिए लेटना, बरोटवा–पोली, दीवानखाना, आँगन और घर के बीच का स्थान।

मध्या खण्डिता नायिका का पति अन्य नायिका के साथ की गयी रति क्रीड़ा के कारण रातभर का जागा हुआ है और जब वह घर वापस आता है, तो अलसाया हुआ है। नायिका को पलँग के पास बैठा देखकर वह स्तब्ध रह जाता है। तब नायिका अपना आक्रोश व्यंग्य में व्यक्त करते हुए कहती है कि जाओ! दीवानखाने में तुम्हारे आराम करने के लिए सेज बिछा दी है।

पोछहु अनख कजरवा जावक भाल।
उपट्यौ पीतम छतिया बिन गुन माल।।45।।

जावक–सिन्दूर, महावर, भाल–माथा, उपट्यौ–निशान पड़ना।

मध्या खण्डिता नायिका देखती है कि उसके पति के शरीर पर परायी स्त्री के सुरतचिह्न हैं, नायक के अधरों पर उसकी आँखों का काजल लगा हुआ है और माथे पर सिन्दूर जिसे नायक पोंछने का प्रयास कर रहा है। नायिका यह देखकर दुःखी है किन्तु उसका दुःख तब और बढ़ जाता है जब वह देखती है कि उसके प्रियतम की छाती से लगी रहने वाली मोतियों की माला टूटकर बिखर चुकी है और छाती पर परायी स्त्री के चिह्न उपस्थित हैं।

पिय आवत अँगनइआ, उठिकै लीन्ह।
बिहँसत चतुर तिरिअवा, बैठन दीन्ह।।46।।

अँगनइआ–आँगन, बिहँसत–हँसते हुए, तिरिअवा–स्त्री।

प्रौढ़ा खण्डिता नायिका अपना आक्रोश अपने हाव–भावों द्वारा जता रही है। उदाहरण के लिए जैसे ही नायिका का पति नायक किसी परायी स्त्री के साथ रात गुजारकर वापस घर के आँगन में आता है तो प्रौढ़ा खण्डिता नायिका वहाँ से उठकर बैठक में चली जाती है, जहाँ उसके साथ की चतुर स्त्रियाँ बातों में लीन हैं। इस प्रकार

नायिका नायक को उपेक्षित छोड़कर बातों में मग्न हो जाती है।

पौढ़हु पीय पलँगिआ, मीड़हु पाय।
रैन जगे कर निदिआ, सब मिटि जाय।। 47।।

पौढ़हु–आराम करने के लिए लेटना, मीड़हु–दबाना, पाय–पैर।

प्रौढ़ा खण्डिता–नायिका खिन्न है क्योंकि उसका पति रातभर जागकर घर वापस आया है। जिसके कारण उसकी नींद पूरी नहीं हुई है। यह देखकर नायिका व्यंग्य में कहती है कि जाओ! पलँग पर जाकर आराम कर लो। मैं तुम्हारे पैर दबा देती हूँ ; तुम रात–भर के जागे जो हो जिस कारण तुम्हारी नींद पूरी नहीं हुई है। आराम करोगे तो सारी पीड़ा दूर हो जायेगी।

जेहि लगि सजन सगेइया छुट घर बार।
अपने होत पिअरवा, सोच परार।। 48।।

जेहि–जैसे ही, परार–पराये।

परकीया खण्डिता नायिका नायक द्वारा अन्य स्त्री के प्रेम में लिप्त होने के कारण पीड़ित है, जिस कारण वह स्वयं का मान मर्दन करती है और नायक का गर्जन–तर्जन। वह कहती है कि परायी स्त्री का प्रेम इतना चढ़ गया है कि उसने अपने घर का भी त्याग कर दिया है। तुमने एक बार भी मेरा हित चिन्तन नहीं किया। बस अपने सुख की परवाह की है। तुम्हारी सोच में परायापन आ गया है, तभी तो मुझे भुलाकर परायी स्त्री से प्रेम कर रहे हो।

मितवा ओठ कजरवा, जावक भाल।
लिहेसि काढ़ि बरिअइया, तकि मनि–माल।। 49।।

जावक–सिन्दूर, बरिअइया–जबरदस्ती, तकि–देखकर, ताक कर।

गणिका खण्डिता नायिका स्वयं धन से प्रेम करने वाली है, परन्तु नायक के परस्त्रीगमन और सुरत के चिह्नों को देखकर दुःखी है, वह देखती है कि नायक के होंठों पर नायिका की आँखों का काजल लगा है और माथे पर सिन्दूर। धन की लोलुप गणिका नायिका नायक की मणियों की माला को गले में ना पाकर दुःखी हो जाती है और कहती है कि उस बैरिन ने जबरदस्ती मेरे प्रियतम से मणियों की माला ले ली है।

आइहु अबहिं गवनवा, तुरतहि मान।
अब रस लागि गोरिअवा, मन पछतान ।। 50।।

गवनवा–गौना, तुरन्तहि–तत्काल, तुरन्त।

मुग्धा कलहान्तरिता नायिका का अभी–अभी गौना हुआ है और वह ससुराल आयी है। उसने आते ही तत्काल अपने पति पर आक्रोश व्यक्त कर दिया किन्तु क्रोध शान्त होने के बाद जब उसे अपनी गलती का एहसास होता है तो वह मन ही मन पश्चाताप करती है क्योंकि वह अपने पति से प्रेम तो करती ही है।

मैं मतिमन्द तिरिअवा, परिलिउ भोरि।
ते नहिं कन्त मानवत, तेहि कछु खोरि।। 51।।

मतिमन्द–मन्द बुद्धि की, तिरिअवा–स्त्री, खोरि–दोष।

मध्या कलहान्तरिता नायिका के मन में पछतावे का भाव अधिक तथा मार्मिक है। वह कहती है कि मैं अत्यन्त मन्दबुद्धि स्त्री हूँ क्योंकि पूरी रात बीत गयी और अब सवेरा भी हो गया है परन्तु मैं अपने पति को मना नहीं पायी। जबकि उनका तो बहुत थोड़ा–सा दोष था, सारा दोष तो मेरा ही था। इस प्रकार मध्या कलहान्तरिता नायिका अपने रूठे हुए प्रियतम को मनाने की भरपूर चेष्टा करती है।

थकिगौ करि मनुहरिआ, फिरिगौ पीव।
मैं उठि तुरत न लाएउ, हिमकर हीव।।52।।

मनुहरिआ–मनुहार, अनुनय, विनय, हिमकर–ठंडा करने वाला, हीव–हृदय।

प्रौढ़ा कलहान्तरिता नायिका नायक पर नाराज़ होती है। तत्पश्चात् जब उसे अपनी भूल का अनुभव होता है तो वह पश्चात्ताप करते हुए कहती है कि मेरा प्रियतम मेरा मनुहार करते–करते थक गया, परन्तु मेरा हृदय नहीं पसीजा। मैंने चन्द्रमा के समान शीतलता देने वाले प्रियतम को उठकर हृदय से क्यों नहीं लगा लिया।

जेहि लगि कीन बिरोधवा, ननद जठाँनि।
लीए न लाइ करेजवा, तेहि हित जानि।।53।।

जेहि–जिसे, जिसको, कीन–खरीदना, करना, लाइ–आग, तेहि–क्रोध।

परकीया कलहान्तरिता नायिका दुःखी है, क्योंकि उसने अपने पति के कारण अपनी ननद और जेठानी का विरोध किया, परन्तु जब उसका क्रोध शान्त हो जाता है तो वह समझ जाती है कि ननद जेठानी का क्रोध उसके हित में है इसलिए वह इस लड़ाई की आग को अपने हृदय में स्थान नहीं देती।

जिहिं दीने बहु बेरवा, मोहि मनि–माल।
तेहि से रूठिउ सखिया, फिरि गौ लाल।।54।।

जिहि–जिसने, बेरवा–बहुत बार, अनेक बार।

गणिका कलहान्तरिता नायिका को इस बात का पश्चाताप है कि जिस प्रियतम नायक ने उसे अनेकों बार मणियों की माला उपहार में दी है, वही आज उसके व्यवहार के कारण नायिका से रूठ गया है और मनाने पर भी अपना क्रोध नहीं छोड़ रहा है। नायिका को लगता है मानो नायक का मन उससे हट गया है।

मिलेउ न कन्त सहेटवा, लखेउ डेराई
धनिया कमल–बदनिया, गौ कुँमिलाइ।।55।।

सहेटवा–संकेतस्थल, मिलन स्थल, धनिया–स्त्री, नायिका, कमल–बदनिया–कमल जैसे बदन वाली।

मुग्धा विप्रलब्धा नायिका का नायक मिलन स्थल पर बताकर भी नहीं आता जिस कारण नायिका दुःखी है। नायिका संकेतस्थल पर इन्तज़ार कर रही है परन्तु उसका प्रियतम वहाँ नहीं आता। प्रियतम को वहाँ न पाकर वह कमल जैसे बदन वाली स्त्री मुरझा गयी है। अर्थात् प्रिय मिलन की आस में जो कमल के फूल के समान खिली हुई थी, वही पति के ना मिलने पर मुरझा गयी है।

दीख न केलि–भवनवा, नन्दकुमार।
लै लै ऊँचि उससवा, ह्वै विकरार।।56।।

केलि–भवनवा–रति महल, उससवा–गहरी साँसें, विकरार–बेकरार, उद्विग्न।

मध्या विप्रलब्धा नायिका संकेत स्थल पर प्रिय के ना पहुँचने पर खिन्न है और रति महल में अपने प्रियतम नन्दकुमार को ना देखकर वह स्वयं को सँभाल नहीं पाती, विरह से उत्पन्न शोक के कारण उसकी धड़कनें बढ़ जाती हैं और वह बेकरारी में गहरी–गहरी साँसें लेने लगती है।

देख न कन्त सहेटवा, भी दुखि पूरि।
रोवत नैन कजरवा, होइ गौ दूरि।।57।।

कन्त–पति, पूरि–पूर्ण, बहुत।

प्रौढ़ा विप्रलब्धा नायिका संकेत स्थल पर पति का बहुत इन्तज़ार करती है और वहाँ पर पति को न पाकर वह दुःख से भर जाती है और फूट–फूट कर रोने लगती है जिसके कारण उसकी आँखों का काजल बह जाता है और शरीर पर धारण किया श्रृंगार भी नष्ट हो जाता है।

बैरिनि मँह अभिसरवा, अति दुखदानि।
तापर मिलेउ न मितवा, भो पछतानि।।58।।

अभिसरवा–अभिसार, मिलन, दानि–देना।

परकीया विप्रलब्धा नायिका घर से निकलकर अपने प्रेमी से मिलने किसी संकेतस्थल पर जाती है, परन्तु वहाँ प्रेमी को न पाकर वह दुःखी होती है और कहती है कि यह मिलन की इच्छा तो बड़ी बैरिन है इसने मुझे बड़ा दुःख दिया है। मिलनस्थल पर प्रियतम के ना मिलने पर वह रह–रहकर पश्चाताप कर रही है।

करिकै सोरह सिंगरवा, अतर लगाई।
मिलेउ न लाल सहेटवा, फिरि पछिताइ।।59।।

सोरह–सोलह, अतर–इत्र।

गणिका विप्रलब्धा नायिका नायक से मिलने के लिए अंग शुचि, मज्जन, वसनादि सोलह श्रृंगार करती है और बाद में इत्र लगाकर मिलनस्थल पर पहुँच जाती है पर संकेतस्थल पर नायिका इन्तज़ार करती रहती है परन्तु नायक के नहीं आने पर वह बार–बार पछताती है।

गौ जुग जाम जमुनिआ, पिय नहिं आइ।
राखेहु कौन सवतिआ, दहु बिलमाइ।।60।।

गौ जुग जाम जमुनिआ–दोपहर से लेकर रात बीत गयी, सवतिआ–सौत, बिलमाइ–भूल जाना।

मुग्धा उत्कण्ठिता नायिका अपने प्रियतम की प्रतीक्षा कर रही है और ज्यों–ज्यों नायक के आने में विलम्ब हो रहा है, त्यों–त्यों उसके हृदय में नानाविध विचार उत्पन्न हो रहे हैं। वह कहती है मेरा प्रिय नहीं आया। लगता है किसी सौत ने उसे अपने पास ही रख लिया है जिस कारण वह मुझे भूल गया है।

जोहति परी पलकिया, पिय की बाट।
बेचेउ चतुर तिरियवा, केहि के हाट।।61।।

जोहति–देखती है, बाट–रास्ता, मार्ग, हाट–बाज़ार।

मध्या उत्कण्ठिता नायिका प्रियतम के लिए प्रतीक्षारत है। उसके हृदय में विविध सन्देह उत्पन्न हो रहे हैं। वह स्त्री बड़ी बेचैनी से आँगन में अपने प्रियतम की प्रतीक्षा कर रही है। जब काफ़ी समय बीतने के बाद भी प्रियतम नहीं आता तो उसके हृदय में यह आशंका जन्म लेती है कि कहीं किसी चतुर नारी ने मेरे पति को किसी बाज़ार में जाकर बेच तो नहीं दिया है।

पिय–पथ हेरति गोरिया, भो भिनुसार।
चलहु न करहि तिरिअवा, तौ इतवार।।62।।

भिनुसार–प्रातःकाल, इतवार–एतबार, विश्वास।

प्रौढ़ा उत्कण्ठिता नायिका अपने प्रियतम की प्रतीक्षा करती है। वह बार–बार उस रास्ते को देख रही है, जहाँ से प्रियतम को आना है। रास्ते को ताकते–ताकते सवेरा हो जाता है परन्तु प्रिय नहीं आता। जिस कारण नायिका दुःखी होकर सोचती है कि कहीं मेरा पति उन चतुर स्त्रियों पर विश्वास करके उनके साथ तो नहीं चला गया है।

उठ–उठ जात खिरकिया, जोहन बाट।
कत वह आइहि मितवा, सूनी खाट।।63।।

खिरकिया–खिड़की, झरोखा, खाट–पलँग।

परकीया उत्कण्ठिता नायिका बेचैन है उसे अपने प्रियतम की प्रतीक्षा है इसी कारण वह बार–बार उठ–उठकर खिड़की को देखती है और खिड़की से उस रास्ते को देखती है जहाँ से प्रियतम को आना है परन्तु बहुत प्रतीक्षा के बाद भी उसका प्रियतम नहीं आता है तो वह निराश होकर अपने सूने पड़े पलँग को देखती है।

कठिन नींद भिनुसरवा, आलस पाइ।
धन दै मूरख मितवा, रहल लोभाइ।।64।।

भिनुसरवा–प्रभात, सवेरा, रहल–काठ की चौकी।

सामान्य उत्कण्ठिता नायिका प्रिय के इन्तज़ार में सारी रात जागती रही। अब जब सुबह होने को है तो उसके शरीर को आलस्य ने घेर लिया है। वह लकड़ी की चौकी पर बैठी हुई यही सोच रही है कि उसका प्रिय कितना मूर्ख है। जो प्रेम को धन से तौल रहा है उसे धन कमाने का इतना लोभ है कि वह नियत समय पर उससे मिलने आ भी नहीं पा रहा है।

हरूवे गवनि नबेलिअहि, दीठि बचाइ।
पौढ़ी जाइ पलँगिया, सेज बिछाइ।।65।।

हरूवे–धीरे–धीरे, हल्के से, दीठि–दृष्टि, पौढ़ी–लेटना।

मुग्धा वासकसज्जा नायिका प्रिय के साथ अपना मिलन निश्चित जानकर श्रृंगार करके अपने आप को सुसज्जित करती है। इसके बाद सबसे दृष्टि बचाकर धीरे–धीरे कदमों से अपने पलँग तक जाकर प्रेमपूर्वक सेज सजाती है और लेटकर अपने पति का इन्तज़ार करने लगती है।

सेज बिछाय पलँगिया, अँग सिंगार।
चौंकत चितै तरूनिआ, दहु कै बार।।66।।

तरूनिआ–युवती।

मध्या वासकसज्जा नायिका प्रियतम से मिलन की आतुरता में पलँग बिछाकर उस पर सेज सजाती है और श्रृंगार धारण कर अपने अंगों को सजाती है। वह यौवन से युक्त तरुणी नायिका अपनी तिरछी चितवन से बार–बार द्वार पर टकटकी बाँधे देख रही है।

हँसि हँसि हेरि अरसिया, सहज सिंगार।
उतरत चढ़त नबेलियहि, तिय कै बार।। 67।।

हेरि–देखकर, अरसिया–दर्पण, बार–द्वार।

प्रौढ़ा वासक सज्जा नायिका प्रिय मिलन की उत्कण्ठा में बड़ी ही व्याकुल है और हँस–हँसकर दर्पण में स्वयं को निहार रही है। वह पति मिलन की आतुरता में द्वार देखने के लिए ना जाने कितनी बार छत से चढ़ती उतरती जा रही है।

सोवत सब गुरू लोगवा, जानेउ बाल।
दीन्हेस खोलि खिरकिया, उठ के हाल।। 68।।

गुरू लोगवा–घर के बड़े लोग, बाल–बाला, नायिका।

परकीया वासकसज्जा नायिका नायक से मिलने की चेष्टाएँ कर रही है। नायिका ने जब देखा कि घर के सब बड़े लोग सो गये हैं, तो उसने चुपचाप धीरे–से उठकर अपने कमरे की खिड़की खोल दी और बाहर की स्थिति को देखने लगी। इस प्रकार वह रात भर नायक के आगमन की प्रतीक्षा करती है।

कीन्हेसि सबै सिंगरवा, चातुर बाल।
ऐहै प्रान पियरवा, लै मनि–माल।। 69।।

सिंगरवा–श्रृंगार, ऐहै–यह, प्रान पियरवा–प्राणों से प्यारा।

सामान्य वासकसज्जा नायिका बहुत ही चतुर है और वह जानती है कि किस प्रकार प्राणों से भी प्यारे प्रियतम को मोहित किया जा सकता है। इसलिए वह सम्पूर्ण रूप से अपना श्रृंगार करती है ताकि उसके रूप सौन्दर्य से प्रसन्न होकर प्रियतम मणियों की कीमती माला उसे दे दे।

आपुहि देत जवकवा, गहि गहि पाँय।
आपु देत मोहि पिअवा, पान खवाय।। 70।।

जवकवा–महावर, गहि गहि–पकड़–पकड़कर।

मुग्धा स्वाधीनपतिका नायिका प्रसन्न है क्योंकि नायक नायिका के वश में है। वह स्वयं अपने हाथों से पकड़–पकड़ कर उसके पाँव में महावर लगा रहा है और नायिका के लिए पान का बीड़ा लाया है, जिसे वह अपने हाथ से उसे खिला रहा है। नायिका आत्ममुग्ध है कि मेरा प्रियतम यह सब स्वयं अपनी इच्छा से कर रहा है।

प्रीतम करत पियरवा, कहल न जाति।
रहत गढ़ावत सोनवा, यहै सिरात।। 71।।

कहल न जाति–कहा नहीं जा सकता, अकथनीय, सिरात–शीतल।

मध्या स्वाधीनपतिका नायिका का पति सदा नायिका के साथ रहना चाहता है इस

कारण वह विभिन्न प्रकार के उपक्रम कर नायिका को अपनी ओर आकर्षित कर रहा है। नायिका कहती है कि मेरा प्रियतम मुझसे इतना अधिक स्नेह करता है, जिसका वर्णन नहीं किया जा सकता है। उसने मेरे लिए सोने के आभूषण गढ़वाये हैं, जिनको देखकर मेरा हृदय शीतल हो गया है।

मैं अरू मोर पियरवा, जस जल मीन।
बिछुरत तजत पिरनवाँ, रहत अधीन।।72।।

अरू–और, मोर–मेरा, पिरनवाँ–प्राण।

प्रौढ़ा स्वाधीनपतिका नायिका अपने प्रियतम से अपने अभिन्न सम्बन्धों का बखान करते हुए कहती है कि मैं और मेरा प्रियतम एक–दूसरे से इतना प्रेम करते हैं जितना मछली जल से। जैसे मछली पानी के बिना अपने प्राण त्याग देती है उसी प्रकार मैं और मेरे प्रिय भी एक–दूसरे से नितान्त स्नेह करते हैं। एक–दूसरे से अलग होकर हम अपने प्राण त्याग देंगे। नायिका स्वयं को नायक के अधीन कहकर अपने प्रेम की श्रेष्ठता सिद्ध करती है।

भौ जुग नैन चकोरवा, पिय–मुखचंद।
जानति है तिय अपनै, मोहि सुखकंद।।73।।

सुखकंद–सुख की खान।

परकीया स्वाधीनपतिका नायिका अपने नायक के एकनिष्ठ प्रेम के कारण प्रसन्न है। वह कहती है कि मेरे दोनों नेत्र निरन्तर प्रियतम के मुख का दर्शन उसी प्रकार करते हैं जैसे चकोर पक्षी चन्द्रमा को एकटक निहारता रहता है। मेरा प्रियतम वह सब कारण जानता है जिससे मुझे सुख प्राप्त होता है, अर्थात् नायक नायिका के लिए वो सारे जतन करता है जिससे नायिका प्रसन्नचित्त हो सके।

लै हीरन के हरवा, मोतिक माल।
मोहि रहत पहिरावत, बसि ह्वै लाल।।74।।

मोतिक माल–मोतियों की माला, पहिरावत–पहना रहा है।

सामान्य स्वाधीनपतिका नायिका आत्ममुग्ध है, चूँकि नायक उस पर आसक्त है इसलिए वह प्रसन्न है। वह कहती है कि मेरा प्रियतम मेरे वश में होकर मेरे लिए मोतियों की माला और बेशकीमती हीरों के हार लाया है और उसे स्वयं अपने हाथों से पहना रहा है। इस प्रकार नायिका नायक के प्रेम में पूर्णतया डूबी हुई है।

चलीं लिवाइ नवेलिअहि, सखि सब संग।
जस हुलसत गो गोदवा, मत्त मतंग।।75।।

गो–छिपाना, गोदवा–हाथी का अंकुश, मत्त मतंग–मतवाला हाथी।

मुग्धा अभिसारिका नायिका अपनी सखियों के साथ नायक से मिलने जा रही है। नायक से मिलने की उत्कण्ठा ने नायिका को मदमस्त कर दिया है। जिस प्रकार मतवाले हाथी को महावत अंकुश से अपने वश में रखता है उसी प्रकार मतवाली नायिका को सखियाँ नियन्त्रण में रखकर अपनी प्रीति को छिपाने का सन्देश दे रही हैं।

पहिरे लाल अछुअवा, तिय–गज पाय।
चढ़े नेह–हथि–अवहा हुलसत जाय।।76।।

अछुअवा–सँवारना, गज पाय–महावत, हुलसत–प्रसन्न होना, आनदित होना।

जिस प्रकार मदमस्त हाथी पर सवार महावत आनन्दित होता है उसी प्रकार मध्या अभिसारिका नायिका ने भी लाल रंग के वस्त्र धारण कर स्वयं को सँवार लिया है और प्रेम रूपी हाथी पर सवार होकर अत्यन्त उमंगित भाव से अपने प्रियतम से मिलने जा रही है।

चली रइनि अँधियरया, साहस गाढ़ि।
पायन केरि कँगनिआ, डारेसि काढ़ि।। 77।।

गाढ़ि–गहरा, काढ़ि–निकालना।

प्रौढ़ा अभिसारिका नायिका निर्विघ्न भाव से अपने प्रियतम से मिलना चाहती है और मिलने की प्रबल इच्छा के कारण अभिसारिका नायिका यह भी नहीं देखती कि रात का समय है और घना अँधेरा है। वह अपना सारा साहस बटोर कर चल पड़ती है। रास्ते का अन्धकार उसे डराता है। वह बजने के भय से अपने पैरों के नूपुर निकाल देती है। इस प्रकार नायिका अपने प्रियतम से मिलने के लिए समस्त कष्ट उठाने को तैयार है।

नीलमनिन के हरवा, नील सिंगार।
किए रैइनि अँधिअरिया, धनि अभिसार।। 78।।

नीलमनिन–नीलमणि, हरवा–हार, धनि–स्त्री, अभिसार–मिलन।

परकीया कृष्णाभिसारिका नायिका कृष्ण पक्ष की अँधेरी रात में प्रेमी से मिलने उसके संकेत स्थान पर जा रही है। उसने नीलमणि का नीला हार गले में धारण कर रखा है। उसके वस्त्र और उसके चूड़ी कंगन आदि समस्त श्रृंगार भी नीले हैं। यह नायिका धन्य है जो अँधेरी रात की परवाह न करते हुए प्रियतम से मिलने संकेतस्थल पर जा पहुँचती है।

सेत कुसुम के हरुवा, भूषन सेत।
चली रैनि उजिअरिया, पिय के हेत।। 79।।

सेत–श्वेत, भूषन–गहने।

शुक्लाभिसारिका नायिका ने सफ़ेद फूलों का हार पहन रखा है और इसके अलावा उसके नाक, कान, हाथ आदि में जितने भी आभूषण हैं, वे सभी सफ़ेद हैं। यह परकीया नायिका प्रिय के प्रेम को पाने के लिए शुक्ल पक्ष की चाँदनी रात में सजधज कर घर से बाहर निकल पड़ती है।

पहरि बसन जरितरिया, पिय के होत।
चली जेठ दुपहरिया, मिलि रवि–जोत।। 80।।

बसन–वस्त्र, वसन, जरितरिया–जड़ाऊ।

दिवाभिसारिका नायिका अपने प्रियतम को आकर्षित करने के लिए जड़ाऊ वस्त्र पहनती है और जेठ की भरी दोपहर में जब सूर्य की किरणें उष्णता के चरम पर होती हैं तब दिन के समय नायिका अपने प्रेमी से मिलने संकेत स्थल पर जाती है।

धन हित कीन्ह सिंगरवा, चातुर बाल।
चली संग लै चेरिया, जहवाँ लाल।। 81।।

चेरिया–सखी, जहवाँ–जहाँ पर।

गणिका अभिसारिका नायिका अत्यन्त चतुर है और वह मात्र धन के लालच में ही नायक से प्रेम करती है। अत्यन्त चतुर गणिका अभिसारिका नायिका धन प्राप्त करने के लिए स्वयं का श्रृंगार करती है और अपनी दासी को साथ लेकर उस स्थान पर पहुँच जाती है जहाँ उसका नायक प्रतीक्षारत है।

परिगौ कानन सखिया पिय कै गौन।
बैठी कनक–पलँगिया, होइके मौन।।82।।

गौन–विदेश गमन, प्रवास, कनक–सोना, मौन–चुपचाप।

मुग्धा प्रवत्स्यतपतिका नायिका पति के परदेश जाने और वियोग की आशंका से दुःखी है। नायिका ने जैसे ही सखियों द्वारा की जा रही बातचीत सुनी कि उसका प्रियतम विदेश गमन करने वाला है, वह व्यथा के कारण कुछ कह नहीं पाती। इस प्रकार स्वर्ण आभूषणों से सजी नायिका पलँग के किनारे जाकर चुपचाप बैठ जाती है और किसी से कुछ नहीं कहती।

सुठि सुकुमार तरुनिया, सुनि पिय गौन।
लाजनि पौढ़ि औवरया, ह्वै कै मौन।।83।।

सुठि–सज्जन, पौढ़ि–लेटना, औवरया–कोठे।

मध्या प्रवत्स्यतपतिका सुकुमार नायिका ने जैसे ही यह सुना कि उसका सज्जन प्रियतम विदेश जा रहा है। वह लज्जा और व्यथा के कारण अन्दर कोठे पर जाकर लेट जाती है। दुःख के अतिरेक के कारण वह मौन हो जाती है।

बन घन फूलि टेसुइया, बगिअन बेलि।
तब पिय चलेउ बिदेसवा, फगुआ फैलि।।84।।

टेसुइया–पलास, टेसू, फैलि–अवहेलना करके।

प्रौढ़ा प्रवत्स्यतपतिका नायिका प्रियतम के विदेश जाने के कारण दुःखी है। लेकिन वह मुग्धा और मध्या प्रवत्स्यतपतिका के समान चुप नहीं होती बल्कि अपनी व्यथा का वर्णन स्वयं करते हुए कहती है–हे प्रिय! चारों तरफ़ जंगलों में टेसू के फूल खिले हैं और बाग़ों में बेलें फूलों से लदी हैं। तुम ऐसे सुन्दर समय की अवहेलना करके परदेश में क्यों जा रहे हो? तुम यहीं रुकते तो हम साथ–साथ फाग खेलते।

मितवा चलेउ बिदेसवा, मन अनुरागि।
तिय की सुरिति गगरिया, रहि मग लागि।।85।।

सुरिति गगरिया–खाली गागर, बिना जल का घड़ा, मग–मग्न होना, तल्लीन होना।

परकीया प्रवत्स्यतपतिका नायिका का पति विदेश चला गया है जिसके कारण नायिका के व्यवहार में वेदना की प्रबलता है। वह कहती है भले ही मेरा पति परदेश है लेकिन मेरा मन तो उसके प्रेम में ही डूबा हुआ है। सुरत के प्रबल वेग से पीड़ित नायिका पुनः कहती है कि पति के विदेश गमन से निरन्तर प्रेम जल से भरी रहने वाली

मेरी काम की गगरी खाली की खाली रह गयी है।

पीतम इक सुमिरिनियाँ मोहि दै जाहु।
जेहि जपि तोर बिरहवा, करौं निबाहु।। 86।।

सुमिरिनियाँ—माला, बिरहवा—विरह, निबाहु—व्यतीत करना, निर्वहन करना।

गणिका प्रवत्स्यतपतिका नायिका प्रियतम के विदेश जाने पर विरह में व्याकुल है उसका एक—एक पल कठिनता से गुज़र रहा है। इन कठिन दिनों में वह अपने प्रियतम की मधुर स्मृतियों को उसी एकाग्रता से स्मरण कर रही है, जैसे कोई भक्त माला का जाप करते—करते अपने ईश्वर का ध्यान करता है।

बहुत दिवस पै पियवा, आएहु आजु।
पुलकित नवल बधुइआ, करु—गृह—काजु।। 87।।

पुलकित—रोमांचित, नवल—नयी।

मुग्धा आगतपतिका नायिका का नायक परदेश से लौटकर आ रहा है, जिस कारण वह प्रसन्न है। लम्बे समय के पश्चात् आज उसका सामना अपने पति से होगा, इस कारण नववधू का अंग—अंग प्रसन्नता के कारण रोमांचित हो रहा है। वह प्रसन्नता के साथ घर के सारे काम जल्दी—जल्दी निपटा रही है।

पियवा पौरि दुअरवा, उठि किन देखु।
दुरलभ पाइ बिदेसआ, जिय के लेखु।। 88।।

दुअरवा—द्वार, दरवाजा, दुरलभ—दुर्लभ, कठिन।

मध्या आगतपतिका नायिका प्रियतम के विदेश से वापस आने की सूचना से अत्यन्त प्रसन्न है। नायिका घर पर नायक का बेचैनी से इन्तज़ार कर रही है और जैसे ही नायक द्वार पर आता है, नायिका उठकर तेजी से दौड़ पड़ती है। लम्बे समय बाद विदेश से लौटे अपने प्रियतम को देखकर वह अत्यन्त प्रसन्न होती है। उसके लिए ये क्षण दुर्लभ है क्योंकि उसका मन लम्बे समय से पति के दर्शनों के लिए व्याकुल था।

पावन प्रान पियरवा, हेरेउ आइ।
तलफत मीन तिरिअवा, जिमि जल पाइ।। 89।।

तलफत—तड़पना, मीन—मछली।

प्रौढ़ा आगतपतिका नायिका नायक के आगमन पर बेहद प्रसन्न है। नायिका वियोग में पति के घर आने से पूर्व इस प्रकार तड़प रही थी, जैसे मछली पानी के बिना तड़पती रहती है। आज पति के आगमन पर वह उसी प्रकार शीतल हो गयी है जैसे तड़पती मछली को पानी का साहचर्य मिल गया हो।

पूँछत चली खबरिया, मितवा तीर।
नैहर खोज तिरिअवा पहिरि सुचीर।। 90।।

तीर—किनारा, नैहर—मायका, सुचीर—सुन्दर वस्त्र।

परकीया आगतपतिका नायिका मायके में है। उसको जैसे ही पता चलता है कि उसका पति परदेश से वापस आ रहा है, वह सुन्दर वस्त्रों को धारण करके पति के

आगमन की सूचना की सच्चाई जानने के लिए नदी के किनारे जा पहुँचती है।

तबलगि मिटै न मितवा, तन की पीर।
जौलगि पहिरि न हरवा, जटिल सुहीर।।91।।

पीर–पीड़ा, जटिल सुहीर–हीरा जड़ा हुआ।

गणिका आगतपतिका नायिका प्रसन्न है क्योंकि उसका मित्र विदेश से वापस आ गया है और साथ ही उसके लिए हीरों का हार भी लाया है, लेकिन नायिका मित्र द्वारा लाये गये हार को तब तक धारण नहीं करती जब तक उसके शरीर की पीड़ा दूर नहीं होती अर्थात् नायिका का प्रिय से मिलन नहीं हो जाता।

सुन्दर चतुर धनिअवा, जातिउ ऊँच।
केलि–कला–परबिनवा, सील–समूच।।92।।

धनिअवा–धन–सम्पत्ति से युक्त, धनवान, केलि–कला–काम क्रीड़ा।

जो पुरुष सुन्दर, चालाक और धन सम्पत्ति का मालिक होता है, ऊँची जाति का कुलीन और नायिकानिष्ठ रति का आलम्बन, काम कलाओं में प्रवीण होता है और समस्त प्रकार के सात्विक गुणों से जैसे शोभा, विलास, माधुर्य, धैर्य, तेज़, लालित्य, प्रज्ञ और औदार्य से युक्त होता है, वही नायक होता है।

पति लक्षण–

पति उपपति बेसिकवा, त्रिविध बखान।
विधिसों ब्याहो गुरुजन पतिसो जान।।93।।

त्रिविध–तीन प्रकार, विधि–शास्त्र रीति।

नायक के तीन भेद हैं–पति, उपपति और वैशिक, इस त्रिविध नायक में समाज, नीति एवं कानून की दृष्टि से पति की स्थिति मान्य और उत्तम है। गुरुजनों ने जिसका विवाह विधिपूर्वक या शास्त्र रीति से किया हो उसे पति कहते हैं।

लैके सुघर खुरुपिया, पिय के साथ।
छपए एक छतरिआ, बरखत पाथ।।94।।

खुरूपिया–खुरपी, घास काटने का एक औजार, छतरिआ–छप्पर।

विवाहिता पत्नी अपने पति के साथ खेत में काम करने के लिए धारदार खुरपी लेकर आयी हुई है और दोनों खेत में काम कर रहे हैं। तभी बारिश के आगमन के कारण वह दोनों अपना काम छोड़कर खर की बनी झोंपड़ी में आकर बैठ जाते हैं और बरसती हुई बूँदों को देखते हैं।

करत नहीं अपरधवा, सपनेहुँ पीव।
मान करै की सधवा, रहि गइ जीव।।95।।

पीव–प्रिय, सधवा–साथ, इच्छा, जीव–हृदय में।

स्वप्न में भी अपनी पत्नी के प्रति कोई अपराध न करने वाले तथा पत्नी के प्रति अनन्य भाव रखने वाले को अनुकूल नायक की संज्ञा दी है। अनुकूल नायक पूर्ण समर्पण से अपनी पत्नी को प्रेम करता है। अनुकूल नायक की पत्नी के मान करने की इच्छा उसके हृदय में ही रह जाती है क्योंकि उसका पति उसे कोई अवसर ही नहीं देता,

जिसके कारण उसे क्रोध आये और वह अपने पति को भला बुरा कहकर मान कर सके।

सबमिलि करै निहोरवा, हम कह देह।
गुहि गुहि चंपट टँडिआ, उचइ सो लेह।।96।।

निहोरवा–प्रार्थना करना, गुहि गुहि–गूँथना, टँडिआ–ढेरी, उचइ–उचक कर, पंजों के बल खड़े होना।

दक्षिण नायक अनेक नायिकाओं से समान अनुराग रखने वाला है। उसने चम्पा के फूलों को गूँथ–गूँथ कर सुन्दर हारों की ढेरी बनाई है। दक्षिण नायक से अनुराग रखने वाली सारी स्त्रियाँ नायक से प्रार्थना कर रही हैं कि वह गुँथे हुए फूलों की माला हमको दे दो। ऐसा कहते हुए वह उचक–उचक कर फूलों को पाने का प्रयास कर रही हैं।

छूटयौ लाज गरिअवा, औ कुल–कानि।
करत रोज अपरधवा, परि गौ वानि।।97।।

गरिअवा–गर्व, घमण्ड, कानि–रीति, गौ–छिपाना।

कवि की दृष्टि में लज्जा का पूर्ण त्याग कर परनारी में आसक्ति अपराध है। दक्षिण नायक भय रखता है, परन्तु शठ को अपराध करते समय भय नहीं होता है। जिसने लज्जा, स्वाभिमान और कुल की मर्यादा का त्याग कर दिया है, जिसे निरन्तर अपराध करने की आदत पड़ गयी है और जो अपनी बातों को छिपाता है, वह शठनायक है।

जहँ जागेउ सब रैनियाँ, तहवाँ जाउ।
जोरि नैन निरलजवा, कत मुसकाउ।।98।।

जोरि–मिलाकर, निरलजवा–लज्जाहीन, निर्लज्ज।

धृष्ट नायक अपराध करके भी निडर रहने वाला और रोके जाने पर भी बार–बार अनुनय विनय में लगा रहता है। कनिष्ठा नायिका के साथ रति क्रीड़ा कर सुरत चिह्नों को न छिपाने वाले धृष्ट नायक से उसकी स्त्री कहती है कि–हे निर्लज्ज! तू जहाँ रात को गया था, वही जा! मुझसे आँखें मिलाकर क्यों मुस्कुरा रहा है?

झाँकि झरोखे गोरिया, अँखियन जोरि।
फिर चितवति चित मितवा, करत निहोरि।।99।।

चित–मन, निहोरि–प्रार्थना करना, मनाना।

पत्नी के अतिरिक्त अन्य स्त्री से प्रेम रखने वाला व्यक्ति उपजाति है। उपजाति नायक झरोखे से झाँकती गोरी को देखकर निहाल हो जाता है और उसे देखता रहता है और जैसे ही नायिका की आँखें नायक से मिलती हैं तो उनके मन मिल जाते हैं। नायक इस अवसर को नहीं खोता और एकटक नायिका को देखते हुए उसे मनाने लगता है।

सघन कुंज अमरइया, सीतल छाहि।
झगरत आइ कोइलिया, फिर उड़ि जाहिं।।100।।

अमरइया–आम के बाग़, सीतल–शीतल, कोइलिया–कोयल।

उपजाति नायक के दो भेद हैं। वचन चतुर उपजाति नायक नायिका को बता रहा है कि इस बाग़ में आम के वृक्ष की घनी और शीतल छाया है, इस अमराई में काम क्रीड़ा में बाधा केवल कूकती हुई कोयल ही डाल सकती है लेकिन वह भी बस आती

है और उड़ जाती है।

खेलत जानेसि रोलिया, नंदकिसोर।
छुइ वृषभान–कुमरिआ, भैगा चोर।। 101।।

नंदकिसोर–श्रीकृष्ण, वृषभान कुमरिआ–राधा, भैगा–हो गया।

क्रिया चतुर उपजाति नायक श्रीकृष्ण स्पर्श सुख प्राप्त करने के लिए अपनी टोली या मण्डली के साथ छिपने खोजने का खेल खेल रहे हैं। श्रीकृष्ण राधा की समीपता और स्पर्श सुख की कामना से चोर राधिका को स्वयं छूकर चोर बन बैठते हैं।

लटकी नील जुलुफिया, बंसी भाइ।
मो मन वार बधुइआ, मीन बझाइ।। 102।।

जुलुफिया–जुल्फ, बंसी भाइ–मछली पकड़ने का काँटा, वार बधुइआ–गणिका, बझाइ–फँसा लिया, पकड़ा।

जिस प्रकार मछली पकड़ने के काँटे से शिकारी मछली को फँसा लेता है उसी प्रकार वेश्या से प्रीति रखने वाला वैशिक नायक अपनी काली–काली जुल्फों रूपी काँटे से गणिका रूपी मछली को फँसाने में सिद्धहस्त है।

करबेउ ऊँच अटरिया, तिय सँग केलि।।
कब धौं पहिरि गजरवा, हार चमेलि।। 103।।

धौं–कौन जाने, गजरवा–फूलों का हार।

प्रिया से बिछुड़कर उसके विरह में व्याकुल रहने वाला नायक प्रोषित नायक यह विचार कर रहा है कि वह समय कब आयेगा जब मैं चमेली का गजरा पहनकर अपनी प्रिया के साथ इस ऊँची अटारी पर बैठूँगा और उसके साथ काम क्रीड़ा करूँगा?

अब न जनम भर सखिया, ताकौं वोहि।
ऐंठत गौ अभिमनवा, तजि के मोहि।। 104।।

वोहि–उसको, तजि–छोड़कर।

अभिमानी या घमण्डी नायक अपने गुरूर के कारण नायिका को छोड़कर चला गया है। नायिका अपनी सहेली से कहती है कि हे सखी ! मेरा प्रियतम अत्यन्त अभिमानी है और इसी कारण वह मुझे छोड़कर चला गया है। अब मैं जीवन भर उसको नहीं देखूँगी।

पीतम मिलेउ सपनवाँ, भौ सुख–खानि।
जाइ जगाइउ चेरिआ, भौ दुखदानि।। 105।।

सुख–खानि–सुख की खान, सुखदायी, चेरिआ–सखी।

स्वप्न दर्शन के अन्तर्गत नायिका स्वप्न में अपने सुखदायी प्रियतम को पाकर अत्यन्त आनन्दित है। तभी सखी द्वारा उसको जगा देने पर उसका स्वप्न भंग हो जाता है और प्रियतम के साथ प्रेमालाप का उसका स्वप्न अधूरा रह जाता है, जिससे नायिका अत्यन्त दुःखी हो जाती है।

पिय मूरति चितसरिया, देखति बाल।
बितवत औध–बसरवा, जपि जपि माल।। 106।।

चितसरिया–चित्रशाला, औध बसरवा–अवधि के दिन।

नायिका अपने पति की मूरत हृदय में बसाये हुए कहती है कि जिस तरह से चित्रशाला में चित्र सजे होते हैं उसी प्रकार मेरे हृदय में मेरे प्रियतम की छवि सजी है। जिस प्रकार एक भक्त माला जपते–जपते अपने प्रभु का स्मरण करता है और उसे समय का भान नहीं रहता उसी प्रकार प्रियतम का ध्यान करते–करते मेरे विरह की यह अवधि बीत जायेगी।

आएउ मीत बिदेसिया, सुन सखि तोर।
उठि किन करसि सिंगरवा, सुनि सिख मोर।। 107।।

सिंगरवा–शृंगार, सिख–सीख, शिक्षा।

नायिका का पति विदेश से वापस आ रहा है। उसके आगमन की सूचना पाकर वह अपनी सखी से कहती है, हे सखी तू सुन ! मेरे पति विदेश से वापिस आ रहे हैं तू उठ और मुझे सिखा कि मैं किस तरह अपना शृंगार करूँ ताकि वह मुझ पर रीझ जायें।

बिरहिन और बिदेसिया, भौ इक ठोर।
पिय–मुख हेरि तिरिअवा, चंद्र–चकोर।। 108।।

ठोर–ठिकाना, स्थान, हेरि–देखना।

नायक विदेश से वापिस आ गया है और लम्बे वियोग के बाद नायक और विरहिणी नायिका एक स्थान पर आमने–सामने बैठे हैं। जैसे चकोर पक्षी चाँद को निहारता रहता है उसी प्रकार लम्बे वियोग के बाद नायिका अपने पति को निहार रही है।

सखियन कीन्ह सिंगरवा, रचि बहु भाँति।
हेरति नैन अरसिया, मुहुँ मुसुकाति।। 109।।

रचि–रचना, बनाना, सजाना, अरसिया–दर्पण।

सखियाँ नायिका का अनेक प्रकार से शृंगार कर रही हैं। वह अपने शृंगार करने की कला से नायिका को भली भाँति सजा रही हैं। नायिका स्वयं को दर्पण में देख रही है और स्वयं के सौन्दर्य पर रीझते हुए उसके मुख पर बार–बार मुस्कुराहट आ रही है।

थके बइठि गोड़बरिआ, मींड़हु पाउ।
पिय तन पेखि गरमिया, बिजन दुलाउ।। 110।।

गोड़वरिआ–पैरों के समीप, पेखि–देखकर, बिजन–हाथ का पंखा।

सखी नायिका को शिक्षा दे रही है कि नायक गर्मी के कारण परेशान है। तुम कुछ ऐसे उपाय करो ताकि गरमी का ताप कुछ कम हो सके। नायक जब थक हार कर घर वापस आता है, तब नायिका उसके पैरों के पास चारपाई पर बैठ जाती है और पति को गरमी में तपता देखकर पंखा झलने लगती है।

चुप ह्वै रहे सँदेसवा, सुनि मुसुकाय।
पिय निज कर बिरवना, दीन्ह पठाय।। 111।।

निज–अपने, कर–हाथ।

विदेश में रहने वाले नायक का सन्देश आया है। सखी द्वारा पढ़कर सुनाये जाने पर विरहिणी नायिका चुपचाप उस सन्देश को सुनती है और मुस्कुराती रहती है। फिर

विरहिणी नायिका प्रिय के सन्देश को स्वयं पढ़ने लगती है।

बिहँसत भँउह चढ़ाए, धनुष मनोज।
लावत उर उपटनवाँ, ऐंठि उरोज।। 112।।

मनोज–कामदेव, उर–हृदय, उपटनवाँ–उबटन, उरोज–कुच, वक्षस्थल।

सखी कर्म के अन्तर्गत सखियाँ नायिका से हास–परिहास करते हुए कहती हैं, हे सखी! जिस प्रकार कामदेव अपने काम के तीर से विरही को घायल करता है उसी प्रकार तुम जब हँसती हो तो तुम्हारी भौंहें कामदेव के धनुष के समान सीधे हृदय को घायल करती हैं। लाओ तुम्हारे वक्षस्थल पर उबटन का लेप कर दें ताकि काम के प्रवाह से उत्पन्न वक्षस्थल की ऐंठन दूर हो सके।

चित्र विवरण (पृष्ठ संख्या-191) :

अब्दुर्रहीम ख़ानेख़ाना द्वारा अधिकृत वाल्मीकि रामायण के फ़ारसी अनुवाद की जिल्द, जिसमें राम परशुराम का धनुष तोड़ते दिखाये गये हैं। कागज़ पर स्याही, अपारदर्शी जलरंग एवं स्वर्ण। आधुनिक जिल्द में; 27.5 × 15.2 सेमी (10 13 / 16 × 6 इंच)। कलाकार : फज़ल का नाम उद्धृत); मुग़ल वंश, अकबर का शासनकाल, 1597–1605। फ़्रीयर गैलरी ऑफ़ आर्ट एंड आर्थर एम. सैकलर गैलरी, स्मिथसोनियन इंस्टीट्यूशन, वाशिंगटन, डी.सी. : चार्ल्स लैंग फ़्रीयर का उपहार, आरोहण संख्या : एफ़ 1907.271.1–172, अंक–I : जिल्द 67, बायाँ पृष्ठ।

भूप गनत लघु गुनिन को, गुनी गनत लघु भूप।
रहिमन गिरि तें भूमि लौं, लखों तो एकै रूप ।।

'शृंगार सोरठा'

व्याख्याकार

दीपा गुप्ता

गयी आगि उर लाय, आगि लेन आयी जो तिय।
लागी नाहिं बुझाय, भभकि–भभकि बरि बरि उठे।।1।।

उर–हृदय, तिय–स्त्री नायिका, बरि–जलन।

प्रेम की आग बड़ी विचित्र है। नायिका नायक से मिलने गयी और लौटी तो अपने हृदय में प्रेम की ज्वाला जलाकर ले आयी है। प्रेम की ज्वाला इतनी अद्‌भुत है कि इसको जितना बुझाने का प्रयास किया जाता है, यह रह–रहकर उतने ही वेग से भभकती है। प्रेम की आग अगर एक बार जल जाती है तो उसे बुझाना अत्यन्त कठिन है। नायिका नायक से मिलने गयी और स्वयं आग बनकर लौटी और आग भी ऐसी जो भभक–भभककर जलती रहे कभी बुझे नहीं।

तुरुक गुरुक भरिपूर, डूबि डूबि सुर गुरु उठै।
चातक जातक दूरि, देह दहै बिन–देह को।।2।।

सुर–देवता, देह–शरीर, बिन–देह–कामदेव।

प्रेम का आकर्षण इतना प्रभावशाली तथा गहरा होता है जिसके प्रभाव से साधारण मनुष्य तो क्या? देवी–देवता यहाँ तक कि असुरों के गुरु शुक्राचार्य जी भी इसके आकर्षण से मुक़्त नहीं रह सके प्रेम में डूबा चातक पक्षी जब दूर कूकता है तो बिन देहधारी कामदेव भी अपनी प्रिय रति से मिलने के लिए देह धारण करके प्रेम को पाने के लिए विकल हो जाते हैं, अर्थात् प्रेम पशु–पक्षी, मनुष्य, देवी–देवता सब पर बराबर वार करता है। प्रेम की चोट से कोई नहीं बच सकता।

दीपक हिए छिपाय, नवल बधू घर लै चली।
कर बिहीन पछिताय, कुच लखि निज सीसै धुने।।3।।

नवल–नयी, कर–हाथ, कुच–वक्षस्थल, लखि–देखकर, सीसै–सिर।

नयी–नयी विवाहित युवती अपने आँचल से जलते हुए दिये को ढक कर ले जा रही है, ताकि हवा के वेग से दिया बुझ न जाये। नववधू के आँचल में छिपा दीपक रमणी के

उन्नत कुचों को देखकर अधीर हो जाता है और अपने कर रहित होने पर अपना सिर पीटने लगता है। भाव यह है कि कुचों की अत्यन्त समीपता होने पर भी दीपक उन्हें स्पर्श नहीं कर पा रहा है इसलिए वह असफल होने पर अपना सिर पीट रहा है। हवा के वेग से दीपक की लौ नीचे हो रही है। ऐसा लगता है मानो नववधू के यौवन का स्पर्श न करने की असफलता के कारण दीपक अपना सिर पीट–पीटकर दुखी हो रहा है।

पलटि चली मुसुकाय, दुति रहीम उपजाय अति।
बाती सी उसकाय, मानों दीनी दीप की।।4।।

पलटि–पलटकर, दुति–चमक, उसकाय–उकसाना, बाती–बत्ती, दीनी–विनम्र।

नायक बड़ी आस से जाती हुई नायिका को देख रहा है और अचानक नायिका पलटकर नायक को देखती है और मुस्कुरा उठती है। नायिका का पलटकर मुस्कुराना नायक के हृदय के प्रेम को दुगुना कर देता है, ठीक उसी प्रकार जैसे जलते हुए दिये की बत्ती को तनिक थोड़ा सा ऊपर उठाने से उसका प्रकाश अधिक बढ़ जाता है।

यक नाही यक पीर, हिय रहीम होती रहै।
काहु न भई सरीर, रीति न बेदन एक सी।।5।।

हिय–हृदय, बेदन–पीड़ा, वेदना।

इस संसार में प्रत्येक व्यक्ति को अनेक पीड़ाओं का अनुभव होता रहता है। जीवन में आने वाले सुखों और दुःखों का प्रभाव मनुष्य के हृदय पर पड़ता है। हर आने वाला दुःख हृदय में एक नयी पीड़ा को जन्म देता है। लेकिन जिसके शरीर ने प्रेम और प्रेम की पीड़ा का स्वाद चख लिया हो, उसे शरीर की अन्य पीड़ाओं का भान नहीं होता। प्रेम की पीड़ा के आगे सभी दुःख फीके हैं।

रहिमन पुतरी स्याम, मनहुँ जलज मधुकर लसै।
कधौं शालिग्राम, रूपे के अरघा धरे।।6।।

पुतरी–पुतली, आँख का तारा, जलज–कमल का पुष्प, मधुकर–भौंरा, शालिग्राम–श्रीकृष्ण का प्रतिरूप, अरघा अर्घ्य अर्पण करने का पात्र।

प्रेम जल से सिंचित आँखों की पुतली इस प्रकार शोभायमान हो रही है मानो कमल के पुष्प का रसपान करने के लिए भ्रमर उस पर भ्रमण कर रहा हो। रहीम को प्रेम में पगी आँखों में अपने भगवान् शालिग्राम दिखाई देते हैं जो मानो चाँदी के अर्घ्य देने के पात्र में विराजमान हों।

यहाँ सफ़ेद पुतली चाँदी का अर्घ्य देने का पात्र है और उसमें काला तारा भगवान् शालिग्राम हैं। कवि कहते हैं कि यह आँखों की पुतली है या कमल के पुष्प पर शोभायमान भौंरा है। यदि यह भौंरा नहीं तो यह शालिग्राम से युक्त चाँदी का अर्घ्य पात्र होगा।

चित्र विवरण (पृष्ठ संख्या-217) :

अब्दुर्रहीम ख़ानेख़ाना द्वारा अधिकृत वाल्मीकि रामायण के फ़ारसी अनुवाद का जिल्द। इस चित्र में राम एवं लक्ष्मण दानव मारीच और सुबाहु से युद्धरत दिखाये गये हैं। काग़ज़ पर स्याही, अपारदर्शी जलरंग एवं स्वर्ण, आधुनिक जिल्द में; 27.5 × 15.2 सेमी (10 13/16 × 6 इंच)। कलाकार : मोहन, अकबर का शासनकाल, 1597–1605, फ़्रीयर गैलरी ऑफ़ आर्ट एंड आर्थर एम. सैकलर गैलरी, स्मिथसोनियन इंस्टीट्यूशन, वाशिंगटन, डी. सी. : चार्ल्स लैंग फ़्रीयर का उपहार, आरोहण संख्या : एफ़ 1907.271.1–172, अंक–I : जिल्द 38, बायाँ पृष्ठ।

دیگر سوار بیست داد تامرد الدهج بکمربند تیری چنان بر اداپه ارجن زد که تا صد قدم اداپه
ارجن بر عقب رفت ارجن در غضب شد و اداپه خود را پیشتر راند تیری زد و کمان
خصم را بشکست و اداپه او را خورد کرد او برادرا دیگر سوار گشته و با ارجن
بجنگ در آمد همین وقت که ایشان باهم در جنگ بودند که ببر باهن را طاقت تمام
و با لشکر خود حمله بر لشکر دشمن برد و آنچنان جنگی میان آن دو لشکر دست
داد که چندین هزار آدم و فیل و اسب و پیاده در معرکه افتادند و این جنگ تا شب
کشید در شب هر دو لشکر با دروهای خود بازگشتند و باز صباح بر سر جنگ
و کوشش رفتند القصه تا هفت روز میان این دو لشکر اینچنین جنگ بود
در روز هفتم در میان جنگ تامرد الدهج میان خود را محکم بر بست و دویده بیامد
و ارجن را با اداپه از زمین برداشت و بر هوا برد و از آنجا بیندازد خواست کشتن بدوید
و ارجن را با اداپه بگرفت چنانچه هیچ آزار بارجن نرسید ارجن برادرا دیگر سوار گشت

و باتفاق کشن تیر و کمان گرفته حمله بر لشکر دشمن بردند تامرد الدهج مرد
برابر جنگ عظیم کرد و خود بر نزدیک کشن رسید کشن چنان لگدی بر سینه او زد
که او را تا یک کروه رفته بیفتاد بعد از آن برخاست و باز پیش آمده با ارجن و کشن
بجنگ در آمد و چندان جنگ کرد که دیوتهای آسمان بر مردانگی او آفرین کردند آخر
تامرد الدهج چنان دو تیر بر سینه کشن و ارجن زد که هر دو بی شعور گشتند
ببر باهن و برک کیت چون این حال را دیدند با باقی لشکر حمله بر تامرد الدهج و مردم
بردند ایشان هم در برابر ایستاده جنگی کردند که هرگز بصعوبت آن جنگی نشده بود
آخر ببر باهن و برک کیت غالب آمدند و تامرد الدهج را با لشکر او زده زده بارده

'फुटकर छन्द'

व्याख्याकार
दीपा गुप्ता

जाति हुती सखि गोहन में मन मोहन कों लखि के ललचानो।
नागरि नारि नयी ब्रजकी उनहूँ नँदलाल को रीझिबो जानो।।
जाति भई फिरिकै चितइ तब भाव 'रहीम' यहै उर आनो।
ज्यों कमनैत दमानक में फिरि तीर सों मारि लै जात निसानो।। 1।।

जाति–जात, अपना, निजता, व्यक्तिगत, हुती–ओर से, तरफ़ से, गोहन–गौ सम्पत्ति, गोबर्धन पर्वत, रीझिबो–प्रसन्न होना, मोहित होना, चितइ–मन में, कमनैत–तीरन्दाज़, तीर कमान चलाने वाला।

ब्रज में एक सखी अपनी गायों को देखने गौशाला जा रही है। उसने रास्ते में जाते हुए मनमोहन श्रीकृष्ण को देख लिया। वह चतुर नारी ब्रज में नयी–नयी आयी थी। उसने प्रथम बार जैसे ही नन्दलाल कृष्ण को देखा वह उनपर मोहित हो गयी। रहीम कहते हैं कि उसने श्रीकृष्ण को रिझाने का बहुत प्रयास किया परन्तु जब उसे सफलता नहीं मिली तब उसके मन में यह विचार आता है कि जिस प्रकार तीरन्दाज़ कमान से तीर छोड़कर निशाना लगाकर शिकार करता है, उसी प्रकार मैं भी अपनी बंकिम दृष्टि से नन्दलाल पर बाण छोड़ूँगी और उन्हें प्रसन्न कर लूँगी।

जिहि कारन बार न लाये कछू गहि संभु–सरासन दोय किया।
गये गेहहिं त्यागि के ताहि समै सु निकारि पिता बनवास दिया।।
कहे बीच 'रहीम' रह्यो न कछू जिन कीनो हुतो उन हार हिया।
बिधियों नसिया रसबार सिया कर बार सिया पिय सा रसिया।। 2।।

गहि–पकड़ कर, गेहहि–घर, हुतो–ओर से, विधि–भाग्य, रसबार–सर्वगुण सम्पन्न।

प्रत्येक व्यक्ति के जीवन में घटने वाली प्रत्येक घटना का विधान पूर्व नियोजित होता है। इसी कारण से राजा जनक की चिन्ता दूर कर सीता स्वयंवर की प्रतिज्ञा पूर्ण करने हेतु श्रीराम ने भगवान शिव के धनुष के दो टुकड़े करके सीता को अपनी पत्नी के रूप में स्वीकार किया और जनकपुरी त्याग कर अयोध्या पहुँचे। अयोध्या पहुँचने पर पिता राजा दशरथ ने श्रीराम जी का राजतिलक नहीं किया बल्कि माता कैकेयी के

वचनों को पूरा करने के लिए उन्हें वनवास दे दिया। रहीम कहते हैं कि राजमहल के सारे सुखों को त्याग कर सीता जी हृदय में बिना हार धारण किये वनवासी बनकर श्री राम के साथ वन को चली गयीं। यह संयोग विधि ने यूँ ही नहीं रचा कि सर्वगुणसम्पन्न सीता आज राजमहल का त्याग कर वनवासी सीता बनकर राम के साथ वन को चली गयीं। सच तो यह है कि भाग्य का विधान बड़ा ही विचित्र है।

बड़ेनसों जान पहिचान कै 'रहीम' काह,
जो पै करतार ही न सुख देनहार है।
सीतहर सूरज सों, नेह कियो याही हेत,
ताऊ पै कमल जारि डारत तुषार है।।
क्षीर निधि माँहि धँस्यो शंकर के सीस बस्यो,
तऊ ना कलंक नस्यो ससि में सदा रहे।
बड़ो रिझिवार है चकोर दरबार है,
कलानिधि सो यार तऊ चाखत अँगार है।।3।।

करतार–मालिक, भगवान, सीतहर–शीतलता हरने वाला, तुषार–पाला, रिझिवार–प्रसन्न होने वाला, रीझने वाला, प्रेमी।

बड़ों से जान–पहचान बहुत सोच–समझकर करनी और बढ़ानी चाहिए। ऐसे व्यक्ति जो केवल नाम के बड़े हों पर जिनसे कोई सुख न मिलने वाला हो, उनसे जान पहचान बढ़ाना अनुचित है, क्योंकि ऐसे व्यक्ति तन, मन और धन की हानि करने वाले होते हैं। जैसे कमल ने सूरज को शीत से बचाने वाला मानकर अपना स्वरूप उसके स्पर्श से पूर्ण विकसित किया अर्थात् सूरज के निकलने पर ही कमल का फूल पूरी तरह से खिलता है, लेकिन उसी सूरज ने छिप जाने पर रात्रि में कड़क तुषार (पाला) डालकर कमल को जला दिया। चन्द्रमा चाहे क्षीर सागर में रहे या भगवान शिव के मस्तक पर स्थान पा ले, परन्तु उसका कलंक उसके साथ ही रहता है। चकोर पक्षी भी चाँद की चाँदनी को देखकर अत्यन्त प्रसन्न होता है और रात भर उसको निहारता रहता है, परन्तु बदले में उसको अपनी चकवी से रातभर की जुदाई मिलती है। इसलिए कहा गया है कि जान पहचान बराबर वालों के साथ ठीक रहती है।

छबि आवन मोहनलाल की।

काछे काछनि कलित मुरलि कर, पीत पिछौरी साल की।।
बंक तिलक केसर को कीने दुति मानो बिधु बाल की।
बिसरत नाहिं सखी मो मन ते चितवनि नयन बिसाल की।।
नीकी हँसनि अधर सधरनि की छबि छीनी सुगम गुलाल की।
जल सों डारि दियो पुरइन पर डोलनि मुकुतामाल की।।
आप मोल बिन मोलनि डोलनि बोलनि मदन–गोपाल की।
यह सरूप निरखै सोइ जानै इस रहीम के हाल की।।4।।

काछनि–लांग वाली धोती, पीत–पीला, पिछौरी–ओढ़ने का दुपट्टा, साल–कृष्ण, विधु–चन्द्रमा, पुरइन–कमल का पत्ता, निरखै–देखकर।

गोपियाँ आपस में बातचीत करते हुए कहती हैं कि श्रीकृष्ण की साँवरी सलोनी छवि बार–बार हमारे ध्यान में आती रहती है। उस छवि में श्रीकृष्ण ने एक विशेष प्रकार की लांग वाली धोती पहन रखी है और कमर में करधनी बाँध रखी है, हाथ में बाँसुरी और शरीर पर पीले रंग का दुपट्टा धारण कर रखा है। उनके साँवले मुख पर केसर का टीका ऐसा सुशोभित हो रहा है, मानो रात में काले–काले बादलों के मध्य शिशु चन्द्रमा चमक रहा हो। एक गोपी दूसरी गोपी से कहती है कि हे सखी! श्रीकृष्ण के विशाल नेत्र और तिरछी चितवन तो हमारे मन मस्तिष्क में बैठ गयी है, अब तो वह भुलाये नहीं भूलती है। लाल गुलाब जैसे कोमल होंठों पर मोहिनी हँसी विराजमान है मानो कमल के पत्ते पर पानी मोतियों की तरह डोल रहा हो। हमें तो साक्षात् कामदेव रूपी श्रीकृष्ण की बातों ने बिना मोल ख़रीद लिया है। हमारा मन तो श्रीकृष्ण की बातों में डोलता रहता है। गोपियाँ कहती हैं कि जिसने कृष्ण के ऐसे सुन्दर स्वरूप के दर्शन कर लिए हैं, वही हमारे हाल को जान सकता है।

अति अनियारे मनो सान दे सुधारे,
महाविष के विषारे ये करत परतात हैं।
ऐसे अपराधी देख अगम अगाधी यहै,
साधना जो साधी हरि हिय में अन्हात हैं।।
बार–बार बोरे याते लाल–लाल डोरे भये,
तोहू तो 'रहीम' थोरे बिधिना सकात हैं।
घाइक घनेरे दुख दाइक हैं मेरे नित,
नैन बान तेरे उर बेधि–बेधि जात हैं।।5।।

अनियारे–नुकीला, पैना, सान–धार तेज़ करना, वह पत्थर जिस पर रगड़कर अस्त्रों की धार तेज़ की जाती है, अन्हात–शत्रु, विरागी, सकात–संकेत।

नायिका के नैन बाणों से घायल प्रेमी की स्थिति का वर्णन करते हुए रहीम कहते हैं कि नायिका के नेत्रों की मार उतनी ही घातक है जितनी धार तेज़ करने वाले पत्थर पर तेज़ किये हुए नुकीले हथियार की होती है। ऐसा लगता है कि ये जहर में बुझे नेत्र नायक को मारकर ही चैन पायेंगे। ऐसे हृदयाघात करने वालों को देखकर बड़े–बड़े सिद्धपुरुष जो नित्य साधना में लीन रहते हैं और जिनके हृदय में विष्णु विराजमान रहते हैं, उनके लिए ये किसी शत्रु से कम नहीं हैं। रहीम कहते हैं कि अगम और अगाध भक्ति करने वाले सिद्धपुरुष भी कभी–कभी कामरूपी लाल डोरे से बँधकर अपनी भक्ति से विरक्त हो जाते हैं। इस प्रकार नायिका के नेत्र रूपी बाण सिद्ध और सामान्य नायक के हृदय को बेधकर उनको महान दुःख का भागीदार बना देते हैं।

पट चाहे तन पेट चाहत छदन मन,
चाहत धन.... जेती सम्पदा सराहबी।

तेरोई कहाय कै रहीम कहे दीनबन्धु,
आपनी विपत्ती जाय काके द्वार काहिबी।।
पेट भर खायो चाहे उद्यम बनायो चाहे,
कुटुम जियायो चाहे काढ़ि गुन लाहिबी।
जीविका हमारी जो पै औरन के कर डारो,
ब्रज के बिहारी तो तिहारी कहा साहिबी।।6।।

छदन–भोजन, पट–कपड़ा, सराहबी–मालिक, काके–किसके।

रहीम अपनी विपत्ति का हाल ब्रजबिहारी श्रीकृष्ण से कहते हैं कि शरीर चाहता है तन ढकने को कपड़े और पेट भर भोजन, परन्तु मन सर्वदा धन की कामना करता है, जिससे उसकी सम्पदा की सराहना होती रहे। परन्तु हे दीनबन्धु! मैं अपनी विपत्ति का हाल किसके द्वार पर जाकर कहूँ। मैं चाहे पेट भर खाऊँ, चाहे रात–दिन परिश्रम करके अपने परिवार की जीविका चलाऊँ, पर मैं किसके गुण गाऊँ ? क्योंकि हमारी जीविका तो हे दीनदयाल! आपने दूसरों के हाथों में सौंप रखी है। हे ब्रजबिहारी! हम तो आपके भक्त हैं और दिन–रात आपकी भक्ति में लीन रहते हैं। आपने हमारी जीविका दूसरों के हाथों में क्यूं सौंप दी है? आपकी साहिबी कहाँ चली गयी।

कमल–दल नैननि की उनमानि।
बिसरत नाहिं सखी मो मन ते मन्द–मन्द मुसुकानि।।
यह दसननि–दुति चपलाहू ते महा चपल चमकानि।
बसुधा की बस–करी मधुरता सुधापगी बतरानि।।
चढ़ी रहे चित उर बिसाल की मुकुतमाल थहरानि।
नृत्य समय पीताम्बर हू की फहरि फहरि फहरानि।।
अनुदिन श्रीवृन्दावन ब्रज ते आवन–आवन जानि।
छबि रहीम चित ते न टरति है सकल स्याम की बानि।।7।।

उनमानि–समरसता, तुलना, विसरत–भूलना, दसननि दुति–दाँतों की चमक, चपलाइ–बिजली, वसुधा–पृथ्वी, सुधापगी बतरानि–अमृतरूपी वाणी, बानि–स्वभाव, चढ़ी रहे–विस्मृत नहीं होती।

श्रीकृष्ण के प्रेम में आत्मविस्मृत एक गोपी दूसरी गोपी से कहती है कि हे सखी! कमल जैसे नेत्रों वाले श्रीकृष्ण की धीमे–धीमे मुस्कुराती हुई मोहिनी छवि को मैं किसी प्रकार से भुला नहीं पा रही हूँ। जब श्रीकृष्ण मन्द–मन्द मुस्कुराते हैं तो उनकी दाँतों की पंक्तियाँ काले–काले बादलों के मध्य चमकती हुई बिजली की तरह दमकती हैं। ब्रज की मिट्‌टी का सोंधापन और श्रीकृष्ण की अमृतमयी बातों को गोपियाँ याद करती हैं। गोपियों के हृदय में बारम्बार श्रीकृष्ण की रास रचाती हुई वह सुन्दर छवि उभर रही है जिसमें उन्होंने अपने साँवरे सलोने शरीर पर पीले रंग का सुन्दर वस्त्र धारण कर रखा है। उनके विशाल हृदय पर मोतियों की बैजन्तीमाला शोभायमान हो रही है। महारास रचाते हुए पीताम्बर और बैजन्तीमाला हवा के साथ उनकी भाव–भंगिमाओं की तरह आकार ले रहे हैं अर्थात् नृत्य करते समय शरीर पर धारण किये गये अंगवस्त्र

این جنس غالبا سخن نمی آموزد دیگر لوجه است این مرغ را بوقلمون میگویند
از سر او تا دم او پنج شش رنگ مختلف دارد مثل گردن کبوتر پر برق است کلانی او
برابر کبک دری باشد غالبا کبک دری هندوستان است چنانچه کبک دری
کوه می گردد از ولایات کابل در کوهستان نجراو و ازان پایان تر در کوهستان هیچ جای نمی شود
ازانجا بلند تر نمی شود عجب چیزی روایت کردند که چون زمستان میشود در دامنهٔ کوهسار فرود
می آید اگر بپرانند که از بالای باغ انگور بگذرد دیگر اصلا نمی تواند پرید گیرند ماکول اللحم است لذیذ گوشتی دارد
دیگر دراج است

और आभूषण भी मानो रास रचा रहे हों। गोपियाँ कृष्ण की इस सुन्दर छवि को बारम्बार देखने के लिये श्रीवृन्दावन और ब्रज की धरती के चक्कर काट रही हैं, इस प्रकार गोपियों के मन से साँवरे सलोने कृष्ण की मोहक छवि और उनका मोहक स्वभाव विस्मृत नहीं हो रहा है।

चित्र विवरण (पृष्ठ संख्या-221) :

अर्जुन राजा ताम्रध्वज से युद्धरत। जिल्द रज़्मनामा, सी.ए. 1616–17, नाम : सचित्र पाण्डुलिपि से जिल्द, तिथि : सी.ए. 1616–17, भूगोल : भारत से सम्बन्धित, माध्यम : काग़ज़ पर स्याही, पारदर्शी जलरंग और स्वर्ण, परिमाप : काग़ज़ : 15.5 × 14 9 × 16 इंच (39.3 × 37 सेमी), पेंटिंग : 9.5 × 9 3/16 इंच (24.2 × 23.3 सेमी), वर्गीकरण : कॉडिक्स, सूत्रोल्लेख : रोजर्स फंड, 1955, आरोहण संख्या : 55.121.30।

चित्र विवरण (पृष्ठ संख्या-225) :

बचे हुए पत्थरों पर आधारित मक़बरे के अग्रभाग का कलाकार द्वारा चित्रण। अंकन वास्तुकार हिमानिश दास द्वारा।

चित्र विवरण (पृष्ठ संख्या-227) :

हिन्दुस्तान के पक्षी। वॉल्टर्स पाण्डुलिपि डब्ल्यू : 596 के जिल्द में दर्शाये गये हिन्दुस्तानी पक्षी : तीतर और मुर्गे (बाबर की किताब) उत्पत्ति : हेनरी वॉल्टर्स बाल्टीमोर (प्राप्ति की तिथि एवं प्रक्रिया अज्ञात) वॉल्टर्स आर्ट म्यूज़ियम, 1931, वसीयत द्वारा, श्रेय : हेनरी वॉल्टर्स, बाल्टीमोर/दी वॉल्टर्स आर्ट्स म्यूज़ियम द्वारा प्राप्त।

جون بیشتر روان شدند ارجن با کشن کفت که ما امروز تردد بسیار کرده ایم و اسپان ما مانده
شده اند و هوا هم کرم شده اگر ساعتی توقف واقع شود هم اسپان را در آب می درآریم و سیراب
می سازیم و هم ما غسل میکنیم و آسایش می یا [illegible] اندر رفتن ابه من اسود کی
بر ما حرام است کشن کفت این معنی [illegible] آب صافی که قابل غسل باشد هیچ
جایی نمی بینیم چه دریاها و حوضها و چاهها که درین میدان ... رکیب بود از خون پر شده است
ارجن کفت این عهده بمن رسید پس ارجن فرود آمد و اول دهول چندان تیر انداخت
که میکویند که از کثرت آن قهری مشتک نمودار شد و در میان آن قهر چند تیر بپایی بر زمین
زد که آب صافی از هم چشمه ظاهر شد و بر دور آن تیرخانه ارجن خود ایستاده و هر سو تیر
می انداخت تا اعدا را مجال کذشتن نباشد و بکشن فرمود تا اسپان را آب بدهد
و بشوید که بعد از انکه اسپان قوت کیرند و ما غسل بکنیم باز بکار خود مشغول خواهیم
شد و درین حالت پاندوان را از ارجن هیچ خبر نبود و دل نکرانی از جانب او داشتند که یکی
از خبرداران آمده بایشان خبر رسانید که ارجن با کشن در فلان کوشه از میدان رفته
و از تیرباران خانه ساخته و از انجا چشمه را آب صافی بر آورده الفصه
جون سرچشمه از انجانه مستک ظاهر شد کشن در انجا رفت آبی دید جون طبع دانایان

و سینه مرتاضان پاک و روشن و مانند لطیفه ندیمان و سخن فصیحان شیرین و در وان و در انجا
کلهای نیلوفر رسته و عابدان و زاهدان هر جا سجاده انداخته بر دور آن نشسته و سرخابان
و مرغابیان هر کدام بنوا مشغول و مرغان ... یک مرغزار آن در غول کشن بر ارجن آفرین ها
کرد و کفت غیر از تو کی یارای اینست که در عین جنک این طور حوض آبی پدید آرد و کوروان چون
دیدند که ارجن و کشن پیدا نیستند کمان بردند که مکر از ترس جایی پنهان شده یا کریخته

'मदनाष्टक'

व्याख्याकार
दीपा गुप्ता

शरद निशि निशीथे चाँद की रोशनाई।
सघन वन निकुंजे कान्ह बंशी बजाई।।
रति, पति, सुत, निद्रा, साइयाँ छोड़ भागी।
मदन–शिरसिभूयः क्या बला आन लागी।। 1।।

निशीथे–अर्धरात्रि, रोशनाई–चमक, निकुंजे–कुंज वन में, सुत–पुत्र, मदन–कामदेव, बला–आफत।

शरद की रात है, चारों तरफ़ चन्द्र ज्योत्सना छिटकी हुई है। ऐसी सुन्दर अर्ध चाँदनी रात में घने कुंज वनों में कान्हा ने अपनी बाँसुरी की मधुर तान छेड़ दी है। ऐसा लगता है मानो किसी ने गोपियों पर जादू कर दिया हो। मिलन की आतुरता में बेसुध कोई गोपी अपने पति के प्रेम को, कोई गोपी अपने सोते हुए पुत्र को, कोई गोपी अपनी गहरी नींद को और कोई अपने स्वामी को छोड़कर उन घने कुंजों की ओर दौड़ पड़ती है, जहाँ कृष्ण बाँसुरी बजा रहे हैं।

कलित ललित माला वा जवाहिर जड़ा था ।
चपल चखन–वाला चाँदनी में खड़ा था।।
कटि तट बिच मेला पीत सेला नवेला।
अलि बन अलबेला यार मेरा अकेला।। 2।।

कलित–सुन्दर, ललित–मनोहर, वा–साथ, जवाहिर–रत्नमणि, चपल–तेज़, चखन–चक्षु, आँखें, कटि–कमर, मेला–बाँधा हुआ, सेला–साफा, अलि–सखी।

मिलन की आस में व्याकुल गोपियाँ जैसे ही घने कुंज वनों में पहुँचीं तो उन्होंने देखा कि चंचल नेत्रों वाला अत्यन्त सुन्दर और मनोहारी कान्हा रत्नजड़ित बैजन्तीमाला पहने हुए शरद रात्रि की चन्द्र ज्योत्सना में खड़ा है। कान्हा ने अपनी कमर में पीले रंग का नया–नया साफा बाँध रखा है। ऐसे में एक गोपी दूसरी गोपी से कहती है कि हे सखी देख! मेरा सखा कितने अद्भुत सौन्दर्य का स्वामी है और देख! वह मुझसे यहाँ अकेले में मिलने आया हुआ है।

दृग छकित छबीली छेलरा की छरी थी।
मणि–जटित रसीली माधुरी मूँदरी थी।।
अमल–कमल ऐसा ख़ूब से ख़ूब देखा।
कहि न सकी जैसा श्याम का हस्त देखा।।3।।

दृग–आँखें, छबीली–सुन्दर छवि वाली, छेलरा–छैला युवक, छरी–छड़ी, लकड़ी, जटित–जड़ी हुई, माधुरी–शोभा, मधुरता, मूँदरी–अँगूठी, अमल–कार्यरूप में आना, हस्त–हाथ।

गोपियों की दृष्टि जैसे ही कान्हा पर पड़ी तो वह उनके अद्भुत सौन्दर्य को देखकर चकित हो गयीं। मस्त आँखों वाले सुन्दर छैल छबीले नवयुवक कृष्ण के हाथ में लकड़ी की बनी हुई बाँसुरी थी और जिस हाथ से उन्होंने बाँसुरी को पकड़ रखा था उस हाथ में कृष्ण ने विभिन्न मनोभावों को उत्पन्न करने वाली रत्नजड़ित, अत्यन्त सुन्दर अँगूठी पहन रखी थी। गोपियाँ कहती हैं कि हे सखी! मैं तुम्हें क्या बताऊँ कि जिस हाथ से कृष्ण बाँसुरी बजा रहे थे, वह कमल के पुष्प के समान कोमल और सुन्दर था और वह अत्यन्त शोभायमान तरीके से कृष्ण की आज्ञा का पालन कर रहा था जिसके परिणामस्वरूप बाँसुरी से सुन्दर ध्वनि फूट रही थी।

कठिन कुटिल कारी देख दिलदार जुल्फ़ें।
अलि कलित बिहारी आपने जी की कुल्फ़ें।।
सकल शशि–कला को रोशनी–हीन लेखौं।
अहह! ब्रजलला को किस तरह फेर देखौं।।4।।

कुटिल–घुँघराली, कारी–काली, दिलदार–प्यारी, जुल्फ़ें–बालों की लटें, अलकें, कुल्फें–दुःख।

बाँसुरी और हाथ के बाद गोपियों की दृष्टि कान्हा के प्यारे काले–काले घुंघराले बालों की लटों की ओर जाती है। कृष्ण की घुंघराली काली अलकों को देखकर गोपियाँ अपना दिल पकड़कर बैठ जाती हैं। एक गोपी दूसरी से कहती है कि हे सखी! हम कृष्ण की सुन्दरता को कैसे निहारें। यह छवि तो हमारे हृदय में उतरकर हमें अपार कष्ट दे रही है। अर्थात् गोपियाँ कृष्ण के दर्शन के इन दुर्लभ क्षणों को कभी अपने से दूर नहीं होने देना चाहतीं। गोपी कहती है कि अहा! देखो! बाँसुरी बजाते हुए बीच–बीच में हम ब्रज की गोपियों को देखते हुए कृष्ण के चेहरे की चमक इतनी सुन्दर लगती है कि उसके सामने तो शरद पूर्णिमा की सारी चाँदनी फीकी पड़ जाती है।

जरद बसन–वाला गुल चमन देखता था।
झुक–झुक मतवाला गावता रेखता था।
श्रुतियुग चपला से कुण्डलें झूमते थे।
नयन कर तमाशे मस्त ह्वै घूमते थे।।5।।

जरद–पीला, पीत, बसन–कपड़ा, गुलचमन–फूलबाग, रेखता–फ़ारसी मिश्रित भाषा, श्रुति–कान, युग–जोड़ा।

कान्हा ने अपने सुन्दर शरीर पर पीले रंग के वस्त्र धारण कर रखे हैं और वह फूलों से भरे, घने कुंजों को निहार रहे हैं। इस प्रकार फूलों को देखते हुए वह झुक–झुककर

आनन्दविभोर होकर मिश्रित भाषा में गीत गा रहे हैं। उन्होंने अपने दोनों कानों में बड़े–बड़े कुण्डल पहन रखे हैं। जब वह झुक–झुककर गाना गाते हैं तो उनके कानों के कुण्डल भी उनके साथ झूमने लगते हैं, ऐसा लगता है मानो घुँघराले काले बालरूपी बादलों के मध्य से कुण्डलरूपी बिजली चमक रही हो। उनके नेत्रों की भाव–भंगिमाएँ घूम–घूमकर गाना गाने से बार–बार बदल रही हैं। इस प्रकार वह आनन्दमग्न होकर नित्य नूतन रास रचा रहे हैं।

तरल तरनि सी हैं तीर सी नोकदारैं।
अमल कमल सी हैं दीर्घ हैं दिल बिदारैं।।
मधुर मधुप हेरैं माल मस्ती न राखें।
बिलसति मन मेरे सुन्दरी श्याम आँखें।।6।।

तरल–चंचल, तरनि–कमल, नोकदारैं–नुकीली, विदारैं–चीरना, बिलसति–प्रसन्न होना।

गोपियों ने जैसे ही कान्हा की आँखों का अद्‌भुत सौन्दर्य देखा तो उन्हें यह अनुभव हुआ कि कान्हा की आँखों में कमल के पुष्प की चंचलता और पवित्रता दोनों उपस्थित थीं। वे बड़ी–बड़ी और तीर जैसी नुकीली थीं। गोपियों ने जब से कृष्ण की आँखों को देखा तब से उन्हें ऐसा लगने लगा जैसे किसी ने उनका हृदय चीर दिया हो। जिस प्रकार भौंरा रसपान के लिए फूलों पर मँडराता रहता है, उसी प्रकार कान्हा की काले भौंरे जैसी आँखें नित्य नये सौन्दर्य के दर्शन के लिए चंचल होकर घूम रही थीं। गोपियाँ आपस में बातचीत करते हुए कहती हैं कि हे सुन्दरी! मैंने जब से श्याम की आँखों को देख लिया है तब से मेरा मन उनसे ही प्रेम करने लगा है।

भुजँग जुग किधौं हैं काम कमनैत सोहैं।
नटवर! तब मोहैं बाँकरी मान भौंहैं।।
सुनु सखि! मृदुबानी बेदुरुस्ती अकिल में।
सरल–सरल सानी कै गयी सार दिल में।।7।।

भुजँग–साँप, जुग–जोड़ा, कमनैत–धनुष, सौहें–सामने, समक्ष, बाँकरी–तेज़ धार, अकिल–अक्ल, कै गयी–कर गयी।

गोपियाँ आपस में बातचीत करते हुए कहती हैं कि हे नाट्‌यकला के ज्ञाता कृष्ण! तुम्हारी तिरछी और टेढ़ी भौंहें तुम्हारे चेहरे पर इस प्रकार सुशोभित हो रही हैं मानों काले साँपों का एक जोड़ा विश्राम कर रहा हो अथवा कामदेव ने किसी का शिकार करने के लिए धनुष बाण उठा लिया हो। हे सखी सुन! जब से हमने कान्हा की मधुर वाणी सुनी है तब से हमारी मति फिर गयी है। कान्हा की मधुर वाणी ने बड़ी ही सरलता से हमारे दिलों पर ऐसी चोट की है कि अब हमें उनके मुक़ाबले अन्य कोई नहीं भाता।

पकरि परम प्यारे साँवरे को मिलाओ।
असल अमृत प्याला क्यों न मुझको पिलाओ।।
इति वदति पठानी मनमथाँगी विरागी।
मदन शिरसि भूयः क्या बला आन लागी।।8।।

पठानी–पठान जाति का रहीम, मन्मथांगी–कामदेव से पीड़ित, विरागी–विषय भोग से मन का पूरी तरह से हट जाना, बला–आफ़त।

रहीम कहते हैं कि विषयभोगों से सतत दूर रहने वाली गोपियों ने जब से कृष्ण के स्वरूप के दर्शन किये हैं, तब से वे काम–पीड़ित हो गयी हैं। सारी गोपियाँ एक–दूसरे से कहती हैं कि वह कौन है जो हमें प्राणों से अधिक प्रिय साँवरे कृष्ण से मिलवा दे। कृष्ण का प्रेम ही हमारे जीवन की संजीवनी बूटी है, क्यों न हम इस अमृत का पान कर लें क्योंकि अब तो कामदेव हमारे सिर पर किसी आफ़त की तरह सवार हो गया है।

चित्र विवरण (पृष्ठ संख्या-229) :

कृष्ण और पाण्डव अपने घोड़ों को पानी पिलाते हुए। सजिल्द रज़्मनामा से, चित्र संख्या : 00087189001, सन्दर्भ संख्या : 1958,0712,0.19, सूत्रोल्लेख © द ट्रस्टीज़ ऑफ़ द ब्रिटिश म्यूज़ियम।

भाग-3

परिशिष्ट

बेगम के मक़बरे का निर्माण एवं पुनरुद्धार

रतीश नंदा

सम्राट हुमायूँ के मक़बरे की दक्षिण दिशा में एक किलोमीटर से भी कम दूरी पर एक विशाल मक़बरा है जिसे अब्दुर्रहीम ख़ानेख़ाना ने अपनी बेगम–माहबानू के लिए बनवाया था। यह मक़बरा मुग़ल काल में किसी बेगम के लिए बनाया गया पहला मक़बरा है, जिसके बाद से मुग़ल सम्राट शाहजहाँ और औरंगज़ेब दोनों ने इस परम्परा को क़ायम रखते हुए अपनी–अपनी बेगमों के लिए शानदार मक़बरे बनवाये। जिस तरह शाहजहाँ को आगरा के ताजमहल में दफ़नाया गया था, उसी तरह रहीम को भी बाद में उसी मक़बरे में दफ़नाया गया, जो उन्होंने अपनी बेगम के लिए बनवाया था।

माहबानू का मक़बरा 14वीं शताब्दी के बाद निज़ामुद्दीन क्षेत्र में बनायी गयी 100 से अधिक मध्ययुगीन स्मारकों में से एक है। यहाँ सूफ़ी सन्त हज़रत निज़ामुद्दीन औलिया को दफ़नाये जाने के बाद, सन्त की दरगाह के आसपास कई मक़बरे बनाये गये। तुग़लक, लोदी और सूर शासन–काल के दौरान बनायी गयी इमारतों के अलावा, मुग़लकाल के शुरुआती दौर में अकबर की सरपरस्ती में यहाँ कई महत्त्वपूर्ण इमारतों का निर्माण हुआ था।

माहबानू के मक़बरे के वास्तुशिल्प की बनावट हुमायूँ के मक़बरे में इस्तेमाल की गयी वास्तुशिल्प शैली से ली गयी है। इसमें भूमि–तल पर एक मेहराबदार चबूतरा है जिसके बीचोबीच दो मंज़िला मक़बरा कक्ष है जो दुहरे गुम्बद से ढँका हुआ है। हुमायूँ के मक़बरे की तरह इस इमारत की दीवारें भी पत्थर की चिनाई से बनी हैं और उन्हें लाल पत्थर से ढका गया है। लाल पत्थर के आवरण के बीच में सफ़ेद संगमरमर जड़ा हुआ है। अनुमानतः गुम्बद पर केवल सफ़ेद संगमरमर का आवरण रहा होगा। यह भी अनुमान है कि हुमायूँ के मक़बरे की तरह यह मक़बरा भी मेहराबदार चारदीवारी से

(पृष्ठ संख्या 235) रहीम के मक़बरे के मुख्य कक्ष का एक कलाकार के द्वारा "प्रतिपादन"।

(पृष्ठ संख्या 237) बादशाह हुमायूँ के मक़बरे के पास स्थित बेगम के मक़बरे की वास्तुकला हुमायूँ के मक़बरे से प्रेरित है।

–हिमानिष दास द्वारा वाटरकलर चित्रांकन

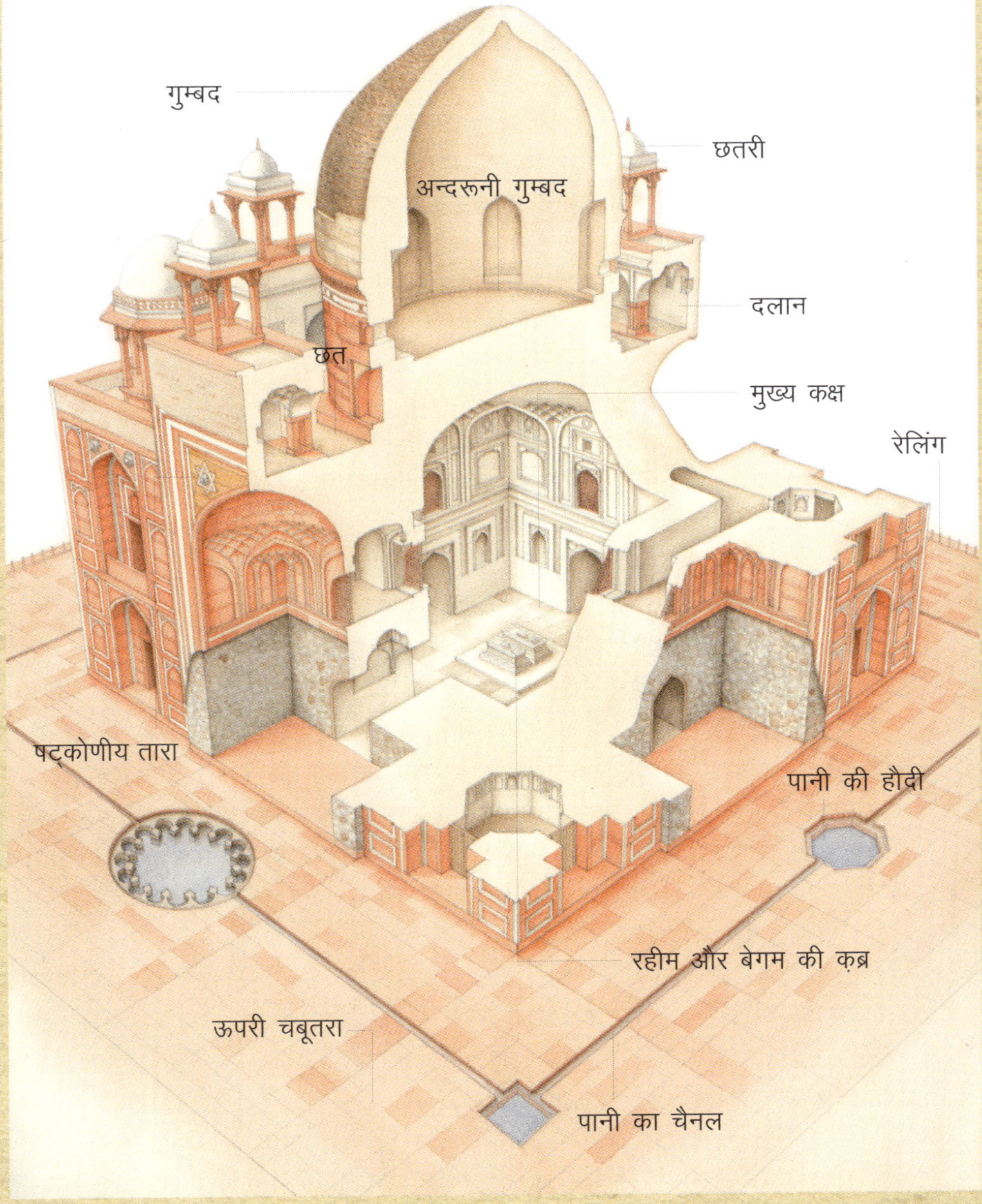
गुम्बद
छतरी
अन्दरूनी गुम्बद
दलान
छत
मुख्य कक्ष
रेलिंग
षट्कोणीय तारा
पानी की हौदी
रहीम और बेगम की क़ब्र
ऊपरी चबूतरा
पानी का चैनल

घिरा रहा होगा। चारदीवारी 20वीं सदी में तेज़ी से हुए शहरीकरण में लुप्त हो गयी प्रतीत होती है।

इस ढाँचे में जिस विविधता से लाल–सफ़ेद पत्थर का इस्तेमाल हुआ है वह बिलकुल हुमायूँ के मक़बरे से मिलता–जुलता है। हालाँकि, रहीम ने वास्तुशिल्प में कई नये प्रयोग और बदलाव किये हैं। इनमें से कुछेक बदलाव रहीम की शख़्सियत को दर्शाते हैं और इससे यह बात साफ़ होती है कि वे सम्राट के लिए बनाये गये आलीशान मक़बरे की हूबहू नक़ल करने के हिमायती नहीं थे।

मुग़ल सम्राट हुमायूँ के मक़बरे के नज़दीक रहीम ने अपनी बेगम का मक़बरा बनाते समय योजना बनायी होगी कि भविष्य में यह उनका भी मक़बरा बन सकेगा। इस मक़बरे की वास्तुशिल्प शैली सम्राट अकबर द्वारा हुमायूँ के मक़बरे के लिए चुनी हुई शैली थी। इससे पता चलता है कि अकबर के शासनकाल में रहीम का ओहदा कितना ऊँचा था और यह भी कि उनकी ख़ुद की अभिलाषा और अपेक्षा सम्राट से भिन्न नहीं थी।

इस मक़बरे के निर्माण के लिए स्थान चुनते समय तीन महत्त्वपूर्ण बातों को ध्यान में रखा गया है–

(1) हज़रत निज़ामुद्दीन औलिया की दरगाह से निकटता।

(2) नदी का किनारा जहाँ एक भव्य इमारत का निर्माण हो सके।

(3) निर्माण–सामग्री को नदी के रास्ते सरलता से पहुँचाया जा सके।

हालाँकि यह मक़बरा हुमायूँ के मक़बरे की तुलना में छोटा है लेकिन फिर भी इस मक़बरे के मुक़ाबले इलाक़े में निर्मित अन्य सभी इमारतें बौनी लगती हैं।

मक़बरे के बग़ीचे की रूपरेखा में एक सूक्ष्म लेकिन महत्त्वपूर्ण बदलाव यह किया गया था कि जहाँ हुमायूँ का बाग़–मक़बरा यमुना नदी के किनारे होते हुए भी मक़बरे की इमारत बग़ीचे के बीचोबीच स्थापित है न कि नदी के तट पर। इसके विपरीत रहीम ने मक़बरे को बग़ीचे के कोने पर नदी के किनारे पर बनाया। कहा जाता है कि उन्होंने पहले अहमदाबाद, बुरहानपुर और सूरत में नदियों के किनारे इमारतें बनायी थीं। अहमदाबाद के फतेह बाग़ में, उन्होंने नदी के किनारे अपना महल बनाया था। ताजमहल के निर्माण के समय सम्राट शाहजहाँ ने हुमायूँ के मक़बरे में स्थापित वास्तुशिल्प शैली से प्रेरणा लेते हुए भी ताज को बग़ीचे के बीचोबीच न रखकर रहीम के मक़बरे की तरह नदी के तट पर रखा था।

आज जिसे 'बारापुल्ला नाला' कहते हैं वह यमुना नदी की एक धारा थी जिसके किनारे मक़बरा स्थित है। मध्यकालीन ग्रन्थों में इसे 'यमुना नदी' कहा जाता था। इसमें कोई सन्देह नहीं है कि यह धारा तब नदी रही होगी जिसके किनारे रहीम ने एक शानदार मक़बरे का निर्माण किया।

गवर्नर के रूप में रहीम ने जिन क्षेत्रों में बाग़ बनवाये थे, वे अब लुप्त हो चुके हैं लेकिन दर्ज रिकॉर्डों से पता चलता है कि उनकी चारदीवारी पत्थर और गारे की बेहद मज़बूत दीवार से की गयी थी और उनमें पगडण्डियाँ व ऊँचे पैदल रास्ते बने थे। उनके अपने बेटे, दाराब ख़ान का मक़बरा, हुमायूँ के मक़बरे के दक्षिणी प्रवेश–द्वार से

क़रीब 50 मीटर दूरी पर स्थित था और अभिलिखित है कि यह 'चारदीवारी से घिरा' था; किन्तु यह 1950 के दशक में ढह गयी थी।

इसलिए यह साफ़तौर पर माना जा सकता है कि रहीम का अपना मक़बरा मूल रूप से मेहराबदार चारदीवारी से घिरा रहा होगा जो कि हुमायूँ के बग़ीचे और समकालीन मिर्ज़ा मुज़फ़्फ़र हुसैन के मक़बरे की तरह ही होगा और इसका विस्तार हुमायूँ के मक़बरे तक रहा होगा। बाद में ताजमहल की तरह मक़बरे के इस उद्यान का नदी से दूर उत्तर दिशा में अरब की सराय तक विस्तार किया गया होगा। यहाँ समकालीन जहाँगीरी काल के दौरान एक बाज़ार और एक ऊँचे प्रवेश–द्वार का निर्माण किया गया था। यह बेहद अफ़सोसजनक है कि जहाँ तक बग़ीचे का क्षेत्र विस्तार रहा होगा वहाँ आज रिहाइशी कालोनी बन गयी है। आज़ादी के बाद यहाँ पुरातत्त्व की दृष्टि से किसी रिहाइशी कालोनी बनाने की अनुमति देने पर विचार ही नहीं किया जाना चाहिए था।

मक़बरा अपने वास्तुशिल्प की दृष्टि से महत्त्वपूर्ण है, यह विशेष रूप से पुरातात्त्विक क्षेत्र और विश्व धरोहर स्थल के मध्य स्थित है लेकिन इसे ऐतिहासिक और वास्तविक मूल्य प्रदान करने का श्रेय अब्दुर्रहीम ख़ानेख़ाना को जाता है जो एक महान सेनापति, मशहूर शायर, विद्वान और वास्तुकला संरक्षक थे। यह मक़बरा रहीम द्वारा बनवाई गयी इमारतों में से सबसे महत्त्वपूर्ण है। बुरहानपुर में उनके द्वारा बनवाये गये बाग़ीचों, सराय, जल वितरण प्रणाली, हमाम और अन्य विख्यात इमारतों के कारण कहा जाता था कि उन्होंने 'हिन्दुस्तान को ईरान में तब्दील कर दिया'[1] था। इस मक़बरे के ऐतिहासिक, स्थापत्य और पुरातात्त्विक महत्त्व के बावजूद 21वीं सदी आते–आते यह पूरी तरह से खँडहर में तब्दील हो ढहने के कगार तक आ गया। हालाँकि सालाना लगभग साठ लाख लोग इस मक़बरे के सामने से होकर गुज़रते हैं लेकिन उनमें से शायद ही कम लोग जानते हैं कि यह खँडहर विख्यात रहीम का मक़बरा है।

1923 में भारतीय पुरातत्त्व सर्वेक्षण विभाग के संरक्षण नियमों को लिखते हुए, जॉन मार्शल ने इस बात पर ज़ोर दिया था कि 'मरम्मत केवल उन मामलों में की जानी चाहिए जहाँ इस उद्देश्य के लिए विशेष धन उपलब्ध कराया जा सकता हो'। 2014 में, इंटरग्लोब फाउंडेशन ने इस मक़बरे के संरक्षण के साथ–साथ इससे जुड़े प्रकाशन, संगीत और अकादमिक संगोष्ठियों से जुड़े सांस्कृतिक कार्यक्रमों आदि के लिए उदारतापूर्वक वित्तीय सहायता देने की इच्छा व्यक्त की। इसी के साथ भारत के किसी भी राष्ट्रीय स्मारक के संरक्षण की कॉर्पोरेट जगत द्वारा प्रायोजित करने की पहल हुई। भारतीय पुरातत्त्व सर्वेक्षण विभाग और आग़ा ख़ान ट्रस्ट फॉर कल्चर ने मिलकर आवश्यक संरक्षण की योजना बनायी और इस महत्त्वपूर्ण इमारत का दीर्घकालिक संरक्षण सुनिश्चित करने का निर्णय लिया। मक़बरे की ढाँचागत मज़बूती और स्थिति का सटीक आकलन करने

[पृष्ठ संख्या 240 क्षतिग्रस्त या लुप्त हो चुकी आकृतियों को पुनर्जीवित करने के लिए पारम्परिक शिल्प का इस्तेमाल किया गया। (पृष्ठ संख्या 241) मक़बरे के कक्ष की सावधानीपूर्वक की गयी सफ़ाई के बाद प्लास्टर के नीचे से महीन नक़्क़ाशी एवं अन्य सजावटी तत्त्व बाहर आये।]

2014

2016

में हुमायूँ के मक़बरे के संरक्षण के दौरान बहु–विषयक परियोजना टीम को जो अनुभव प्राप्त हुआ वह सबसे अधिक कारगर साबित हुआ। इसी आधार पर स्थापित राष्ट्रीय और अन्तरराष्ट्रीय संरक्षण दिशा–निर्देशों का पालन करते हुए भारतीय परिवेश के अनुसार मॉडल संरक्षण योजना बनायी गयी।

संरक्षण प्रयास के प्रारम्भ में एक पुरालेख शोध और वास्तुकला प्रलेखन कार्यक्रम शुरू किया गया जिसमें अत्याधुनिक तकनीक का उपयोग किया गया जैसे 3 डी लेजर–स्कैन–सर्वेक्षण, माइक्रोस्कोपिक दरारों का मानचित्रण और संरचनात्मक विश्लेषण शामिल है। पुरालेख–चित्रों से पता चला कि भारतीय पुरातत्त्व सर्वेक्षण विभाग ने 1923, 1978, 1992 और 2003 में यहाँ मरम्मत करायी थी। 20वीं शताब्दी के पुरालेख चित्र दीवार की सतहों और फ़र्श दोनों पर अधिक मात्रा में पत्थरों के बचे रहने के संकेत देते हैं। 20वीं शताब्दी में ख़राब निर्माण, उपेक्षा और विध्वंस के मिले–जुले कारणों से इसका असाधारण क्षरण हो गया और मक़बरे के पत्थर बड़ी संख्या में लुप्त हो गये।

एक साल तक किये गये प्रयासों से प्राप्त ज्ञान के आधार पर एक संरक्षण योजना तैयार की गयी। इस योजना की समीक्षा की गयी तथा सितम्बर 2014 में महानिदेशक, भारतीय पुरातत्व सर्वेक्षण विभाग द्वारा इसे मंजूरी प्रदान की गयी। इसके तुरन्त बाद आग़ा ख़ान ट्रस्ट फॉर आर्ट एंड कल्चर ने कार्य शुरू किया। संरक्षण योजना में इस खँडहरनुमा मक़बरे की स्थिति और महत्त्व को ध्यान में रखा गया। निज़ामुद्दीन क्षेत्र के अन्य स्मारकों में किये गये संरक्षण प्रयासों के अलावा, भारतीय पुरातत्त्व सर्वेक्षण विभाग द्वारा अधिसूचित राष्ट्रीय संरक्षण नीति 2014 को ध्यान में रखते हुए शुरुआत से ही इस बात पर सहमति हुई कि इस परियोजना में मास्टर शिल्पकारों को लगाया जायेगा जो पारम्परिक सामग्रियों के साथ अपने कौशल का उपयोग करेंगे और मुग़ल भवन निर्माताओं की भावना का सम्मान करते हुए शिल्प निर्माण करेंगे। मक़बरे के महत्त्व और सरकारी नीति के अनुपालन को ध्यान में रखते हुए, डॉ. गौतम सेनगुप्ता[2] ने अपनी समीक्षा में लिखा, 'यह स्मारक एक वज़ीर, सेनापति और शायर...– 'रहीम' के महान व्यक्तित्व से जुड़ा होने के कारण महत्त्वपूर्ण है...मैं संरक्षण के सिद्धान्त की सराहना करता हूँ जो 2014 में भारतीय पुरातत्त्व सर्वेक्षण विभाग द्वारा अधिसूचित राष्ट्रीय संरक्षण नीति पर आधारित है...और यहाँ अपनाया गया 'पुरातात्त्विक दृष्टिकोण' जिसमें हर पत्थर को दस्तावेज़ में दर्ज करके विश्लेषित किया गया है।'

शुरुआत में, तहख़ाने में चौड़ी और गहरी दरारें पायी गयीं। पहली मंज़िल और मक़बरे के गुम्बद के अन्दर तत्काल मरम्मत की ज़रूरत थी। मास्टर कारीगरों ने दरारों को भरने और गुम्बददार छतों और खुली मेहराबों को बहाल करने के लिए पारम्परिक औज़ारों और भवन–शिल्प का उपयोग करते हुए पारम्परिक सामग्रियों जैसे–पत्थर और चूने–गारे का प्रयोग किया। तहख़ाने में एक खुली मेहराब में यह पाया गया कि इस 17वीं शताब्दी की इमारत की नींव ऊँची–नीची है तथा अधिक गहरी भी नहीं है जिसके कारण दरारें पड़ गयी थीं। अतएव नींव को ठोस बनाये जाने की आवश्यकता थी। यह

एक बेहद पेचीदा और जोख़िम भरा कार्य था। ऊपरी मंज़िलों पर और दोहरे गुम्बद में अनेक दरारें पायी गयीं और इनकी कई महीनों तक बड़ी सावधानी से मरम्मत की गयी।

मक़बरे की चारों दिशाओं में भूमि–तल पर एक चार मीटर ऊँची तोरण–वीथी है जिसमें 17 मेहराबें हैं। हाल ही में, मक़बरे के संरक्षण के दौरान पाँच मीटर चौड़ा प्लिंथ प्रोटेक्शन पाया गया जो मूल रूप से दिल्ली–बिल्लौरी पत्थर से निर्मित है। प्लिंथ प्रोटेक्शन के ये पत्थर इनके ऊपर ऊँची मिट्टी डली होने के कारण सुरक्षित पाये गये। मक़बरा आसपास की ज़मीन से ऊँचा बनाया गया था–जैसा कि रहीम द्वारा निर्मित बग़ीचों में पगडण्डियों के विवरण से पता चलता है। ढाँचे के क्षय होने से, इसकी भूमि–तल की मेहराबें भी कहीं–कहीं ढह गयी थीं; इन भागों को सावधानीपूर्वक इसी तरह के पत्थर से फिर से बनाया गया है। तोरण–वीथी के ऊपरी तल पर आने वाले सैलानियों की सुरक्षा सुनिश्चित करने के लिए बलुआ पत्थर की मुँडेर बनायी गयी जो कि मूल मुँडेर के अवशेषों पर आधारित है।

हुमायूँ के मक़बरे से भिन्न, मक़बरे के कोने बाहर को निकले हुए नहीं हैं। इसकी बजाय भूमि–तल पर निर्मित तोरण–वीथी के प्रत्येक कोने पर निर्मित दो मेहराबें एक ही स्थान पर खुलती हैं जो बाहर की ओर निकले कोनों की तरह लगती हैं। कोने की मेहराबों के साथ–साथ कोने के कक्षों को प्लस्तर–कार्य में अलंकृत पैटर्न बनाकर सजाया गया है। रहीम के काल के पहले के अधिकांश मक़बरों में एक ही पैटर्न के प्लस्तर का इस्तेमाल किया गया था, पर इस मक़बरे में प्लस्तर में निर्मित पैटर्न तीनों कोनों में अलग–अलग पाये गये। अलग–अलग नमूनों का पता बचे हुए प्लस्तर पैटर्न से चला। इसी तरह उत्तरी, पूर्वी, पश्चिमी और दक्षिणी केन्द्रीय मेहराबों में अलग–अलग नमूने का अलंकृत प्लस्तर किया गया है। दक्षिणी केन्द्रीय मेहराब का मुख्य प्रवेश–द्वार की तरह प्रयोग होता है।

प्रत्येक अग्र–भाग में कोनों सहित पाँच मेहराबों को प्लस्तर में उकेर कर सजाया गया है और इसके गुम्बदनुमा कक्षों की गहराई अन्य 12 मेहराबों से अधिक है। पुनश्च, किन्हीं भी दो मेहराबों में एक जैसा पैटर्न नहीं है। छतरी वाले हिस्से जैसे 'आर्केड' इत्यादि में मुग़ल शिल्पकारों द्वारा लगाई गयी प्लस्तर की अन्तिम परत को संगमरमर के चूरे में चूना–गारा मिलाकर तैयार किया गया था और इन मेहराबी हिस्सों को अधिक महँगे संगमरमर की शक्ल देने का प्रयास किया गया है। यहाँ उन्होंने चटक लाल–सफ़ेद के पैटर्न का इस्तेमाल किया है। इससे पहले हुई मरम्मत के दौरान चूना प्लस्तर के स्थान पर गुलाबी सीमेंट–सुरखी मसाले का इस्तेमाल किया गया था। यह बेतरतीब लगाया गया आधुनिक प्लस्तर नुक़सान पहुँचा रहा था और इसलिए इसे भू–तल की दोनों आर्केड तथा मक़बरे के कक्ष और छत से सावधानीपूर्वक हटाया गया। प्लस्तर से निर्मित सभी मूल पैटर्न को पक्का किया गया और गुम हिस्सों को मास्टर शिल्पकारों द्वारा, उनके पूर्वजों द्वारा चार सौ साल पहले इस्तेमाल किये गये औज़ारों, तकनीकों और सामग्रियों का इस्तेमाल करके, बहाल किया गया।

अग्र–भागों पर मेहराबों के कोनों और चौखट के बीच के अन्तर में गोलाकार तमगे

हैं और कोई भी दो तमगों के मूल–भाव एक जैसे नहीं हैं। इनमें उकेरे गये, ज्यामितीय और फूलों के पैटर्न हैं। यहाँ तक कि 'मोर' भी हैं (मोर एक भारतीय पक्षी है जिसकी प्रशंसा अमीर ख़ुसरो द्वारा रहीम के मक़बरे के निर्माण से दो सदी पहले की थी)। इसके चित्रण की इजाज़त दी गयी जबकि आमतौर पर उस समय किसी जीवित रूप को चित्रित नहीं किया जाता था।

मास्टर कारीगरों द्वारा लुप्त तमगों की जगह बड़ी ख़ूबसूरती से हाथ से तराशे गये तमगे लगाये गये और जहाँ दोनों तमगे गुम थे, वहाँ केवल सामान्य गोल आकृति ही बनायी गयी।

1923 के चित्रों से पता चलता है कि 'आर्केड' की 'प्लिंथ प्रोटेक्शन' में लगाये गये मूल बिल्लौरी पत्थर को हटाकर इसकी जगह पर लाल पत्थर लगा दिये गये हैं। 'आर्केड' की नींव ख़तरनाक ढंग से 40 सेमी. तक उजागर हो गयी थी। 2002–2003 में लाल पत्थर से निर्मित फ़र्श को हटाया गया और इसमें बिल्लौरी पत्थर लगाये गये। बिल्लौरी पत्थर लगाते समय ध्यान रखा गया कि ढलान मूल ढलान की ही तरह हो ताकि सुनिश्चित किया जा सके कि बारिश का पानी तुरन्त बह जाये।

दिल्ली में बने सभी मध्ययुगीन मक़बरों में सीढ़ियाँ एकदम खड़ी–ऊँची होती हैं क्योंकि सीढ़ियों को आमतौर पर बहुत कम जगह पर बनाया जाता था। हुमायूँ के मक़बरे में, उसके अग्र–भाग के बीचोबीच निर्मित सीढ़ियाँ मुख्य मेहराबी प्रवेश–द्वार को भद्दा बना देती हैं। मक़बरे के निर्माण में, रहीम ने केन्द्रीय दक्षिणी मेहराब के दोनों तरफ़ छत पर जाने वाली सीढ़ियों को बनवाया। बाद में इस डिजाइन का प्रयोग ताजमहल में भी किया गया।

दक्षिण दिशा में बीचोबीच निर्मित सीढ़ी भी तहख़ाने की ओर जाने वाले सँकरे गलियारे तक जाती है। तहख़ाने में मक़बरे के लिए एक अनोखी योजना है जिसमें चारों ओर एक ही मेहराब से सीमांकित करते हुए अन्दरूनी कक्ष बनाकर गुम्बदनुमा कक्ष में ही एक परिक्रमा पथ बनाया गया है। इस परिक्रमा मार्ग को बनाने के लिए रहीम शायद चाहते थे कि यह पथ हिन्दुओं द्वारा की जाने वाली मन्दिरों जैसे पवित्र स्थलों और अन्त्येष्टि के दौरान की जाने वाली परिक्रमा के अनुरूप हो।

50 वर्ग मीटर 6 आर्केड की एक विशाल छत है जहाँ से दक्षिण दिशा में नदी दिखाई देती थी। इस छत के बीचोबीच 26 वर्ग मीटर का वर्गकार मुख्य ढाँचा है। ऐसा लगता है कि इस छत पर लगे बलुआ पत्थर के फ़र्श को 20वीं सदी में निकाल दिया गया होगा और अभी इसे बहाल किया जाना शेष है।

महत्त्वपूर्ण बात यह है कि 1980 के दशक में मलबे और मिट्टी के ढेर को हटाते

समय, छत पर पानी के तालाब मिले। उत्तर में एक शानदार फूलों से सज्जित तालाब और पूर्वी दिशा के बीचोबीच एक छोटा वर्गाकार तालाब तथा छत के दोनों उत्तरी कोनों पर अलग–अलग आकार के दो वर्गाकार तालाब हैं।

रहीम को बुरहानपुर के लोगों को पानी उपलब्ध कराने के लिए फ़ारसी–भूमिगत नहर योजना के आधार पर एक नयी और व्यापक जलीय व्यवस्था शुरू करने के लिए जाना जाता है। इसलिए यह हो सकता है कि अपनी पत्नी माहबानू के लिए इस मक़बरे के निर्माण में, उन्होंने उस नदी से पानी उठाने की व्यवस्था सम्मिलित की हो जिसके किनारे पर मक़बरा बनाया गया है।

ऐसा लगता है उत्तरी दिशा में बने बेलबूटेदार तालाब के बीचोबीच एक फ़व्वारा था जहाँ से उत्तर दिशा में स्थित बाग़ों को देखा जा सकता होगा। वहाँ भी एक व्यापक जल वितरण प्रणाली होगी जो हुमायूँ के मक़बरे में पहले और बाद में ताजमहल में अपनाई गयी होगी। यद्यपि मूल भूदृश्य अब लुप्त हो चुका है फिर भी लोगों के आने–जाने के लिए मुख्य प्रवेश–द्वार को पश्चिम में स्थानान्तरित किया जाना प्रस्तावित है जहाँ एक उपयुक्त सड़क मार्ग मौजूद है। यहाँ उपलब्ध जगह में लोगों के खड़े होने और स्मारक को देखने के लिए एक छोटा बग़ीचा बनाया गया है। इस बग़ीचे में चकोतरे, नीबू और मुग़लों के पसन्दीदा अन्य फलदार पौधे लगाये गये हैं।

मक़बरे की संरचनात्मक योजना में एक साधारण वर्गाकार मक़बरा–कक्ष शामिल है जिसके चारों कोनों पर चार कक्ष बने हैं जो कि तहख़ाने में बने चार कक्षों के एकदम ऊपर हैं। हुमायूँ के मक़बरे की तरह, मक़बरे के बीचोबीच बना कक्ष आठ छोटे कक्षों से घिरा हुआ है, जो हश्त–बिहिश्त योजना की सरल रूपरेखा है। चार कोने वाले कक्षों तक केवल बाहरी कक्ष से ही पहुँचा जा सकता है न कि केन्द्रीय कक्ष से।

केन्द्रीय कक्ष की दीवारों और गुम्बदों के साथ–साथ चारों कोनों को बेहद पेचीदे प्लस्तर पैटर्न द्वारा सजाया गया है। कोने के कक्षों में, जहाँगीर काल में अक्सर प्रयोग किये जाने वाली फूल–पत्तियों को उकेरा गया है। 9 वर्ग मीटर का केन्द्रीय कक्ष है जिसमें मेहराब के एक सिरे और चौखटों के बीच प्लस्तर के आकर्षक तमगे बने हैं और निचली मेहराब के कोनों और चौखट के बीच बने अभिलेखीय तमगे विभिन्न प्रकार की सुलेख शैलियों को प्रदर्शित करते हैं। निचली 'आर्केड' की एक मेहराब के साथ–साथ केन्द्रीय कक्ष में चल रही पट्टियों के तराशे गये प्लस्तर पैटर्न में 'स्वस्तिक' जैसे हिन्दू प्रतीकों का प्रयोग किया गया है। यह रहीम के काल के बहुलवाद का प्रतीक है, ख़ासकर जैसा कि हिन्दू ग्रन्थों के फ़ारसी में उनके अनुवाद, हिन्दू मन्दिरों की मरम्मत के लिए दिये गये अनुदान और हिन्दू कवि सन्त तुलसीदास के साथ उनके रिश्ते में देखा जा सकता है।

केन्द्रीय कक्ष की प्लस्तर की दीवारों की सतह की सावधानीपूर्वक सफ़ाई करने से पता चला है कि कालिख और चूने की परतों के नीचे–मूल उकेरे गये पैटर्न का काफ़ी बड़ा हिस्सा आश्चर्यजनक रूप से सही–सलामत बच गया है। छोटे हिस्सों में, जहाँ इन पेचीदा प्लस्तर पैटर्न को साधारण सीमेंट प्लस्तर से बदल दिया गया था, को अब मूल पैटर्न में बहाल कर दिया गया है। अब मक़बरे का कक्ष न केवल शान्त वरन् एक

आकर्षक जगह लगती है।

एक यूरोपियन यात्री ने मक़बरे में दफ़नाने की जगह के सफ़ेद संगमरमर से बने होने का ज़िक्र किया है, जबकि 20वीं शताब्दी की शुरुआत में ज़फ़र हसन ने यहाँ केवल मलबे का ढेर होने का उल्लेख किया था। इसमें कोई सन्देह नहीं है कि सम्राट हुमायूँ की ही तरह यहाँ संगमरमर की क़ब्रगाह बनायी गयी होगी–माहबानू के लिए और स्वयं रहीम के लिए। क़ब्रगाह के संगमरमर को छत के फ़र्श पर लगे बलुआ पत्थर और अगले हिस्से में लगाये गये संगमरमर को चुरा लिया गया प्रतीत होता है। वर्तमान में, कक्ष में 20वीं सदी की ईंटों की चिनाई वाली क़ब्रगाह पायी गयी है–जो कि रहीम की गरिमा या कक्ष के शान्त माहौल से बिलकुल भी मेल नहीं खाती।

चारों दिशाओं का अग्र–भाग एक–जैसा है और वह हुमायूँ के मक़बरे की तरह है। आधे गुम्बद के बीचोबीच एक ऊँची मेहराब है और इसके कोने के कमरे दो मंज़िलें हैं। पत्थर की चिनाई को लाल पत्थर से ढका गया है और इसमें संगमरमर जड़ा है और हुमायूँ के मक़बरे की तरह इसमें मेहराबों के स्कन्धों को छह नोकदार सितारों से सज्जित किया गया है। केन्द्रीय बुलन्द मेहराब का अग्र–भाग 'फसाड' से बाहर निकला हुआ है जिससे इसके कोने के कमरे बिना किसी संरचनात्मक सहारे के खड़े हैं। इन्हीं दो कारणों से और ढंग से देखभाल न किये जाने को जोड़कर देखने से लगता है कि मक़बरे के अधिकांश पत्थर समय के साथ लुप्त हो गये हैं। रहीम के मक़बरे में उपयोग की जाने वाली ख़राब निर्माण तकनीक संरक्षण प्रयास के लिए एक महत्त्वपूर्ण चुनौती बन गयी है।

किसी भी संरक्षण प्रयास में, अगले हिस्से में गुम पत्थरों के टुकड़ों को बदलना एक प्राथमिकता और चुनौती दोनों होती हैं। पर यह तभी सम्भव हो सकता है जहाँ मूल पत्थर, इसकी लम्बाई–चौड़ाई और इसके तराशने के प्रमाण ज्ञात हों। 'संरक्षण योजना के लिए हरेक पत्थर का सावधानीपूर्वक दस्तावेज़ीकरण किया गया और नयी खोज के अनुसार इसे निरन्तर सामयिक बनाया गया। इस कार्य की समीक्षा पर इतिहासकार डॉ. नारायणी गुप्ता ने टिप्पणी करते हुए कहा–'इस परियोजना ने हम में से बहुतेरों के अन्दर कई उम्मीदें जगाई हैं कि सब कुछ नहीं खोया है, लापरवाही और धूल की परतें जो हमारी वास्तुशिल्प विरासत को दीमक की तरह नुक़सान पहुँचा रही हैं, किसी सूखा प्रदेश में पानी का कुशलता से इस्तेमाल करने की जानकारी न होना, पसन्द के पेड़ों और फूलों की जानकारी न होना, शान्ति द्वीप बनने की भावना को लगातार अनुसन्धान और निरन्तर कार्य करके उलटा जा सकता है। और अब अब्दुर्रहीम ख़ानेख़ाना का मक़बरा गुमनामी के अँधेरों से उजागर हुआ है, यह किन्हीं अज्ञात सैनिकों का मक़बरा नहीं है, बल्कि एक ख़ूबसूरत स्मारक है जिसका ख़्वाब उन्होंने अपनी बेगम के लिए देखा था, बिलकुल उसी तरह जैसा उनके राजा अकबर ने अपने वालिद के लिए बनवाया

(पृष्ठ संख्या 247) कुशल कारीगरों द्वारा रहीम के मक़बरे के फसाड पर पत्थर का कार्य, अलंकृत प्लस्तर का कार्य और सजावटी पत्थर के मेडेलियन का काम किया गया।

था और यह वहाँ स्थित है, जहाँ कवि रहीम इसके अक्स को यमुना के बहते पानी में देख सकें और जिसकी लहरों पर अपने दोहों को तैराकर कृष्ण तक भेज सकें जिनकी आत्मा नीचे की ओर मथुरा में बसती है।'

1923 में भारतीय पुरातत्त्व सर्वेक्षण विभाग द्वारा इमारत को मज़बूती प्रदान करने के लिए बड़ी मरम्मत का कार्य किया गया था। जिसमें लाल पत्थर की बजाय बिल्लौरी पत्थर का प्रयोग किया गया। निःसन्देह इसी कारण से यह ढाँचा ढहने से बच गया। हालाँकि यह मरम्मत मिट्टी के गारे से की गयी थी, लेकिन फिर भी 1923 की मरम्मत को बनाये रखने पर सहमति हुई है। इसी तरह 1957 में छत की मुँडेर का निर्माण और इमारत के अन्य हिस्सों को दृढ़ करने के लिए किये गये काम को बरक़रार रखने पर भी सहमति बनी है। संरचनात्मक मूल्यांकन और संरक्षण प्रयासों के एक अन्य दौर के बाद आधुनिक तकनीक की आवश्यकता महसूस की गयी ताकि इमारत को संचलन से रोका जा सके। जहाँ केन्द्रीय मेहराबों में मूल पैटर्न और डिजाइन सही–सलामत पाये गये हैं वहाँ के गुम पत्थरों को स्थापित किये जाने का निर्णय लिया गया। इसी प्रकार, अग्र–भाग के चारों कोनों में जहाँ कहीं पत्थर ग़ायब पाये गये उन्हें भी लगाया जा रहा है।

प्रायः ऐसा माना जाता है कि रहीम के मक़बरे के पत्थरों को आसिफ़ुदौलाह के काल के दौरान निकाल लिया गया था या इसके पत्थर को सफदरजंग के मक़बरे में इस्तेमाल किया गया था। यह बात केवल सफदरजंग के मक़बरे में इस्तेमाल किये गये गुम्बद में लगाये गये संगमरमर के पत्थर के लिए ही सम्भव हो सकती है। यह अग्र–भाग में गुम पत्थरों का स्पष्टीकरण नहीं हो सकता क्योंकि सफदरजंग मक़बरे में लगा संगमरमर आकार और माप में काफ़ी भिन्न है और इसलिए ऐसी सम्भावना नहीं है कि इसे रहीम के मक़बरे से निकालकर लाया गया होगा।

दक्षिण दिशा के 'फसाड' की प्रमुख मेहराब के दोनों ओर दो सीढ़ियाँ पहली मंज़िल तक जाती हैं। हालाँकि, इस ढाँचे का तल कोने के कमरों को जोड़ने वाले मेहराबदार गलियारे से ज़्यादा कुछ नहीं है। झरोखेदार छज्जे सभी कोनों पर और प्रमुख मेहराब में उपलब्ध कराये गये हैं।

छत के कोनों पर अष्टकोणीय छतरियाँ हैं जो एक ऊँचे चबूतरे पर बनी हुई हैं ताकि भू–तल से मुँडेर के ऊपर से इन छतरियों को देखा जा सके। छत की चारों साइड में से प्रत्येक के मध्य में मेहराबदार दलान है जिसमें हर एक में तीन खुली मेहराबें हैं। यह दलान हर 'फसाड' में स्थित दो छोटी वर्गाकार छतरियों के लिए चबूतरे का काम करता है। ढह चुकी छतरियों के अवशेष जैसे स्तम्भ, ब्रैकेट, पत्थर के बीम इत्यादि–जिन पर पौधों और ज्यामितीय पैटर्न के साथ महीन नक्काशी की गयी है, अभी भी छत पर पड़े हुए हैं और ये दोहरे गुम्बद या फसाड से 18वीं/19वीं सदी में हटाये गये प्रतीत नहीं होते जैसा कि बहुधा कहा जाता है कि इस मक़बरे से भवन सामग्री सफदरजंग के मक़बरे में ले जायी गयी थी। इन सभी उपलब्ध वास्तुशिल्पीय हिस्सों से कुछेक छतरियों का निर्माण करने की योजना बनायी गयी है। एक अन्य अनोखी

नयी खोज के अन्तर्गत, गुम्बद के ऊपरी हिस्से से एक सीढ़ी दक्षिण–पश्चिम कोने से दोहरे गुम्बद की ओर जाती है। इस सीढ़ी के प्रवेश–द्वार में एक सरकने वाले दरवाज़े का खाँचा बना हुआ है।

संगमरमर के गुम्बद के ऊपर एक कलश–शायद ताँबे का रहा होगा, जैसा कि हुमायूँ के मक़बरे और ताजमहल में लगा है और जैसा कि प्रचलन था, इसका प्रयोग अधिकांश मध्ययुगीन मक़बरों को सजाने के लिए किया जाता था।

यहाँ किये जाने वाले संरक्षण कार्य का उद्देश्य यह सुनिश्चित करते हुए ढाँचे का दीर्घकालिक संरक्षण करना है कि इस प्रतिष्ठित मक़बरे का निर्माण रहीम के मूल डिजाइन को आज भी उसी रूप में समझा जाये। यह सुनिश्चित करने के लिए कि सबसे उचित संरक्षण निर्णय लिया जाये, परियोजना टीम का उद्देश्य तीन वर्ष के संरक्षण कार्यक्रम के दौरान कम–से–कम 50 स्वतन्त्र सहयोगियों से कार्य की समीक्षा करवाना है। ऐसी 30 समीक्षा बैठकें पहले ही आयोजित की जा चुकी हैं और इनमें पुरातत्त्वविद्, इतिहासकार और संरक्षण कार्य में दख़ल रखने वाली हस्तियों, इंजीनियर, संरक्षण–वास्तुकार, मीडिया और रुचि लेने वाले निर्णयकर्ताओं को शामिल किया गया है। अपनी समीक्षा में लिन मेस्केल[3] ने कहा–'एक पुरातत्त्वविद् होने के नाते मैं वास्तव में ऐतिहासिक प्रक्रियाओं, व्यापक दस्तावेज़ीकरण और अत्याधुनिक संरक्षण तकनीकों की सराहना करती हूँ। परियोजना से जुड़े स्वास्थ्य, शिक्षा, लिंग और स्थायी आजीविका जैसे समकालीन मुद्दों पर व्यापक ध्यान देने के कारण इस परियोजना को न केवल भारत में, बल्कि विश्व स्तर पर भी अनुकरणीय माना जाता है।'

कई लोगों से कई तरह की राय मिली है जिसमें मरम्मत के दौरान 1923 के बिल्लौरी पत्थर के स्थान पर लाल पत्थर लगाने का सुझाव भी शामिल है, जो मक़बरे की प्रामाणिक सामग्री है, जिसमें गुम पैंडेंट और पैटर्न को अनुमान के आधार पर बहाल करने का सुझाव, हुमायूँ के मक़बरे के समान बाग़ों में पानी की नहरों को बनाना, और अन्य ऐसे ही सुझाव दिये गये हैं। लेखक विलियम डालेरीम्प्ले का सुझाव, '...एक स्मारक जो काफ़ी अधिक क्षतिग्रस्त हो गया है अब एक ख़ूबसूरत इमारत में तब्दील होने जा रहा है...मुझे उम्मीद है कि आपको इसके लिए धन मिलेगा और गुम्बद के संगमरमर को पूरी तरह से बहाल करने में मदद मिलेगी, जिसका कई विशेषज्ञों ने समर्थन किया। इन प्रश्नों पर एक बड़ी सार्वजनिक बहस और चर्चा छिड़नी चाहिए क्योंकि भारतीय पुरातत्त्व सर्वेक्षण विभाग के संरक्षण नियमों के अन्तर्गत इन कार्यों का किया जाना वाँछनीय नहीं है।'

2015 के अन्त में चल रहे संरक्षण प्रयासों का निरीक्षण करने पर, एबाबा कोच ने कहा, 'रहीम के मक़बरे को उसका खोया हुआ प्राचीन गौरव फिर से मिले, इसके अगले हिस्से पर लाल और सफ़ेद बलुआ पत्थर और अन्दरूनी कक्ष में लगी अद्‌भुत स्टुको सजावट की सफ़ाई सावधानी से की जाये। अब हम फिर से इन अद्‌भुत पैटर्न को देख सकेंगे जो दीवारों और गुम्बद को सजाते हैं। मैं विशेष रूप से अद्‌भुत सुलेखों के पैंडेंट को देखकर हैरान रह गया, जिसमें 'स्वस्तिक' के चिह्न को नक़्श लिपि में उकेरा गया है। इस सबको देखकर कोई भी कह सकता है कि मध्य एशियाई विरासत के प्रति ख़ानेख़ाना की दिलचस्पी और भारतीय

कविता तथा संस्कृति के प्रति उनकी जागरूकता का जीता–जागता प्रमाण है, यह मक़बरा। आपके कार्य ने मुग़ल स्मारकों के प्रति हमारी सोच को बदल दिया है...'

सन्दर्भ

1. ईब्बा कोच से उद्धृत, मुग़ल वास्तुकला, पृ. 91
2. पूर्व महानिदेशक, भारतीय पुरातत्त्व सर्वेक्षण।
3. पुरातत्त्व विभाग, स्टैनफोर्ड यूनिवर्सिटी।

❐❐

लेखक परिचय

आचार्य रामचन्द्र शुक्ल द्वारा रचित *हिन्दी साहित्य का इतिहास* 1929 (परिवर्द्धित 1940) अब भी इस विषय का मानक–ग्रन्थ है।

नामवर सिंह पिछली अर्द्ध–शती के हिन्दी के शीर्षस्थ आलोचक थे।

मैनेजर पाण्डेय जवाहरलाल नेहरू विश्वविद्यालय में हिन्दी के प्रोफ़ेसर रहे हैं और समकालीन हिन्दी आलोचकों में अग्रगण्य हैं।

उदय शंकर दुबे तुलसी–काव्य के स्वतन्त्र शोधार्थी हैं।

सदानन्द शाही काशी हिन्दू विश्वविद्यालय में हिन्दी के प्रोफ़ेसर हैं।

सुधीश पचौरी दिल्ली विश्वविद्यालय में हिन्दी के प्रोफ़ेसर रहे हैं और सम–कुलपति भी।

अनामिका अंग्रेज़ी की वरिष्ठ प्राध्यापिका व हिन्दी की कवयित्री व उपन्यासकार हैं।

प्रताप कुमार मिश्र के शोध–कार्य का मुख्य विषय संस्कृत साहित्य में मुस्लिम अवदान है।

चन्द्रशेखर दिल्ली विश्वविद्यालय में फ़ारसी के प्रोफ़ेसर हैं।

माधव प्रसाद मिश्रा एक सिविल इंजीनियर हैं और आग़ा ख़ान ट्रस्ट के दिल्ली कार्यालय में कार्यरत हिन्दी–सेवी हैं।

दीपा गुप्ता के पीएच.डी. शोध–ग्रन्थ का विषय रहीम का काव्य था।

रतीश नंदा एकेटीसी इंडिया के सीईओ और कंजरवेशन आर्किटेक्ट हैं।

दीति राय आग़ा ख़ान ट्रस्ट में वरिष्ठ कार्यक्रम अधिकारी थीं।

हरीश त्रिवेदी दिल्ली विश्वविद्यालय में अंग्रेज़ी के प्रोफ़ेसर थे और इलाहाबादी हैं तो हिन्दी पर–और हिन्दी में–भी लिखते रहते हैं।

सन्दर्भ पृष्ठ

प्रायोजक
इंटरग्लोब फाउंडेशन

सहयोग
भारतीय पुरातत्त्व सर्वेक्षण विभाग
वाणी प्रकाशन

आग़ा ख़ान ट्रास्ट फॉर कल्चर (एकेटीसी) के लिए
दीति राय, प्रीती त्रिपाठी, निधि पुरोहित, वल्लरी, राम रहमान, नरेन्द्र स्वेन और सबीरून

संरक्षण टीम
राजपाल सिंह, रतीश नंदा, नवीन चंद थपलियाल, उज्वला मेनन